KB248801

倭語類解와 日語類解의 어휘 연구

표기형 교체를 중심으로

홍사만 저

도서출판 박이정

倭語類解와 日語類解의 어휘 연구

표기형 교체를 중심으로

초판 인쇄 2012년 12월 3일
초판 발행 2012년 12월 10일

저자 홍사만 | 펴낸이 박찬익
책임편집 공혜정 | 펴낸곳 도서출판 **박이정**
주소 서울시 동대문구 용두동 129-162
전화 02) 922-1192~3 | 팩스 02) 928-4683
홈페이지 www.pijbook.com
이메일 pijbook@naver.com
등록 1991년 3월 12일 제1-1182호
ISBN 978-89-6292-345-2 (93710)

저자가 왜학서인 『倭語類解』와 『日語類解』를 처음 본 것은 1977년 가을 일본 쓰쿠바(筑波)대학 중앙도서관에서였다. 양본은 京都대학 국어국문학 연구실에서 영인한 것으로, 『倭語類解』는 金澤 소장본이었다.

이 두 책을 구입하여 귀국하였으나 그 후에도 『倭語類解』의 또 다른 완질인 우리나라 국립중앙도서관 소장본이 있는 줄 몰랐다. 다행히 야스다 교수(安田 章:1986)와 정 광 교수(1988)에 의해 국립도서관본의 존재가 확인되었고, 그것이 善本이며 金澤본은 후쇄본으로 낙장과 탈획으로 인한 오자가 많다는 사실을 알게 되었다.

그 당시만 해도 왜학서로는 대화체로 된 『捷解新語』(1676, 중간본 1781)만이 널리 알려져 한·일 양국의 많은 논자들이 서지와 내용, 문법과 어휘, 경어법에 대한 연구에 골몰했던 때였다. 그 후 『倭語類解』에 대한 국어사적 가치가 인정되면서부터 관련 학자들의 이목을 끌기 시작했다. 이 책은 역관의 과시용으로 사용되었던 유해서이며, 근대 당시의 유일한 일본어 어휘 사전이었다.

머·리·말

저자는 쓰쿠바(筑波)대학에서 한·일어 대조언어학으로 학위를 받고 돌아와 양 언어의 대조 연구를 진행하는 한편, 『倭語類解』와 『日語類解』의 어휘 비교에 착수했다. 동일 한자로 된 두 어휘집을 비교함에 있어 시간적으로 200여 년의 거리를 둔 양본으로부터 어휘와 음운과 표기의 변화를 좇아 교체의 맥락을 모색하는 것은 의의 있는 일이었다. 1994년 『권재선 박사 환갑 기념 논문집』에 실은 양본의 우리말 자석어 비교를 필두로 하여 오늘에 이르기까지 관련 주제의 논문을 여러 편 발표했다. 양본이 나온 시간적 거리를 200여 년이라고 한 것은 『倭語類解』의 간행 시기에 대한 여러 가지 설을 포괄적으로 수용하였기 때문이다. 『倭語類解』의 발간 시기를 얼추 17세기 중엽에서 18세기 중엽까지의 근대 국어로 넓게 잡고, 『日語類解』는 동경에서 활판본으로 간행된 1912년을 계상하여 얻은 햇수이다.

『倭語類解』의 간행 시기와 편찬자에 관한 서지적 견해는 지금까지 여러 논자들의 논구에 그 내력이 소상하게 밝혀져 있어 그것을 참고하는 것으로 충분하다고 생각한다. 다만 개별어에 대한 어휘 형태와 음운, 표기형의 탐색을 통하여 이 자료가 근대 국어 어느 시점의 특징을 반영하고 있는지를 파악할 필요가 있다고 본다. 또한 훗날 일본에서 발간한 『日語類解』와의 교체형 비교로부터 변화의 추이 양태를 어느 정도 귀납 상정할 수 있을 것으로 여겨진다.

졸저는 저자가 이미 여러 학술 잡지에 게재한 논문 내용을 검토하고 새롭게 보충하여 묶은 것이다. 자료집에서 표제어로 나온 1字의 한자(親字)와 2字 이상의 한자어에 대한 우리말 음과 훈, 그리고 이를 대역한 일본어의 음과 훈을 중심으로 대비했다. 연구의 시각은 어디까지나 국어학의 관점에서 통시적 변화를 밝히는 데 역점을 두었다. 자음(字音)의 변화에서는 자음과 모음의 표기 변천을 근대 국어사의 일반적인 경향과 원리에 따라 항목별로 기술했다. 그리고 일본 한자음에 대해서는 오음(吳音)과 한음(漢音), 청음과 탁음을 중심으로 분석하여 모두 8장으로 나누었다. 제5장까지는 우리말 한자음과 훈에 관해 탐색했고, 제6장에서 제8장까지는 일본어의 한자음과 훈에 관한 것을 기술했다.

제1장은 양본의 한자(어)에 대한 우리말 자석어의 교체를 기술한 내용이다. 근대 국어의 어휘적 특징을 고려하여 2세기 동안의 어휘 변화를 역사적으로 살펴 본 어휘사이다.

제2장은 양본에 표기된 국어 자음의 변화를 추궁한 것이다. 구개음화와 음성 강화, 말음과 두음의 표기 변화, 첨가와 탈락, 교체, 그리고 병서 표기에 대한 변화를 추적했다.

제3장은 2장에서 언급한 구개음화 표기형을 집중적으로 다루었는데, 특히 『倭語類解』에 나타나는 비구개음 유지 표기와 구개음화 표기를 대비했다.

제4장은 양본에 나타나는 국어 모음의 표기 변화로, 단모음화, '·'의 표기, 모음 교체, 전설 모음화, 움라우트, 음절 축약에 대한 통시론을 다루었다.

제5장은 치음 아래의 /j/음 표기 변화를 선행 자음에 따라 분류하고 단모음화가 일어난 예와 이중 모음이 유지된 예를 대비하여 분석했다.

제6장은 일본 한자의 독음 표기 변화를 살핀 것으로 특히 일본 한자음에서 주류를 이루는 오음과 한음의 구별과 이에 따라 청음과 탁음의 대립, 그리고 이를 표기한 한글의 형태에 대해 썼다.

제7장과 제8장은 한자(어)의 자음(字音)과 자훈에 관한 일본어 대역을 논한 것인데, 제7장에서는 1字로 된 표제 한자(親字)를 대상으로, 제8장에서는 이로부터 조성된 2字 이상의 표제 한자어를 대상으로 분석했다. 특히 양본의 일본어 대역에서 교체된 어휘만을 뽑아 그 교체의 유형을 나누고 어례들을 개별적으로 설명했다.

2009년 경북대학교를 정년 퇴임한 후 처음 내놓는 저술이다. 연륜이 쌓이면 논저도 더욱 完美한 것이 되어야 할 터인데, 이번에도 허우적거리며 고갯마루를 오른 느낌이다. 양본에서 변화를 보인 親字(1字 한자)들과 이들로부터 조성된 2字 이상의 한자어를 합하여 총 3,000개가 넘는 항목을 국어와 일본어로 분석하는 것이 결코 만만치 않았다. 특히 연구 대상이 두 언어의 근대어에 관한 것인 만큼 예시어에 대한 구체적인 고증에 오류가 있지나 않을까 하는 우려도 없지 않았다. 그러나 이 책의 초점이 국어학에 맞추어져 있으므로 일어학에서 잘못된 부분은 향후 후학들의 질정으로 바로잡게 될 것이라 기대한다.

앞으로도 왜학서『交隣須知』와『隣語大方』등의 어휘, 표기, 음운, 문법 등을 살펴볼 계획이다.

출판에 앞서 연구의 편익을 준 정 광 교수님께 감사를 드린다. 그가 2004년에 펴낸『四本對照 倭語類解 上(硏究篇)』은 연구를 진행하는 데 큰 도움이 되었다. 이 책에서 정 교수는『倭語類解』국립도서관본을 중심으로『和語類解』(1837),『日語類解』(1912)와『朝鮮偉國字彙』(1835)의 4본을 비교하여 서지적인 배경을 심도 있게 탐색했고, 뒷부분에는 어휘 대비 목록을 작성해 두었다.『倭語類解』의 표제 한자(어) 3,351개의 東音과 韓訓, 그리고 倭音과 倭訓을 도표로 정리해 놓았다.

졸저는 국어학과 일어학을 연구하는 전공자들에게 참고서로 두루 활용될 것이다. 특히 한·일어 대조언어학이나 양 언어의 한자 자음과 자석을 탐색하는 연구자와 어휘사, 음운사를 궁구하는 사람들에게 문헌을 통한 여러 가지 통시적인 학술 정보를 제공하게 될 것이다.

이 책의 출간을 맡아주신 박이정 출판사의 박찬익 사장님과 편집부에 감사드린다.

2012년 12월 중국 산동(山東)대학에서

저자 씀

차례

| 제1장 |

한자 **자석어**의 **교체**

『倭語類解』는 근대 조선조 한국인이 만든 유일한 일본어 어휘 사전이다. 그 편찬 연대와 편찬자는 아직까지 명확하게 밝혀지지 않았다. 이에 관해서는 鄭光(2002:490-495, 2004:40-47)에서 상론하고 있는데, 그 제작 시기에 관한 설은 17C 초·중엽에서 18C 말엽까지로 매우 다분하다.

가장 이른 17C 초엽설은 1636년, 또는 숙종 조에 洪舜明이 엮었다고 전하고 있다(최현배 1971:282). 이는 이 책의 하권에 기재된 行信使 所經地 중 日光山 權現堂이라는 지명이 나옴으로 미루어 보아 당시 우리나라의 사자가 일본 日光의 廟에 간 寬永 13년(1636년)을 그 편찬 연대로 삼은 것이다. 이와 같은 견해는 『日語類解』를 엮은 가나자와(金澤庄三郎)가 그 서문에서 밝힌 바 寬永~明曆(1636-1655) 연간에 간행되었다는 것과도 상관된다. 그는 저자는 알 수 없으나 德川 시대 信行使의 일행 중인 것은 확실하다고 언급하고 있다.

洪舜明을 편찬자로 추정하는 것은 Courant의 『朝鮮書史』(*Bibliographie Coréenne*, Paris, 1895) 通文館志 卷之七 人物條에 다음과 같은 대목이 나오는 데 연유한다.

> "洪舜明, 字水鏡... 倭語比諸方最難曉 公質于日本人雨森東作長語及類解等書用於課試"

위에 언급된 '類解'가 바로 이 『倭語類解』가 아닌가 하여,[1] 이로써 이 책의 제작 연대도 洪舜明의 활동 시기였던 康熙 46년(辛巳 1701)부터 康熙 48년(乙丑 1710)의 사이에 이뤄진 것으로 추정하고 있다(小倉進平 1954:404, 中村榮孝:1961). 따라서 18C 초엽설은 Courant의 康熙 辛巳(1701)설과 오구라(小倉進平)의 寶永~正德(1704-1716) 연간 편찬설과 상응한다. 하마다(浜田 敦:1958)도 이 책을 역관의 과시용으로 다루면서 17C 말에서 18C 초에 간행된 것으로 추정했다. 그런 한편, 송 민(1968)은 그 뒤인 1786년 전후에 나온 것으로 보았고, 야스다(安田 章:1980)도 1780년대 말로 보았다. 최근 鄭 光(2004)은 이 책의 하권 권미에 적힌 讐整官 韓廷修와 書寫官 閔鼎運, 鄭樂昇, 皮文會와 監印官 등의 생애를 추적하여 저작 연대를 1781년경으로 추정하였고, 편자도 韓廷修가 그때까지 전래되어 오던 手稿本을 목판본으로 간행한 것이라고 밝혔다.

현존하는 『倭語類解』의 판본에는 두 가지 종류가 있다. 하나는 우리나라 국립중앙도서관에 소장된 국립도서관본이고, 또 하나는 일본의 金澤本(濯足本)이다. 이른바 濯足本은 金澤庄三郎의 소장본으로 일본 永平寺에 소장되었던 것을 일본 駒澤대학 도서관 濯足文庫에 옮겨온 것이다. 그래서 永平寺本이라고도 한다. 金澤本(濯足本) 『倭語類解』는 국내 국립도서관 소장본의 후쇄본으로 목판의 마모로 탈획과 탈자가 많다. 낙장된 부분은 손으로 보사하였는데, 상권 중 25, 26엽과 하권 41, 42, 48, 54엽 등 모두 6엽이다(鄭 光 2004:24-34).[2] 이 濯足本은 일본 京都대학에서 영인하여 출판되었으며, 우리나라에서 다시 영인되어 시중에 많이 나돌고 있다.[3] 결국 洪舜明의 소작은 『倭語類解』의 祖本에 불과한 것이다.

鄭 光(2004:29-39)은 濯足本의 보사 부분을 국립도서관본과 비교하여 오기와 변개를 다수 찾아내었다. 또한 이 濯足本은 완질인 국립도서관본으로부터 훨씬 뒤에 나온 후쇄본으로 국립도서관 소장본의 정통성과 중요성을 밝히고 있다.[4]

---

1) 당시 '類解'는 四學에 관련된 辭書로, 『譯語類解』(漢學, 1690), 『蒙語類解』(蒙學, 1768), 『同文類解』(淸學, 1748), 그리고 『倭語類解』(倭學)가 그것이다.

2) 濯足本의 특징과 낙장, 보사에 관해서는 정 광(2004:22-39)에 상론되어 있다.

3) 이 두 판본은 그 자형이나 판식이 같아서 동일 板本으로 인식된다(安田 章:1986, 鄭 光:1988).

이러한 국립도서관본『倭語類解』가 지닌 善本으로서의 가치에도 불구하고 졸저에서는 京都대학에서 영인한 濯足本도 염두에 두고 살폈다. 그 이유는 金澤가 1912년『日語類解』를 편찬한 것이 이 濯足本을 저본으로 했으므로 양본을 대비하기가 편리했기 때문이다. 따라서 鄭 光이 분석한 국립도서관본과의 비교를 참고하여 보삽과 탈획, 탈자의 교정을 고려해 가면서 논의할 것이다.

『倭語類解』는 다른 유해류(『譯語類解』,『蒙語類解』,『同文類解』 등)들과 함께 과시용으로 편찬한 것으로 보인다. 이는 하권의 말미에 讐整官, 書寫官, 監印官 등의 이름이 서명된 것으로 보아도 짐작된다.

1835년 영국 선교사인 W. H. Medhurst는 이를 번역하여『*Comparative Vocabulary of Chinese, Korean and Japanese*』를 출판했고, 이것이 서표가 되어 프랑스 선교사의 한불사전 및 문법서가 나왔다. 뿐만 아니라, 당시 일본인으로서 조선어학의 비조인 雨森芳洲는 이 책을 대본으로 하여『交隣須知』를 편찬하기도 했다.

책은 상하 두 권으로 편집되었으며, 각 면은 아래 위 두 단으로 나뉘어 표제 한자를 위에 두고 그 아래에 한글로 국어 음과 훈, 그리고 일본 음을 좌우 두 행으로 갈라서 달고, 그 아래에는 한글로 그에 해당하는 일본어를 적어 놓았다.

내용은 30여 개의 항목으로 유별하여 약 3,500 어휘를 모은 것인데, 1字로 된 한자(親字)에는 우리말로 훈과 음을 달아 놓아 한자 자석의 성격을 띠게 했고, 두 자 이상의 한자어에는 그저 음만 붙여 놓았다.

한편『日語類解』는 1912년(明治 45년 3월 4일) 일본 東京에서 金澤庄三郎가『倭語類解』를 저본으로 하여 취사하고 역어의 오류를 바로잡아 약 3,000개의 일본어를 유별하여 엮은 활자본이다.

이 책의 편찬 목적은『倭語類解』와는 달리 한국인들에게 일본어를 가르치고 우리나라 방언을 수집하기 위한 자료서로 만든 것이다. 따라서 양본의 유해서

---

4) 大友信一(1957)는 金澤本의 간행 시기를 文化 8년(1809) 전후로 추정했다. 결국『倭語類解』 원본이 18세기 초에 이루어졌다면 金澤本이 나오기까지는 1세기 동안 사역원에 그대로 머물러 있었던 것이 된다.

는 간행 시기가 시간적으로 200여 년의 간격이 있다는 것과 편찬자가 각각 한국인과 일본인이었다는 점, 편찬 목적이 서로 달랐다는 점 등 여러 가지 측면에서 비교 가치가 있는 자료이다.

목차에 기재된 유별 항목은 양 유해서에서 대동소이하다. 상권에는 天文, 時候, 干支, 地理, 江湖, 方位, 人倫, 人品, 身體, 容貌, 氣息, 性情, 言語, 語辭, 動靜, 宮室, 城郭, 官職, 公式, 文字, 武備, 軍器, 婚娶, 宴享, 樂器, 梳洗, 服飾, 飮食, 疾病, 喪祭, 寺刹, 刑獄, 籌殺, 賣買 등 34개 항목이 실려 있는데, 후본인 『日語類解』에는 '婚娶'의 항목이 '婚嫁'로 명칭이 바뀌었다.

하권은 國號, 田農, 禾穀, 蔬菜, 果實, 珍寶, 布綿, 彩色, 器具, 鞍轡, 舟車, 技戲, 飛禽, 走獸, 水族, 昆蟲, 樹木, 花草, 雜語, 日本官名, 行信所經地名 등 21개 항목으로 되어 있으나 『日語類解』에는 國號, 日本官名, 行信所經地名 등의 3개 항목을 뺐다.

이 장은 『倭語類解』와 『日語類解』에 표제로 실린 한자 2,000여 자(일본어로 보면 이들도 단어에 속한다)의 자석에 관한 연구로, 특히 200여 년의 시간을 두고 변천 교체된 양본의 자석어를 어휘사적, 통시 의미론적 측면에서 비교 분석한 것이다.

한자의 字釋은 우리나라 특유의 한자 학습 과정에서 성립된 것으로 1,500년의 오랜 역사를 지니고 있다. 한자와 자석과의 관계는 어형과 의미소와의 연합 관계 구조를 나타내는 것으로, 특히 우리나라에서 양자의 연합은 각 한자를 명칭화하는 결과를 낳기도 했다(전재호 1988:1, 30).

지금까지 편찬된 한자 자석서로는 대체로 類合류, 千字文류, 類解류, 字典류, 玉篇류가 있는데, 이 자료는 類解류에 속하는 것으로 한자 기원의 단어들을 항목별로 분류하여 모은 것이다.

종래 한자의 音과 釋(훈)에 대한 연구는 한자 차자 표기의 올바른 해독을 위해 필요 불가결한 것이었다. 이는 고대의 한자 차용의 표기법이 음독과 석독을 병용하는 방식이었기 때문이다. 한자의 자석은 매우 보수적이어서 당대 자석의 형태와 의미가 그 시대의 공시적인 언어 현실을 충실하게 반영하지 못하는 경향이 있다. 그리고 자석은 형태와 의미를 가진 단어로서의 기능을 구유하고 있으므로 "字釋語"라는 명칭과 더불어 일반적인 통용 어휘와 동일시될 수 있으며, 이들도 어휘 생태학적 환경과 맥락 속에서 생존과 퇴화, 발전을 거듭하며 오늘에 이르고 있는 것이다(이광호 1986:3).

『日語類解』는 200여 년 전의 『倭語類解』를 저본으로 하여 동일 한자에 대한 음과 훈을 기재한 것이므로, 양본의 동일 한자에 대한 자석의 비교는 2세기에 걸친 개개 단어의 어형과 의미의 변천상을 엿볼 수 있을 뿐 아니라, 국어 어휘 체계 전반에 대한 추이상의 전면을 조망할 수 있는 소중한 자료가 된다. 이는 종래 『訓蒙字會』나 『千字文』, 『類合』 등을 그 이본과 비교함으로써 사적 변천상을 기술해 온 것과도 같은 의미를 가진다. 오히려 통시론적 시간의 간격이 좁은 이본과의 비교보다 편찬에 있어 충분한 시간적 거리를 두고 있는 이들 양본의 비교에서 그 변화의 양태가 더욱 확연하게 노출되리라 예상된다. 특히 『日語類解』는 20C 초에 편찬된 것으로, 국어 어휘사에 있어 많은 어휘들의 의미소 변천이 19세기 말에 일률적으로 이뤄졌다고 하는 사실(전재호 1988:20)을 검증하는 자료로서의 가치도 인정할 수 있을 것이다.

이 장의 비교 문헌적 대비를 진행함에 있어서 자석어의 의미 변화와 유의 경쟁에 따른 폐어화에 대한 논구라든가, 여타 유의어들과의 공존 관계에 대한 통시적 논의는 양본의 비교만으로는 검증할 수 없는 한계에 부딪친다. 이러한 자료의 제약을 극복하기 위하여 다른 문헌 자료에 나타나는 언어 사실을 병거함으로써 시대적 간극을 메울 수 있게 했다. 아울러 양 유해서는 각 한자의 자음과 자석 아래에 일본어로 대역어를 병기해 두고 있으므로, 어휘 교체의 변화를 보이는 한자에 대하여 일본어의 대역어의 추이가 어떠했는지를 비교해 봄으로써 방증의 예로 삼을 것이다.

1. 자료 분석

먼저 양본은 표제로 등재된 한자어의 수에서 다소 차이를 드러낸다. 아래의 표는 자음과 자석을 병기한 한자(親字) 수(A)와 2자 이상의 한자어 수(B)를 구분하여 대비시킨 것인데, 『倭語類解』에 실린 것이 『日語類解』의 것보다 수적으로 많다. 이 중에서도 논구의 대상은 우리말로써 한자의 자석과 자음을 병기한 1,999자가 될 것이다.

	상 권		하 권		합 계		총 계
	A	B	A	B	A	B	
倭語類解	1,079	618	920	734	1,999	1,352	3,351
日語類解	1,055	502	794	259	1,849	761	2,610

먼저 양 유해서의 비교에서 한자의 자음(字音)이 서로 다른 것이 눈에 띈다.

照: 비쵤 죠(上:6) → 빗쵤 초(上:6)
礫: 뭉으리돌 륵(上:8) → 봉우리돌 력(上:8)
派: 물가릐 파(上:9) → 물가래 패(上:9)
齦: 닛무음 흔(上:16) → 닛몸 근(上:9)
畵: 그림 화(上:38) → 그림 홰(上:41)
鏃: 살믿 족(上:40) → 살밋 촉(上:44)
唱: 부를 챵(上:42) → 부를 장(上:45)
鎌: 난 렴(下:3) → 낫 겸(下:1)
蒜: 마늘 숸(下:5) → 마늘 선(下:3)
串: 곧치 쳔(下:15) → 쏫치 관(下:13)
杴: 가래 흠(下:16) → 가래 험(下:14)
鷁: ᄇᆞᄅᆞᆷ가비 일(下:21) → ᄇᆞᄅᆞᆷ가비 익(下:17)
嘴: 부리 췌(下:22) → 부리 취(下:18)
梢: 나모읃 쵸(下:28) → 나무읏 소(下:25)
嚇: 저힐 햐(下:35) → 노홀 혁(下:32)

置: 둘 치(下:35) → 둘 ᄌᆡ(下:33)
累: 여러 누(下:36) → 여러 류(下:34)
使: 브릴 ᄉᆡ(下:37) → 부릴 ᄉᆞ(下:34)
探: 더듬을 탐(下:38) → 더듬을 탕(下:35)
夥: 만을 화(下:42) → 만흘 과(下:39)

이 중 '畫', '串', '嚇'의 자음이 둘인 것은 이들이 일자 다음을 가지므로 그 이음을 취한 것이지만, 그 외에는 한 쪽이 탈자에 따른 오류이거나 오자인 것으로 여겨진다. 게다가 아래의 예는 양본 둘 다 자음을 잘못 기재한 것이다.

醋: 초 조(上:47) → 초 조(上:50)

또한 자음뿐 아니라 자석에서도 이러한 오류가 발견된다. 이 중에는 목판의 마모로 탈획이 된 것이 다수 있다.

柰: 먼 내(下:7) → 벗 내(下:5)
錘: ᄃᆞ림 츄(下:13) → 처울추 추(下:11)
獅: ᄉᆞ직 ᄉᆞ(下:22) → ᄉᆞ지 ᄉᆞ(下:19)
參: 참예 참(下:38) → 참예홀 참(下:36)
憑: 빙고 빙(下:42) → 빙거 빙(下:39)

뿐만 아니라 동일자가 중복되어 등재된 곳도 여러 군데 보인다.

日: 날 일(上:1)/날 일(上:1)
날 일(上:4)/날 일(上:4)
月: ᄃᆞᆯ 월(上:1)/ᄃᆞᆯ 월(上:1)
ᄃᆞᆯ 월(上:3)/달 월(上:3)
中: 가온ᄃᆡ 즁(上:11)/가온ᄃᆡ 중(上:11)
맏칠 즁(上:40)/맛칠 중(上:44)
親: 어버이 친(上:12)/어버이 친(上:12)

친ᄒᆞᆯ 친(上:13)/친ᄒᆞᆯ 친(上:13)

指: 손가락 지(上:17)/손ᄭᅡ락 지(上:18)

ᄀᆞᄅᆞᆫ칠 지(上:30)/ᄀᆞᄅᆞ칠 지(上:32)

樂: 즐길 락(上:23)/즐길 락(上:25)

풍류 악(上:43)/풍류 악(上:46)

得: 시러곰 득(上:27)/엇을 득(上:29)

어들 득(下:34)/엇을 득(下:31)

使: ᄒᆞ여곰 ᄉᆞ(上:28)/ᄒᆞ여금 ᄉᆞ(上:30)

브릴 시(下:37)/부릴 ᄉᆞ(下:34)

與: 다몬 여(上:28)/더불 여(上:30)

더블 여(下:39)/더불 여(下:40)

蓋: 개 개(上:41)/개 개(上:44)

두에 개(下:14)/두게 개(下:11)

盥: ᄂᆞᆫ씨슬 관(上:44)/대야 관(上:47)

/대야 관(下:12)

行: 힝실 힝(上:22)/힝실 힝(上:23)

녤 힝(上:29)/힝ᄒᆞᆯ 힝(上:31)

힝ᄒᆞᆯ 힝(下:39)/힝ᄒᆞᆯ 힝(下:37)

生: 날 ᄉᆡᆼ(上:41)/날 ᄉᆡᆼ(上:45)

늘것 ᄉᆡᆼ(上:48)/늘것 ᄉᆡᆼ(上:51)

長: 긴 쟝(下:31)/긴 쟝(下:28)

길 쟝(丈)(下:39)/길 쟝(下:36)

事: 일 ᄉᆞ(下:32)/일 ᄉᆞ(下:29)

셤길 ᄉᆞ(下:33)/셤길 ᄉᆞ(下:30)

報: 갑ᄒᆞᆯ 보(下:40)/갑ᄒᆞᆯ 보(下:37)

보ᄒᆞᆯ 보(下:40)/보ᄒᆞᆯ 보(下:38)

이는 유해서가 가진 특징으로 자류를 항목별로 분류했기 때문에 동일자가 다석(多釋)을 가짐으로 두 가지 항목에 걸쳐 출현한 것이다. 그런가 하면 동음 동석을 가진 동일자를 잘못 쓴 예도 보이는데, 아래에서 후본의 '紛'은 '粉'으로 바로잡아야 할 것이다.

粉: 분 분(下:11)→紛: 가로 분(下:9)

양본에서 같은 한자의 대응이 동일자가 아닌 동석 이자로 대응된 예도 있으며, 속자나 통용자로 대비시킨 예도 보인다.

篊: 흠 홍(下:16)/梘: 흠 겸(下:13)
鉗: 집게 겸(下:16)/鑷: 집게 섭(下:13)
錛: 자괴 분(下:16)/錍: 자귀 비(下:13)
泅: 혜음 슈(下:19)/游: 헤염 유(下:16)
葢: 개 개(上:41)/盖: 개 개(上:45)
莍: 샵쥬 츌(下:5)/朮: 삽주 출(下:4)
樻: 궤 궤(下:12)/櫃: 궤 궤(下:10)
椵: 피나모 가(下:28)/椴: 피나무 단(下:25)
丈: 길 쟝(下:39)/長: 길 장(下:36)
准: 준홀 준(下:42)/準: 준홀 준(下:39)
預: 미리 예(下:40)/豫: 미리 여(下:37)
通: ᄉᆞᄆᆞᆺ출 통(下:42)/透: ᄉᆞ뭇찰 투(下:39)
鳲: 벅국새 시(下:21)/鳲: 벅국새 시(下:18)

이 밖에 자석이 누락된 것도 양본에서 산견된다.

望: 보롬 망(上:4)/ ______망(上:3)
告: ______고(上:25)/고홀 고(上:27)
痰: 담 담(上:50)/ ______담(上:53)
數: 혬 수(上:54)/ ______수(上:57)
利: 리홀 리(上:55)/ ______리(上:59)
鑞: 납 랍(下:8)/ ______랍(下:6)

자석이 누락된 예는 특히 동음 동석의 한자에서 많이 보인다.

또한 양본의 자석어 중에는 고석의 잔재를 그대로 유지하고 있어 당시 공시적으로 통용되는 사용 어휘와는 거리가 먼 것들도 있다. 이들은 자석어로만 나올 뿐 조선 시대의 문헌 속에서는 용례가 거의 보이지 않는 유들이다. 이기문 교수(1991:262-263)는 자석의 보수성을 설명하기 위해 자석을 화석과 같은 존재라고 했고, 이들은 국어 어휘의 일부이면서도 일반 어휘와는 구별되어야 한다고 했다.

자석어의 변화는 크게 보아 어형 변화와 어휘 교체의 양면으로 나뉜다. 전자는 자석어의 어근이 음운 변동을 입거나 형태가 첨가, 또는 생략되어 어형이 바뀐 것이고, 후자는 변화 전후의 두 자석어가 어근과는 관계없이 별개의 어휘로 대치된 것을 말한다.

어형이 변화한 것 중에 음운 변동에 의한 예들은 대개가 지금까지 밝혀진 통시 음운론적 변화형과 동일한 맥락을 보여 주고 있다. 국어의 음운 변화는 모음 변화와 자음 변화로 나뉘는데, 모음의 변화에는 모음 교체, 단모음화, 전설 모음화, 모음 변이, 원순 모음화, 음절 축약 등의 변화 형태가 양 유해서의 비교에서 나타나고, 자음의 변화에는 자음 교체, 자음 첨가, 자음 탈락, 동음 생략, 경음화, 유기음화, 구개음화 등이 노정된다. 표기법의 변화에 있어서는 연철 표기가 분철 표기로 옮겨간 것이 현저하다.

이 장은 어휘론적, 의미론적 관점에서 자석어의 변천을 논구하려는 것이므로 음운론적 영역에서 다뤄질 어형 변화에 대해서는 다루지 않기로 한다. 그러나 어형이 변하되 동일 어근의 위아래에 다른 어소가 첨가되거나 생략된 것, 또는 그 일부분이 다른 것으로 대체된 것은 형태론적, 어휘론적 영역에서 논의될 성격을 띠므로, 여기에서 잠시 예시하는 정도로 밝혀 두겠다. 어소의 첨가는 자석어의 음절을 길어지게 했고, 그것이 지시하는 의미도 더욱 구체화, 정밀화한 경우가 일반적이다.

兄: ᄆᆞᆮ 형(上:12) → ᄆᆞᆺ아들 형(上:12)
氈: 담 젼(下:13) → 담뇨 젼(下:10)
鼯: ᄃᆞ람이 오(下:30) → 다ᄅᆞᆷ쥐 오(下:20)

落: 질 락(下:30) → ᄯᅥ러딜 락(下:27)
莎: 뙤 사(下:31) → 잔듸 사(下:27)
奪: 아슬 탈(下:36) → ᄲᅢ아슬 탈(下:33)

아래의 예들은 본래 명사 어근으로 된 자석어에 접사 '-ᄒᆞ다'가 붙어 동사나 형용사로 전성된 형태의 자석 변화이다.

供: 이바지 공(上:42) → 이바지ᄒᆞᆯ 공(上:45)
全: 온젼 젼(下:31) → 온전ᄒᆞᆯ 전(下:28)
尖: ᄲᅧ죡 쳠(下:32) → ᄲᅧ족ᄒᆞᆯ 첨(下:28)
猜: 싀긔 싀(下:35) → 싀긔ᄒᆞᆯ 싀(下:32)
煩: 번거 번(下:35) → 번거ᄒᆞᆯ 번(下:32)

이 밖에도 어근에 접사가 붙어 문법적 범주가 바뀐 여러 가지 자석어들이 있다. 아래의 예들은 어근에 '-럽-', '-브-', '-이-', '-리-', '-지다', '-로' 등의 접미사가 붙어 명사, 형용사, 부사 등으로 전성되거나, 능동사가 피동사로, 주동사가 사동사로 바뀐 것이다.

獨: 호올 독(上:15) → 홀노 독(上:16)
畏: 두릴 외(上:21) → 두려울 외(上:22)
恥: 붇그릴 치(上:21) → 붓그러울 치(上:23)
專: 오로 젼(上:28) → 오로지 전(上:31)
喜: 깃글 희(上:30) → 깃블 희(上:25)
撑: 괴올 팅(上:30) → 괴일 팅(上:33)
匝: 두를 잡(上:39) → 둘닐 잡(上:42)
縮: 줄 축(下:32) → 주러질 축(下:29)
頻: ᄌᆞ즐 빈(下:32) → 자조 빈(下:29)
貫: ᄭᅰᆯ 관(下:37) → ᄭᅰ일 관(下:34)
慣: 니글 관(下:42) → 닉일 관(下:39)

그런가 하면 예들 중에는 이러한 변화와 반대 방향으로 이행된 경우도 있다. 즉 당초의 자석 안에 존립했던 문법 형태나 어소들이 삭제되는 변화이다. 아래의 예들은 전대의 자석에 들어있던 접사 형태들이 빠짐으로써 동사의 태가 바뀐 유들이다. 이러한 유는 해당 일본어에도 반영되어, 예컨대 '聞'은 'きかせ→きく'로, '親'은 '直きに→したしい'로 변화된 모습을 보이고 있다.

聞: 들닐 문(上:25)→들을 문(上:27)
翻: 번드길 번(下:37)→번드칠 번(下:34)
剖: ᄣᅵ힐 부(下:42)→ᄣᅵᆯ 부(下:40)
親: 친이ᄒᆞᆯ 친(下:42)→친ᄒᆞᆯ 친(下:39)

단축의 형태는 구체적인 단어나 어소가 탈락함으로써 지시 의미의 구체성이 소멸되거나 지시 대상이 바뀌는 것이 있고, 어감에 있어 강도의 차이를 나타내는 것들도 있다.

峯: 묏봉오리 봉(上:7)→뫼 봉(上:7)
凝: 물엉긜 응(上:10)→엉긜 응(上:11)
妹: 아ᄋᆞ누의 ᄆᆡ(上:12)→누의 ᄆᆡ(上:13)
莊: 싁싁ᄒᆞᆯ 장(上:19)→싁ᄒᆞᆯ 장(上:20)
麝: 샤향노로 샤(下:23)→사향 샤(下:20)
惹: 읻글 야(下:41)→ᄭᅳ을 야(下:39)
彫: 아로사길 됴(下:42)→삭일 조(下:40)

또한 음절 축약에 의한 단축의 형태도 있다.

霞: 노을 하(上:2)→놀 하(上:2)
齦: 닛무음 흔(上:16)→닛몸 근(上:17)
曝: ᄆᆞᆯ뢰일 포(上:6)→ᄆᆞᆯ릴 포(上:6)
脣: 입시울 슌(上:16)→입쏠 순(上:17)
拔: ᄲᅡ힐 발(上:39)→ᄲᅢᆯ 발(上:43)

菁: 쉳무우 쳥(下:5)→숫무 청(下:3)
莓: 짜올기 믹(下:7)→딸기 믹(下:5)
鳶: 쇼로기 연(下:21)→솔개 연(下:17)
轉: 구을 젼(下:19)→굴 전(下:16)
毛: 터럭 모(下:24)→털 모(下:20)

이와는 반대로 음절이 늘어난 예도 없지 않다.

霰: 싸눈 션(上:2)→쌀아기눈 선(上:2)
愚: 어릴 우(上:24)→어리석을 우(上:26)
癡: 어릴 치(上:24)→어리석을 치(上:26)
奪: 아슬 탈(下:36)→쌔아슬 탈(下:33)

다음의 경우는 본래의 자석에 붙어 있던 '-되다', '-ᄒᆞ다'가 탈락하여 어근만 남아 있는 예이다. 이 중에서도 '羨'의 변화는 품사로 보면 동사에서 형용사로 바뀐 것인데, 이에 대응된 일본어로는 'うらやましい'→'うらやむ'로 형용사가 동사로 바뀌는 반대 방향을 보이고 있다.

誤: 그른ᄒᆞᆯ 오(下:34)→그릇 오(下:31)
妄: 망녕될 망(下:34)→망녕 망(下:31)
羨: 부러ᄒᆞᆯ 션(下:35)→부러울 선(下:32)

첨가나 삭제형 외에도 일부 어소가 다른 것과 부분적으로 교체된 형태도 산견된다.

跟: 발뒤측 근(上:18)→발뒤굼 근(上:19)
嚏: ᄌᆞ칔음 톄(上:20)→자칙기 체(上:21)
娶: 쟝가드릴 취(上:41)→장가갈 취(上:45)

이상으로 미루어 보면 당시 자석에 대한 언중들의 의식은 어휘의 형태적, 문법적인 면보다는 의미 면만을 고려하여 처리한 것으로 짐작된다.

이 장은 자석어의 어휘 교체에 대해 어휘론적, 의미론적 시각에서 분석 기술하려는 것으로, 비교 문헌을 통한 귀납과 재해석의 성격을 띠게 된다. 자석어의 어휘 교체란 앞에서 밝힌 대로 동일 어근을 가진 단어 내부의 음운 변동이나 부분적인 어소가 첨가되거나 단축되는 것이 아니라, 별개의 어근을 가진 다른 어휘류로 바뀌는 경우를 말한다. 이를 이기문 교수(1991:263-264)는 석의 개신이라 했는데, 이러한 현상은 국어사적으로 한자에 대한 석독의 전통이 붕괴된 것과 상관적으로 16세기 이전에 자석의 보수성이 크게 동요되었다고 했다. 그러나 자석 교체의 직접적인 원인은 당시 유통되던 어휘들이 시대적 추이에 따라 그 어형과 의미가 변화한 사실과 유의적인 자석어끼리 경쟁과 충돌을 벌인 어휘 생태적, 역학적 제 현상이 크게 작용했을 것이다.

『倭語類解』와 『日語類解』의 한자 자석 비교에서 이러한 교체의 변화를 보이는 자석어들은 대체로 70개 정도 눈에 띈다.

자석어의 교체는 어원적으로 고유어와 한자어 사이의 교체가 있고, 다른 품사와의 교체도 있으나, 후자의 경우에서 동일 어근에 접사가 붙어 품사가 전성된 것은 어형 변화로 인정하여 여기에서는 다루지 않았다. 특히 어휘 교체 중 어휘론적으로 통시성을 현현하는 유의 경쟁 및 폐어화, 그리고 의미 변화에 관한 것에 역점을 두고 이를 개별적으로 분석하려고 한다.

2. 고유어와 한자어 간의 교체

困: 잇불 곤(上:21) → 곤홀 곤(上:23)
行: 녤 힝(上:29) → 힝홀 힝(上:31)
葬: 무들 장(上:52) → 장ᄉ 장(上:55)
龍: 미르 룡(下:24) → 농 룡(下:21)
楓: 신나모 풍(下:28) → 단풍 풍(下:25)
香: 곧다올 향(下:30) → 향긔 향(下:27)
減: 덜 감(下:32) → 감홀 감(下:29)

耽: 즐길 탐(下:35) → 탐홀 탐(下:32)
疊: 포필 텹(下:36) → 첩첩홀 첩(下:34)
常: 덛덛 샹(下:39) → 홍상 상(下:37)
搜: 뒬 수(下:42) → 수탐홀 수(下:40)
笛: 뎌 뎍(上:43) → 적 적(上:46)
釧: 폴쇠 쳔(上:44) → 천 천(上:47)

위의 자석어들은 고유어의 자석이 한자어의 자석으로 교체된 예들이다. 이들의 어휘 교체 중에는 후술할 의미론적으로 구명되어야 할 것들도 포함되어 있다. 즉 유의 관계를 맺고 있는 두 자석어가 소위 유의 경쟁을 벌여 한자어가 우위에 놓이게 됨으로 교체된 것과 고유어 자석어의 의미가 변화하여 대응 한자의 석으로는 적합하지 않게 됨으로 교체된 것들도 있다. 이 외에도 양 자석이 현대 국어에까지 그 어형을 유지하고 있는 것들 중에, 그것이 지시하는 소재적 의미 내용이 서로 달라짐으로 바뀐 유들도 있다.

'困'(잇브다), '行'(녀다), '龍'(미르), '搜'(뒤다) 등의 자석어는 폐어가 되어 현대 국어에서는 사용되지 않는 말이다. 또한 교체된 자석어 중에는 한자의 어근에 '-ᄒᆞ다'가 접미되어 조성된 어휘가 다수이며(困(곤ᄒᆞ다), 行(힝ᄒᆞ다), 減(감ᄒᆞ다), 耽(탐ᄒᆞ다)), 한자음과 같은 자석을 취한 유들도 상당수 차지한다(困(곤), 行(힝), 葬(장ᄉᆞ), 龍(뇽), 香(향긔), 耽(탐), 疊(첩), 常(홍상). 搜(수탐), 笛(적), 釧(천)).

이와 같이 자석과 자음이 동일한 예는 이 밖에도 양 유해서에서 상당수 나타난다. 이는 당시 한자어 유입 과정에서 자석으로 적합한 고유어가 없었다거나 한자의 자음이 정착되어 언중에게 익어짐으로써 그 세력이 확대되어 자석에도 반영된 것으로 여겨진다. 특히 한자의 자음을 취하여 어근을 삼고, 거기에다 '-ᄒᆞ다'를 붙여 동사나 형용사를 만든 자석 형태는 매우 생산적인 양태를 보이고 있다. 이러한 자석어들은 그 대다수가 국어 어휘 체계 내부에 들어와 정착하게 되었으나 그 중 일부는 안정감이 없어 폐어화하는 경우가 있었다. 이러한 현상은 오늘날 영어를 선호하는 언중들 속에서도 마찬가지다(예: '오픈하다'(열다, 개업하다), '리젝트하다'(거절하다), '조인트하다'(연합하다)).[5] 한자음을 취해 용언이나 명사 어근의 자석을 형성한 부류 중 이들이 국어 어휘로 정착하지 못한 예들을 들어 보면 다음의 것들이 있다.

(가) 令: 령홀 령(上:36)/령홀 령(上:39)
講: 강홀 강(上:37)/강홀 강(上:40)
㤼: 겁홀 겁(上:39)/겁홀 겁(上:42)
絞: 교홀 교(上:54)/교홀 교(上:57)
損: 손홀 손(下:32)/손홀 손(下:29)
平: 평홀 평(下:37)/평홀 평(下:34)
報: 보홀 보(下:40)/보홀 보(下:38)

(나) 蓋: 개 개(上:41)/개 개(上:45)
缸: 항 항(下:14)/항 항(下:12)
研: 연 연(下:15)/연 연(下:13)

예에서 (가)는 한자의 자음으로 용언의 어근이 된 것이고, (나)는 명사 어근이 된 것이다. 이들은, 오늘날은 물론 당시에도 일반 어휘로 통용된 것 같지 않다. 이러한 점에서 자석어는 일반 어휘와는 다른 특수성을 현현한다.

한자의 자음을 그대로 채용한 자석어들은 그 대다수가 일반 한자어로 정착하여 현대 국어에 이르고 있으나 앞에서 든 예 중에 '笛'(적)이나 '釧'(천)은 국어의 어휘 체계 속에 유입되지 못했다. 이는 단음절의 한자어가 다른 한자 어근과 결합하거나 고유어와 교섭함이 없이 단어를 형성하는 것이 매우 불안정하다는 사실을 보여주는 예이다. 한자는 표의성을 가지므로 단음절로도 충분이 의미의 지시 기능을 가지고 있지만, 한자어가 국어 어휘 체계 내부에 진입하는 데 있어 단음절어로서는 부적합한 것이 일반적인 경향이다. 예컨대 신체어 중 '齒/이', '眼/눈', '口/입', '鼻/코', '耳/귀', '手/손', '足/발', '顔/얼굴' 등에서 단음절의 한자어가 고유어와 동등한 동의어로서 대립의 쌍을 형성하지 못하는 것은 이와 통한

5) 심재기(1998:451-460)의 "'-ᄒᆞ다'류 낱말의 생성 기반에 대하여"를 참조할 것.

다. 이들은 다른 한자를 취하여 2음절 이상의 단어를 구성할 때만 가능한 것이다(齒痛, 眼球, 口頭, 鼻炎, 耳目, 手段, 足跡). 이러한 사실은 한자의 음독과 아울러 훈독을 병행하고 있는 일본어에서는 그 사정이 확연히 다르다(齒/は, 眼/め, 口/くち, 鼻/はな, 耳/みみ, 手/て, 足/あし, 顔/かお).

앞의 예에서도 단음절의 한자 어근은 다른 한자 어근을 취하여 2음절어를 형성하는 양태를 보여 준다. '葬'(장)→'葬事'(장ᄉᆞ), '香'(향)→'香氣'(향긔), '常'(上)→'恒常'(ᄒᆞᆼ상), '搜'(수)→'搜探'(수탐) 등이 그러하다.

한편 이와는 반대로 자석어의 교체 방향이 한자어에서 고유어로 바뀐 예도 볼 수 있다. 『倭語類解』에서 한자어로 된 자석어가 『日語類解』에서 고유어로 바뀐 예로 다음을 들 수 있다.

取: 취홀 취(下:35)→가질 취(下:33)
乏: 핍진홀 핍(下:36)→다홀 핍(下:33)
獵: 산힝 렵(下:38)→산양 렵(下:35)
頒: 반포 반(下:39)→난홀 반(下:36)
鉛: 연 연(下:8)→납 연(下:6)
粉: 분 분(下:11)→가로 분(下:9)

전대의 자석들은 한자 어근에 '-ᄒᆞ다'가 접미된 유('取'(취ᄒᆞ다), '乏'(핍진ᄒᆞ다))와 다른 한자를 동반하여 두 음절의 안정된 명사 어형을 형성하는 유('獵'(山行), '頒'(반포))가 있다. 또한 동음 동석의 단음절어로 그 어형이 매우 불안정한 것('鉛'(연))도 있다. 전대의 자석어는 대다수가 현대 국어에까지 그 어형을 유지하고 있으나 그 중에서도 '鉛'(연)은 단어 구성이 매우 불안정하여 고유어인 '납'으로 교체되었고, '山行'은 어형이 변화하여 '산양'(사냥)이 됨으로써 양자 사이의 유연성이 상실되어 가는 경향을 보였다. 대체로 이들의 교체는 자석어가 가진 의미 영역의 차이를 보여주는 예('취ᄒᆞ다'→'가지다')와 어려운 한자어가 그것과 유의적인 고유어로 변한 예('핍진(乏盡)ᄒᆞ다'→'다ᄒᆞ다'), 그리고 본래의 자석과는 다소 지시 의미가 멀어진 것('반포'→'난호다')으로 나뉘며, 또한 '鉛'(연)과 '粉'(분)

은 전술한 바 단음절 한자어로서의 불안정성 때문에 고유어로 바뀐 것이다. 그러나 양 유해서의 비교에서도 한자어 자석어가 고유어로 바뀐 것보다는 고유어가 한자어로 교체된 것이 수적으로 훨씬 우위에 있다는 사실은 국어 어휘사에서 한자어가 고유어 속에 침투하여 정착하는 속도가 가속화되었음을 말해 준다.

3. 품사 간의 교체

두 자료의 자석어가 교체된 예들 중에서 문법 범주인 품사가 바뀐 예를 들어 간단히 설명하고자 한다.

명사→형용사

昏: 어으름 혼(上:6)→어두울 혼(上:5)
傲: 거오 오(下:35)→거만ᄒᆞᆯ 오(下:32)

추상적 대상어로부터 그것의 속성적 상태어로 교체되거나 어떤 태도의 추상적 명사에 '-ᄒᆞ다'가 붙어 다시 상태 표시어로 되돌아간 예이다. 특히 후자처럼 어근에 '-ᄒᆞ다'가 접미되어 형용사로 전성된 예는 동일 어근의 파생에서 많이 나타난다(샛족 →샛족ᄒᆞᆯ, 온젼→온전ᄒᆞᆯ, 번거→번거ᄒᆞᆯ, 위ᄐᆡ→위ᄐᆡᄒᆞᆯ).

명사→동사

頒: 반포 반(下:39)→난홀 반(下:36)
參: 참예 참(下:38)→참예ᄒᆞᆯ 참(下:36)
由: 말ᄆᆡ 유(下:40)→말ᄆᆡ암을 유(下:38)

추상적 지시 대상이 되는 한자 어원의 명사어가 그것과 동작적 유의성을 가진 동사어로 교체된 예이다. 이는 명사 어근에 '-ᄒᆞ다'가 접미되어 파생 동사를 만드는 어형 변화의 예(싀긔→싀긔ᄒᆞᆯ, 이바지→이바지ᄒᆞᆯ)와는 다르다.

동사→명사

響: 울리일 향(上:22)→소릐 향(上:22)

盥: 눈씨슬 관(上:44)→대야 관(上:47)

葬: 무들 장(上:52)→장ᄉ 장(上:55)

誤: 그르훌 오(下:34)→그릇 오(下:31)

妄: 망녕될 망(下:34)→망녕 망(下:31)

賞: 샹줄 샹(下:39)→상급 상(下:36)

어떤 동작으로부터 그것을 수행하는 주체나 도구의 이름으로 교체된 예로, 특히 '響'의 현대 자석은 교체 전후의 자석 두 개가 연합된 '소리 울릴 향'이 되었다.

동사→형용사

畏: 두릴 외(上:21)→두려울 외(上:22)

恥: 붇그릴 치(上:21)→붓그러울 치(上:23)

喜: 깃글 희(上:23)→깃블 희(上25)

羨: 부러훌 션(下:35)→부러울 선(下:32)

疊: 포괼 텹(下:36)→첩첩훌 첩(下:34)

親: 친이훌 친(下:42)→친훌 친(下:39)

어례에는 사람의 심리나 감정을 나타내는 심리 동사와 감정 동사가 많다. '두릴'은 현대 국어에서는 '두려워할', '붇그릴'은 '부끄러워할', '깃글'은 '기뻐할', '부러훌'은 '부러워할' 등 '하다'를 동반한 동사류이다.

형용사→명사

香: 곧다올 향(下:30)→향긔 향(下:27)

'곧답다'는 경음화하여 현대 국어의 '꽃답다'가 된 형용사이다. 이와 의미상 관련된 명사 '향긔'로 교체되었다.

형용사→동사

乏: 핍진홀 핍(下:36)→다홀 핍(下:33)

어떤 상태로부터 그것과 유연성을 가진 동작으로 전이된 것으로, 위의 예에서 양자는 함께 '-ᄒᆞ다' 형을 취하고 있으나 문법 범주는 서로 다르다. 전자는 형용사 어근인 한자어 '乏盡'이며 후자는 동사 어근인 '盡'에 해당되는 것으로, 양자는 의미소 〈盡〉을 공유하고 있다는 점에서 유연성을 인정할 수 있다.

형용사→부사

頻: ᄌᆞ즐 빈(下:32)→자조 빈(下:29)

형용사 'ᄌᆞᆽ다'의 어간에 부사 접미사가 첨미하여 전성 부사인 'ᄌᆞ조'가 되었다. 자료에는 '자조'로 표기되어 있다.

4. 폐어화의 교체

이상에서 다룬 자석의 교체는 주로 형태적, 어휘적인 면에서 살펴 본 것이지만, 이 장에서는 의미론적, 어휘 생태론적 시각에서 이들의 교체를 통시적으로 탐색 기술하고자 한다.

이들은 전대의 자석어와 후대의 자석어가 공시대에 일반 어휘로 공존하면서 이른바 유의 경쟁을 벌여 전대의 자석어가 쇠퇴하고 후대의 자석어가 득세함으로써 교체된 경우이다. 이 밖에도 다른 여러 가지의 원인으로 전대의 자석어가 폐어가 됨으로써 자석의 빈자리를 후대의 자석이 메워 주는 형식의 교체를 들 수 있다.

일반적으로 폐어(obsolete word)나 화석어(ghost word)란 용어는 어떤 특수한 어감을 가진 말이 새것에 대체되어 쓰이거나 본래의 사물이나 생각하는 방식, 느끼는 방법이 바뀌어 필요 없게 된 말을 가리키는데(서재극 1976:225), 이는 어떤 단어가 시니피에와 시니피앙의 연합 관계를 잃어버리는 현상으로 이해되고 있다(김진규 1993:236). 그러므로 폐어(사어)는 어형이 완전히 소멸된 것이거나 어형은 존속하고 있지만 그것에 연합된 의미가 일탈되어 거의 실용되지 못하는 단어를 통틀어 쓰는 말이다. 전대의 자석어가 폐용된 부류의 예들은 다음과 같다.

湖 : ᄀᆞ롬 호(上:9) → 물 호(上:9)
脾 : 만하 비(上:18) → 길아 비(上:19)
困 : 인불 곤(上:21) → 곤ᄒᆞᆯ 곤(上:23)
訴 : 할 소(上:25) → 하수연ᄒᆞᆯ 소(上:27)
得 : 시러곰 득(上:27) → 엇을 득(上:29)
與 : 다몯 여(上:28) → 더블 여(上:30)
行 : 녤 힝(上:29) → 힝ᄒᆞᆯ 힝(上:31)
棟 : ᄆᆞᄅᆞ 동(上:32) → 기동 동(上:35)
官 : 구의 관(上:33) → 벼슬 관(上:37)
鞘 : 갑풀 쵸(上:40) → 칼집 초(上:43)
褌 : 고의 곤(上:45) → 속것 곤(上:48)
屐 : 격지 극(上:46) → 나무신 극(上:49)
藜 : 도ᄐᆞᄅᆞᆺ 려(下:5) → 명아주 려(下:4)
攫 : 더위칠 확(下:22) → 그러쥘 확(下:18)
尨 : 더펄개 방(下:23) → 삽살개 방(下:20)
龍 : 미르 룡(下:24) → 뇽 룡(下:21)
蘂 : 여ᄒᆡ 예(下:30) → 곳술 에(下:27)
引 : 혈 인(下:38) → 잇ᄉᆞ을 인(下:36)
徐 : 나로여 셔(下:41) → 천천 서(下:38)
搜 : 뒬 수(下:42) → 수탐ᄒᆞᆯ 수(下:40)

『倭語類解』의 자석어는 근대 후기와 현대에 오면서 모두 폐어로 소멸한 단어들이다. 이 장에서 이들 어례 전부를 개별 분석할 수 없으므로 그 중 몇몇을 들어 교체 양태를 간단히 살펴보고자 한다.

'湖 : ᄀᆞᄅᆞᆷ→물'의 교체는 하의 관계(hyponymy)에 있는 두 자석어끼리 바뀐 것이다. 즉 'ᄀᆞᄅᆞᆷ'은 '물'의 하위어로서, 하위어가 소멸하고 상위어가 대두한 것이다. 따라서 그 지시 개념의 변화는 보다 총칭적이고 일반적이며 외연이 넓어진 변화를 나타냈다. 16세기 자석서인 『訓蒙字會』에서 보면 'ᄀᆞᄅᆞᆷ'의 자석은 '湖'에만 적용되는 것이 아니라 '江'과 '河'에도 적용되었다.

ᄀᆞᄅᆞᆷ 강: 江/ ᄀᆞᄅᆞᆷ 호: 湖/ ᄀᆞᄅᆞᆷ 하: 河(字會上:4)

어휘소 'ᄀᆞᄅᆞᆷ'은 조선조 전후기를 통하여 다른 문헌에서도 '江', '湖', '河'의 한자에 폭넓게 대응되어 쓰였다.

(1) a. 큰 ᄀᆞᄅᆞ미 내 알ᄑᆡ셔 뮈니(大江動我前)(杜解1:29)
b. ᄆᆞᆯᄀᆞᆫ ᄀᆞᄅᆞ매 녜 잡던 고기 쇽졀업시 잇고(淸江空舊魚)(杜解3:59)

(2) a. ᄀᆞᄅᆞᆷ 밧긧 프리 새로 프르도다(湖外草新靑)(杜解2:21)
b. ᄀᆞᄅᆞ미 平ᄒᆞ니 일 參星ᄋᆞᆯ 보리로다(湖平早見參)(杜解3:14)

(3) a. ᄀᆞᄋᆡᆺ 므른 ᄀᆞᄅᆞ미 이디 몯ᄒᆞ노라(塞水不成河)(杜解3:23)
b. 뫼콰 ᄀᆞᄅᆞᄆᆞ로 처엄과 ᄆᆞᄎᆞ믈 盟誓ᄒᆞ시놋다(山河誓始終)(杜解5:42)

이와는 달리, 『倭語類解』에서는 '물'의 공하위 범주에 속하는 다른 여러 가지 한자에다 통용 자석인 'ᄀᆞᄅᆞᆷ'을 일률적으로 적용시키지는 않았다. 이들에게는 변별적인 상용 자석이 붙여짐으로써 피지시물을 엄격하게 준별하고 구체화한 흔적을 역력하게 볼 수 있다. 즉 다음과 같이 변별적 자석을 썼다.

江: 물 강/ 湖: ᄀᆞᄅᆞᆷ 호/ 河: 하슈 하/ 川: 내 쳔/ 澤: 몯 ᄐᆡᆨ/ 泉: ᄉᆡᆷ 쳔(上:9)

결국 'ᄀᆞᄅᆞᆷ→물'의 자석어 교체는 변별적 명칭으로 쓰인 하위어가 그 상위어인 포괄적인 명칭으로 통합 교체됨으로써 외연이 넓어지고 일반화한 변화이다. 이런 점에서 자석의 변화는 반드시 정밀화, 구체화의 방향으로만 이행되는 것이 아니라는 사실을 알게 된다. '江', '河', '湖'가 "물"이라는 동석을 가지게 된 것은 '물'이 이들 3자 간의 의미상 공통 인수이기 때문이다. 당시 지시 대상이 상이한 사물에 대하여 동일 자석을 붙이는 것은 사용 자석이 가진 포괄성으로 해석된다. 이로 미루어 보면 조선 전기 'ᄀᆞᄅᆞᆷ'의 지시 의미는 주지된 것처럼 단순한 '江'만을 가리키는 것이 아니라, '江'을 포함하여 물이 고여 있거나 흘러가는 것을 총칭하는 보다 넓은 외연을 예상할 수 있다. 다음 예문은 '믈'의 포괄적 지시 대상을 나타낸 것이다.

(4) a. 뫼 미틧 므른 회도로 흐르고(回回山根水)(杜解1:20)
b. 믈로 ᄂᆞ려가매 ᄇᆡ 그우믈 닛비 아니ᄒᆞ리로다(下水不勞牽)(杜解2:15)

(5) a. 믌비츤 나조ᄒᆡ ᄀᆞ독ᄒᆞ야 펴뎃도다(江光夕滋漫)(杜解1:43)
b. 바ᄅᆞ매 믌ᄀᆞᆺ 버들 아래셔 밥 먹고(風餐江柳下)(杜解2:25)

(6) a. 믓 가온ᄃᆡ ᄠᅥ오ᄅᆞ며 ᄠᅥᄂᆞ리ᄂᆞ니ᄂᆞᆫ(湖心中浮上浮下)(朴解上:70)
b. ᄯᅩ 믓 가온ᄃᆡ ᄃᆞ리 우희 오샤(却到湖心橋上)(朴解上:71)

(7) a. 믓ᄀᆞ새 고기 엿ᄂᆞ니ᄂᆞᆫ(河邊兒窺魚的)(朴解上:70)
b. 므를 건너ᄃᆡ ᄇᆡᄅᆞᆯ ᄡᅳ디 아니ᄒᆞᄂᆞ니(渡河不用船)(杜解4:14)

(8) a. 내 길 녀오매 뫼콰 믈왜 다ᄅᆞ니(我行山川異)(杜解1:38)
b. 범의 고기ᄅᆞᆯ 항에 녀허 믈 가온대 뭇고(虎肉於甕埋川中)(五倫1:61)

(9) a. ᄆᆡ햇 ᄂᆞ물바ᄐᆡ 믈옷 절로 흐르놋다(野圃泉自注)(杜解1:49)
b. 므리 곳답고 프리 하고 조토다(泉香草豐潔)(杜解4:13)

'**困** : 잇블→곤ᄒᆞᆯ'의 자석 교체는 유의어 간의 대체로 규정할 수 있다. 양 자석어는 공시대에 함께 유통되었던 유의어로, 한편으로 'ᄀᆞᆺᄇᆞ다'와도 유의 관계를 맺고 있었음이 확인된다. 이는 다른 자석서에서도 '困', '勞', '疲' 등의 자석이 이 세 가지로 교차적 분포를 보이고 있기 때문이다.

잇블 곤: 困(石千:25)/ 곤ᄒᆞᆯ 곤: 困(類合下:46),(字類下:24)
잇쁠 로: 勞(石千:29)/ ᄀᆞᆺᄇᆞᆯ 로: 勞(類合下:7) cf. 슈고로을 로(倭語上:21)
인쁠 피: 疲(字類下:16)/ ᄀᆞᆺ블 피: 疲(石千:17)
인쁠 범: 疺(字類下:16)
잇블 예: 勩(字會下:31)

따라서 '困'의 자석은 '勞', '疲', '勩'의 자석과 유의적으로 파악하지 않으면 안 된다. '잇브다'와 'ᄀᆞᆺᄇᆞ다' 사이의 유의성은 의미소 〈困〉과 〈勞〉를 공유하고 있다는 점에서 인정된다. 다른 문헌에 나타나는 일반 어휘의 '잇브다'는 대체로 '勞', '困'에 대응되어 쓰였고, 'ᄀᆞᆺᄇᆞ다'는 '勞', '困', '勞困', '倦', '罷', '疲', '疲了', '乏了'에 대당되었다.

(10) a. 믈로 ᄂᆞ려가매 ᄇᆡ그우믈 잇비 아니ᄒᆞ리로다(下水不勞牽)(杜解2:15)
b. 잇브고 고로운 줄은 아디 몯ᄒᆞ게 ᄒᆞᆯ디니(不知其勉强勞苦)(小諺5:37)

(11) a. 늘거 잇버 그를 ᄇᆞ리고 ᄌᆞ오노라(老困撥書眠)(杜解22:10)
b. 盜賊 서리예 ᄠᅳᆫ 人生 잇브니 誅求에 異俗이 가난ᄒᆞ도다(盜賊浮生困誅求異俗貧)(杜解3:43)

(12) a. 곳갈을 밧디 말며 ᄀᆞᆺ바도 에왓디 말며(冠毋免勞毋袒)(小諺3:10)
b. 인생애 ᄀᆞᆺᄇᆞ미 乾坤 안헤 ᄒᆞᆫ가지로소니(勞生共乾坤)(杜解2:58)

(13) ᄀᆞᆺᄇᆞᆯ 제란 믈 머기디 말고(勞困裏休飮水)(老解上:22)

(14) a. 늘근 나해 세시예 ᄃᆞᆫ녀 ᄀᆞᆺ바ᄒᆞ노라(衰年歲時倦)(杜解1:24)
b. 옷 디호ᄆᆞᆯ ᄀᆞᆺᄇᆞ디 엇뎨 말리오(寄辭擣衣倦)(杜解25:17)

(15) ᄀᆞᆺᄇᆞᆫ 사ᄅᆞᆷ이 ᄆᆞᅀᆞᆯ히 잇디 아니ᄒᆞ니(罷人不在村)(杜解1:48)

(16) a. 種種ᄋᆞ로 ᄀᆞᆺ비ᄒᆞ야도(種種疲勞)(圓覺下3:1)
b. ᄆᆞᅀᆞᄆᆞᆫ 져믄 제브터 ᄀᆞᆺ비ᄒᆞ노라(心從弱歲疲)(杜解16:8)

그러나 양자는 상호 유의적 의미 기능을 가졌을 뿐 동의로서의 상보적 어휘 기능을 가지지는 않았음이 드러난다. 이는,

(17) a. 잇버 ᄀᆞᆺᄇᆞ거든(圓覺下1:31)
b. 사ᄅᆞᆷ과 ᄆᆞᆯ와 ᄒᆞᆫ가지로 ᄀᆞᆺᄇᆞ며 잇브도다(人馬同疲勞)(杜解1:30)

등 한 문장에 나란히 등장하는 예가 보이기 때문이다. 즉 '잇븐' 것이 원인이 되어 그 결과 'ᄀᆞᆺ바'지는 것으로 풀이된다.

한편 한자 어근을 가진 어형 '곤하다'는 다음과 같은 몇몇 한정된 문헌에 등장한다.

(18) a. ᄇᆡᆨ셩이 ᄇᆞ야흐로 주리고 곤ᄒᆞ니(民方飢困)(京畿大綸:2)
b. 주리고 곤ᄒᆞ기 절박ᄒᆞ미 졈졈 심ᄒᆞᆫ 연괴라(飢困之泊轉甚故也)(京觀綸:1)
c. 군ᄌᆞᄂᆞᆫ 사ᄅᆞᆷ을 어려온ᄃᆡ 곤케 아니ᄒᆞᄂᆞ니라 ᄒᆞ고(君子不困人御阨)(十九1:79)
d. 처음의 나가노라 곤ᄒᆞ야 도라오니(初出游困而歸)(十九2:46)

'잇브다', '곤ᄒᆞ다', 'ᄀᆞᆺᄇᆞ다'의 유의적 경쟁과 이들의 교체는 『千字文』의 이본에 나타나는 자석의 추이 과정에서도 그 동일성을 여실히 보여준다.

잇블 곤(大本)/ 잇쁠 곤(廣本)/ 잇블 곤(石本)/ 곤ᄒᆞᆯ 곤(書本)/ 곤ᄒᆞᆯ 곤(周

本)/ ᄀᆞᆺ블 곤(곤ᄒᆞᆯ곤)(註本)

결국 '잇브다'는 한자 기원어인 '곤ᄒᆞ다'(疲困)와의 유의 충돌에서 쇠퇴하기 시작하여 17세기 이후의 자료에는 출현 예가 보이지 않는다. 한편 'ᄀᆞᆺᄇᆞ다'는 유의 충돌에서 의미 변화를 겪게 되어 오늘날과 같은 "힘에 겨워 괴롭다"의 의미로서 그 어형('가쁘다')을 보존하고 있다.

'**訴** : <u>할→하수연ᄒᆞᆯ</u>'의 자석어 교체는 복의성을 띤 자석어가 그 중 제2의 의미를 취하여 자석을 바꾼 것이다. 조선조 문헌에 보이는 '할다'는 서로 유연성을 가진 두 개의 의미를 소유했다. 그 하나는 "참소하다", "헐뜯다"이고 또 하나는 "하소연하다"였다. 문헌에 넓게 분포되어 있는 이들의 용례를 살펴보면, 전자의 의미는 주로 '訴', '讒', '譖'의 한자에 대응되는 것이고(讒: 춤소 춤(倭語上:21)), 후자의 의미는 '訴' 하나에 단일하게 대응된 것이다. 따라서 당시 '訴'의 자석인 "할다"는 전자보다 후자의 의미가 더 강하게 노출된 것으로 여겨진다.

(19) a. 左右ㅣ **하ᅀᆞ바** 아바님 怒ᄒᆞ시니(左右<u>訴</u>止 父皇則懠)(龍歌:91)
b. 開國臣을 **할어늘**(<u>讒</u>開國臣)(龍歌:104)
c. 垂象ᄋᆞ로 **하ᅀᆞᄫᆞ니**(<u>譖</u>用妖星)(龍歌:71)

(20) a. 하ᄂᆞᆯ해 올아가 **할오** 당당이 울리로다(上<u>訴</u>天應泣)(杜解16:30)
b. 우ᄒᆞ로 하ᄂᆞᆳ긔 **할오져** ᄒᆞᄂᆞᆫ ᄃᆞᆺ도다(似欲上<u>訴</u>於蒼穹)(杜解17:6)

특히 후자의 의미를 가진 단어로 '하솟거리다'가 있어 이들의 유의 경쟁은 필연적인 것으로 보인다.

(21) a. 뎌셔 **하솟그리놋다**(<u>訴</u>落)(杜解2:24)
b. 하솟그릴 참: 讒(字會下:29)

그 결과 '할다'는 폐어가 되고 '하수연하다'가 들어서게 된 것이다. 이러한 자

석의 교체는 대응 일본어로도 명백히 대비된다. 전대 자석의 의미는 "謗る", "譏る"(헐뜯다, 나쁘게 말하다)이고, 후대의 자석은 "訴える"(하소연하다)로 구별되었다. 결국 이러한 자석어의 변화는 다의적 복의성을 띤 말이 그 다의 중 하나를 취하여 자석을 삼게 됨으로써 적용 의미의 영역을 축소한 현상으로 설명된다.

'**得** : <u>시러곰→얻을</u>'의 교체는 부사 형태의 자석어가 유의적인 동사 형태로 바뀐 것인데, 공시대에 '실다'와 '얻다'(엇다)의 유의 경쟁에서 얻어진 산물로 취급된다. '실다'는 문헌 속에 더러 출현 예를 보이고는 있지만 그 유통에 있어 당시의 '얻다'와는 경쟁의 대상이 되지 못했다.

(22) a. 十八法을 得ᄒᆞ시며 十神力을 ᄯᅩ 시르시니(月曲:29)
　　 b. 得은 시를 씨라(訓諺)

'얻다'는 한자 '得', '獲', '覓'의 공통 자석으로 쓰이면서 일반적인 단어로도 매우 넓은 분포를 보여 주었다.

어들 득: 得(類合下:57)/ 어들 획: 獲(類合下:12)/ 어들 멱: 覓(類合下:32)

(23) a. 얻ᄌᆞ바 ᄀᆞ초ᅀᆞᄫᅡ(<u>得</u>言藏之)(龍歌:27)
　　 b. 지즈로 文公ᄋᆡ 지블 어두라(遂<u>得</u>文公廬)(杜解9:18)

특히 자석 '실다'는 전대 고석의 잔재가 반영된 것으로 여겨지며, 이러한 까닭에 조선기에 나타나는 '得'의 용례는 동사 형태가 아닌 부사 형태 '시러', '시러곰'으로 한정된 것이 일반적인 경향이었다. 이와 같은 자석의 교체는 『千字文』의 이본에서 보여주는 변화와도 그 맥락을 같이한다.

시를 득(大本)/ 시를 득(廣本)/ 어들 득(石本)/ 어들 득(書本)/ 어들 득(周本)/ 어들 득(註本)

결국 유의어 '실다'와 '얻다'의 유의 경쟁은 '얻다'가 우위에 서게 되면서부터 '실다'는 부사 형태인 '시러', '시러곰'으로 전성되어 '得'의 자석으로 쓰이다가 폐어화한 것으로 추정 귀납된다.

자석어의 교체가 부사 형태에서 동사 형태로 바뀐 것으로 '與: 다몯→더블'을 들 수 있다. 조선기에 있어서 '다ᄆᆞᆺ(다몯)'은 "더불어, 함께"의 의미를 가짐으로써 교체 어형인 동사 '더불다'와 부사적 기능어로 동의적 유연 관계를 맺고 있다. 다른 자석서에 나타나는 예에서 '與'에 대한 자석은 이 두 가지를 병행하여 썼다.

다ᄆᆞᆺ 여: 與(類合下:63)
더브러 여: 與(類合下:63),(同文下:48)

또한 『千字文』의 이본들을 비교해 보면, 시대적으로 두 자석어 사이의 교체는 같은 방향으로 이행되었음을 알 수 있다.

다ᄆᆞᆺ 여(大本)/ 다ᄆᆞᆺ 여(廣本)/ 더블 여(石本)/ 더블 여(書本)/ 더블 여(周本)/
더불 여, 허ᄒᆞᆯ 여, 참여 여, 어조ᄉᆞ 여(註本)

일반 어휘로 문헌에 기재된 양 자석어는, '다ᄆᆞᆺ'(다몯)은 '與'를 중심으로 '共', '竝'의 한자에 대응되어 쓰였고, '더불'은 보다 넓은 분포를 보여 '與' 외에도 '將着', '帶', '携', '率', '領' 등에 대응되어 쓰였다.

(24) a. ᄀᆞᄅᆞᄆᆞᆫ 논ᄂᆞᆫ ᄇᆡ와 **다ᄆᆞᆺ** ᄆᆞᆰ도다(江與放船淸)(杜初7:11)
b. 누늘 머믈워 **다ᄆᆞᆺ** 登臨케 ᄒᆞ노라(留眼共登臨)(杜解2:5)
c. 길헤 먹을 쩌시며 ᄆᆞᆯ들희 草料와 **다ᄆᆞᆺ** 하쳐를(路上契的馬匹草料竝下處)(老解138:10)

(25) a. ᄆᆡ양 우로 **더브러** 의논하더니(必與定議)(五倫2:14)
b. 捕盜官이 弓兵을 **더블고**(捕盜官將着弓兵)(老解上:26)

c. 서르 **더브러** ᄃᆞᆫ기면 됴ᄒᆞ니라(附<u>帶</u>行時好)(老解207:4)
d. 믄드시 葛彊ᄋᆞᆯ **더브러** 왓ᄂᆞᆫ ᄃᆞᆺᄒᆞ도다(忽如<u>携</u>葛彊)(杜解2:41)
e. 서르 **더브러** 기으믈 더ᄒᆞ니(相<u>率</u>除蓬蒿)(杜解3:56)
f. 나ᄅᆞᆯ **더브러** 三軍에 가ᄂᆞ다(<u>領</u>我赴三軍)(杜解5:27)

그런데 자료에 나오는 대응 일본어는 양본이 모두 '與える'(주다)로 나타나 특이하다. 어쨌든 위의 자석 변화는 공시적인 두 가지 자석어가 유의 경쟁의 우열의 결과에 따라 교체된 예로 처리된다.

'**行** : <u>녈→힝ᄒᆞᆯ</u>'의 교체는 '行'의 두 가지 이의적 자석이 서로 교체된 것으로 파악된다. 조선기에 "가다", "다니다"의 의미를 가진 단어로는 주로 '녀다', '녜다', '니다'가 일반적으로 쓰였는데, 특히 '녀다'는 다른 자석서에도 '行'의 자석으로 나타난다(녈 힝: 行(字會下:27, 石千:9, 類合下:1)).

(26) a. 길 **녜ᄂᆞᆫ** 이 길ᄒᆞᆯ ᄉᆞ양ᄒᆞ며(<u>行</u>者讓路)(小諺4:39)
b. 머리 **녀매** 됴ᄒᆞᆫ 나래 나ᄅᆞᆯ 잇비 아니ᄒᆞ더니라(遠<u>行</u>不勞吉日出)(杜解3:61)
c. **니건** 겨스레 묏 도ᄌᆞ기 와(<u>去</u>冬山賊來)(杜解25:37)
d. 내 길 **녀ᄂᆞᆫ** 衣裳애 비취엿도다(照我<u>征</u>衣裳)(杜解1:37)

그러나 '힝ᄒᆞ다'는 '行'의 어근에 접사 '-ᄒᆞ다'가 첨미된 형태로, 어의는 "실행하다", "시행하다", "행동하다"였다.

(27) a. 내 몸 일워나 道를 **힝ᄒᆞ야**(立身<u>行</u>道)(朴初上:50)
b. 혹 명ᄒᆞ신 배 가히 **힝티** 몯ᄒᆞ염즉홈이 잇거든(或所命有不可<u>行</u>者)(小諺2:17)

물론 양의 사이의 유연성은 전혀 배제할 수 없다. '行'의 두 가지 이의적 자석은 본 유해서에 두 번 등재된 사실을 보아도 짐작된다(힝ᄒᆞᆯ 힝(日語上:31)/힝ᄒᆞᆯ 힝(日語

下:37)). 결국 이러한 자석의 변화는 두 가지 다른 자석이 하나의 어형으로 통합된 결과를 낳았다. 이는 전술한 대로 당시의 '힝ᄒᆞ다'가 복의성을 띤 것을 의미한다. 이러한 교체는 『千字文』의 이본 속에서도 동일한 추이 맥락을 보이고 있다.

녤 힝(大本)/ 녈 힝(廣本)/ 녈 힝(石本)/ 길 힝(書本)/ 당글 힝(周本)/
길힝, ᄃᆞᆫ닐 힝(註本)

여기에서는 다석이 등장하여 다소 복잡한 양상을 보이는데, '길'(도로)이라는 자석이 나오는 것은 '가다', '다니다'의 동작이 실현되는 장소를 지칭하는 말과 인접의 유연성을 보이는 것으로, 이는 '行'의 현대 자석에서도 마찬가지로 등장한다. 또 한편 'ᄃᆞᆫ니다'(당그다)는 '녀다'와의 유의 경쟁이 예상되나 현대 국어에 오면서 양자 사이의 뉘앙스 차이를 보이면서 공존하는 것으로(어떤 장소에 어떤 목적을 위하여 갔다가 돌아오거나 그 일이 계속적인 것일 때 이런 행동을 되풀이하다, 임홍빈 1993:163, 164), 'ᄃᆞᆫ니다'는 조선기 전반을 통해 매우 넓은 분포를 보이고 있다. 문헌 자료에는 시문으로 된 언해서에 많이 나타나는데, 표현의 다양성에 편승하여 '行', '走', '去', '覊', '壑', '躍', '驅馳' 등 여러 가지의 한자가 대응되었다.

(28) a. 반 거름도 ᄃᆞᆫ니디 몯ᄒᆞ니라(半步也行不得)(朴解上:43)
b. 밀흔 누르거늘 겨집ᄃᆞᆯ흔 ᄃᆞᆫ녀 울어늘 남지ᄂᆞᆫ ᄃᆞ라가 수멧도다(小麥黃 歸女行泣夫走藏)(杜解4:31)
c. 다 ᄃᆞᆫ녀 히야 ᄇᆞ리과라(都走破了)(朴解上:35)
d. 동녁 져젯즈름 아비 ᄃᆞᆫ니ᄆᆡ 하니 아ᄂᆞᆫᄃᆞᆺ ᄒᆞ니라(東角頭牙家去處廣敢知道)(朴解上:62)
e. 나그내로 ᄃᆞᆫ녀셔 사괴ᄂᆞᆫ 양ᄌᆞᄅᆞᆯ 아노니(覊旅知交態)(杜解2:26)
f. 녜ᄂᆞᆫ ᄆᆞᄉᆞᆷ 훤호미 므레 ᄃᆞᆫ니ᄂᆞᆫ 고기 ᄀᆞᆮ다니(昔如縱壑魚)(杜解1:39)
g. ᄆᆞᆯᄃᆞᆯ이 ᄃᆞᆫ니건디 스믈히니(躍馬二十年)(杜解5:33)
h. 窮老호매 두루 ᄃᆞᆫ뇨ᄆᆞᆯ 뫼화 ᄒᆞ노라(窮老驅馳併)(杜解1:49)

자료 중 자석 아래에 붙어 있는 대역 일본어는 양본 모두 '步く'(걷다)인 것이 주목된다.

'**棟** : 므ᄅᆞ→기동'의 교체에서 '棟'의 자석 '므ᄅᆞ'는 다른 자석서에서도 흔히 볼 수 있다.

므ᄅᆞ 동: 棟(字會中:6),(類合上:23),(類合下:59)

'므ᄅᆞ'는 '棟梁'(마룻대)를 가리키는 것으로 보통 '기둥'과는 다르다. 따라서 본 유해서를 비롯한 다른 자석서에서도 이를 엄격하게 구별했다.

기동 듀: 柱(字會中:6),(類合上:23), 기동 주: 柱(倭語上:32)/
기동 영: 楹(字會中:6),(石千:19)

'棟'은 기둥 중에도 동자기둥, 즉 들보 위에 세우거나 상량을 받치는 기둥을 가리키는 것으로, 일반적인 기둥인 '柱'나 '楹'과는 구별된다. 이는 후대의 자석서인 『字類註釋』(1856)에서도 엄연히 구별하였다.

기동 영: 楹(上:91)/ 기동 온: 楹(上:91)/ 기동 쥬: 柱(上:91)/
도리 동: 棟(上:92)

이 외에도 『同文類解』(1748)에서는 '脊梁'을 가리켜 '므ᄅᆞ'라고 한 기록이 나온다. 양본에 부기되어 있는 일본어에도 'むなぎ'(棟木)는 '마룻대'를 가리킨다. 이러한 변별적 자석 의식이 후대에 와서 상위어가 되는 포괄적인 공통 상용석으로 바뀐 것이다. '므ᄅᆞ'와 '기동'이 하의 관계에 있다는 것은 전자가 후자의 종류 중 하나이기 때문이다. 결국 '棟'과 '柱'는 '기동'으로 자석이 통합된 결과를 낳았다. 이 같은 자석의 변화도 그 방향이 정밀화, 구체화로 이행되지 않은 한 예가 된다. 조선조에 쓰인 일반 어휘로서의 '므ᄅᆞ'와 '기동'은 대응 한자에 있어서도 변별적이었다.

(29) a. ᄆᆞᄅᆞᄉᆡ와 뭇금ᄉᆡ롤 ᄆᆡᆫ들기롤 輕妙히 ᄒᆞ고(梁兒東兒打的輕妙着)(朴解上:33)

b. 산하를 ᄆᆞᄅᆞ 서흐러 베혀(宰割山河)(小諺5:99)

c. 집 ᄆᆞᄅᆞ와 보콰로 히요곰 것게 ᄒᆞ디 말오라(莫使棟樑摧)(杜解3:10)

(30) a. 弟兄 세네히 기동을 딕희여 안잣ᄂᆞᆫ 거시여(弟兄三四箇守着停柱坐(朴解上79:4)

b. 져믄 시절에 쳐어믜 기동애 스다니(壯節初題柱)(杜解3:63)

'官 : 구의→벼슬'의 자석어 교체는 '관가'(관청)의 의미로부터 장소와 내용 사이의 유연성에 인접 지각되어 '벼슬'의 의미로 환유적 전의를 보인 것이다. 당시 '구의'와 동석을 가진 한자로 '公'이 있어 '官'과 더불어 여러 자석서에 광범위하게 출래한다.

구의 공: 公(字會中:1),(類合上:17),(石千:23),(倭語下:32)/ 귀 공(日語下:29)/
그의 관: 官(字會中:1),(類合上:18),(石千:4)

그런데 당시 공시대의 자석 중에 '벼슬'을 가진 한자로는 별도로 '職', '卿', '位' 등이 엄존했다는 사실은 '구의'와의 변별성을 예견케 한다.

벼슬 직: 職(石千:14),(字會下:31),(倭語上:36)
벼슬 경: 卿(字會中:1),(石千:1),(倭語上:36)
벼슬 위: 位(字會下:1),(倭語上:36)

이로써 보면 이 시대에 '구위'와 '벼슬' 사이의 유의 경쟁은 없었던 것으로 짐작된다. 왜냐하면 다른 여러 문헌에서 '구위'(官)는 '벼슬'이 아닌 '관가'(관청)의 뜻으로 쓰였기 때문이다. 예컨대,

(31) a. 구위예서 지유미 ᄒᆞ마 限ㅣ 이실ᄉᆡ(官作旣有程)(杜解1:18)

b. ᄆᆞᄅᆞᆯ **구위**예 도로 보내오(官馬送還官)(杜初25:40)
c. **구의**예 오미 쉰 나리 몯ᄒᆞ디(到官未五十日)(杜解25:36)

(32) a. 이제 **구의** ᄀᆞ장 嚴謹ᄒᆞ야(如今官司好生嚴謹)(老解上44:18)
b. 어귀예 ᄂᆞᄅᆞ ᄀᆞᄋᆞᆷ아ᄂᆞᆫ **구의**(守口子渡江處的官司)(老解下17:8)

등의 예에서 보면, (31)의 '구위(의)' 아래에는 처격 조사 '에', '에서'가 붙어 장소를 나타내고 있고, (32)에는 '官司'를 가리키고 있다. 그러므로 '구위'가 '벼슬'과 유의 충돌을 일으키게 된 것은 '구위'가 '관가'의 의미에서 '벼슬'의 의미로 전의된 뒤라는 추정이 나온다. 문례에서 일반 어휘로 쓰인 '구위'는 전적으로 한자 '官'과 '公'의 대응에 국한되어 있고, '벼슬'은 '官'을 위시하여 '位', '爵', '職', '卿', '任', '司', '列', '秩', '仕', '吏' 등으로 광범한 분포를 보이고 있다.

(33) a. **구읜** 座의셔 술 마시고 고기 먹기를 허ᄒᆞ니(飮酒食肉於公座)(小諺5:46)
b. 이 **구읫** 위엄에 핍박ᄒᆞ얘로다(泊此公家威)(杜初15:5)

(34) a. 君子ᄂᆞᆫ **벼슬**애 이심애 可히 저프며(君子在位可畏)(小諺4:55)
b. **벼슬** 일흠 마초고(對官號)(朴解上12:9)
c. **벼슬**을 딕킈여서 침노홈이 업스며(守職無侵)(小諺5:16)
d. 마ᄋᆞᆫ애 비르소 **벼슬**홀디라(四十始仕)(小諺5:20)
e. 세 사람이 다 ᄆᆞᆯ근 **벼슬**에 이쇼ᄃᆡ(三人俱居淸列)(小諺6:126)
f. 일즉 연ᄌᆞ와 **벼슬**을 옮음을 구ᄒᆞᆫ대(嘗求奏遷秩)(小諺5:19)

특히 『千字文』의 이본 속에서도 이와 같은 자석의 추이는 동일한 맥락을 보여준다.

귀 관(大本)/ 귀 관(廣本)/ 구의 관(石本)/ 벼슬 관(書本)/ 벼슬 관(周本)/ 벼슬 관(註本)

이러한 사실은 양본의 대역 일본어에서도 구분된다. '구의'는 '公方'(公司, 조정)으로 되어 있고, '벼ᄉᆞᆯ'은 'くわん'으로 그 지시 의미가 각각 다르다. 뒷시대의 자석서인 『字類註釋』에 보면 '官'은 이미 '벼ᄉᆞᆯ'로 자석이 교체되어 전대의 '벼ᄉᆞᆯ'이란 자석을 가진 다른 한자와 합류한 것을 볼 수 있다.

官: 벼ᄉᆞᆯ 관/ 仕: 벼ᄉᆞᆯ ᄉᆞ/ 爵: 벼ᄉᆞᆯ 쟉/ 職: 벼ᄉᆞᆯ 직/ 宦: 벼ᄉᆞᆯ 환(下:26)

'引 : 혈→잇ᄭᅳ을'의 교체는 유의어 간의 경쟁의 결과로 설명된다. '引'의 자석은 "혀다"로 다른 자석서에도 등재되었고, '잇ᄭᅳᆯ다'도 '牽' 또는 '惹'의 자석으로 동시대에 공시적으로 나타난다.

혈 인: 引(字會上:35),(類合下:49),(石千:41)
잇글 견: 牽(類合下:46)/ 인글 야: 惹(倭語下:41)

그런 한편 'ᄀᆞᅀᅳ다'가 '曳' 또는 '惹'에 연합됨으로써 유의군을 형성한다.

ᄭᅳᆯ을 예: 曳(倭語下:19)/ ᄭᅳ을 야: 惹(日語下:39)

특히 후대에 편찬된 『字類註釋』에는 'ᄭᅳ을다'가 '牽'과 '惹'뿐만 아니라 '挈', '拏', '提', '夆', '抒', '撕', '曳', '拖', '携', '攜' 등의 여러 한자의 자석으로 쓰이는 광범한 분포를 보여 준다. 여기에서 이들 삼자 간의 역학 관계를 상정할 수 있게 된다. 즉 '引'에 대해서는 '혀다→잇ᄭᅳ다', '惹'에 대해서는 '잇ᄭᅳ다→ᄭᅳ을다'의 변화를 나타내고 있는 것은 그들 간의 유의 충돌의 산물로 여겨진다. 문헌자료에 나타나는 당시 이들 자석어를 살펴보면, '혀다'는 '引'과의 대응을 절대적으로 했고, '잇ᄭᅳ다'는 '牽'을 주축으로 '拏', '携' 등과 연합하여 쓰인 예를 찾을 수 있다.

(35) a. 雲霞 ᄭᅵᆫ 남근 녀가매 서르 **혀고**(雲樹行相引)(杜解5:5)
b. 仙山애 ᄇᆡᄅᆞᆯ **혀** 가노라(仙山引舟航)(杜解1:56)

(36) a. 다ᄅᆞ니ᄂᆞᆫ ᄆᆞᆯ 잇그러 가쟈(別箇的牽馬去來)(老解上30:6)
b. 업고 안고 잇글고 ᄃᆞ리고 흐치여(保抱携持散而之)(京畿綸:2)

그런가 하면 'ᄀᆞᅀᆞ다(ᅀᅳᆯ다)'는 '曳', '引', '撤', '牽引' 등의 한자에 대응되었다.

(37) 醴酒 듯ᄂᆞᆫ ᄡᅡ해 옷기슬 그ᅀᅳ고(曳裾置醴地奏)(杜解2:41)

그런데 당시 '혀다'는 대체로 추상적으로 인도하고 유도하는 의미가 농후한 것으로 이해된다.

(38) a. 經 ᄠᅳ들 **ᅘᅧ** 낼씨라(楞解1:5)
b. 달애야 **ᅘᅧᆫ** 후에(誘引後)(法華4:93)
c. ᄠᅳ들 **ᅘᅧ**니(引意)(楞解1:63)
d. 알ᄑᆡᆺ 그를 **ᅘᅧ**샤(引前文)(永嘉上:117)

위의 예문 (38)에서 '혀다'의 객체가 되는 대상은 '經 ᄠᅳᆮ', 'ᄠᅳᆮ', '글' 등이다. 그러나 조선기에 쓰인 '잇그다'의 용례에서는 다른 양태가 드러난다. 예컨대,

(39) a. 楚ㅅ ᄇᆡ를 百杖ᄋᆞ로 잇거(楚拖牽百杖)(杜解10:27)
b. 손목을 잇그러 내리니(牽其臂而出之)(五倫3:32)
c. ᄆᆞᆯ 잇글기 만히 ᄒᆞ면(牽着馬多時)(老解上:31)
d. 이 ᄆᆞᆯ 잇ᄭᅳ니 도라가고(牽廻送馬去)(老解下:33)

등에 쓰인 '잇그다'는 그 대상이 모두 'ᄇᆡ', '손목', 'ᄆᆞᆯ' 등 구체적 대상으로 '혀다'와는 유의적이지만 그 동작의 대상에 대한 변별적 요소가 다소 내재되어 있었던 것 같다. 한편 '이ᄭᅳ다'와 '그ᅀᅳ다'는 현대 국어에도 그 어형을 존속하고 있는데, 양자 사이의 의미 차이에서 '이끄다'는 "앞잡이로 서서 남을 따라 오게 하다", "약하거나 무지한 사람을 길 잡아 주다"이고 '끌다'는 "바닥에 댄 채 잡아 당기다", "자기 쪽으로 달리어 오게 하다" 등으로 풀이된다. 즉 '이끌다'는 "인도하다"의 의미로 그 대상이 사람이고, '끌다'는 구체적인 사물 대상을 잡아당기는

의미로 구별된다. 따라서 당시의 '잇그다'는 현대 국어의 '끌다'에 밀착된 의미 기능을 가진 것으로 의미 변화의 시대적 추이를 겪은 것이다.

결론적으로 '잇그다'는 '혀다'와 교체되면서 "인도하다", "유도하다"의 의미를 획득하여 현대어 '이끌다'로 이어져 왔고, '잇그다'와 '그ᄉᆞ다(ᄭᅳᆯ다)'는 구체적인 대상을 "잡아당기다"의 의미로 유의성을 보이다가 '끌다' 하나에 흡수 통합되어 오늘에 이르고 있는 것이다.

'**徐** : 나로여→천천'의 변화는 역시 유의어 사이의 경쟁의 결과로 나타난 어휘 교체로 설명된다. 물론 앞의 것이 폐어가 되었다. '날호다(날회다)'는 조선기의 여러 문헌에 광범위하게 나타나는데, 이것에 대응되는 한자는 '徐' 외에도 문헌에 따라 '遲', '遲遲', '慢', '慢慢的', '緩', '靡靡' 등으로 다양했다.

(40) a. 가ᄇᆡ야오며 므거우며 ᄲᆞ라며 **날호여** 옴애 죡히 ᄡᅥ(輕重疾徐足以)(小諺5:93)
b. 뷘골 아래로 **날호여** 도라가니(威遲哀壑底)(杜解1:17)
c. 아ᄋᆞ라히 녯 셔울히 머니 **날호야** 가ᄂᆞᆫ 길이 미도다(漠漠舊京遠遲遲歸路)(老解2:22)
d. 내 길흘 조차 **날회여** 오롸(我沿路慢慢的來(老解下:3)
e. ᄇᆞ지런홈과 삼감과 화홈과 **날회여** 홈ᄋᆞᆯ 닐으ᄃᆡ(勤謹和緩)(小諺6:48)
f. **날호야** 길흘 너머가니(靡靡踰阡陌)(杜解1:12)

또한 당시 이와 유의성을 가지는 단어로 '더듸다'를 들 수 있는데, 이도 한자 '徐', '遲'에 대응되었다.

(41) a. 명을 타남이 ᄲᆞᄅᆞ며 **더디욤**이 이시니(賦命有疾徐)(小諺5:26)
b. **더듸며** ᄲᆞ란 공이(遲速之功)(楞解4:100)

그러나 『新增類合』에 나타나는 자석에서는 양자를 구별하여 '徐'는 '날회다'로(下:17), '遲'는 '더디다'(下:57)로 다루었다, 본 유해서에도 마찬가지다(遲 : 더딀

지(倭語下:34)). 양자의 유의 관계는 대체로 보아 '날호다'는 어떤 동작의 속도가 느린 것을 중심으로 시간적으로 늦은 것을 포괄적으로 표현한 것이지만 '더듸다'는 후자인 시간적으로 늦은 것만을 표현하는 변별성이 있었던 것 같다. 따라서 양자는 현대 국어의 '느리다'와 '늦다'에 불완전하게나마 상응할 것으로 보인다. '날호다'가 소멸한 후 '더듸다'는 그 포괄적 의미 기능을 부여받아 현대 국어에 이른 것으로 추정된다.

또 한편으로는 '늦다'가 있어 이들과 유의 경쟁을 벌인 것으로 보이는데, 당시 '늦다'는 '緩'과 '晩'의 자석으로 나타났다.

느즐 완: 緩(類合下:17)/ 느즐 만: 晩(字會上:1)

그때 일반 어휘로 쓰인 '늦다'는 속도와 시간의 전후 관계를 둘 다 나타내었다. '緩'은 '遲'와 더불어 '드듸다'의 의미를 가졌는데, 본 유해서에서는 '눅을 완: 緩(倭語下:34) → 느즐 완: 緩'(日語下:32)의 자석 변화를 보여 준다.

그런가 하면 '천천'은 문헌에 등장하는 예가 거의 없어 그 쓰임이 그다지 활발하지 못했던 것 같다. 어형은 '쳔쳔ᄒᆞ다'와 부사 '쳔쳔이'가 극소하게 눈에 띌 뿐이다. 후대에 나타난 『字類註釋』에서도 '徐: 쳔쳔홀 셔'(上:25)와 '娧: 쳔쳔홀 틔'(上:55)가 보이는데, 그 자석을 '緩也', '遲也'로 기재한 것을 보면, '쳔쳔'은 이때까지도 "느리다"와 "늦다"의 양의를 공유하고 있었던 것 같다. 이는 현대 국어에 와서 속도만을 나타내게 되었고, 그 형태도 부사형인 '천천히'로만 쓰이는 제약을 보이고 있다. 어쨌든 '날호다'는 '더듸다', '늦다', '쳔쳔ᄒᆞ다' 등의 유의군과 더불어 복잡한 유의 경쟁을 치른 후 퇴화한 것으로 정리된다.

'**搜** : 뒬→수탐홀'의 교체에서 동사 '뒤다'는 '뒤지다'의 어형 변화로 현대 국어에 이르렀는데 당시의 문헌 속에서 그 사용 예를 찾아보기는 힘들다. 그저 아래의 예들이 산견될 뿐이다.

(42) a. 집 뒤다: 膽房子(譯語上:66)
　　b. 뒤다: 搜檢(同文下:30)
　　c. 개가 즘싱 뒤다(狗嗅尋牲)(漢淸10:22)

따라서 '뒤다'는 한자 '瞻', '搜', '尋' 등에 대응되었는데, 여기에서 한자 '尋'의 자석인 '춫다'와의 유의성을 상정할 수 있다. '춫다'는 '尋', '訪', '覓', '索' 등 한자의 자석으로 나타나며,

ᄎᆞ즐 심: 尋(類合下:61),(石千:31)/ ᄎᆞ즐 심(倭語下:42)/ 챠즐 심: 尋(字類下:45)/ 챠즐ㅅ방: 訪(字類下:26)/ 챠즐 멱: 覓(字類上:63)/ 챠즐 삭: 索(字類下:62)

일반 어휘로도 한자 '尋'과 '搜'에 대응되어 여러 문헌에 광범하게 나타난다.

(43) a. 뫼ᄒᆞᆯ 춫던 격지오(尋山屐)(杜解16:22)
　　b. ᄆᆞ을로 ᄃᆞ니며 극진이 춫고(行閭里極意搜)(慶洪綸:3)

현대 국어에서 '찾다'는 두 가지의 양의적 구조를 지녔다. 첫째는 "감춘 것이나 잃어버린 것을 뒤져 살피다"이고, 둘째는 "탐승하다", "만나러 가다"이다. 전자는 한자 '搜'에 해당될 것이고, 후자는 '尋'에 해당될 것이다. 따라서 현대 국어 '찾다'와 당시의 '뒤다'와의 유의 관계를 따져 본다면 전자의 의미로 그 공통분모를 설정할 수 있을 것 같다. 결국 '뒤다'는 후대에 와서 '뒤지다'로 어형이 변화되어 현대에 이어졌고, '搜'의 자석은 현대 국어의 '뒤지다'와 '찾다'의 의미를 공유한 한자어 '搜探(수탐)ᄒᆞ다'로 바뀐 것이다.

이 외에도 '脾: 만화→길아', '鞘: 갑풀→칼집', '褌: 고외→속것', '屐: 격지→나무신', '藜: 도ᄐᆞᄅᆞᆺ→명아주', '狵: 더펄개→삽살개', '龍: 미르→농', '麴: 여ᄒᆡ→ᄭᅮᆺ술' 등의 자석어 교체는 대부분 구명칭을 버리고 새 명칭으로 바꾼 것으로, 두 명칭 사이에 공시대의 어휘 경쟁의 흔적은 보이지 않는다. 특히 '龍: 미르'와

같은 자석은 보수성에 의해 고석을 그대로 유지하고 있는 것으로, 당시에 유통되는 일반 어휘와는 엄격히 구별된다. 따라서 문헌의 예문 속에 쓰인 용례는 찾을 수 없다.

5. 유의어 간의 교체

이 절에서 다룰 항목들은 전후대의 두 자석이 일반 어휘로 현대 국어에까지 상존하는 부류이다. 이는 전대의 자석어가 시대적 추이에 따라 의미가 변화함으로써 그 한자의 자석으로 알맞지 않아 다른 자석어로 교체되는 경우와 두 자석어 사이의 유의성에 의해 교체된 경우로 나뉜다.

陷: 써질 함(上:8) → ᄲᆡ질 함(上:8)
頰: 보죠개 협(上:16) → ᄲᅣᆷ 협(上:16)
痓: 암글 젼(上:50) → 나을 전(上:54)
錘: ᄃᆞ림 츄(下:13) → 처울추 추(下:11)
鞦: 고ᄃᆞᆯ개 츄(下:17) → 밀치 추(下:15)
泊: 부틀 박(下:18) → 대일 박(下:16)
莞: 요향 관(下:30) → 삿자리 관(下:27)
叢: 퍼기 총(下:31) → ᄠᅥᆯ기 총(下:28)
減: 덜 감(下:32)→감ᄒᆞᆯ 감(下:29)
添: 보탤 텸(下:32) → 더ᄒᆞᆯ 첨(下:29)
緩: 눅을 완(下:34) → 느즐 완(下:32)
嚇: 저힐 하(下:35) → 노ᄒᆞᆯ 혁(下:32)
耽: 즐길 탐(下:35) → 탐ᄒᆞᆯ 탐(下:32)
取: 취ᄒᆞᆯ 취(下:35) → 가질 취(下:33)
授: 맏질 슈(下:36) → 줄 수(下:33)
結: 밀 결(下:36) → ᄆᆡ즐 결(下:33)
硬: 셀 경(下:36) → 굿을 경(下:33)
趂: ᄯᆞᄅᆞᆯ 진(下:37) → 다다롤 진(下:34)

灾: ᄌᆡ화 ᄌᆡ(下:37)→ᄌᆡ앙 ᄌᆡ(下:35)
賂: 션물 로(下:39)→뇌물 로(下:36)
常: 덛덛 샹(下:39)→ᄒᆡᆼ상 상(下:37)
惹: 읻글 야(下:41)→ᄭᅳ을 야(下:39)

위의 예시어들을 자석어의 의미 변화, 공시대 타 유의어와의 경쟁 관계, 다른 동석어와의 상관관계 등으로 구분하여 간략하게 분석 기술하고자 한다.

'**陷** : ᄡᅥ질→ᄉᆡᆨ질'의 자석어 변화는 'ᄡᅥ지다'의 의미 변화에 따른 자석의 교체이다. 'ᄡᅥ지다'가 '陷'의 자석으로 나오는 예는 본 유해서 외에도 더 있다.

뻐딜 함: 陷(字會下:17),(類合下:59)

그런데 15세기 국어에서 '뻐지다'는 현대 국어의 '빠지다'와 '꺼지다'의 양의를 가졌다. 당시 이러한 두 의미에 상응하는 한자로는 '빠지다'에 '溺', '沒', '陷沒', '泊沒', '淪'이 해당되고, '꺼지다'에 '陷'이 해당된다.

(44) a. **ᄡᅥ딘** ᄆᆞᄅᆞᆯ 하ᄂᆞᆯ히 내시니(墮溺之馬 天使之迸)(龍歌:37)
b. 녜 盜賊의게 **ᄡᅥ디니** 되 ᄆᆞ리 潼關을 侵犯ᄒᆞ니라(昔陷沒胡馬犯潼關)(杜解5:18)
c. 이제 니ᄅᆞ도록 ᄀᆞ마니 이셔 드트레 **ᄡᅥ뎌슈믈** ᄎᆞ마 ᄒᆞ노라(至今忍爲塵埃沒)(杜解2:33)
d. 一生에 서로 **ᄡᅥ뎻노니** 時節人物은 제 蕭森ᄒᆞ얏도다(生涯泊沒時物自蕭森)(杜解3:14)

•(45) a. 어름이 **ᄡᅥ뎌** ᄲᅡ뎌 죽게 ᄒᆞ고(氷陷溺死)(東新3:165)
b. 宁를 當ᄒᆞ야 王座ㅣ **ᄡᅥ디옛고**(宁陷王座)(杜解4:20)

이와 함께 후대에 나타나는 'ᄲᅡ지다'도 한자 '溺', '陷', '沒', '落', '投', '赴' 등에 상응하여 'ᄡᅥ지다'와 유의 관계에 놓이기에 이르렀다.

(46) a. 그 후에 勃은 南海예 **빠디고**(其後勃溺南海)(小諺6:110)
b. 아비 일즉 므레 **빠디거늘**(父嘗溺死)(東新3:147)
c. 그 어미 믈에 **빠뎌** 죽거늘(其母投水死)(東新6:290)
d. 그 안해 채시 므레 **빠뎌** 죽고(其妻蔡氏赴水死)(東新3:165)

(47) a. 잇다감 가도여 미임애 **빠디ᄂᆞ니**(往往陷水縶)(小諺5:24)
b. 몸이 올티 아니ᄒᆞᆫ딕 **빠디디** 아니ᄒᆞᄂᆞ니라(身不陷於不義)(小諺5:24)
c. 항거시 죄예 **빠딜** 거시니(主必陷罪)(東新9;31)
d. 天下를 더럽고 흐린 딕 **빠디게** ᄒᆞ니(溺天下於汚濁)(小諺5:12)

'빠디다'는 그 주체와 장소의 항을 요구하는 동사인데, 예 (46)에는 구체적 장소('南海', '믈')가 왔고, 예 (47)에는 추상적 장소('미임', '올티 아니ᄒᆞᆫ 딕', '죄', '흐린 딕')가 왔다. 이와 보조를 같이하여 『字類註釋』에서는 '빠디다'의 자석을 가진 동석 한자가 '溺', '墊', '淪', '沒', '陷' 등으로 상당수 나타난다. 본 유해서에도 '溺'의 자석은 '빠질 닉'(上:10)으로 되어 있다.

현대 국어에서 '꺼지다'는 "속이 곪아서 우묵하게 들어가다"의 어의를 가지며, '빠지다'는 "물이나 구덩이에 떨어져 들어가다"의 의미로 서로 구별된다. 통사적 구조는 '-이 꺼지다'와 '-이 -에(에게) 빠지다'의 차이가 있다. 결국 양 자석은 역사적으로 "빠지다"의 의미를 공유함으로써 '陷'의 자석으로 존립할 수 있었던 것이 후대에 와서 서로 변별적 의미를 가지게 되면서부터 '꺼지다'는 자석에서 물러나고 유의화하여 현대까지 공존하는 것이다. 자료 속의 대역 일본어는 '落とし穴'(함정)에서 'はまる'(떨어지다, 빠지다)로 교체되어 '陷沒'에서 '陷落'으로 바뀐 잔재를 보여준다.

'**頰** : 보죠개→뺨'의 교체는 '볼'의 부위를 지칭하던 '보죠개'가 볼의 어느 한정된 부위를 가리키는 것으로 의미 영역이 축소되자 자석의 일탈이 생겨 물러나고 그 대신 '뺨'으로 바뀐 것이다. 현대 국어의 '보조개'는 볼에 오목하게 우물져 들어간 자국을 말하는데, 당초 '보조개'가 지칭하던 부위는 볼 전체였던 것 같다. 이는 '髩生處'를 가리키는 '보죠개 협 : 頰(字會上:25)과 '笑印'을 가리키는 '보죠개우믈'(譯補:21) 등의 어례로부터 미루어 알 수 있다.

그런데 조선어에서 '볼'이란 단어는 존립하긴 했지만 그 용례가 매우 드물게 나타났고, 그 당시 'ᄲᆞᆷ'이란 단어도 공시적으로 공존했다.

(48) 볼이 브으며(辟新:1)
ᄲᆞᆷ 싀: 腮(類合上:21),(倭語上:16)/ ᄲᆞᆷ: 腮頰(譯語上:10)

현대 국어에서 '뺨'과 '볼'의 지칭 부위를 설명하자면, 대체로 '뺨'은 얼굴 중 코와 귀, 눈과 입 사이에 있는 넓이의 살을 가리키고, '볼'은 광대뼈와 어금니 부근을 덮고 있는 살을 가리킴으로서 전자가 후자보다 넓은 부위를 점유하고 있다(임홍빈 1993:346). 이러한 사실은 양본의 일본어 대응 예에서도 드러난다. 앞의 '보죠개'는 'ほおさき'로 뺨의 끝부분을 가리키고, 뒤의 'ᄲᆞᆷ'은 그냥 'ほお'로 뺨을 나타낸다. 결국 달랐던 '頰'과 '腮'의 자석이 'ᄲᆞᆷ' 하나로 통합된 결과를 낳았다.

'痊 : 암글→나을'의 교체는 '암글다'의 의미 적용 영역이 축소됨에 따라 본래의 영역을 가진 '낫다'로 바뀐 것이다. '암글다'는 현대 국어의 '아물다'로 그 어형을 유지해 오고 있는데, 그 의미 용법은 대체로 외상인 부스럼이나 상처가 나아 맞붙는 것을 가리킨다. 당시 '암글다'는,

(49) a. 암근 ᄉᆞᆯ콰 갓괘(完膚肌)(杜初8:2)
b. 栴檀香 ᄇᆞ라면 즉자히 암ᄀᆞᄂᆞ니라(月釋1:27)
c. 헐므수미 암ᄀᆞ라 가ᄂᆞ니(瘡痍合)(杜初24:49)

등의 용례에서 보면 그 대상이 'ᄉᆞᆯ', '갓', '瘡' 등이며, 약을 바르는 것으로 미루어 보아 살갗이나 종창 등의 외상을 치유하는 것으로 현대 국어의 어의와 다를 바 없다. 그런가 하면,

(50) a. 모미 암ᄀᆞᆯ고(月釋10:31)
b. 道器 암ᄀᆞ디 아니ᄒᆞ면(道器不完)(楞解6:106)
c. 헌 옷이 암ᄀᆞᆯ며(月釋8:82)

등에서는 그 대상이 '몸', '道器', '헌 옷' 등으로, 이것이 튼튼해지고 온전해지는 '全', '完'의 한자에 상응하는 의미 기능을 가졌다. 따라서 '암글다'는 피부나 종창 등의 외상뿐만 아니라 내과적 질환, 그리고 추상화로 그 적용 범위가 확장되어 다른 사물에까지 "온전해지다"의 의미로 쓰이는 넓은 외연을 보여주고 있다. 이것이 외상에 국한하는 영역으로 축소 현상을 보임으로써 한자 '痊'의 자석으로는 적합하지 않게 되자 보다 포괄적인 의미를 가진 '낫다'로 바뀐 것으로 여겨진다.

'낫다'는 의미소 〈愈〉와 〈勝〉의 동음어를 가지고 있지만 이들은 다의 간의 유연성이 상실되므로 두 개의 단어로 분리된 것으로 생각된다. 이를 뒷받침할 수 있는 것은 '愈'='癒'='瘉'라는 점과 본래 '愈'의 자석이 "勝也", "賢也", "益也", "甚也", "病差", "過也"인데, 그 속에 '病差'가 엄존했다는 사실로 미루어 알 수 있다.

'**錘** : ᄃᆞ림→저울'의 어휘 교체는 동일 지시물에 대한 명칭의 변화이다. '저울 추'를 고어에서는 'ᄃᆞ림쇠'라고 했는데, 'ᄃᆞ림'이란 자석은 다른 자석서에도 흔히 나온다.

ᄃᆞ림 튜: 錘(字會中:11)/ ᄃᆞ림 권: 權(字會中:11)

따라서 '錘'와 '權'은 동석의 한자로, '權'은 또 다시 더 구체적인 'ᄃᆞ림쇠'의 자석을 얻기도 했다.

ᄃᆞ림쇠 권: 權(類合下:20)

(51) 權은 저욼 ᄃᆞ림쇠니(釋譜13:38)

'鞦 : 고ᄃᆞᆯ개→밀치'의 교체는 피지시 대상의 명칭이 세분화되기 전에 함께 쓰인 유의어끼리 바뀐 것이다. '고들개'와 '밀치'는 말이나 소에 부착된 기구로 현대 국어에도 존속하고 있는 단어인데, 그 지칭 부위가 조금 다르다. 전자는 안장의 가슴걸이에 다는 방울이나 말의 굴레의 턱 밑으로 돌아가는 방울이 달린 가죽을 가리키고, 후자는 안장이나 길마에서 마소의 고리 밑에 거는 나무 막대기를 가리킨다.

이러한 명칭의 구별이 그 당시에는 분화하여 언중에게 인식되지 않았던 것 같다. '고ᄃᆞᆯ개'는 여러 가지 한자의 자석으로 쓰였다.

고ᄃᆞᆯ개: 緧(四解下:69)/ 고ᄃᆞᆯ개 츄: 鞧(字會中:27)/ 고ᄃᆞᆯ기: 鞦(柳物一毛)

여기에 한자 '緧' = '鞧' = '鞦'는 동일자로 말의 고삐를 가리키는데, 당시의 '고ᄃᆞᆯ개'는 여러 가지의 피지시 대상을 함축적으로 가리킨 명칭으로 보인다. 또한『字類註釋』에서는 '鞦 : 근에 추(上:74)'로 '근에'(그네)의 자석을 보이기도 하고, '고돌기'는 '韉'(下:70)의 자석으로 처리되기도 했다.

'泊 : 부틀→대일'의 교체는 다의적 대상의 전의로 설명된다. 즉 '宿泊'에서 '碇泊'으로 옮아간 것인데, 양의는 "머물러 쉬다"라고 하는 공통 의미를 가진다. 고어에서 '븥다'가 "숙박하다"의 의미로 사용된 예는『杜詩諺解』를 중심으로 더러 보이는데, 결국 이와 같은 상용 자석의 교체는 그 지시 의미의 대상이 바뀐 것으로 풀이된다. 일본어 대역어로는 양의를 함께 가진 'とまる'(정박하다, 숙박하다)를 썼다.

'莞 : 요향→삿자리'에서 '요향'은 '왕골'이라 불리는 '小莞草'를 말한다. 일본어 대역어에는 'いぐさ'(골풀, 등심초)로 나온다. '莞'의 자석은 다른 문헌에도 적잖게 나타난다.

요향 관: 莞(字會上:8)/ 요향: 水蔥草(譯語下:40)/ 요향: 水蔥(物譜 雜草)

'莞'의 자석이 '요향'에서 '삿자리'로 옮아간 것은 재료와 그것을 만든 물건 사이의 유연 관계에서 이뤄진 것이다. 삿자리는 갈대를 엮어서 만든 자리로, 고어에서 그냥 '삿(삳)'이라고도 했다. 이것의 대응 한자는 '簟'으로 자석서나 다른 문헌에도 나타난다.

삳 뎜: 簟(字會中:11),(類合上:24)

(52) a. 벼개와 **삳** 가지고(枕簟)(杜解9:25)
b. **사ᄐᆡ** 눕고져(臥簟)(杜解15:9)

또 한편 '삿'은 한자 '席'에 대응되면서 '자리'의 의미가 두드러진 경우도 있다.

(53) a. **삿근** 업거니와(席不沒)(老解上:23)
b. **삿글** 가져다가(席子來)(老解上:23)
c. **삿** : 炕席(同文上:58)

'**叢** : 퍼기 → ᄯᅥᆯ기'의 교체는 유의어 사이의 유연성에 의한 평면적 교체로 설명된다, 현대 국어에서 '포기'와 '떨기'는 식물의 뿌리와 줄기를 지칭하는 의미를 공유하고 있으나, 엄밀하게 따지면 '포기'는 식물 낱개를 헤아리는 수량 단위로 쓰인다는 점과 '떨기'는 꽃과 관련된다는 점에서 다소 차이가 있다. 고어에서 '퍼기'나 'ᄯᅥᆯ기'는 다 같이 한자 '叢'에 대응되고 있는데,

(54) a. 믿 **퍼기**예(本叢)(杜初6:53)
b. 桂樹ㅅ**퍼기**ᄅᆞᆯ 守ᄒᆞ야(守桂叢)(杜初7;16)
c. **퍼기**옛 菊花ㅣ(叢菊)(杜初10:23)
d. 곳퍼기: 花叢(譯譜:50)/ 곳**ᄠᅥᆯ기**ᄅᆞᆯ(花叢)(杜初13:31)

ᄠᅥᆯ기 총: 叢(類合上:19)/ ᄯᅥᆯ기 총: 叢(字類下:48)/ ᄯᅥᆯ기 총: 叢(字類下:49)/
ᄯᅥᆯ기 라: 朶(字類下:48)

'퍼기'의 경우 식물의 수량 단위를 나타내는 분류사(classifier)로서의 예문도 눈에 띈다.

(55) 플 흔 퍼기 나셔(五倫1:44)/ 흔 퍼깃 사미(一科麻)(朴初上:40)
세 퍼기 나(五倫1:44)

'**減** : 덜→감홀'의 교체는 서로 유연적인 자석인 ① "損也"와 ② "除去"가 서로 바뀐 상용석의 교환이라 할 수 있다. 조선조에 쓰인 동사 '덜다'는 한자 '除'를 중심으로 '減', '省', '紓', '免', '損' 등에 대응되는 넓은 분포를 보이는 반면, '감ᄒᆞ다'는 '減' 하나만으로 대응되는 극히 좁은 분포를 보이고 있다.

(56) a. 맛당히 특별히 그 罪를 더러 뻐 정표홀 거시라(宜特除其罪以旌之)(小諺6:43)
b. ᄡᆞᄅᆞᆯ 더러내야 흔 ᄇᆡ옛 사ᄅᆞ몰 흐터주어(減米散同)(杜解2:13)
c. 요ᄉᆞ이 ᄆᆞ이 덜고 간약ᄒᆞ기를 더어(近年以來痛加省約)(慶觀綸:3)

『字類註釋』에 나타나는 양 자석은 '損 : 덜 손'(下:47)과 '減: 감홀 감'(下:47)이다. 다른 문헌을 통해 양 자석의 통시적인 추이 과정을 살펴보면 역시 동일한 양태를 나타내고 있다.

덜 감(類合), 더러(東新), 덜다(杜重), 덜고(老解)/
감홀 감(字類),(字典),(通學經綸)

양 유해서에 병기한 대역 일본어는 앞의 것이 '減る'(줄다)이고 뒤의 것이 '減す'(줄이다)로 구별되었으나 우리말 자석의 의미를 변별하는 기제로 역할하지는 않는다.

'**添** : 보탤→더홀'도 유의어 간의 교체로, 자석 중 ① "益也"와 ② "附加"가 서로 바뀐 것이다. 조선기의 '보타다(보ᄐᆡ다, 보태다)'는 주로 한자 '補'와 '裨'의 자석

으로, 또는 그의 대응어로 쓰였는데,

보탤 비: 裨(類合下:24)

(57) a. 補는 **보탈**씨오(月釋2:8)

b. 각 고을에 눈화 뻐 진즈를 **보태게** 호고(各邑以補賑資)(慶觀綸:3)

때로는 '添'과 '作'에 대응되기도 했다.

(58) a. **보타여** 먹음이(添着吃)(朴新1:2)

b. 월과미도 이톄로 진즈에 **보태되**(月課米一體留作賑資)(原嶺綸:6)

그러나 후대에 와서 이들의 자석은 '기우다'로 교체되었다.

補: 기울 보(倭語下:32),(字類上:85)/ 裨: 기울 비(字類上:85)

한편 '더호다(더으다)'는 '添', '增', '益', '加'의 공통 자석으로 등장하고,

더을 텸: 添(字會下:11)/ 더을 증: 增(類合下:45),(石千:14)/ 더을 익: 益(類合下:45),(石千:14)/ 더을 가: 加(類合下:45)/ 더홀 가: 加(倭語下:32),(日語下:29)

일반 어휘로도 '加', '益', '增', '添', '重',' 勝', '滋' 등 다양한 한자에 대응되어 광범한 분포를 보이고 있다.

(59) a. 왼녀긔 호 點을 **더으면**(左加一點)(訓諺)

b. 益은 **더을**씨라(月釋序:11)

c. 어리고 지믈이 하면 그 허믈을 **더으느니**(愚而多財則益其過) (小諺6:83)

d. 增은 **더을**씨라(月釋序:15)

e. 히여곰 죄를 **더으게** 말올디어다(勿使增罪戾)(小諺5:25)

f. 더욱 意識을 **더으리니**(轉添意識)(蒙法:56)

g. 그 의심호고 두려워호는 모음을 **더호게** 호느니(重其疑懼之懷)(臣庶綸:11)

h. ᄂᆞᆾ비치 ᄒᆡ요미 누니라와 더으리니(顏色白勝雪)(杜解1:5)

문헌 자료에서 보면, '添'은 "보태다"와 "더으다"의 양의로 쓰였지만 후자의 경우가 훨씬 넓은 분포를 보여 주었다.

'**緩** : 누을→느즐'의 변화도 유의어 간의 교체이다. 조선 시대의 '눅다'는 한자 '紓', '寬', '緩', '弛', '抑' 등의 의미로 쓰였는데, 그 통용되는 일반적인 어형은 대개 사동형인 '누기다'가 많았다.

(60) a. 다시 ᄒᆞᆫ을 누기기를 허ᄒᆞᄂᆞ니(更許緩限)(湖南綸:5)
b. 가히 ᄇᆡᆨ셩의 손발을 누길 양이면(可以寬民手足)(湖南綸:5)
c. 그 능히 ᄆᆞᄋᆞᆷ을 누기지 못ᄒᆞ야(其不能弛心)(御制戒綸:8)
d. ᄇᆡᆨ셩의 힘을 누기고(紓民力而)(京畿綸:1)

또한 '눅다'는 후대의 『字類註釋』에서는 여러 한자의 자석으로 쓰였는데, 그 석은 "緩也", "紓也", "遲也", "寬綽也", "帶緩也", "絵解也" 등이었다.

嘽: 눅을 쳔(下:43)/ 繟 눅을 쳔(上:87)/ 絵: 눅힐 셔(上:87)/ 紓: 눅힐 셔(上:55)/ 綽: 늑을 쟉(上:87)/ 緩: 눅을 완(上:55)/ 儇: 눅을 완(上:69)

한편 '늦다'는 '遲', '緩', '寬' 등의 한자어에 대응되어 쓰였고, 자석서에도 '느즐 완: 緩(類合下:17) 등이 나타남으로써 '緩'의 공유점을 상정할 수 있다.

(61) a. 엇디 일즉 그ᄃᆡ를 ᄒᆡ여곰 느저 일에 밋디 몯ᄒᆞ라 ᄒᆞ리오(何嘗教賢緩不及事)(小諺6:48)
b. 술 먹어도 늦디 아니커니ᄯᆞ녀(喫酒也不遲裏)(老解下:6)
c. 비록 주거도 時ㅣ 오히려 느즈리라(死時猶寬)(杜解4:10)

'눅다'는 현대 국어에 그대로 어형을 유지하여 "반죽 등이 무르거나 습기가 있어 부드럽다", 또는 "성질이 너그럽다"로 풀이되고 있는데, 이러한 성상(性狀)을 속도에다 적용시키면 곧 "느리다", "더디다"의 의미가 파생된다. 조선조 문헌 속에 나오는 '눅다'는 '누근 플 : 稀糊'(救簡1:22), '힘을 닐위려 ᄒᆞ노니 너모 눅노라'(小諺6:107), '마음이 다 눅다니'(靑丘:18)에서 보듯이 그 주체가 '플', '힘', '마음' 등으로 그것의 모양이나 성질이 부드럽고 너그러운 것을 지칭한다. 그 사동형인 '누기다'의 쓰임도 이와 마찬가지다.

누길 유: 宥(類合下:10)

(62) a. 弛ᄂᆞᆫ 누길씨라(月釋下:13)
b. 뜨들 누규리라 ᄒᆞ샤(釋譜6:9)

성상을 나타내는 형용사 '눅다'와 속도를 나타내는 '늦다'는 유사 지각으로 동일 연상 범주에 공존하는 유의어로서, 그들 사이의 상호 교체는 예견하기가 어렵지 않다.

'嚇 : 저힐→노홀'의 변화는 동일 한자의 다의적 별개 자석으로 상용석이 바뀐 것이다. '嚇'의 현대 자석은 ① "웃을 하"(笑也), "으름 하"(恐動) ② "노할 혁"(怒也), "꾸짖을 혁"(叱也)으로, 두 개의 별개 자음과 별개 자석을 가지고 있다. 이들 두 자석 사이에는 긴밀한 유연성이 개재되어 있는 것 같지 않다. '저히다'는 '젛다'와 동근인 사동사로 "위협하다"의 어의를 가지는데, 자석서에는 '젛다' 형태가 나온다.

저흘 외: 畏(石千:34)/ 저흘 파: 怕(類合上:15)/ 저흘 공: 恐(石千:37)

그러나 '젛다'는 일반 어휘로 '怕', '畏', '恐', '懼' 등의 한자에 대응되어 쓰이는데 반해, '저히다'는 '刦', '懾', '脅' 등에 대응됨으로써 변별력을 가졌다.

(63) a. 저컨대 네 밋디 아니커든(怕你不信)(老解33:1)
b. 내 性이 病을 저티 아니ᄒᆞ노라(衮性不畏病)(小諺6:67)

c. 迷失ᄒᆞ야 ᄃᆞ라나 머믈올가 저페라(<u>恐怕</u>迷失走了)(老解104:3)
d. 모ᄃᆞᆫ 션ᄇᆡ 저허 복죄ᄒᆞ여ᅀᅡ(諸生<u>恐懼畏</u>伏)(小諺6:4)
e. 물러오면 저허 敢히 ᄒᆞᆫ 말ᄋᆞᆯ 내여(退則<u>惴惴</u>不敢出)(小諺5:73)

(64) a. 劫은 저히고 아슬씨라(楞解4:93)
b. 大威ᄂᆞᆫ 龍ᄋᆞᆯ 저히고(大威<u>懾</u>龍)(法華1:51)
c. 부러 저히샤 살아 자ᄇᆞ시니(故<u>脇</u>以生執)(龍歌:115)

'젛다'는 후대에 와서 '두렵다'로 어휘가 교체되었다.

恐: 두려옳 공(字類上:50)
怕: 두려울 파(字類上:50)
懼: 두려울 구(字類下:57)

이와는 달리 '두리다'가 "무섭게 여기다"의 의미로 쓰여 여러 한자의 자석으로 채용되었다.

畏: 두릴 외(倭語下:21)/ 두려울 외(日語上:22)
懼: 두릴 구(類合下:15)
惶: 두릴 황(類合下:15)
悚: 두릴 송(石千:37)

한편 '노ᄒᆞ다'는 자석서에 '怒: 노ᄒᆞᆯ 노'(倭語上:23, 日語上:25), '노ᄒᆞᆯ 분: 忿'(類合下:35)이 나타나며, 일반 어휘로는 주로 한자의 자음을 채용한 '怒'에 대응된 분포를 보일 뿐이다. 그런데 이들의 어휘 교체는 대역 일본어에서도 나타난다. 전대의 것은 '驚く'(놀라다)이고, 후대의 것은 '威す'(위협하다, 무섭게 하다)이다.

'**耽** : <u>즐길→탐ᄒᆞᆯ</u>'의 자석 변화도 역시 유의적 교체로 풀이된다. 동사인 '즐기다'는 "嗜", "樂", "耽"의 자석으로 등장하는가 하면,

즐길 기: 嗜(字會下:13),(倭語上:49),(日語上:25)
즐길 락: 樂(類合下:3),(倭語上:23),(日語上:25)
즐길 탐: 耽(石千:33)

후대의 『字類註釋』에서는 한자 '衎'(上:48), '樂'(下:39), '耽', '般'(上:74), '嗜'(上:51), '謠', '娛', '懽', '僖'(上:48) 등의 자석으로 동석의 폭을 넓혔다. 이에 편승하여 '즐기다'는 일반 어휘로도 한자 '樂', '肯', '耽', '嗜', '繁', '好', '喜', '娛', '歡', '悅', '劇' 등과 어울려 광범하게 쓰였다.

(65) a. ᄂᆞᄆᆞᆫ 즐기ᄂᆞᆫ 나ᄅᆞᆯ 아니 즐겨(人樂之日獨不樂)(龍歌:92)
b. 또 즐겨 므슴 손인양 ᄒᆞ리오(又肯做甚麽客)(老解76:4)
c. 벼슬ᄒᆞ여셔 리를 즐김이 얻은 배 심히 적고(作官嗜利所得甚少)(老解 11:5)
d. 즐겨 ᄀᆞᄅᆞ치ᄂᆞ냐(耐繁教那)(老解11:5)
e. 正을 즐교ᄃᆡ 구디 사ᄒᆞ며(好正而固邪)(楞解7:3)
f. 됴ᄒᆞᆫ 사ᄅᆞᆷ 업다 ᄒᆞᄂᆞᆫ 세 字ᄅᆞᆯ 즐겨 닐으는 이ᄂᆞᆫ(喜言無好人三字)(小諺6:76)
g. 권당읫 사ᄅᆞᆷ과 故舊와 손ᄃᆞᆯᄒᆞᆯ 請ᄒᆞ야 서르 더블어 즐기며(請族人故舊賓客相與娛樂)(小諺6:81)
h. 서르 즐겨 친압히 홈으로써(以相歡狎)(小諺5:76)
i. 하야로비 모다 ᄂᆞ니 키 ᄆᆞᆯ로ᄆᆞᆯ 즐기놋다(白鷺群飛大劇乾)(杜解3:47)

그러나 교체형인 '탐(耽)ᄒᆞ다'는 한자의 자음을 자석의 어근으로 채용하여 '-ᄒᆞ다'를 붙인 것으로, 고문헌에서는 『小學諺解』에 일부 나타날 뿐 현대 국어에는 쓰이지 않는 불용 자석어이다. 다만 한자어 중에 '耽溺'이나 '耽樂'과 같은 단어가 있어 이러한 '耽'의 의미에 연기되어 유의적으로 교체된 것 같다. 양본에 기재된 대역 일본어는 앞이 '好き'(좋아하다)이고 뒤가 '耽る'(열중하다, 마음을 빼앗기다)로 나타났다. 특히 '耽'의 자석어 변화는 『千字文』의 이본 속에서는 매우 다양한 변화를 보여 준다.

됴히 너기리 탐(大本)/ 귀울 탐(廣本)/ 즐길 탐(石本)/ 즐길 탐(書本)/ 질길 탐(周本)/ 즐길 탐, 구드리올 탐(註本)

'**取** : 취홀 → 가질'의 교체는 앞의 항목과 대조되는 형태이다. 자음으로 자석의 어근을 삼은 다의적인 자석어가 그것보다 좁은 의미역을 가진 고유어의 자석으로 교체된 것이다. '취하다'는 현대 국어에서도 그대로 어형과 의미를 유지하고 있는데, '取'는 다석을 가지고 있는 만큼 그 의미의 적용 영역도 매우 넓다. 대체로 '取'의 자석은 "거둘(收也)", "받을(受也)", "찾을(索也)", "빼앗을(奪也)", "들(擧也)", "장가들(娶也)" 등 여러 가지다. 이러한 다석의 양태는 결과적으로『千字文』의 이본 속에서도 다양한 석의 교체를 나타냈다.

아올(大本)/ 아올(廣本)/ 아올(石本)/ 가딜(書本)/ 추홀(周本)/ 가딜, 자블(註本)

'取'가 "가지다"의 자석으로 등재된 것은『類合』이나 후대의『字類註釋』에서도 마찬가지다.

가질 취: 取(類合下:40)/ 取: 가질 츄(字類上:63)

일반 어휘로 쓰인 '취ᄒᆞ다'와 '가지다'는 그 사용 범위에 있어 후자가 훨씬 넓다. 당시 '취ᄒᆞ다'는 '取' 하나의 한자에 대응하고 있으나 '가지다'는 '取' 외에도 '將', '得', '着', '拿', '去', '持', '把', '來', '有', '帶', '提', '執', '收', '掌' 등 많은 한자와 더불어 매우 광범한 분포를 보여 준다.

(66) 겨집이 다ᄉᆞᆺ 가짓 **취티** 아니홈이 인ᄂᆞ니(女有五不取)(小諺2:54)

(67) a. 일즉 믈 **가져** 텽의 오ᄅᆞ실ᄉᆡ(嘗取水上堂)(小諺4:16)
b. ᄆᆞᆯ과 뵈를 **가져**(將馬和布子)(老解上:13)
c. 青海ᄅᆞᆯ 이제 뉘 **가젯ᄂᆞ니오**(青海今誰得)(杜解5:12)
d. ᄆᆞ스거ᄉᆞ로 딥 **가져가료**(着甚麽將的草去)(老解上:29)

e. **가져오라** 내 보리라(拏來我看)(朴解上:3)
f. **가져** 도라오니라(持之而歸)(小諺6:22)
g. 뿍을 **가져다가**(把那艾來)(朴解上:38)
h. 술을 반만 취ᄒᆞ여 **가지고**(酒帶半酣)(老解下:48)
i. 항을 **가져다가** 믈 기러(提甕出汲)(小諺6:55)
j. 어버이 거상 **가져실** 제(執親之喪也)(小諺4:23)
k. 즉제 게셔 ᄒᆞᆫ 덩이 큰 돌흘 **가져다가**(就那裏拏起一塊大石頭上)
(老解上:25)

또 한편 '取'의 자석으로 나타난 것으로 '앗다'가 있는데, 이는 '奪'을 중심으로 '簒', '取', '收' 등의 한자로 대응되어 쓰임으로써 유의 관계를 상정할 수 있게 한다(奪: 아슬 탈(倭語下:36), 쌔아슬 탈(日語下:33)).

'**授** : 맏질→줄'의 변화는 두 개의 자석 "與也"와 "付也"가 서로 바뀐 유의적 교체이다. '맏지다'는 '주다'의 하위어로 양자는 하의 관계에 의한 유연성이 내재되어 있다. 따라서 그 유의 관계는 종속 관계에 의해 부분적인 유의성을 띨 뿐이다. '맏디(지)다'와 '주다'는 당시 공시대에 활발하게 유통되었던 동사로, 전자는 '付', '付與', '附', '任', '託', '授', '屬', '委', '賦' 등의 한자에 대응되어 쓰였고, 후자는 '賜', '給', '乞', '還', '與', '授', '收', '予', '遺', '贈', '加', '惠' 등으로 양자가 매우 넓은 분포를 보였다.

(68) a. 쟝ᄎᆞᆺ 國位 **맛됴** 제(將付國位)(楞解8:28)
b. 천량과 보비ᄅᆞᆯ **맛디다** ᄒᆞ니라(付與財寶云)(圓覺序:47)
c. 運을 **맛딘** 心行애(任運心行)(圓覺2:1)
d. 仁政을 **맛됴리라**(仁政將託)(龍歌:83)
e. 일로ᄡᅥ **맛뎌** 그 功 일옴을 다와ᄃᆞ며(授之以事而責其成功)(小諺5:81)
f. 쟝ᄎᆞᆺ 갈 적의 孝婦의게 **맛뎌** ᄀᆞᆯ오ᄃᆡ(且行時 屬孝婦曰)(小諺6:50)
g. 太子ᄭᅴ 政事 **맛디고**(委政太子)(法華4:154)
h. 社 제ᄒᆞ고 일을 **맛디며**(社而賦事)(小諺4:46)

(69) a. 四海ᄅᆞᆯ 년글 **주리여**(維彼四海肯他人賜)(龍歌:20)
b. 믄득 ᄯᅩ **주어** 쥬죡케 ᄒᆞ더라(輒復賑給)(小諺6:21)
c. 내 이젯 갑스로 조차 너를 **주리라**(我依着如今的價錢還你)(老解235:6)
d. ᄡᆞᆯ **주므란** 아ᄅᆞᆷ다온 소ᄂᆞᆯ 어즈리고(乞米煩佳客)(杜解2:45)
e. 스승이 免帖 ᄒᆞ나ᄒᆞᆯ **주ᄂᆞ니**(師傳與免帖一箇)(老解7:5)
f. 그 아ᄃᆞᆯ을 **주니** 즐겨 받디 아니ᄒᆞᄂᆞ니(予其子不肯受)(小諺6:75)
g. 치위예 오ᄉᆞᆯ **주ᄂᆞ다**(寒贈袍)(杜解8:61)

'맛디다'의 동석을 가진 한자로는 '授', '任'이 있고, '주다'의 동석자로는 '贈', '惠', '與', '賜', '給' 등이 있다.

授: 맏딜 슈(字類下:25)/ 任: 막낄 임(字類上:33)
줄 증: 贈(字會下:21)/ 贈: 줈 증(字類上:57)/ 줄 혜: 惠(類合上:10)/ 與: 쥴 여(字類上:58)/ 賜: 쥴 ᄉᆞ(字類上:59)/ 給: 쥴 급(倭語下:36),(日語下:33)

'**結** : ᄆᆡᆯ→ᄆᆡ즐'의 변화는 동일 어근의 어형끼리 유의성에 의해 교체된 것으로 파악된다. 현대 국어에서 '매다'와 '맺다'의 의미는 각각 "동여 묶다"와 "연결하여 결속하다"로 그 유의성을 예측할 수 있다. 그러나 양자 사이에는 엄밀한 의미의 차이가 내재한다(꽃망울을 *매다/맺다, 협약을 *매다/맺다, 결론을 *매다/맺다, 넥타이를 매다/*맺다(임홍빈 1993:269)). 당시의 'ᄆᆡ다'는 "締"의 자석으로도 쓰였고(ᄆᆡᆯ 톄: 締(類合下:26)), 일반 어휘로도 '結', '繫', '泊', '詮', '維', '著', '係', '着', '總', '縛', '纏' 등 많은 한자에 대응되어 쓰이는 다양성을 보였다.

(70) a. 壇 **ᄆᆡᄋᆞᇙ** 法 請ᄒᆞ야 묻ᄌᆞ오ᄆᆞᆯ 子細히 ᄒᆞ니라(請問結壇軌則之詳也)(楞解7:8)
b. 그려긔 바래 **ᄆᆡ욘** 거슬 難히 期約ᄒᆞ리로다(雁足繫難期)(杜解8:47)
c. ᄇᆞᆯ셔 城樓ㅅ 미틔 와 ᄇᆡᄅᆞᆯ **ᄆᆡ요니**(已泊城樓底)(杜解8:47)
d. ᄒᆞᆫ 권 죠ᄒᆡ를 녀허 허리예 **ᄆᆡ고**(一卷紙腰裏絟着)(老解49:2)
e. ᄇᆡ **ᄆᆡ야** 알ᄑᆡᆺ 개ᄅᆞᆯ 지어셔(維舟倚前浦)(杜解3:69)

f. 고텨 다ᄅᆞᆫ 뵈 치마를 ᄆᆡ야(更著短布裳)(小諺6:54)

특히 『月印釋譜』 序에 보면 '結'과 '繫'는 동석을 지닌 것으로 나타난다.

(71) a. 繫ᄂᆞᆫ ᄆᆡᆯ씨라(月釋序:3)
b. 結은 ᄆᆡᆯ씨오(月釋序:24)

또한 후대의 자석서인 『字類註釋』에서 보면, 'ᄆᆡ다'의 자석을 가진 동석 한자들이 상당수 등장한다.

繫: ᄆᆡᆯ 계(下:31)/ 紐: ᄆᆡᆯ 뉴(上:85)/ 累: ᄆᆡᆯ 루(下:31)/ 絏: ᄆᆡᆳ 셜(下:31)/ 綰: ᄆᆡᆯ 관(上:89)/ 縶: ᄆᆡᆯ 칩(下:70)

한편 '맺다'는 '結'을 중심으로 '繓', '締'의 자석으로 등장되는 예가 보이며, 일반 어휘로서의 용례는 대체로 '結'과 극소수의 '纈'에 연합된 것만이 산견될 뿐이다.

結: ᄆᆡ즐 결/ 繓: ᄆᆡ즐 촬/ 締: ᄆᆡ즐 톄(字類上:85)

(72) a. ᄇᆞᆯ셔 ᄡᅳᆫ거셔 다 ᄒᆞᆫ가지로 여르미 **ᄆᆡ잣도다**(甘苦齊結實)(杜解1:4)
b. **ᄆᆡ자** 문 노ᄒᆞᆫ 깁으로 결속ᄒᆞ더니(纈文絹爲資裝)(小諺6:96)

'硬 : 셀→굿을'의 변화는 "强也"와 "堅牢"의 유의적 자석 교체이다. 당시 형용사인 '세다'는 '剛', '强', '硬', '大' 등의 한자와 어울려 그 의미 기능을 수행했고, '굳다'는 '固', '堅', '堅牢', '牢', '强'의 한자와 대응하여 쓰였다.

(73) a. ᄉᆞ나희 애 세니(男子剛腸子)(小諺5:73)
b. 화를 혈뎬 반ᄃᆞ기 세니ᄅᆞᆯ 혀며(挽弓當挽强)(杜解5:28)
c. 아귀 센 ᄆᆞᆯ(口硬馬)(老解144:6)
d. 어듸 저울이 세리오(那裏稱大)(老解232:9)

(74) a. 우과 아래 서르 굳ᄂᆞ니이다(上下能相固也)(小諺4:53)
b. 구든 城을 모ᄅᆞ샤(不識堅城)(龍歌:19)
c. ᄃᆞ라 잇ᄂᆞᆫ 양이 분외에 구드니(上的分外的牢壯)(老解223:6)
d. 웃드미 구든 ᄡᅡ핸 臣服디 아니ᄒᆞᆯ 朝ㅣ 잇디 아니ᄒᆞ니라(由來强幹地未有不臣朝)(杜解5:15)

특히 '세다'는 "强"의 자석으로도 다른 문헌에 기재되어 있고, '굳다'는 '剛', '牢', '堅'의 동일 자석으로 나타난다.

셀 강: 强(類合下:2)
구들 강: 剛(字會下:26)/ 구들 로: 牢(類合下:28)/ 堅: 구들 견(倭語下:36)/ 굿을 견(日語下:33)

『字類註釋』에는 '굳다'의 동석을 가진 많은 한자들이 보이는데, '確', '固', '堅'(上:56), '鞏'(下:24), '鞍'(下:3) 등이 그것이다. '硬'의 현대 자석은 "굳세다"인데, 이는 양석인 "굳다"와 "세다"가 동의 중복적으로 복합한 복합 형용사의 어형으로 특이하다. 현대 자석 '굳세다'의 자석을 가진 한자로는 '硬', '剛', '牢', '强' 등이 있으며, 이미 『字類註釋』에 기재된 것으로도 '敢'(上:56), '毅'(上:35), '桓'(上:32) 등이 보인다.

'趂 : ᄯᆞ롤 → 다다롤'의 교체는 자석 중 "逐也"와 "驅趂"이 서로 바뀐 것으로, 양석 사이에 직접적인 유의성이 감지되지는 않지만 동작과 결과 사이의 인과성을 가지는 것으로 유연 관계를 설정할 수 있다. 양본에 기재된 일본어는 전대의 것이 '追って'(따라, 추격하여)이고 후대의 것이 '赴く'(따르다, 좇다)로 나타났다.

조선기의 동사 'ᄯᆞᄅᆞ다'는 'ᄯᆞ로다', 'ᄯᅩᆯ다', 'ᄠᆞ로다', 'ᄠᆞᆯ드다' 등 여러 가지의 어형으로 나타나는데, 이들은 주로 한자 '逐', '追', '趂', '起'의 의미로 쓰였고, 이들 사이의 공통 의미는 "좇다"(逐)라 할 수 있다.

(75) a. 초록 빗체 버리 ᄆᆡ화 **빠로ᄂᆞᆫ**(草綠蟲赶)(老解下:22)

b. ᄯᆞ로다: 追趕(同文上:46)

한편 '다ᄃᆞ라다(다ᄃᆞᆮ다)'는 '逼', '抵'(類合下:27), '衝'(類合下:50)의 자석인 동시에 '至', '臨', '及', '垂', '次', '居', '着', '到', '著', '當', '交', '屬', '趕上' 등 다양한 한자와의 대응 분포를 보여 주고 있다.

(76) a. 나죵애 **다ᄃᆞ라** 내 너손ᄃᆡ 디위 ᄑᆞ라 주마(臨晚也我濫賤賣與你)(老解169:5)

b. 머글만 **다ᄃᆞᄅᆞ면** 나도 ᄆᆞᆾ츠리라(比及喫了時 我也了了)(老解39:9)

c. 가 同州예 **다ᄃᆞ라** 어드니(行次同州得焉)(小諺6:31)

d. **다ᄃᆞᆮᄂᆞᆫ** 바ᄅᆞᆯ 조차 길믈 위홈이니라(隨所居所接而長)(小諺5:4)

e. 앏흐로 村애 **다ᄃᆞᆺ디** 못ᄒᆞ고(時前不着村)(老解17:10)

f. 年終애 **다ᄃᆞ라**(投到年終)(老解17:10)

g. **다ᄃᆞ랫ᄂᆞᆫ** ᄯᅡ해(著處)(杜解7:10)

h. 올티 아니ᄒᆞᆫᄃᆡ **다ᄃᆞ라ᄂᆞᆫ** 아ᄃᆞᆯ이 하기 ᄡᅥ(當不義則子不可以)(小諺2:71)

i. 올ᄒᆡ 大運이 丙戌에 **다ᄃᆞ라시니**(今年交大運丙戌)(老解256:2)

j. ᄯᅡ 저주메 **다ᄃᆞᄅᆞ니**(屬地濕)(南明上:80)

k. 다ᄃᆞᆺ다: 趕上(同文上:26)

'灾 : ᄌᆡ화→ᄌᆡ앙'의 변화는 한자어 유의어끼리 교체된 것이다. 'ᄌᆡ화(災禍)'는 '殃'과 '禍'의 자석으로 출현하는데, 'ᄌᆡ앙(災殃)'도 '殃'의 자석으로 나타나므로 양자 사이의 유의성은 짐작하고도 남음이 있다.

ᄌᆡ화 앙: 殃(類合下:10)/ ᄌᆡ화 화: 禍(石千:10),(字類上:59)/ 殃: ᄌᆡ앙 앙(字類上:59)

'**賂** : 션물→뇌물'은 한자어로 된 두 가지 자석의 교체 현상으로 처리된다. "션물(膳物)"의 경우는 자석서 속에 출현하는 '賂'와 '賄'의 자석이 "쳔량주다"로 나타남으로서 이것이 당시의 상용 자석임을 알 수 있는데, 후대에 와서 '뇌물(賂物)'로 상용 자석이 바뀌었다.

쳔량줄 뢰: 賂(字會下:9)/ 쳔량줄 회: 賄(字會下:21)

문헌 중에 '션물 쓰다: 行賄'(漢清3:7)와 '뇌물 쓰다: 行賂'(同文下:29)의 예가 출현하여 양자 사이의 동요상을 보여 준다. 양 유해서의 비교에서 일본어 대응 예를 보아도 양자는 구별되었다. 전자는 'みやげ', 또는 'おくりもの'(선물)이고 후자는 'わいろ'(뇌물)이다.

'**常** : <u>덛덛 → ᄒᆞᆼ샹</u>'의 변화는 '常'이 가진 두 자석 "庸也"와 "恒也" 사이의 교체이다. 『千字文』의 이본 속에 나오는 자석의 변화가 이와는 반대 방향인 것을 감안하면 양 자석 사이에 어떠한 유의 경쟁이나 충돌은 예상하기 어렵고,

상녈(大本)/ 상례(廣本)/ 샹넷(石本)/ ᄒᆞᆼ샹(書本)/ ᄒᆞᆼᄉᆞᆼ(周本)/
덛덛ᄒᆞᆯ, 샹례(註本)

그저 평면적으로 상용석이 바뀐 것에 지나지 않는다. '덛덛(덧덧)ᄒᆞ다'는 '常', '尋', '弊' 등의 한자에 대응하여 쓰였는데, 이것이 현대 국어의 '떳떳하다'와 같은 의미이었는지는 의심이 간다. 현대 국어에서 '떳떳하다'는 "반듯하고 굽힘이 없다", "언행이 바르고 어그러짐이 없다"로 풀이된다. 그러나 조선조 문헌에 쓰인 '덧덧ᄒᆞ다'는 예컨대,

(77) a. 뫼해 녀미 **덛덛ᄒᆞᆫ** 限ㅣ 이실ᄊᆡ(山行有當限)(杜解1:48)
b. **덛덛ᄒᆞᆫ** 기한이 이시니(有當期)(杜解25:39)
c. ᄃᆞ니며 이쇼ᄆᆞᆯ **덛덛ᄒᆞᆫ** 고ᄃᆞᆯ 두ᄃᆡ(游居有當)(小諺1:13)
d. 자고로 **떧떧ᄒᆞᆫ** 일이오니(隣語4:26)

등에서 보면, 오히려 "일정하다", "정해지다"의 뜻으로 풀이된다. 특히 『隣語大

方』의 용례에서는 '떳떳ᄒᆞ온 일'이 대역 일본어로 '定た事'로 대역되어 있어 더욱 그러하다. 또한,

(78) a. 고디식ᄒᆞ니ᄂᆞᆫ 덧덧이 잇고(老實當在)(朴重中:47)
b. 능히 덛덛이 잇고(能當存)(小諺6:129)

에서 보면, '덛덛(덧덧)이'는 부사 "늘", "항상"으로 풀이된다. 이는 '恒'의 자석이 '덛덛ᄒᆞ다'로 나오는 용례에서도 확인된다.

덛덛ᄒᆞᆯ 항: 恒(類合下:53)
덛덛호미 잇도다(有恒)(杜初22:25)

뿐만 아니라 "늘"이나 "항상"의 의미로 쓰인 한자어로 '常例'가 있었는데, '庸'의 자석이 바로 '샹녜'인 것이다.

샹녜 용: 庸(石千:26)

'庸'은 한편으로는 "썯썯"의 자석을 지녔고(字類上:61), '恒'은 "ᄒᆞᆼ샹"과 "썯썯ᄒᆞᆯ"의 양석을 지녔다(字類上:12). 이에 '常', '恒', '庸'의 공통석은 〈恒〉의 의미소를 가지고 있다는 점이 중시된다. 즉 '常=恒也, 庸也', '恒=常也, 庸也', '庸=常也, 恒也'로 상호 유의적 의존성을 띤다. 결과적으로 '常'의 자석 "庸也"는 "恒也"의 자석으로 교체된 것이다. 양본의 일본어 대역어로는 전후대가 함께 'つね(常)'를 썼는데, 그 어의는 "늘", "항상", "보통", "당연함"으로 통한다.

이 밖에도 유의어 간의 훈의 교체는 어떤 명사 명칭어 사이의 교체로 이루어진 예들도 적지 않다. 이에 관해서는 예시만 해 두겠다.

尻: 옹미니 고(上:17)→엉덩이 고(上:18)
裩: 고의 곤(上:45)→속것 곤(上:48)

屐: 격지 극(上:46) → 나무신 극(上:49)

滓: 즈의 직(上:47) → 지거미 직(上:50)

藜: 도트랏 려(下:5) → 명아주 려(下:4)

椀: 자완 완(下:13) → 사발 완(下:11)

鏝: 쇠손 만(下:16) → 흙손 만(下:14)

요 약

지금까지 『倭語類解』와 『日語類解』의 두 유해서에 등재된 한자의 자석(훈)을 비교하여 그 변천상에 대해 총람했다. 자석어의 외형적 변화인 어형 변화는 음운론적, 형태론적 분야에 속하므로 이 장에서는 다루지 않았고, 어휘론, 의미론 영역에서 다뤄질 어휘 교체에 대해서만 개별 분석을 통해 간결하게 논급했다.

200여 년의 시간적 간격을 두고 변천해 온 양 자석어의 어휘 교체 형태는 다른 한자 자석서의 통시적 변천상과 같은 맥락을 보여 주고 있다. 이는 아마도 양 유해서의 편찬자들이 당시 다른 유해서(『訓蒙字會』, 『千字文』, 『類合』, 『同文類解』, 『字類註釋』 등)와 기타 문헌들을 참고했기 때문에 그 어형과 의미가 그대로 반영된 것으로 보인다.

양 유해서에서의 대응 한자 2,000여 자 가운데 자석어의 어휘 교체를 보이는 것은 약 70개를 헤아릴 수 있는 정도다. 이것이 교체된 유형을 나눠보면, 고유어와 한자어 사이의 교체와 타 품사에로의 교체, 유의 경쟁에 따른 폐어화로 인한 교체와 유의어 간의 교체 등으로 분류된다.

먼저 고유어와 한자어 사이의 교체는 그 방향이 쌍방적이거나 고유어가 한자어로 바뀐 경우가 일반적이다. 이는 한자가 국어 어휘 체계에 유입되어 정착하는 속도가 가속화되었음을 의미한다.

타 품사에로의 교체는 명사와 형용사, 명사와 동사, 형용사와 동사 사이의 교체 예가 있으나, 품사 의식이 없었던 당시로서는 이러한 교체가 한자의 자석을 더욱 구체화하고 명시화하거나 의미를 변별하는 데는 아무런 기여한 바가 없다고 여겨진다.

또한 유의 경쟁의 결과는 한 쪽이 퇴화하여 폐어가 되거나, 양자가 서로 지시 의미의 위상을 수정하여 공존하는 두 가지 양태가 있다. 폐어화의 교체는 유의어 사이의 경쟁과 충돌로 전대의 자석이 사라지고 후대의 유의적 자석으로 대치되는 경우이다. 이와 같은 현상은 일반 어휘의 어휘 생태론적 추이와도 동질적인 방향과 의미를 제시하고 있다.

유의어 간의 교체는 유의어의 미세한 의미차를 보임으로써, 한자의 자석(의미소) 사이의 결합에 있어 전대의 자석보다 후대의 것이 더 적합한 것으로 인정되어 바뀐 것이다. 또한 전대의 자석어가 의미 변화를 겪음으로써 한자의 의미와 일치하지 않게 되자 그 자석을 버리고 다른 자석으로 교체된 것도 있다.

이 외에도 자석의 교체는 한 개의 한자가 다석(多釋)을 가지게 됨에 따라 전후대에서 각기 다른 자석을 상용 자석으로 채용함으로 바뀐 유들도 있다.

결국 한자의 자석어 교체에 대한 사적 연구는 어휘 생태론적 모색과 더불어 교체되는 두 자석어 사이의 유의 관계와 하나의 한자에 결합되어 있는 다의 관계를 분석하는 데 역점을 두고 탐색해야 할 것이다.

(어례 인용 원전)

『訓民正音』(1446), 『龍飛御天歌』(1447), 『釋譜詳節』(1447), 『月印千江之曲』(1449), 『月印釋譜』(1459), 『法華經諺解』(1464), 『楞嚴經諺解』(1462), 『圓覺經諺解』(1465), 『內訓』(1475), 『杜詩諺解初刊本』(1491), 『朴通事諺解初刊本』(1505), 『朴通事諺解重刊本』(1517), 『飜譯老乞大』(1517), 『訓蒙字會』(1527), 『大東急本千字文』(16세기 중), 『光州本千字文』(1575), 『新增類合』(1576), 『石峰千字文』(1583), 『小學諺解』(1586), 『東國新續三綱行實圖』(1617), 『杜詩諺解重刊本』(1632), 『倭語類解』(1636, 1781?), 『老乞大諺解』(1670), 『捷解新語』(1676), 『朴通事諺解重刊本』(1677), 『譯語類解』(1690), 『同文類解』(1748), 『十九史略諺解』(1772), 『綸音諺解』(18세기), 『漢淸文鑑』(1779경), 『書本千字文』(18세기 후), 『隣語大方』(1790), 『註解千字文』(1804), 『字類註釋』(1856), 『周本千字文』(1862), 『兒學編』(1907), 『字典釋要』(1909), 『通學經編』(1916)

| 제2장 |

자음의 표기형 변화

『倭語類解』와 『日語類解』는 유해서로서 동일 내용의 항목들을 17-18세기에 조선인이 편찬한 것과 이를 바탕으로 20세기 초(1912년) 일본인이 다시 엮은 것으로, 근대 국어에서 개화기를 거쳐 현대 국어에 이르는 약 200년간의 국어사 변천을 살펴보는 데 유용한 문헌 자료이다. 이 두 시대의 국어사적 의미는 17세기는 근대 국어의 틀이 형성된 시기이고, 20세기 초는 개화기에서 현대 국어로 넘어오는 과도기적 성격을 강하게 나타내는 시기이다.

이 장은 두 자료에 나타난 우리말 자음의 표기 변화를 기술한 것이다. 자음의 표기 중 구개음화 표기에 관한 것은 제3장에서 상론할 것이므로, 이 장에서는 주로 음성 강화(경음화, 격음화), 음운 첨가, 말음 'ㄷ'>'ㅅ', 두음 'ㄹ'>'ㄴ', 자음 탈락, 병서 표기 등의 음운 변동과 표기형 변화를 중심으로 자료를 분석 기술하고, 그 변천상을 귀납적으로 설명하고자 한다. 또한 두 문헌 자료에 반영된 당시의 표기형이 다른 문헌에는 어떻게 나타났으며, 그러한 일반적인 변화에 상응하는지의 여부를 살펴볼 것이다.

1. 구개음화

일반적으로 구개음화란 비구개음인 'ㄷ', 'ㅌ', 'ㄸ'과 'ㄱ', 'ㅋ', 'ㄲ'이 /i/, /j/ 앞에서 각각 경구개음인 'ㅈ', 'ㅊ', 'ㅉ'으로 변하는 음운 현상을 두고 말한다. 구개음화는 이미 17세기에 들어오면서 이루어진 음운 변화이므로 이 두 책의 대비는 국어사적으로 큰 의미를 가지지 않는다. 다만 제3장에서 다룰『倭語類解』당시의 자료에까지 구개음화하지 않은 표기 예는『日語類解』와 비교될 수 있을 것이다[6].

2. 경음화와 격음화

음성 강화 현상은 경음화와 격음화로 나뉘는데, 이는 대체적으로 17세기 근대 국어에 들어오면서 형성된 것이다. 그런데도『倭語類解』에 중세 국어의 어형을 그대로 유지하고 있는 것이 있어 후대의『日語類解』표기형과 비교된다.

먼저 경음화를 살펴보면 어두에서 된소리로 변한 것과 복합어 구성에서 사이시옷의 개입으로 다음 음절의 첫 자음이 경음화되고 이것이 표기에 반영된 것으로 나눌 수 있다.

藍 족 람(下:10)>쪽 람(下:8)
串 곧치 쳔(下:15)>ᄭᅩᆽ치 관(下:13)
鶩 다와기 목(下:20)>ᄯᅡ옥이 목(下:17)
鶯 굄고리 잉(下:21)>ᄭᅬᄭᅩ리 잉(下:18)
鴷 닫뎌구리 렬(下:21)>ᄯᅡᆺ저구리 렬(下:18)
鵲 가치 쟉(下:21)>ᄭᅡ치 쟉(下:18)
蠢 구무거릴 쥰(下:27)>ᄭᅮᆷ작일 쥰(下:24)
根 블희 근(下:28)>ᄲᅮ리 근(下:25)
朽 서글 후(下:29)>썩을 후(下:25)
花 곧 화(下:29)>ᄭᅩᆽ 화(下:26)
英 곧부리 영(下:30)>ᄭᅩᆽ부리 영
短 져를 단(下:31)>ᄶᅡ를 단(下:28)

6) 이기문(1983:197)은 근대 국어의 구개음화의 예가『倭語類解』에서 처음 나타난다고 했다(打: 칠 타(上:30), 瓦: 지새 와(上:32), 刺: 지를 ᄌᆞ(上:54), 落: 질 락(下:30) 등).

(下:27)

衝　질을 츙(下:37)>찌를 충(下:34)

위의 예들은 명사나 용언의 어간 두음이 된소리로 바뀐 것이다. 변화된 된소리의 표기는 후술할 것인 바 'ㅅ'의 합용 병서로 기재되어 있다. 위에 거례한 어휘류들과 다른 문헌 자료에서 보이는 표기 변화를 살펴봄으로써 일반적인 추이 경향을 논하겠다.

한자 '藍'의 자석은 본래 '족'이었다. 족 남(藍)(字會上:9)(類合上:8)(石千:36)이 근대 후기에 이르러 경음화하여 ᄶᅩᆨ(藍)(物譜 雜草), 蓼藍 ᄶᅩᆨ(柳物三草)이 되었다. 그러나 족닙플(分瘟:26), 족(蓼藍)(譯語下:41), 족 남(藍)(七類:5)과 같이 평음의 잔재가 남아있기도 하다. '고티'는 중세 국어에서 고티 爲繭(解例 用字), 고티 견(繭)(字會中:24)으로 쓰인 것이 17세기에도 그대로 곳티(蚕繭)(同文下:25), 고티 ᄠᆞ다(摘繭)(譯語下:2), 繭 고티(柳物二昆) 등으로 다른 문전에서 된소리로 표기된 흔적은 그다지 보이지 않는다. '괻고리'는 굇고리 잉(鶯)(類合上:11), 곳고리 례(鸝)(字會上:17) 등으로 쓰였는데, 근대 국어에 와서도 굇고리(黃鳥)(譯語下:27)로 어형을 유지하는 한편 鶯 ᄭᅬ고리(柳物一羽), ᄭᅬㅅ고리(金衣公子)(譯補:47), ᄭᅬᆺ고리(同文下:35) 등으로 된소리화했다. '닫뎌구리'는 근대 국어에서 그 형태를 그대로 유지하여 된소리화한 형태를 다른 문헌에서 찾을 수 없다(닷져고리(豚木官)(同文下:35), 닷져고리(鴷)(物譜 羽虫)). '가치'도 본래 가치 쟉(鵲)(字會上:17)(類合上:11)으로 쓰이던 것이 근대 국어에 와서도 가치(靈鵲)(譯語下:27), 가치(熹鵲)(譯語下:27), 가치 쟉: 鵲(七類:8), 鵲 가티(柳物一羽), 갓치(鵲)(物譜 羽鳥) 등으로 첫음절이 된소리화한 흔적은 보이지 않는다. '구무거리다'도 마찬가지로 중세 국어에서 평음으로 쓰이던 것(구믈거릴 쥰(蠢)(類合上:16), 구믈어릴 쥰(蠢)(字會下:8))이 그대로 유지되었다. '불휘'는 당초 불휘 근(根)(字會下:3)(類合上:8)(石千:33)으로 쓰이던 것이 후대에 경음화하여 ᄲᅳ리(胎產:27)(痘瘡上:4), 根 ᄲᅮᆯ휘(柳物四木))로 표기된 사례가 근대 국어에 나타난다. 물론 츩 불휘(葛根)(東醫3:1)와 같은 평음의 잔재도 보인다. '석다'는 처음에는 된소리로 쓰이지 않았다. 서글 부(腐)(字會下:13), 서글 호(槁),

서글 부(腐)(類合下:52), 서글 후(朽)(類合下:56) 등으로 표기되었는데, 17세기에 와서도 어형이 그대로 유지되면서(석다(爛了)(譯語上:53)(同文上:62)) 한편으로는 된소리가 되었다(썩다(爛了)(蒙類上:48)). '곶'은 곶 화(花)(字會下:4)(類合上:8)로 곶부리 영(英)(字會下:4), 곳ᄲᅮ리 영(英)(石千:21)에서도 평음으로 실현되었는데, 근대 국어의 ᄭᅩᆺ 빗(花色)(漢清10:66), 변두 ᄭᅩᆺ(藊豆花)(東醫1:26), 花 ᄭᅩᆺ(柳物四木)에서 보면 된소리화한 어형을 취하고 있다. 그러나 이 시대에도 된소리화하지 않는 채로 표기된 예도 나타난다(곳 ᄭᅩᆺ다(戴花兒)(譯語上:47), 곶(勸念:25)). '져ᄅᆞ다', '져르다'는 문헌상에는 된소리 표기형이 보이지 않는다. '지르다'는 본 자료인『倭語類解』에서도 지를 ᄌᆞ(刺)(上:54), 찌를 촉(觸)(下:24)의 두 가지 형태가 동시에 나타난다. 근대 국어의 자료에도 평음인 지ᄅᆞ다(箚)(語錄初:1)(練兵:3)의 표기형이 보인다.

이들의 어례를 종합적으로 살펴보면 중세 국어 자료에서는 대체로 어두에서 평음으로 쓰이던 것이 근대 국어에 와서 된소리로 표기되었는데,『倭語類解』의 통시적 위치는 예사소리로 쓰인 당시 중세 국어의 특징을 가진 과도기적 성격을 나타내고 있다고 할 수 있다.

汀	물ᄀᆞ 뎡(上:9)>물ᄁᆞ 정(上:9)	洲	물ᄀᆞ 쥬(上:9)>물ᄁᆞ 주(上:9)
濱	물ᄀᆞ 빈(上:9)>물ᄁᆞ 빈(上:9)	渚	물ᄀᆞ 져(上:9)>물ᄁᆞ 저(上:9)
指	손가락 지(上:17)>손ᄭᅡ락 지(上:18)		

'물ᄀᆞ>물ᄁᆞ'의 표기 변화는 '물'과 'ᄀᆞ' 사이에 사잇소리가 개입한 것이고, '손가락>손ᄭᅡ락'도 '손'과 '가락' 사이에 사잇소리가 들어감으로 형성된 경음화이다. 다른 자료에서 믈ᄀᆞᆺ 졍(汀)(類合上:6)이 믌ᄀᆡ(東新孝3:84)로 나타나고, 손가락 지(指)(類合上:21)(同文上:16), 소ᇇ가락 ᄉᆞᅀᅵ예셔(月釋7:38), 소ᇇ가락 ᄀᆞᄐᆞ니ᄅᆞᆯ(分瘟:7), 손ᄭᅡ락(手指頭)(譯語上:34)(朴解上:27)(東新孝6:25), 소ᇇᄀᆞ락(東新烈3:25), 손ᄭᅡ라고로 다가(將指頭)(朴初上:13)를 보임으로써 경음화했는데, 이는 사이시옷의 개입으로 인한 음운 현상으로 설명된다.

경음의 표기 형태는, 18세기에는 'ㅅ'계 합용 병서와 'ㅂ'계 합용 병서가 자의적으로 선택되었으나 19세기에 와서는 'ㅂ'계 합용 병서가 'ㅅ'계로 통일되는 경향이 두드러진 것으로 알려져 있다.

이와는 반대로 어두나 어중에서 본래 경음 표기였던 것이 평음으로 바뀐 예도 있다.

瞬 눈ᄭᅡᆷ자길 슌(上:30)>눈감자길 순(上:32)

雙六 쌍륙(下:19)>상늌(下:16)

暫 잠ᄭᅡᆫ 잠(下:34)>잠간 잠(下:31)

元 은ᄯᅳᆷ 원(下:40)>읏듬 원(下:37)

編 역ᄭᅳᆯ 편(下:43)>역글 편(下:40)

눈곰ᄌᆞ길 순(瞬)(字會下:28), 상늌 티다(打双陸)(同文下:32), 상늌 쟝긔돌홀(飜小10:9), 초개집의 역거 ᄠᅴ워 ᄡᅳᆫ 반ᄌᆞ(浮蓬)(譯語上:19) 등에서는 평음으로 표기된 것이 나타날 뿐 경음화한 표기는 보이지 않는다. 다만 빵(練兵:2)(朴解中:48)(老解下:48)과 빵도(雙刀)(練兵:4), 빵배(双盞)(譯語上:59)에서 혼기된 흔적을 볼 수 있다. 그런데 '잠간'의 된소리화는 한자어 사이에 개입된 사이시옷으로 말미암은 것이다.

잢간 머리ᄅᆞᆯ 수기ᅀᆞᆸ거나(釋譜13:53)/ 잢간 다ᄉᆞ리시고(楞解6:85)
잠ᄭᅡᆫ 조(粗)(類合下:28)/ 잠ᄭᅡᆫ도 듣디 아니ᄒᆞᆯᄊᆡ(釋譜6:6)
暫ᄭᅡᆫ(家禮3:5)/ 잠간(略)(語錄重:5)(語錄初:4), 잠간(了)(語錄初:1),
잠간(東新烈1:32)(辟瘟:2)

한편 유기음화 현상이 표기에 반영된 예는 본 자료에는 단 한 곳밖에 없다.

適 마즘 뎍(上:28)>마춤 적(上:30)

동사 '엉긔다'가 유기음화하여 '엉킈다'로 나타나는 자료는 다른 곳에서 찾아보기 어렵다. 근대 국어에서도 대부분 평음의 어형을 그대로 유지하고 있다.

乳入은 엉긔여 들미라(家諺7:4)
엉긔여 金石이 되어(家諺7:23)
구ᄉᆞᆯᄀᆞ치 엉긘 그으름(焦烟釉子)(漢淸10:52)
엉긘 담이 나격에 억에 엉긔며(馬經下:21)

'마ᄌᆞᆷ'은 현대 국어 '마침'에 상응하는 부사로, 'ᄆᆞᄎᆞᆷ'과의 양형이 근대 국어 자료에도 공존한다.

마ᄌᆞᆷ 날이 져믈거늘(太平1:39)
그 약은 마ᄌᆞᆷ 다 ᄡᅳ고(捷解初3:4)
마ᄌᆞᆷ 태종이 고구려ᄅᆞᆯ 졍벌ᄒᆞᆯᄉᆡ(東新忠1:3)

마ᄎᆞᆷ 만흔 사ᄅᆞᆷ 만나(十九1:16)
마ᄎᆞᆷ 겨을나리 고로이 칩고(東新烈3:21)

3. 자음 첨가

두 자료의 비교에서 자음이 첨가된 표기 변화는 음절 말음에 'ㅅ'이 첨가된 것이 가장 흔히 볼 수 있는 예이다.

照 비췰 죠(上:6)>빗췰 초(上:6)
荒 거츨 황 (下:3)>것칠 황(下:1)
繭 고티 견(下:10)>곳치 견(下:8)
鎚 쇠마치 퇴(下:16)>쇠맛치 퇴(下:13)
有 이실 유(下:34)>잇슬 유(下:31)
終 ᄆᆞᄎᆞᆷ 죵(下:34)>ᄆᆞᆺᄎᆞᆷ 죵(下:31)
改 고칠 ᄀᆡ(下:36)>곳칠 ᄀᆡ(下:34)
及 미츨 급(下:37)>밋츨 급(下:35)
止 그칠 지(下:40)>긋칠 지(下:38)
接 부칠 졉(下:40)>붓칠 졉(下:38)
具 ᄀᆞ촐 구(下:40)>ᄀᆞᆺ촐 구(下:38)
恰 마치 흡(下:41)>맛치 흡(下:38)

개화기 국어에서 음절 말에 'ㅅ'이 붙은 표기형은 어간 의식과 어간 말음 표기 의식의 결과 형성된 것이다(지춘수 2006:28-29).

고티 견(繭)(字會中:24)과 곳티(呑繭)(同文下:25)에서 말음으로 'ㅅ'이 첨가된 것을 볼 수 있다. '쇠마치'에서는 쇠마치 퇴(腿)(字會中:16)가 선행 어형인데 그 후 'ㅅ'이 첨가된 자료는 그다지 눈에 띄지 않는다(쇠마치(鐵鎚)(譯語下:18)). 동사의 명사형인 'ᄆᆞᄎᆞᆷ'은 ᄆᆞᄎᆞᆷ 종: 終(字會下:35)과 ᄆᆞᄎᆞᆷ 졸: 卒, ᄆᆞᄎᆞᆷ 경: 竟(類合下:13, 下:20) 등의 표기 형태에서부터 근대 국어의 우리 밥 먹기 ᄆᆞᆺ차든(老解上:51), ᄆᆞᆺ기를 ᄆᆞᆺᄎᆞ매(朴解下:19), 복이 ᄆᆞᆺᄎᆞ매(東新孝8:47) 등에서 'ㅅ' 받침이 첨가된 형태가 보인다. 그러면서도 복 ᄆᆞᄎᆞ되(東新烈1:69)와 같이 'ㅅ' 받침이 없는 혼기형이 나타난다.

'고치다'는 고틸 ᄀᆡ(改)(類合上:4)(石千:8), 다 고쳐 商量티 몯ᄒᆞ그로다(龜上:15) 등이 있는 한편 'ㅅ'이 첨가된 '곳치다', '곳티다' 형도 나타난다(ᄃᆞ리 곳티다(修橋)(譯語上:14), 곳티다(馬經上:1)(老解下:42)(朴解上:56)). '그치다'는 그칠 뎡: 停, 그칠 지: 止(類合下:42, 下:47)로 표기되었지만 자료에 따라서는 '긋치다'도 보인다(긋티다(截斷)(語錄初:8)). 반면에 'ᄀᆞ초다'는 ᄀᆞ촐 구(具)(石千:34)의 형태만 보일 뿐이다.

'ㄱ'과 'ㄴ'의 첨가는 초성에서 나타나는데, '너출'>'넌출'과 같이 음절 말에 나타나는 경우도 있다. 이는 15세기 어형 'ᄀᆞ초다'(藏)가 16세기에 와서 'ᄀᆞᆫ초다'로 바뀐 것이나 '더디다'(投)가 '더지다'로 구개음화했다가 '던지다'로 'ㄴ'이 첨가되는 것과도 같은 맥락이다.

蓋	두에 개(下:14)>두게 개(下:11)	勒	굴에 륵(下:17)>굴네 륵(下:14)
蔓	너출 만(下:31)>넌출 만(下:28)	稱	일ᄏᆞ를 칭(下:40)>닐ᄏᆞ를 칭(下:37)

'두에'는 근대 국어 자료에서도 그 어형을 유지하고 'ㄱ' 첨가의 형태는 보이지 않는다(두에(老解上:19)(家禮7:27)(痘瘡上:66), 두에 더푸라(盖罷)(同文下:14), 가마 두에(鍋盖)(漢淸11:35, 45)). '굴에'도 중세 초기에 굴에 공(鞚)(字會中:27), 굴에 륵(勒)(類合下:25)(石千:32) 등과 근대 국어에서 굴에 륵(勒)(七類:19)(七千:17), 굴에(老解下:41)가

보이지만 'ㄴ' 첨가의 어형은 자료에 잘 나타나지 않는다. 오히려 현대 국어와 같이 굴레(轡頭)(譯語下:20), 굴레(朴解中:51)(馬經上:47), 굴ᄅᆡ 씨다(套轡頭)(譯語上:23)와 같이 'ㄹ'이 반입 첨가된 표기가 눈에 띈다. '닐ᄏᆞᆯ'은 『新增類合』에서는 일ᄏᆞᆯ 칭(稱)(上:13)으로 나온다.

이에 반해 '너출'은 초기에는 너출(藤蔓)(字會上:14), 너출 만(蔓)(類合下:54), 蔓 너출(石千:32)로 쓰였고, 근대에 와서도 너출(苽藤)(同文下:46)(漢淸13:7), 겨ᄋᆞ사리 너출(忍冬)(東醫2:48), 너출 훤: 萱(七類:5), 너출(女訓下:19)(痘瘡上:6)(辟瘟:4)(東新烈8:65)을 유지하였으나 자료에 따라서는 'ㄴ'이 첨가된 '넌출' 형도 나타난다.

한편 'ㅎ'의 첨가는 음절 말에 나타나는 것으로 이것이 다음 음절에 연철되어 표기된 예가 다섯 곳 있다.

優	나을 우(下:34)>나흘 우(下:31)	夥	만을 화(下:42)>만흘 과(下:39)
淺	엳틀 쳔(上:10)>엳흘 쳔(上:10)	任	맏들 임(上:36)>맛흘 임(上:39)
焚	불붇틀 분(上:49)>불븟흘 분(上:52)		

'낫다'는 나을 우(優)(石千:13), 근대 국어에서도 나은 소임(優)(譯補:9)으로 유지되고 'ㅎ'이 첨가된 어형은 잘 보이지 않는다(져기 낫다(好些兒)(譯語下:51), 낫다(家禮7:17)(朴解下:12), 나을 우(優)(七千:10)). 특히 狐 여으 호(下:23)>여호 狐(下:20)에서는 음운상의 'ㅎ' 첨가가 아니라 소위 속간(俗間) 어원으로 한자 '狐'의 자음에 유추되어 쓰인 것으로 판단된다. 犀 무쇼 셔(下:23)>물소 犀(下:19)의 예에서 '무'가 '물'이 된 것은 'ㄹ'의 첨가라기보다는 'ㄹ'의 탈락에서 다시 'ㄹ'이 환원된 것이다(므쇼 셔: 犀(七類:8), 무쇼 갓옷 닙고(八兒:2)).

여기에서 '엳흘', '맛흘', '불븟흘' 등은 'ㅌ'이 'ㄷ+ㅎ'으로 재음소화한 표기로, 양자는 동일한 발음으로 실현되는 것으로 인식했기 때문이다(전광현 1997:29-30)[7].

7) 전광현(1997:28)은 어중 유기음의 중철 표기에 대해 곡용과 활용의 경우를 분석하여 세 가지 유형으로 나누어 예시했다. 즉 곡용 1형: '비체', 2형: '빗체', 3형: '빗헤'와 활용 1형: 'ᄀᆞᄐᆞ니', 2형: 'ᄀᆞᆺᄐᆞ니', 3형: 'ᄀᆞᆺᄒᆞ니'이다.

4. 말음 'ㄷ'>'ㅅ'

17세기 근대 국어에서 받침 'ㄷ'과 'ㅅ'의 선택은 자의적이었다. 15세기에 엄격하게 구별되었던 'ㄷ'과 'ㅅ' 종성이 16세기가 되면 중화되어 표기에 혼란을 가져왔다. 18세기가 되자 'ㄷ'은 차차 없어지고 'ㅅ'만으로 통일되는 경향을 보여준다(이기문 1983:194). 이는 개화기에 'ㅅ' 말음 어간으로 재구조화한 것을 의미한다. 'ㄷ' 말음이 'ㅅ'으로 표기된 예는 자료에서 얼마든지 찾을 수 있다.

晝 낟 쥬(上:5)>낫 주(上:4)

陽 볃 양(上:6)>볏 양(上:5)

澤 몯 틱(上:9)>못 틱(上:9)

淵 몯 연(上:9)>못 연(上:9)

池 몯 지(上:9)>못 지(上:9)

淺 엳틀 쳔(上:10)>엿흘 천(上:10)

滑 믿그러올 활(上:11)>밋그러을 활(上:11)

外 받 외(上:11)>밧 외(上:11)

表 받 표(上:11)>밧 표(上:11)

傍 겯 방(上:11)>겻 방(上:11)

底 믿 뎌(上:11)>밋 저(上:12)

兄 ᄆᆞᆮ 형(上:12)>ᄆᆞᆺ아ᄃᆞᆯ 형(上:12)

姉 ᄆᆞᆮ누의 ᄌᆞ(上:12)>ᄆᆞᆺ누의 ᄌᆞ(上:13)

顔 ᄂᆞᆮ 안(上:16)>ᄂᆞᆺ 안(上:16)

鬢 귀믿 빈(上:16)>귀밋 빈(上:17)

鬚 나롣 슈(上:17)>나롯 수(上:17)

髥 나롣 염(上:17)>나롯 염(上:17)

肩 얻게 견(上:17)>엇게 견(上:18)

乳 젇 유(上:17)>젓 유(上:18)

面 ᄂᆞᆮ 면(上:19)>낫 면(上:20)

喧 숟두어릴 훤(上:21)>숫두거릴 훤(上:22)

感 늗길 감(上:21)>늣길 감(上:22)

憐 어엳블 련(上:21)>어엿불 련(上:22)

悅 긷글 열(上:21)>깃굴 열(上:22)

悔 뉘읃츨 회(上:21)>뉘웃출 회(上:23)

恥 븓그릴 치(上:21)>븟그러울 치(上:23)

情 ᄠᅳᆮ 졍(上:22)>ᄯᅳᆺ 정(上:23)

志 ᄠᅳᆮ 지(上:22)>ᄯᅳᆺ 지(上:23)

義 ᄠᅳᆮ 의(上:22)>ᄯᅳᆺ 의(上:23)

剛 굳셀 강(上:23)>굿셀 강(上:24)

喜 긷글 희(上:23)>깃블 희(上:25)

惜 앋길 셕(上:23)>앗길 셕(上:25)

凡 무른 범(上:26)>무릇 범(上:28)

頗 ᄌᆞ몯 파(上:26)>ᄌᆞ못 파(上:29)

將 쟝ᄎᆞᆫ 쟝(上:26)>장ᄎᆞᆺ 장(上:29)

徒 ᄒᆞᆫ갇 도(上:27)>ᄒᆞᆫ갓 도(上:29)

何 얻지 하(上:27)>엇지 하(上:29)

宜 맏당 의(上:27)>맛당 의(上:30)

故 짐즏 고(上:27)>짐즛 고(上:30)

必 반듣 필(上:28)>반듯 필(上:30)

沛 젇바질 패(上:29)>젓바질 패(上:32)

窺 엳볼 규(上:29)>엿볼 규(上:32)

携 읻글 휴(上:30)>잇글 휴(上:33)

扶 붇들 부(上:30)>붓들 부(上:33)

攀 받들 반(上:31)>밧들 반(上:33)

蹲 준구릴 준(上:31)>줏구릴 준(上:33)

倒 걷구러질 도(上:31)>것구러질 도(上:34)

欞 듕긴 령(上:32)>중깃 령(上:35)

郭 받셩 곽(上:33)>밧성 곽(上:37)

隣 이욷 린(上:34)>이웃 린(上:37)

任 맏들 임(上:36)>맛흘 임(上:39)

筆 붇 필(上:38)>붓 필(上:41)

坑 묻지를 깅(上:39)>뭇지를 깅(上:43)

甲 갑옫 갑(上:40)>갑옷 갑(上:43)

鏃 살믿 족(上:40)>살밋 촉(上:44)

中 맏칠 즁(上:40)>맛칠 중(上:44)

梳 빋 소(上:44)>빗 소(上:47)

笠 갇 립(上:45)>갓 립(上:48)

衣 옫 의(上:45)>옷 의(上:48)

襖 핟옫 오(上:45)>핫옷 오(上:48)

裘 갇옫 구(上:45)>갓옷 구(上:48)

領 긷 령(上:45)>깃 령(上:48)

醯 젇 히(上:47)>젓 히(上:50)

生 ᄂᆞᆯ걷 ᄉᆡᆼ(上:48)>ᄂᆞᆯ것 ᄉᆡᆼ(上:51)

嘗 맏볼 샹(上:48)>맛볼 상(上:51)

味 맏 미(上:48)>맛 미(上:51)

炭 숟 탄(上:49)>숫 탄(上:52)

焚 불붇틀 분(上:49)>불붓흘 분(上:52)

易 받골 역(上:55)>밧골 역(上:59)

本 믿 본(上:55)>밋 본(上:59)

債 빋 채(上:56)>빗 채(上:59)

田 받 뎐(下:2)>밧 전(下:1)

町 받거리 뎡(下:2)>밧거리 정(下:1)

耕 받갈 경(下:2)>밧갈 경(下:1)

鎌 낟 렴 (下:3)>낫 겸(下:1)

貢 받칠 공(下:4)>밧칠 공(下:2)

菁 쉳무우 청(下:5)>숫무 청(下:3)

菌 버슫 균(下:5)>버섯 균(下:3)

李 외ᄋᆞᆫ 리(下:7)>오얏 니(下:5)

鍮 논 유(下:8)>놋 유(下:6)

漆 온 칠(下:11)>옷 칠(下:9)

器 그른 긔(下:12)>그릇 긔(下:10)

鼎 솓 뎡(下:14)>솟 정(下:11)

串 ᄭᅩᆮ치 쳔(下:15)>ᄭᅩᆺ치 관(下:13)

釘 몯 뎡(下:16)>못 정(下:13)

帆 돋 범(下:18)>돗 범(下:15)

篙 사ᄒᆞᆫ대 고(下:18)>사앗대 고(下:15)

鶯 괼고리 잉(下:21)>ᄭᅬᄭᅩ리 잉(下:18)

羽 짇 우(下:21)>깃 우(下:18)

棲 긷드릴 셔(下:22)>깃드릴 서(下:19)

蝟 고솜돋 우(下:23)>고순돗 위(下:20)

栢 잔 빅(下:27)>잣 빅(下:24)

漆 온나모 칠(下:28)>옷나무 칠(下:25)

梢 나못긑 쵸(下:28)>나무ᄭᅳᆺ 소(下:25)

英 ᄭᅩᆮ부리 영(下:30)>ᄭᅩᆺ부리 영(下:27)

厚 둗터올 후(下:31)>둣터울 후(下:28)

物 걷 물(下:32)>것 물(下:29)

僞 거즏 위(下:34)>거즛 위(下:31)

柰 먼 내(下:7)>벗 내(下:5)

色 빋 식(下:11)>빗 식(下:8)

光 빋 광(下:12)>빗 광(下:9)

席 돋 셕(下:12)>돗 석(下:10)

陶 질건 도(下:14)>질것 도(下:12)

錐 송곧 츄(下:16)>송곳 추(下:13)

礪 숟돌 려(下:17)>숫돌 려(下:14)

檣 돋대 쟝(下:18)>돗대 장(下:15)

碇 닫 뎡(下:18)>닷 정(下:15)

鵽 닫뎌구리 렬(下:21)>ᄯᅡᆺ저구리 렬(下:18)

巢 긷드릴 소(下:22)>깃드릴 소(下:19)

兎 톧기 토(下:23)>톳기 토(下:20)

猪 돋 졔(下:23)>돗 제(下:20)

檜 젇나모 회(下:28)>젓나무 회(下:24)

樺 볻 화(下:28)>벗 화(下:25)

花 ᄭᅩᆮ 화(下:29)>ᄭᅩᆺ 화(下:26)

苔 읻기 틔(下:31)>잇기 틔(下:27)

近 갇가올 근(下:31)>갓가올 근(下:29)

奉 받들 봉(下:33)>밧들 봉(下:30)

誤 그른홀 오(下:34)>그릇 오(下:31)

末 ᄭᆞᇀ 말(下:34)>ᄭᆞᆺ 말(下:31)

虔 젿ᄉᆞ올 건(下:35)>젓ᄉᆞ올 건(下:32)

散 흗틀 산(下:36)>흣흘 산(下:34)

橫 빋길 횡(下:37)>빗길 횡(下:34)

斜 빋길 샤(下:37)>빗길 사(下:34)

顯 낟타날 현(下:39)>낫타날 현(下:38)

元 읃뜸 원(下:40)>읏듬 원(下:37)

忙 받블 망(下:40)>밧불 망(下:38)

處 곧 쳐(下:41)>곳 처(下:38)

不 몯ᄒᆞᆯ 불(下:42)>못ᄒᆞᆯ 불(下:39)

群 묻 군(下:42)>뭇 군(下:38)

위의 많은 예에서 몇 개 골라 언급해 둘까 한다.

'몯'(淵)은 중세 국어 대부분의 자료에서 '못'으로 표기되었고 이 어형이 그대로 유지되었는데(못 디: 池(七類:4)(七千:26), 못 연: 淵(七類:4)(七千:9), 못 턱: 澤(七類:4)), 더러는 근대 국어 자료에서 '몯'으로 표기된 곳도 있다(몯 수플 가온ᄃᆡ(東新烈8:26), 몯 가온ᄃᆡ(勸念:30)). '받'은 대체로 밧 표: 表(字會上:35)(類合下:40)로 표기되었으나 받 표: 表(石千:10)로 쓰이기도 했다. 그러나 근대 국어에서 '밧'과 '받'은 혼기된 양태를 보이고 있어 口子 밧(口外)(譯語上:14), 밧(家禮8:10)(火砲:9)과 받(東新烈2:1)(家禮6:34)이 동일 문헌에 나타난다. '겯'은 중세 국어 자료에서 '겯'으로 표기되었지만(겯 방: 榜(類合下:53)(石千:19)), 후일에 와서 겻(旁邊)(漢淸1:50), 겻ᄒᆡ(火砲:9)(東新孝2:69)로 바뀌었다. 이는 근대 국어의 자료에까지 '겯'의 어형을 취하고 있는 곳도 있다(馬經上:26). 현대 국어에서 접두사 형태로 쓰이는 '맏-'은 중세 국어에서는 ᄆᆞᆮ아ᄃᆞᆯ(月序:14)(小諺1:10), ᄆᆞᆮ누의 자: 姉(字會上:32)(類合上:19)의 어형을 취했으나 근대 국어에 와서 ᄆᆞᆺ아ᄃᆞᆯ(長子)(漢淸5:39), ᄆᆞᆺ누의(姐姐)(譯語上:57)(漢淸5:40)로 종성의 정서법이 바뀌었다. 그러나 근대 국어에서도 양형은 혼기의 양태를 보였다(ᄆᆞᆮ ᄆᆡᆼ: 孟(七千:22), ᄆᆞᆮ 곤: 昆(七千:20), ᄆᆞᆮ 윤: 尹(七千:31), ᄆᆞᆮ 형: 兄(七千:13), ᄆᆞᆮ(家禮9:24)/ᄆᆞᆺ ᄇᆡᆨ: 伯(七千:11), ᄆᆞᆺ(家禮1:16)).

'귀믿'(鬢)과 '믿 본'(本)의 '믿'은 "本"과 "底", "肛" 등 다의적 기능을 가졌는데 자료에 '밋'의 표기 형태는 나오지 않는다. 이전의 자료에도 믿곧(本處)(法華2:215), 믿나라(本國)(法華2:183), 믿城(法華2:222), 믿스승(金三4:41), 믿얼굴(金三2:61),

믿집(月釋21:117), 믿쳔(本錢)(朴初上:34) 등으로 표기되었으나 후일 밋갓(菘芥)(物譜 蔬菜), 花芥 밋갓(柳物三草), 밋구무(庇眼)(譯語上:35)에서는 종성이 'ㅅ'으로 바뀌었다. 그러나 근대 국어 문헌에 양 형태는 혼기되어 있다(믿 둔: 臀(七類:13), 믿 본: 本(類合下:63)(石千:28)(七千:21), 믿(胎産:46)(痘瘡上:55)(家禮8:1)(東醫2:31)(焰硝:2), 귀믿털 슈: 鬚(類合上:21), 나모믿 듀: 株(類合下:50), 믿가지(本枝)(杜重4:11), 믿겨집(三綱中 烈女宗), 믿글월(底簿)(老朴解:1), 믿퍼기(杜重6:53), 믿ᄒᆞᆰ(分瘟:10)/듕의밋(棍襠)(譯語下:7), 밋구모(家禮10:32), 밋구무(屁骨)(譯語上:35)). '나론'은 거의 보이지 않는다. 대체로 입 웃나롯(髭)(譯語上:34), 입 아랫 나롯(鬚)(譯語上:34), 톡앳 나롯(髯)(譯語上:34), 나롯(鬍子)(同文上:15) 등 'ㅅ' 받침으로 표기되었다. '엇게'는 이전 시대부터 엇게 견(肩)(字會上:25)(類合上:21)으로 표기되었으며 근대에 와서는 얻게 견(肩)(七類:13), 얻게롤 마치고(東新烈:3)와 엇게(家禮圖:3)(家禮6:6)(胎産:25)(東新烈8:35)(朴解下:22), 엇게(肩膀)((譯語上:34), 엇ᄀᆡ(扇胛)(物譜 形體)의 양 표기형으로 쓰였다. '졋'은 졋 유(乳)(字會上:27)(類合上:21), 졋머길 뉴: 穀(字會上:33), 졋어미 모: 姆(字會上:33) 등으로 말음인 'ㅈ'을 'ㅅ'으로 썼고, 졋곡지(奶頭嘴)(譯補:22)(漢淸5:53), 졋니(妳牙)(譯補:21), 졋통(妳膀子)(同文上:16), 졋어미(家禮4:15)(朴解中:48)(痘瘡下:41) 등으로 'ㅅ' 말음을 유지하는 한편, 젿 유: 乳(七類:13), 젿어미(東新烈3:88) 등으로 혼기되었다.

한편 받침 'ㄷ'과 'ㅅ'의 혼동은 'ᄂᆞᆮ'에서 나타난다. 'ᄂᆞᆮㅊ'과 'ᄂᆞᆺㅊ'의 표기가 동일 문헌인『小學諺解』5:73과 5:80, 그리고 6:61에 나타난다(ᄂᆞᆮ출 분변 몯ᄒᆞ면(痘瘡上:49)).『五倫』2:23에도 'ᄂᆞᆺㅊ'의 표기 형태가 보인다. 숫두어리다(鬨然)(語錄初:11)(語錄重:16), 숫뚜워리고(練兵:19)와 숫두버리다(月曲:157)에서 '숫'이 보일 뿐 '숟'의 형태는 자료에서 찾기 어려우며, '늣기다'는 근대 국어에서 '늗기다'와의 양형이 혼기되었다(늗길 감: 感(七類:23)(七千:18), 늗겨(東新孝1:32)/늣기다(東新孝5:41)(家禮10:48)). '어엿브다'도 중세 국어에 쓰인 어엿블 휼: 恤(字會下:32)과 더불어 근대 국어에서는 양형이 쓰였다(어엳비(東新三忠:3)(東新烈1:32), 어엿브다(焰硝:12)(朴解上:21)(東新孝8:9)).

받침 'ㄷ'이 쓰이지 않은 예로는 븟그릴 참: 慙(類合下:15), 븟그릴 티: 耻(石千:30)

가 있다(븟그릴 참: 慙(七類:24), 븟그릴 티: 恥(七類:24)). '쁟'은 '쁟'과 '쁟'의 양형이 있는데, 善慧 쁟 아ᄉᆞ바(月曲:6), 쓰데 마ᄌᆞ니(適情性)(杜重7:24), 쁟(救荒補:15)과 쯧(意)(漢淸6:11), 큰 이런 듕ᄒᆞᆫ 쯧으로(這般重意)(老解上:37)가 쓰였다. '굳세다'도 양형이 시대에 따라 나온다. 굳셀 강: 剛(類合下:2), 굳셀 강: 强(七類:20), 굳세다(痘瘡上:19)(胎産:38)와 굿세다(剛强)(漢淸6:32), 굿세다(馬經上:42)(家禮圖:4)가 그것이다.

'앗기다'는 앗길 한: 慳(字會下:30), 앗길 식: 嗇(類合下:3), 앗씨다(惜)(杜初23:32) 등 중세 국어에서 'ㅅ' 말음으로 표기된 것이 근대에 이어왔고(앗길 간: 慳(七類:26), 앗길 석: 惜(七類:26), 앗씨다(馬經下:30)), 한편으로는 'ㄷ' 말음이 혼기되기도 했다(앋기다(家禮6:5)). 'ᄌᆞ몯'은 'ᄌᆞ몯'과 'ᄌᆞ뭇'의 양형이 시대를 따라 나타난다(ᄌᆞ몯(東新孝1:1), ᄌᆞ뭇(捷解初9:3)(煮硝:17)(警民序:3), ᄌᆞ뭇(家禮2:25)). '장춧'도 양형이 다 나타나는데, 이는 장춧 장(將)(類合下:10), 장춧(東新孝8:55)(家禮3:1)(女訓下:34)과 쟝촌 긔졀케 되엿거ᄂᆞᆯ(東新孝6:26)처럼 동일 문헌에도 혼기되어 나타난다. '엇디'는 일반적으로 엇디 긔(豈)(類合上:26), 엇디 긔(豈), 엇디 하(何)(石千:7, 25)가 나타나지만 문헌에 따라서는 얻디(東新忠:2)도 눈에 띈다. '짐즛'은 짐즛, 짐즉, 짐즛(故意貌)(譯補:56) 등의 어형만이 근대 국어에 나타난다. 그러나 진짇(東新忠1:20)과 진짓(朴解上:38) 등에서 양형의 혼기례가 나온다. '엿보다'는 문헌 중에는 'ㅅ' 받침만이 나타나 엿볼 규: 窺(字會下:27)(七類:26), 엿볼 뎡: 偵(類合下:43), 엿보다(窺探)(譯補:24), 엿볼 ᄉᆞ: 伺(七類:26)가 있고, '붓드다'도 붓드다(扶持)(同文下:55), 붓드다(扶助)(漢淸6:46)가 있을 뿐이다.

이와는 반대로 '받들다'는 받들 봉: 奉(石千:15), 받들다(女訓下:34)(東新孝8:14)(家禮10:18)로 '밧들다'의 형태는 밧들다(家禮10:25) 외에 다른 자료에서는 그다지 찾아볼 수 없다. 그런가 하면 '줏구리다'와 '것구러디다'는 'ㄷ' 말음은 볼 수 없는 예이다. 줏구릴 준: 蹲, 줏구릴 거: 踞(字會下:27), 줏그릴 준: 蹲(類合下:59), 그리고 것구러디다(倒了)(同文上:26)(三譯9:1)(馬經上:38)(朴解中:40)와 것ᄭᅮ러디다(朴解中:14)(馬經上:66)가 그 예이다. 그런 가운데에도 걷ᄭᅮ러디다(女訓上:46)가 보인다. 그러나 '듕깃'은 양형이 시대에 따라 다 나타난다. 듕긷 령: 欞(字會中:5)과 듕깃(排山柱)(漢淸9:69)이 있다. '밧'도 양형이 자료에 존재한다. 받 표: 表(石千:10)가 있고 동 시대에 밧 외: 外(字會下:34)와 밧 피: 皮(類合上:2)가 나타난다. '붇'도 붇 爲筆(解例 合字)과 붇 필: 筆(字會上:34)(類合上:25)이 나오며 근대 국어에서도 어형을 유지하여 붇 필: 筆(七類:15), 붇(胎産:63)(家禮5:20)(東醫1:59)이 나오는 한편 현대 국어처럼 붓(筆)(譯語下:19), 붓 필: 筆(七千:29), 붓(家禮圖:17)(朴解中:47) 등이 출현한다. '살밋'도 양형이 자료에 실존한다. 살믿: 鏃(字會中:29), 살믿(東新孝1:49)과 살밋(鏃)(物譜 兵仗), 살밋(箭頭)(譯語下:21), 살밋(箭鏃)(同文上:47)(譯語上:21)이 시대별로 나타난다.

'빗'에서는 'ㄷ' 말음형이 보이지 않는다. 빗 소: 梳(類合上:25), 그림 그린 빗(畫樑梳)(譯語下:19), 빗 소: 梳(七類:15), 샹아 빗(象牙梳)(救簡6:7) 등이 있을 뿐이다. 그러나 '갓'은 양형이 다 존립한다. 갇 립: 笠(字會中:15)(類合上:31), 갇 닙: 笠(七類:18), 갇(東新孝3:65)(女訓下:28)이 나오는가 하면 갓(凉帽子)(同文上:55)과 갓(大帽)(物譜 衣服), 갓(大帽子)(譯語下:18), 갓(朴解下:29)(警民中:39)(老解下:47)이 있다. '옷'에서도 '옫'의 형태는 중세 국어 문헌에 나오지 않는다(옷 의: 衣(字會下:18)(類合上:30)). 이와는 달리 근대 국어에서는 '옫'의 어형을 취한 곳이 많다(가족 옫 구: 裘(七類:18), 옫 포: 袍(七類:18), 옫(東新烈:1)(警民序:2), 옫거리(東新烈7:15), 옫골홈(東新烈4:53), 옫기슭(東新烈5:66), 옫소매(東新烈8:53)). 그러나 동옷(襖), 홋옷(單衣), 핫옷(棉衣)(漢淸11:5)에서는 '옷'으로 기재되었다. '핟옷'의 '핟-'에서는 'ㅅ' 말음의 형태가 보이지 않는다(핟옷 견: 襺(字會中:24), 댜른 핟옷 유: 襦(類合上:31)). '갓옷'도 'ㄷ' 말음형이 나오지 않는 예이다(갓옷 구: 裘(字會中:22)(類合上:30), 갓옷(皮襖)(譯語上:45), 갓옷(皮襖子)(同文上:55)). 또한 '젓'에서도 'ㄷ' 형이 보이지 않는다(젓 ᄒᆡ: 醢(字會中:21)(類合上:30), 魚鮓 젓(四解下:29), 젓(痘瘡上:7)(東醫2:5)(家禮7:29)). '맛'은 '맏'의 형태가 보이지 않으나 '숫'은 '숟'으로 혼기된 예가 근대 국어 자료에 나타난다(맛 미: 味(字會下:13), 숫 탄: 炭(字會中:15)(類合上:27), 숫(媒炭)(譯語上:54), 숫(朴解下:15)(家禮10:12)/숟 탄: 炭(七類:17), 숟(家禮7:23)). 동사 '밧고다'도 첫음절에 'ㄷ' 받침의 표기례가 근대 국어 자료에 혼기되어 있다(밧골 환: 換(字會下:20)(七類:27), 밧골 역: 易(字會上:34)(類合上:4)(石千:34)(七千:25), 밧고다(老解下:58), 밧꼬다(家禮6:31)(朴解中:40)(馬警下:69)/받고다(家禮7:34)).

'빗'은 중세 국어에서 빋 채: 債(字會下:21)(類合下:45), 근대 국어에서 빗(債)(同文下:27)(漢淸6:64)(朴解中:27)으로 나타난다. '밭'은 받 뎐: 田(字會上:7), 받두듥 롱: 壟(字會上:7), 받이렁(小諺6:84)처럼 '받'으로 표기되었고, 근대 국어에 와서도 받 뎐: 田(七千:20), 받(東新孝5:37), 받두듥(壟)(漢淸10:1)으로 나타나는데, '밧'의 표기형도 보인다(됴흔 밧(壯田)(譯語下:7), 됴흔 밧(好田)(譯語下:7), 밧(旱田)(譯語下:7), 밧가다(耕田)(譯語下:8), 밧(警民重:11)(朴解中:34)).

'낫'은 중세 국어에서도 낟 爲鎌(解例 合字), 낟 렴: 鎌(字會中:16), 낟 겸: 鎌(類合上:28)으로 표기되었는데, 근대 국어에 와서도 어형을 유지하는 한편(낟(鎌子)(同文下:2), 낟 겸: 鎌(七千:17), 낟 구: 鉤(七類:10), 낟(東新烈2:65)), 'ㅅ' 종성이 혼기되는 양상을 보여 낫(鎌)(物譜 耕農), 낫(鎌刀)(譯語下:8)으로도 표기되었다. '쉿무우'는 자료에서 'ㄷ' 표기형은 보이지 않는다(쉿무수 만: 蔓, 쉿무수 청: 菁(字會上:14), 쉿무우 청(菁)(類合上:10), 쉿무우(蔓菁)(譯語下:10)(朴重中:33)(漢淸12:36), 숫무우(菁)(譯語下:10)(同文下:3), 蔓菁 숫무우(柳物三草)). 이 밖에도 자음 동화가 된 쉰무우(蔓菁)(東醫2:27)(救荒補:8)(痘瘡下:42)의 어형도 나타난다. '버슷'의 경우는 '버슷'의 어형이 절대적이었지만(버슷 균: 菌(字會上:13)(類合上:11), 버슷 ᅀᅵ: 栮(字會上:13), 버슷(同文下:4), 버슷(磨果)(譯語下:12), 버슷 균: 菌(七類:7), 남긔 도든 버슷(木耳)(東醫2:35), 짜해 도든 버슷(菌子)(東醫2:36), 가얌 버슷(榛蘑)(漢淸12:37), 버섯(木耳)(物譜 蔬菜)), '버슴'의 어형도 있다(東新孝7:4).

'벋'은 벋 黑櫻桃(柳物四木), 벗 내: 奈(石千:3), 벗(山桃)(譯語上:55), 山桃 벗(柳物四木), 벗(野櫻)(物譜 木果) 등 시대와 관계없이 양형이 나타난다. '놋'이 '녿'으로 표기된 예는 보이지 않는다(놋(鍮鐵)(同文下:23), 靑銅 놋(柳物五金), 錫 놋납(柳物五金), 놋그릇(銅椀)(譯語下:13)(陷硝:16)). '빗'은 중세 국어에서 '빋'의 표기형이 출현하지 않았는데(빗 광: 光(字會下:1)(石千:3), 빗 ᄉᆡᆨ: 色(類合上:5)(石千:30)), 근대 국어에 와서는 그 어형을 유지하는 한편 '빋'의 형태도 보인다(빗 광: 光(七千:2), 빗 ᄉᆡᆨ: 色(七千:22), 빗(朴解下:30)(馬經上:32)(痘瘡上:54)/빋ㅊ(痘瘡上:34)(馬經上:87)). '그릇'은 그릇 긔: 器(字會下:18)(類合上:29)(七千:7), 그릇 금싯다(璺了)(譯語下:47), 그릇(東新烈:13)(女訓下:47)(胎産:8)(家禮7:2)(焰硝:15)(馬經下:69)(辟瘟:15)의 형이 있을 뿐이다.

'돗'은 중세 국어에서도 'ㅅ'으로 표기되었는데(돗 셕: 席(字會中:11)(類合上:24)), 근대 국어에 와서는 '돋'과 혼기되었다(돗(席子), 돗(凉席)(譯語下:16), 돗 셕: 席(七千:15)/돋(家禮3:8), 돋ㄱ(東新烈4:56)(家禮3:6), 돋ㅅ(東新忠:3)). '솓'은 '솥'의 말음이 중화된 것으로 『小學諺解』 6:6에서 '솓가마'의 어형이 나오지만, 근대 국어의 자료에서는 모두 '솟'으로 통일되었다(솟(釜)(物譜 鼎鐺), 솟(鍋兒)(譯語下:12), 솟(小鍋)(同文下:14)). 그러나 이 시대에도 혼기의 흔적은 남아있다(솓 정: 鼎(七類:17), 솓 미틔 검듸영(鐺墨)(東醫1:20), 솓ㅌ(家禮:1)). '송곳'은 중세 국어에 쓰이던 어형이 그대로 근대 국어에도 이어진 예이다(송곳 츄: 錐(類合上:28), 송곳(錐子)(譯語下:17)(漢淸10:36), 송곳(錐)(物譜 工匠), 송곳(老解下:48)(朴解上:38)(警民重:22)). 그러나 '송곧'의 표기형도 나타난다(송곧 츄: 錐(七類:17)). '몯'은 중세 국어에서는 'ㄷ' 말음으로 표기했는데(몯 爲釘(解例 合字), 몯 뎡: 釘(字會下:16)), 후일에 'ㅅ' 말음으로 표기 교정되면서 혼기되었다(몯(家禮7:25)(捷解初4:17)/못(朴解中:44)(家禮5:34)). '숫돌'은 본래의 말음 'ㅅ' 표기로 일관했다(뿟돌 지: 砥(字會中:19), 뿟돌 려: 礪(類合下:43)). '돗대'도 중세 국어에서 'ㄷ' 말음 표기례가 보이지 않는다(돗대(桅杆)(同文下:18), 긴 돗대(桅杆)(漢淸12:20), 빗 돗대(桅早)(譯語下:21), 돗대(檣)(物譜 舟車)).

'닫'은 본래 'ㄷ' 말음으로 표기된 것이었는데(닫 뎡: 碇(字會中:25)), 근대 국어의 자료에는 '닷'과 혼용되었다(닫(鐵猫)(譯語下:20), 닫(錨)(同文下:18), 닷 것다(拔猫)(譯語下:21), 닷 주다(抛猫)(譯語下:21), 나모 닷(木掟)(漢淸12:22), 닷(物譜 舟車)). '깃'도 근대 국어에서는 '깉'과의 양형이 공존한다(깃 녕: 領(石千:41)(七千:31), 깉 빅: 帛(七類:16), 깃(領)(譯語下:6), 領, 깃(家禮6:8)(東新孝8:71)(朴解上:50)(家禮圖:3)). 또한 이미 구개음화한 '짇'의 형태가 『小學諺解』에 나온다(鷸의 짇츨 모도와(聚鷸)(4:43)). '톳기'는 중세 국어의 자료에서부터 'ㅅ' 말음으로 표기되었는데(톳기 토: 兎(字會上:19)(類合上:14)), 근대 국어에 와서는 '톧기'와의 양형이 혼기되었다(톳기(兎兒)(譯語下:33), 톳기 토: 兎(七類:9), 톳기(痘瘡上:45)(胎産:25)(東醫1:51), 톳기날(馬經上:45), 톳씨(痘瘡上:7)/톧기(馬經上:1), 톧기날(馬經上:48), 톧끠(痘瘡上:5)(痘瘡上:30)). '돗'은 본래 'ㄷ' 말음을 가졌으나(돋 시: 豕(字會上:19)(七類:9), 돋 뎌: 猪(類合上:14), 돋 뎨: 猪(七類:9), 돋(痘瘡下:31)), 후일에 '돗'의 표기형도 나타난다(수돗(牙猪)(譯語

下:31), 암돗(母猪)(譯語下:31)). 이는 '고솜돗'에서도 마찬가지다(고솜돋 위: 蝟(字會上:19), 고솜돋(東新孝6:79)(東醫1:57)/고순돗(譯語下:32)(煮硝:8)). 이것이 근대에 와서 'ㅅ'으로 표기되었다(고솜돗(刺蝟)(譯語下:32), 고솜돗(同文下:39), 고솜돗ㅎ(煮硝:8), 蝟鼠: 고솜돗(柳物一鼠)/고솜돋(東新忠1:10), 고솜돋(東新孝6:79)(東醫1:57)).

'잣'은 솔과 잗(松柏)(杜重11:10)으로 표기된 예가 있지만 문헌 속에 보이는 표기형은 '잣' 일색이다(잣 爲海松(解例 用字), 잣(松子)(朴初上:4)(譯語上:55)(物譜 木果), 잣(海松)(東醫2:24), 잣 ᄭᅡ다(劃松子)(譯語上:56), 잣 菓松(物譜 雜木), 잣(老解下:35)(朴解上:4)(痘瘡下:42)(救荒:5)(東新孝1:71)). '젓나모'는 중세 국어의 자료에서부터 젓나모 회: 檜(字會上:10)(類合上:8)로 표기되었으며 근대 국어에도 어형을 그대로 유지하고 있다(젓나모(檜松)(譯語下:41), 젓나모(杉松)(同文下:43), 젓나모(杄松)(漢淸13:18)). '옷'은『小學諺解』에 '옫칠'로 표기된 예가 있지만(上:4) 대체로 옷 칠: 漆(類合上:16)(石千:21)(七千:16), 옷(添樹)(物譜 雜木), 옷칠(柒物)(同文下:26), 옷칠ᄒᆞ다(上漆)(漢淸12:14), ᄆᆞ른 옷(乾漆)(東醫3:28), 옷 칠ᄒᆞᆫ 뎝시(老解下:30) 등 'ㅅ'으로 표기되었다. '봇나모'도 봇나모(樺皮木)(譯語下:42), 봇나모(樺皮樹)(同文下:44)(漢淸13:24), 봇(老解下:28)(朴解上:53), 봇(樺木皮)(東醫3:42), 樺木: 봇나모(柳物四木)로 'ㅅ' 말음 일색이며 'ㄷ' 종성 표기는 보이지 않는다.

'긋'은 귿 쵸: 梢(字會下:4), 귿 말: 末(類合下:63)에서는 'ㄷ' 말음으로 표기되었으나 후대에 와서 경음화하면서 표기도 혀ㅅ긋(譯語上:34), 긋(女訓上:20)(火砲:7)(老解下:46)(家禮5:12)(朴解下:8)(胎産:69)(語錄重:13)(捷解初1:4), 긋(末)(同文下:55), ᄀᆞ긋(邊角)(漢淸1:50), 긋ㅎ(煮硝:5) 등 'ㅅ' 말음으로 바뀌었다. 그러면서도 'ㄷ' 말음이 그대로 유지된 곳도 있다(귿 단: 端(七千:7), 다ᄃᆞ른 귿(到頭)(語錄重:11)(語錄初:7), 처엄 귿(初頭)(語錄初:5), 귿(痘瘡上:11)). '곶'은 중세 국어에서는 '곳'과 '곶'으로 쓰였지만(곶 화: 花(字會下:4)(類合上:8), 곳다올 향: 香(字會下:13)), 곧 미틔셔(杜重6:15)에서처럼 'ㅌ'이 중화된 'ㄷ' 말음으로 쓰이기도 했고, 그 후에 'ㅅ' 받침으로 통일되었다(곳 화: 花(七類:6), 곳(勸念:20)(譯語下:40)(老解下:46)(東醫3:18)(救荒補:18)(辟瘟:4), 가지 곶 빗(茄花色)(漢淸10:66), 花 곳(柳物四木)). 이는 '곶부리'에서도 마찬가지다(곳부리 영: 英(字會下:4), 곳ᄇᆡ리 영: 英(石千:21)). '잇기'는 중세어 자료에서부터 동일

한 'ㅅ' 어형을 유지했다(잇기 틱: 苔, 잇기 선: 蘚(類合上:8), 잇기(青苔)(同文上:9)(漢淸1:36), 잇기(青綿)(漢淸1:45), 잇끼(青苔)(譯補:50), 잇끼(胎産:74)). '갓갑다'도 당초의 'ㅅ' 표기를 그대로 지속하고 있지만(갓가올 근: 近(字會下:34), 갓가올 이: 邇(類合下:14), 갓갑다(近)(同文上:41), 갓까올 이: 邇(石千:6)(七千:4), 갓까올 근: 近(七千:23), 갓까올 핍: 逼(七千:23), 갓갑다(家禮3:6)(朴解中:55)(警民重:6)(陷硝:8)(馬經上:42)(練兵:2)), 간혹 '갇갑다'도 보인다(東新忠1:54)).

'것'은 일반적으로 것 믈: 物(石千:17)로 쓰였는데 '걷'으로 표기되기도 했다(東新烈2:43)(女訓上:19)(捷解初7:3)(東新孝3:75)). 한편 '것'은 '갓'으로도 쓰였다(갓 믈: 物(七千:13)). '거즛'은 거즛 안: 贋(字會下:21), 거즛 무: 誣(類合下:27), 거즛말 탄: 誕(類合下:12)으로 쓰인 것이 절대 우세했지만(거즛 위: 僞(七類:25), 거즛(警民重:14)(家禮2:29)(女訓2:29)(練兵:9)(東新烈6:25), 거짓(老解下:58), 거즛(警民重:14)(東新孝:30)(老解下:49)(練兵:8)(朴解中:37), 저즛 것(假的)(譯語上:69)), 후일에 거즏(東新烈3:78)(東新孝:29), 거즏말(東新烈2:86), 거즏(東新忠1:22), 거즏말(馬經上:16)로 쓰이기도 했다. '빗기다'는 당초 빗길 사: 斜(類合下:62), 빗낄 횡: 橫(石千:25)으로 쓰였다. 이는 빋기다(東新忠:2)의 표기를 제외하고는 근대 국어에서도 'ㅅ' 말음 표기를 그대로 유지했다(빗기다(馬經上:8)(東新忠1:74), 빗낄 횡: 橫(七千:19), 빗낄 샤: 斜(七類:31)).

'읏듬'이 '읃듬'으로 쓰인 것은 『小學諺解』에서 그 용례를 찾을 수 있지만 읏듬 간: 幹((字會下:3)(類合上:8)으로 쓰였는데, 이는 후대에 와서도 그 표기형이 유지되었다(읏듬(骨子)(語錄初:6), 읏듬 패: 覇(七千:18), 읏듬(痘瘡上:40)(家禮2:1)(朴解中:8)(內訓下:16)(捷解初9:15), 읏뜸(朴解中:7)). '밧부다'는 'ㅅ' 말음 표기 일색이다(밧블 망: 忙(七類:21), 밧부다(三譯8:6), 밧부다(忙)(漢淸7:42), 밧브다(同文下:52)(老解上:61)(譯語上:23)). '곳'은 곧 쳐: 處(類合上:24)(石千:31) 등에서 'ㄷ' 말음으로 쓰이던 것이 후대에 와서 'ㅅ'으로 바뀌었다(곳 쳐: 處(七千:23), 이 곳(這箇去處)(譯語下:33), 곳(便)(語錄中:2)(語錄初:1), 이 곳(此處)(同文下:47), ᄀ리온 곳(遮僻處)(漢淸9:76)). 그러나 곧 쳐: 處(七類)에서는 'ㄷ' 말음의 잔재를 보여준다.

본래 'ㄷ' 종성이었던 것이 현대 국어의 'ㅅ'으로 표기하게 된 것은 이상과 같은 18세기, 19세기의 정서법으로 말미암은 것이다.

뜯(情)>뜻	이웃(隣)>이웃	붇(筆)>붓
살믿(鏃)>살밋	갇(笠)>갓	핟옷(襖)>핫옷
낟(鎌)>낫	몯(釘)>못	잗(栢)>잣
곧(處)>곳		

여기에서 심한 예로 용언의 어간 말음이 'ㄷ'인 경우 그 아래에 모음 어미가 올 때 그것이 'ㅅ'으로 바뀌어 분철 표기를 함으로써 다음과 같은 형태가 나타난다.

唾	춤받틀 타(上:20)>춤밧을 타(上:21)	信	미들 신(上:22)>밋을 신(上:24)
埋	무들 믹(上:52)>뭇을 믹(上:55)	得	어들 득(下:34)>엇을 득(下:31)
直	고들 직(下:34)>곳을 직(下:31)	效	본바들 효(下:35)>본밧을 효(下:33)
受	바들 슈(下:36)>밧을 수(下:33)	堅	구들 견(下:36)>굿을 견(下:33)

개화기에 오자 'ㄷ' 종성 어간은 분철 표기를 함으로써 'ㅅ' 종성 어간과 구별되었다. 결과적으로 자음 어미 앞에서는 'ㅅ'과 'ㄷ'이 공존했고, 모음 어미 앞에서는 'ㄷ' 종성이 'ㅅ'으로 표기되는 경우 분철 표기를 했고, 연철이면 어간 말음 'ㄷ'을 그대로 유지한 것이다. 전광현(1997:19-20)은 근대 국어의 'ㄷ' 종성과 'ㅅ' 종성 변화를 다음과 같이 표시했다.

어간 \ 어미 \ 시대		17세기	18세기	19세기
'ㄷ' 종성	자음 어미 앞	ㅅ, ㄷ	ㅅ	ㅅ
	모음 어미 앞	ㄷ	ㄷ, ㅅ	ㄷ, ㅅ
'ㅅ' 종성	자음 어미 앞	ㅅ, ㄷ	ㅅ, ㄷ	ㅅ
	모음 어미 앞	ㅅ	ㅅ	ㅅ

결국 근대 국어의 'ㅅ', 'ㄷ' 종성 문제는 'ㅅ'>'ㄷ'형의 등장과 함께 'ㄷ'>'ㅅ'의 혼기 시대를 거쳐 'ㅅ' 종성으로 통일되는 시대로 이어진 것이다.

'ᄎᆞᆷ밧을'은 ᄎᆞᆷ바ᄐᆞᆯ 타: 唾(類合下:30), ᄎᆞᆷ바틀(朴解中:58), ᄎᆞᆷ 밧다(吐唾沫)(譯語上:37), ᄎᆞᆷ 밧고(老解下:42), ᄎᆞᆷ 밧기(褔子)(譯語上:37)였고, '밋을'은 미들 신: 信(字會下:25), 믿다(家禮2:10)(東新烈4:87)(警民重:12)(捷解初1:5)였던 것이 밋다(靠裏)(語錄中:19), 밋다(老解下:17)(朴解上:67)(捷解初4:2)(煮硝:17), 밋ᄌᆞᆸ닝이다(新語6:15), 밋ᄌᆞᆸ지(字恤:4)로 표기되었다. 또한 고들 딕: 直(字會下:29), 고ᄃᆞᆯ 딕: 直(類合下:18), 고ᄃᆞᆫ 직: 直(石千:29)도 곳다(馬經上:72)(家禮5:33)(朴解中:42)(辟瘟:1)(東新忠1:5)(老解下:12)(痘瘡下:33), 곳다(直)(同文下:54)(馬經上:105)(家禮圖:19)(練兵:18)로 말음 표기가 바뀌었다. 바ᄃᆞᆯ 슈: 受(石千:15)는 밧다(朴解上:105)(老解下:13)(煮硝:9)(家禮4:20)(語錄中:29)(捷解初8:4)(馬經上:50)(譯語上:8)(東新烈8:29), 쇽밧다(收穫), 밧으라(使接受)(漢淸6:46)처럼 'ㅅ' 말음으로 표기되었다. '굿다'도 구들 강: 剛(字會下:26), 구들 로: 牢(類合下:28), 구들 견: 堅(七千:13), 구들 고: 固(七類:31), 굳다(家禮5:8)(痘瘡下:36)(老解下:48)(胎産:71)(東新烈4:64)이었던 것이 '굿다'로 표기되었다(굿다(硬)(語錄中:4), 굿다(牢壯)(譯語下:48), 굿다(家禮1;13)(馬經上:20)(老解上:35)(焰硝:15)(辟瘟:6)(東新烈7:22)). 또한 본바도미(月釋8:25), 본받놋다(效)(杜初2:4), 본받ᄌᆞ보미(月釋2:72), 본받다(警民中:37), 본바들 효: 效(七類:31)에서 보면 'ㄷ' 말음을 가졌는데 근대에 와서 본밧다(效法)(同文上:42)(漢淸4:15)로 표기가 바뀌었다.

5. 두음 'ㄹ'>'ㄴ'

두음에서 'ㄹ'>'ㄴ'의 변화는 일반적으로 나타나는 현상이다.

嵐 람ᄭᅴ 람(上:9)>남ᄭᅴ 람(上:8)
弄談 롱담(上:25)>농담(上:27)
漏泄 루셜(上:26)>누셜(上:28)
欄干 란간(上:32)>난간(上:35)
喇叭 라발(上:43)>나발(上:46)
蠟油 랍유(上:44)>납유(上:47)
鱸魚 로어(下:24)>노어(下:21)
蘭 란초 란(下:30)>난초 란(下:27)

이들은 대부분이 한자어이며 다른 자료에 나타나는 표기례들을 살펴보면, 란

간 란: 欄(字會中:5)은 난간 함: 檻(類合上:23), 난간(老解下:32)으로 표기되기도 했고, 후일에는 다시 란간 ᄒᆞᆫ 높흔 臺(平臺)(漢淸9:68), 란간(欄干)(漢淸10:48)으로 혼용되었다. '라발'은 근대 국어 자료에서도 그대로 라발 부다(吹喇叭)(譯語上:20), 라발(囉叭)(同文上:53)로 쓰인 한편 나발(練兵:9)도 나타난다. '노어'는 로어 로: 鱸(字會上:21)(類合上:15)이던 것이 노어 四腮魚(柳物二鱗)로 바뀌었다. 또한 로어(鱸魚)(東醫2:3)로도 혼기되었다. '란초'도 난초 난: 蘭(類合上:7)(石千:12)(七類:5)(七千:9)으로 현대 국어처럼 표기되기도 했다.

두음이 아닌 경우에도 다음 어례들은 'ㄹ'>'ㄴ'의 변화가 표기상으로 나타난다.

廊	힝랑 랑(上:31)>힝낭 낭(上:34)	杭羅	항라(下:9)>항나(下:7)
風爐	풍로(下:14)>풍노(下:12)	香爐	향로(下:14)>향노(下:12)
螳螂	당랑(下:26)>당낭(下:23)		

다른 문헌을 통해 살펴보면 15세기 어두 'ㄹ' 표기는 16세기에 오면 'ㄴ'으로 고정되었고, 한자어를 정음으로 표기함으로써 어두의 'ㄹ'과 'ㄴ'의 혼기가 계속되었는데, 이러한 사실을 지춘수(2006:371)는 한자의 원음과 시속음에 대한 표기상의 갈등으로 말미암은 것으로 설명하고 있다.

그런데 'ㄹ'이 /i/나 /j/가 후행할 때 ∅가 되는 현대 국어와는 달리, 이 시대에는 ∅ 또는 'ㄴ'이 되는 두 계열이 있다.

'ㄹ'>'ㄴ'

來年	ᄅᆡ년(上:3)>ᄂᆡ년(上:3)	來月	ᄅᆡ월(上:3)>ᄂᆡ월(上:3)
來	올 ᄅᆡ(上:29)>올 ᄂᆡ(上:31)	裡	속 리(上:11)>속 니(上:11)
利刀	리도(上:40)>니도(上:43)	樂	풍류 악(上:43) > 풍뉴 악(上:46)
李	외얏 리(下:7)>오얏 니(下:5)	鯉魚	리어(下:24)>니어(下:21)
鰱魚	련어(下:24>년어(下:21)	蓮花	련화(下:29)>년화(下:26)
臨	림홀 림(下:41)>님홀 림(下:38)		

'녀년'은 두음에서도 혼용되었다(릐년(明年)(同文上:4)/늬년(太平1:8), 늬년(開年), 늬년(明年), 늬년(下年)(譯語上:4), 늬년(朴解上:54)). 따라서 '릐월'도 근대 국어에서 그 어형이 유지되는 예들이 나온다(릐월(出月)(譯補:3)). '육(六)'은 상뉵 장긔(飜小10:9), 상뉵 바둑ᄒᆞ고(博奕)(小諺2:34)로 나타나다가 근대 국어의 문헌에서는 혼기되었다(샹뉵티다(打双陸)(同文下:32), 상륙티다(打雙六)(譯語下:24)). '니어'와 '년어'는 두음에서 표기의 변화를 보여주는 어례이다(리어 리: 鯉(類合上:15), 리어(東新孝:23)/니어(鯉)(物譜 虫魚), 鯉 니어(柳物二水), 련어 련: 鰱(字會上:20), 련어(鰟魚)(漢淸14:41)/년어(鰱魚)(譯語下:36), 년어(柳物二水)). '련화'는 근대 국어의 자료에서 그 어형을 유지하는 경우가 많았다(련화(勸念:13), 련곶(勸念:32), 련읏(勸念:24), 련화ᄃᆡ(東新烈7:75)).

'용녈'도 근대 국어에서 혼기되었다(용렬ᄒᆞᆫ 이(庸碌的)(同文上:23)). '님ᄒᆞ다'는 근대 국어에서 'ㄴ'으로 표기되었을 뿐(勸念:34)(東新孝3:72)(朴解下:42)(馬經下:114)(五輪2:43)(太平1:9), 'ㄹ' 두음의 형태는 본 자료 외에는 보이지 않는다.

/i/ 또는 /j/가 연결된 다음 어례는 두음의 위치가 아닌 곳에서 'ㄹ'>'ㄴ'이 나타난 것이다.

雙六	쌍륙(下:19)>상뉵(下:16)	劣	용렬 렬(下:34)>용녈 렬(下:31)

'ㄹ' > ∅

六月	륙월(上:3)>유월(上:3)	立春	립츈(上:4)>입츈(上:4)
陸路	륙로(上:8)>육로(上:8)	琉璃	류리(下:8)>유리(下:6)
硫黃	류황(下:9)>유황(下:7)		

'륙(六)'과 '립(立)'은 'ㄹ', 'ㄴ', '∅'의 혼기례를 보여준다(뉴월(分瘟:4), 뉴월 뉵일에(胎要:16), 뉵월(東新忠:6)/립츈 디난(立春後)(分瘟:4), 닙츈도 쁘여(閑中:480)). 그러나 '류리'와 '류황'에서는 'ㄴ'의 표기형이 보이지 않는다(류리 류: 硫(字會中:32)(譯補:38), 류리각(朴初上:68)/石硫黃 류황(柳物五石)).

額	니마 익(上:16) > 이마 액(上:16)	致	니뢸 치(下:39)>일월 치(下:36)

'ㄹ'뿐만 아니라 'ㄴ'이 /i/ 모음을 만날 때 ∅가 되는 예도 보인다. 이는 구개음화의 과정을 밟은 두음 변화의 형태이다.[8)]

이상과 같은 현상은 국어에서 한자가 토착화하지 못한 것을 나타낸다. 따라서 대부분의 표기형이 한자를 그대로 사용하고 있는 예가 많았다.

6. 자음 탈락

자음이 탈락된 사례는 주로 'ㅎ', 'ㅅ', 'ㄹ'을 중심으로 'ㅂ' 탈락이 있다.

'ㅎ' 탈락

暢	싀훤ᄒᆞᆯ 챵(上:21)>시원ᄒᆞᆯ 창(上:22)	煎	달힐 젼(上:48)>달일 전(上:51)
齕	너흘 흘(上:49)>너을 흘(上:52)	舂	찌흘 용 (下:3)>찌을 용(下:2)
盆	동ᄒᆡ 분(下:14)>동의 분(下:12)	環	골희 환(下:16)>고리 환(下:14)
篙	사횐대 고(下:18)>사앗대 고(下:15)	鵠	고해 곡(下:20)>곤이 곡(下:17)
根	불희 근(下:28)>ᄲᅮ리 근(下:25)	絶	ᄭᅳᆫ흘 절(下:36)>ᄭᅳᆫ을 절(下:33)

개화기에 와서 'ㅎ'은 용언 어간이 말음일 때 공명음 사이에서도 필수적으로 탈락시켜 발음하는데, 19세기 이후부터는 'ㅎ'이 묵음화했다. 그러나 위의 예들은 두음으로 쓰인 'ㅎ'의 탈락으로, '싀원ᄒᆞ다'는 근대 국어에도 'ㅎ'이 유지된 표기가 나온다(싀훤 쾌: 快(類合下:15), ᄆᆞᄋᆞᆷ 쉬훤ᄒᆞ다(快心)(同文上:20), 싀훤ᄒᆞ다(暢快)(漢淸6:56), 싀훤ᄒᆞ다(朴解上:40), 쉬훠니(痘瘡下:45), 쉬훤이(語錄重:38), 싀훤이(語錄初:28)(捷解初8:11)). '동의'는 본래 'ㅎ'을 가진 명사로(동ᄒᆡ 분(盆)(類合上:27)), 후일

8) 김동소(1999:183)는 'ㄴ' 구개음화가 16세기에 시작하여 17세기 말에 확대되었지만, 고유어의 경우 19세기까지 소수 어례에 한정된 것임을 밝혔다.

에도 그 소리를 유지하는 경우가 많았다(동회(物譜 鼎鐺), 동희(瓦盆)(同文下:15)(馬經下:116)). '고리'도 원래 'ㅎ'음을 가졌다(골회 환: 環(字會中:24)(類合上:3)). 그것이 그대로 유지된 근대 국어 문헌들이 눈에 띈다(골회 환: 環(七類:2)(家禮8:1), 골회눈(老解下:8), 골회눈 믈(老解下:8), 골희(環子)(同文下:17), 귀옛골희(耳環)(漢淸1:22)).

'사앗대'는 근대 국어 문헌에도 'ㅎ'을 유지한 어형들이 많았다(사홧대(撑子)(譯語下:21), 사홧대(篙子)(譯語下:21), 사화ㅅ대(撑子)(同文下:18), 사화ㅅ대(篙)(漢淸12:22)). '곤이'도 중세 국어의 어형은 'ㅎ'을 가지고 있었는데(고해 곡: 鵠(字會上:15)(類合下:11), 고홰 곡: 鵠(類合 安心寺板:6)), 근대 국어에서 'ㅎ'이 탈락하고 'ㄴ'이 첨가되어 곤이(鵠)(物譜 羽虫), 곤이(天鵝)(譯語下:27), 鵠 곤이(柳補:37)(同文下:30), 곤이(天鵝肉)(東醫1:39)로 나타난 것이다.

'쑤리'는 주지된 대로 '불회', '불휘', '불희' 등의 여러 가지 어형으로 쓰였는데(불휘 근: 根(字會下:3)(類合上:8)(石千:33), 쑬희(百聯:4), 불회(朴重中:58), 너삼 쑬휘(分瘟:22), 根 쑬휘(柳物四木), 불희(木根兒)(同文下:44)), 'ㅎ'의 탈락은 개화기에 와서야 이뤄진 것으로 보인다.

'ㅅ' 탈락

歲	힛 셰(上:3)>히 세(上:2)	山	묏 산(上:7)>뫼 산(上:7)
峯	묏봉오리 봉(上:7)>뫼 봉(上:7)	波	물ㅅ결 파(上:10)>물결 파(上:10)
上	웃 샹(上:11)>우 상(上:11)	邊	ᄀᆞᆺ 변(上:11)>ᄀᆞ 변(上:11)
臍	빗솝 졔(上:17)>빗곱 제(上:18)	厠	뒷간 측(上:32)>뒤간 측(上:34)
樑	들ㅅ보 량(上:32)>들보 량(上:35)	噬	물ㅅ 셔(下:24)>물 서(下:21)
暫	잠깐 잠(下:34)>잠간 잠(下:31)		

'ㅅ' 탈락은 대체로 사이시옷이 개입되었던 것이 후대에 와서 그것이 쓰이지 않게 된 데 연유한다. 고문헌 속에서 'ㅅ'이 첨가된 어형의 예들을 들어보면, 웃 샹: 上(類合上:2)(石千:14), ᄀᆞᆺ 변: 邊(字會中:7)(類合上:2)(七類:1)(東新烈5:41), ᄀᆞᆺ 식:

塞, ᄀᆞᆺ 계: 界(字會上:6), ᄇᆡᆺ곱(肚臍子)(同文上:16), ᄇᆡᆺ곱(臍)(漢淸5:53), 뒷간 ᄎᆞ: 厠(字會中:6)(類合上:23), 들ᄲᅩ(同文上:34), 잠ᄭᆞᆫ 조(粗)(類合下:28) 등이 있다. 그런가 하면 'ᄀᆞᆺ'은 'ᄀᆞᆮ'의 형태도 나오고(ᄀᆞᆮ ᄒᆞᆫ: 限(七類:31), 믈ᄀᆞᆮ 졔: 渚(七類:4), 믈ᄀᆞᆮ 쥬: 洲(七類:4), 뭇ᄀᆞᆮ 졍: 汀(七類:4)), 'ᄇᆡᆺᄉᆞᆸ'도 'ᄇᆡᆫ복'의 형태가 근대 국어 자료에 나타난다(ᄇᆡᆫ복(東新烈4:49)). '들보'에서는 'ㅅ'이 탈락된 어형도 눈에 띈다(들보 량: 梁(類合上:23), 들보(過樑)(譯語上:17), 들보 량: 木梁(七類:14), 들보 우희 듣글(梁上塵)(東醫1:20), 들보(梁)(物譜 第宅), 들ㅅ보엣 그늬(柁上鞦韆)(漢淸9:18)).

'ㄹ' 탈락

前　앒 젼(上:11)>압 전(上:11)　　　車　술릐 거(下:19)>수레 거(下:16)

曳　ᄭᅳᆯ을 예(下:19)>ᄭᅳ을 에(下:16)

중세 국어에서 앒 젼(前)(字會下:34), 앒 남: 南(類合上:2)(石千:28) 등으로 표기되었으나 개화기에 와서 자음군의 단순화에 의해 'ㄹ'이 탈락하였다[9]. 그리하여 근대 국어에서 대개가 'ㄹ'이 탈락된 형을 취하고 있다(압 남: 南(七千:21), 압다리(前脚)(譯語下:29), 압(家禮5:5)(東新烈8:17)(老解下:32)(胎産:70)(語錄重:28)(家禮圖:9)(東醫3:24), ᄌᆞ믌쇠 압다리(鎖穿條)(譯補:45), 압뒤(家諺5:4), 압섭(衣前襟)(漢淸11:7)). 그런가 하면 이미 현대 국어처럼 '앞'으로 표기된 자료도 눈에 띈다(東新烈4:64)(馬經下:74)(痘瘡下:35)(家禮1:42)(胎産:52)). '술릐'의 어형은 술릐ᄣᅵ 륜(輪)(類合上:3)에서만 나타난다. 이와 같이 'ㄹ'이 반입된 표기형은 『日語類解』에서 '수레'로 바로잡았다(술위 거: 車(字會中:26)(七千:17)(譯語下:23)(漢淸12:24), 술위살 복(輻)(類合下:52), 술위 ᄀᆞ다(倒車)(譯語下:23)(老解下:32)(朴解上:13)(火砲:19)(東醫3:55), 술위채(車轅)(同文下:19)(漢淸12:25), 술우튝 튝(軸)(類合下:23)). 이 외에도 '수레'의 고형으로 '수ᄅᆡ', '수뤼', '수릐' 등이 나타난다. 'ᄭᅳ으다'는 'ᄭᅳ으다', 'ᄭᅳ을다', 'ᄭᅳᆯ다' 형이 나타날 뿐(ᄭᅳ으다(東新忠:75)(馬經上:31)(朴解中:11), ᄭᅳ을 줄(撒繩)(譯語下:22), ᄭᅳ을다(馬經下:79), ᄭᅳ

9) 이러한 현상은 체언 어간 말 자음군 'ㄳ', 'ㄺ', 'ㄼ', 'ㄽ', 'ㅄ' 등과 용언 어간 말 자음군 'ㄵ', 'ㄶ', 'ㄺ', 'ㄻ', 'ㄼ', 'ㄾ', 'ㄿ', 'ㅀ', 'ㅄ' 등이 자음으로 시작하는 조사나 어미와 결합하거나 어말 위치에 나타날 때 자음군이 단순화했다(정승철 1999:51-52).

어 내티다(採出去)(譯語上:67)), '솔을다' 형은 보이지 않는다.

'ㅂ' 탈락

十月 십월(上:3)>시월(上:3)

'ㅂ'이 탈락한 '시월'은 근대 국어 자료에서 곳곳에 보인다(시월 보롬(下元)(譯語上:4)(胎産:66)).

7. 병서 표기

근대 국어에 오면 어두의 병서 표기는 중세 국어에 있었던 'ㅄ'계와 'ㅅ'계, 'ㅂ'계의 구별이 사라지고 합용 병서가 혼란을 보이기 시작했다(이기문 1983:193). 그리고 19세기 된소리의 표기는 모두 된시옷으로 통일되는 경향을 보여주었다('ㅺ', 'ㅼ', 'ㅽ', 'ㅾ'). 다만 'ㅅ'의 된소리는 'ㅄ'이 통용되고 'ㅆ'은 사용하지 않는 것으로 일반화되었다.

『倭語類解』와 『日語類解』의 대비에서 나타나는 병서 표기는 전자에서 'ㄸ', 'ㅉ', 'ㄲ'의 각자 병서와 'ㅅ'계, 'ㅂ'계의 합용 병서를 병용하던 것이[10] 후자에 와서 'ㅅ' 합용 병서로 통합되었다.

그런데 『倭語類解』와 『日語類解』의 병서 표기에서 주목해야 할 점은 표제 한자에 대한 우리말 한자음과 훈, 그리고 일본어 한자음과 훈에 대한 국자의 병서 표기가 달랐다는 것이다. 『倭語類解』에서 우리말에 대한 된소리 표기는 각자 병서와 합용 병서의 두 가지 형태가 다 사용되었는데 일본어에 대한 된소리는 『倭語類解』에서 부분적으로 각자 병서만 썼고 'ㅅ' 병서는 전무했다. 그 후 『日語類解』의 'ㅅ' 합용 병서는 된소리 표기가 아니라 일본어의 탁음을 나타내는 것이었다. 『倭語類解』에서 탁음 표시는 후술할 것인 바 'ㆁㄱ', 'ㄴㄷ', 'ㅁㅂ' 등으로 적

---

10) 이 시대에 'ㅃ'과 'ㆅ'은 보이지 않는다. 각자 병서 'ㄲ', 'ㄸ', 'ㅃ', 'ㅉ', 'ㅆ'은 훈민정음 제자해에서 전탁음으로 규정했는데, 당시에도 음가는 경음(된소리)을 표기한 것으로 추정된다(김성규 1996:17).

다가 『日語類解』에 와서 예외 없이 'ㅺ', 'ㅼ', 'ㅽ'으로 바뀐 것이다. 이는 일본어의 자음 체계에 청탁의 대립은 있으나 평음과 경음, 유기음의 대립은 없기 때문이다. 따라서 『日語類解』에서는 된소리가 평음으로 중화되어 표기상 변별력이 상실되었다. 다만 『倭語類解』에서 특수한 경우 일본어의 발음이 된소리로 날 때는 예외적으로 'か'(까), 'ち'(찌), 'と'(또), 'く'(꾸), 'き'(끼), 'つ'(쯔), 'きお'(꾜), 'くわ'(꽈), 'そ'(쏘)가 한정적으로 표기되었을 뿐이다.

『倭語類解』에서 국어 된소리의 각자 병서 표기에는 'ㄸ', 'ㅆ', 'ㅉ'이 있었고 'ㅃ'와 'ㆅ'은 사용되지 않았다. 그런데 이들은 『日語類解』에서 모두 'ㅅ'계 병서 표기로 바뀌었다. 먼저 각자 병서의 예부터 살펴보자. 『倭語類解』에서 각자 병서로 표기한 예는 대부분 어두음에서 28개가 나타난다.

ㄲ:	簸 까불 파(下:3)>없음	
ㄸ:	地 따 디(上:7)>ᄯᅡ 지(上:7)	浮 뜰 부(上:10)>ᄯᅳᆯ 부(上:10)
	又 또 우(上:27)>ᄯᅩ 우(上:29)	莎 뙤 사(下:31)>잔듸 사(下:27)
ㅉ:	皺 찡길 추(上:19)>ᄶᅵᆼ길 추(上:20)	舂 찌흘 용 (下:3)>ᄶᅵ을 용(下:2)
	觸 찌를 촉(下:24)>ᄶᅵ를 촉(下:21)	

중세·근대 국어를 통틀어 'ㄲ' 각자 병서는 문헌 속에 그다지 나타나지 않고 합용 병서인 'ㅺ'이 대다수이었다.11) '까불'은 『倭語類解』에 한 군데 나타날 뿐 대개가 'ᄭᅡ불'로 표기되었다(ᄭᅡ불 파: 簸(兒學下:6), 곡식 ᄭᅡ부ᄂᆞᆫ 술위(簸)(同文下:2), 곡식 ᄭᅡ부ᄂᆞᆫ 술위(扇車)(漢清10:9), ᄭᅡ보로다(簸一簸)(譯語下:8), ᄭᆞ브다(簸)(漢清10:12)).

17세기 중기에서 18세기 말에 임의로 나타나던 'ㄸ'은 19세기에 이르면 'ㅼ'로 표기형이 바뀌었다. 그런데 위의 『倭語類解』에 나타나는 각자 병서 'ㄸ'와 'ㅉ'은 다른 문헌에서는 거의 나타나지 않는다(ᄯᅡ 디: 地, ᄯᅡ 샹: 壤(字會上:1), ᄯᅡ 디: 地(類合上:1)(石千:1)(七千:1), ᄯᅡ 곤: 坤(七類:1), ᄯᅡᄀᆞᆺ(地頭)(語錄重:12), ᄯᅡ 쓰다(掃地)(譯語上:8), ᄯᅡ(朴解上:65)(東新烈7:16)(家禮7:20)(馬經下:60)(痘瘡下:12)(語錄重:37/ᄠᅳᆯ 범: 汎(類

11) 전광현(1997:13)은 각자 병서의 시대적 등장 순서를 ㅆ → ㅃ → ㄸ → ㄲ → ㅉ으로 추정하고 있다.

合下:50), 쁠 부: 浮(石千:18)(七類:31)(七千:14), 뻐갈 표: 漂(類合下:54), 쁘다(東新烈8:55)(家禮7:22)(痘瘡上:2)(焰硝:16)(勸念:19), ᄡᅳ다(馬經上:22)(煮硝:17)/ᄯᅩ 챠: 且(類合下:30), ᄯᅩ(家禮1:23)(朴解中:45)(東新孝6:24)(馬經上:10)(老解下:4)(女訓下:4)(胎產:32)(痘瘡上:39)) 등, 뽀(朴新1:2)/문득 씽긔여 ᄀᆞ오ᄃᆡ(敬信:31), 찡길 빈: 嚬(石千:40), 찡긘 담에 찡긘 니블에(乞皮皺氈乞皮皺被)(朴解上:36), 찡긘 겨집이(乞皮皺娘娘)(朴解上:36)/찧다(馬經下:114)(救荒:6)(痘瘡上:9)(救荒補:1)(辟瘟:9)(胎產:51)(火砲:27)(家禮5:23), 방햇고 디여 지ᄒᆞ니(落杵)(杜重下:36), 띻다(煮硝:18), 방하 씻다(擣碓)(譯語下:8)/디를 ᄌᆞ(刺)(七類:29)(譯語上:21)(東新烈8:1)(馬經下:115), ᄣᅵ르다(馬經下:103)/回軍草, ᄣᅬ(柳物三草), ᄣᅬ 사: 莎(兒學上:5), 계절의 ᄣᅬ 위ᄒᆞ야 나디 아니ᄒᆞ고(階莎爲之不生)(東新孝1:66))[12].

그런 반면 'ㅆ'의 병서 표기는 매우 보편적이다.

ㅆ: 膽 쓸ᄀᆡ 담(上:18)>쓸ᄀᆡ 담(上:19) 拭 쓰슬 식(上:30)>씨슬 식(上:33)
掃 쓸 소(上:30)>쓸 소(上:33) 寫 쓸 샤(上:37)>쓸 사(上:40)
戰 싸홀 젼(上:39)>싸홀 전(上:42) 鬪 싸홀 투(上:39)>싸홀 투(上:42)
射 쏠 샤(上:40)>쏠 사(上:44) 洗 씨슬 셰(上:44)>씨슬 세(上:47)
盥 ᄂᆞᆺ씨슬 관(上:44)>대야 관(上:47) 噙 씨블 금(上:49)>씨블 금(上:52)
種 씨 죵(下:3)>씨 종(下:1) 積 싸흘 젹(下:3)>싸흘 적(下:2)
核 씨 획(下:7)>씨 힉(下:6) 雙六 쌀륙(下:19)>상뉵(下:16)
杻 싸리 뉴(下:25)>싸리 뉴(下:25) 蓬 다복쑥 봉(下:31)>다복쑥 봉(下:27)
艾 쑥 애(下:31)>쑥 애(下:27) 裹 쏠 과(下:32)>쌀 과(下:29)
雙 쌍 쌍(下:33)>쌍 쌍(下:30) 務 힘쓸 무(下:37)>힘쓸 무(下:35)

'ㅆ' 각자 병서는 『日語類解』에서 그대로 표기형을 유지했다. 중세 · 근대 국어 자료에서 볼 수 있는 위의 예들은 'ㅄ'에서 역사적인 변화를 경험한 것으로, 자음군에서 경음화의 표기로 음가가 변동되었다.

'쓸ᄀᆡ'는 '쁠게'(쁠게 담: 膽(字會上:17)(類合上:22), 膽은 쁠게라(金三2:60))로부터 '쁠

12) 각자 병서는 15세기 『圓覺經諺解』(1465)에서부터 폐지되고 표기에 쓰이지 않았다(이기문 1983:115, 124, 지춘수 2006:372, 김동소 2007:186).

게'(兒學上:2), ‘ᄡᅳᆯ개’(돗틔 ᄡᅳᆯ개 반잔애(猪膽汁半盞)(馬經下:66)(譯語上:35), ‘쓸개’(漢淸5:57), ‘쓸게’(肚子膽)(同文上:17) 등으로, ‘ᄡ’>‘ㅆ’의 자취를 보여준다.

이 밖의 어례에서도 ‘ㅆ’은 ‘ᄡ’으로부터 변화해 온 어형의 잔재가 여실하다. 그러나 근대 국어 자료에서도 ‘ᄡ’ 병서 표기를 그대로 유지하여 보수성을 나타내는 것도 없지 않다(쓰슬 온: 搵, 쓰슬 ᄀᆡ: 揩(字會下:10)(三譯1:6), 씃다(揩了)(同文下:16), 棗子ᄅᆞᆯ ᄡᅳ서(抹棗子)(女四解2:32), ᄡᅳᆺ디 못ᄒᆞᄂᆞ디라(女範:4)/ᄡᅳᆯ 불: 拂, ᄡᅳᆯ 식: 拭(字會下:23), ᄡᅳᆯ 소: 掃(類合下:8)/쓸 샤: 寫(字會下:20), ‘寫了’(老解下:16)(女四解2:13), 글 ᄡᅳ다(寫字)(漢淸4:11), ᄡᅳᆯ 셔: 書(註千:21)/龍이 싸호아(龍鬪)(龍歌:69), 싸호다(交手)(譯語上:65), 죽도록 싸호다(血戰)(漢淸4:34)/ᄡᅩᆯ 샤: 射(字會下:9, 石千:39), 활ᄡᅩᆯ 샤: 射(類合下:7), 쏘다(爲射)(訓解 合字)(龍歌:36, 57), 쏠 샤: 射(註千:39), 쏘다(射箭)(同文上:48)/씻다(洗洗)(同文下:55), 물에 나도려 씨스며(滾滌)(女四解2:32)/ᄡᅳᆯ 고: 苦(字會下:14)(類合下:11)(兒學下:2), 쓰다(苦)(同文上:61)/씨블 금: 噙(字會下:14), 씹다(嚼了)(同文上:52), 씹다(嚼)(漢淸12:49)/ᄡᅵ 죵: 種, ᄡᅵ 쎄타(撒種), ᄡᅵ 당: 瓤, ᄡᅵ 획: 核(字會下:3), 種ᄋᆞᆫ ᄡᅵ라(月釋1:12)/쥬겨 쌋타(疊堆), 둥구러케 쌋타(圍堆), 쌋타(蓄積)(同文下:54), 쥭여 쌋타(硌起)(漢淸11:30)/ᄒᆞᆫ 쌍(雙)(同文下:21)/ᄡᆞ리(荊條)(四解下:47), 싸리 뉴: 杻(兒學上:6), ᄊᆞ리(荊條)(同文下:44), ᄊᆞ리 광지(荊條筐)(漢淸11:44)/ᄡᅮᆨ 번: 蘩, ᄡᅮᆨ 애: 艾(字會上:9)(詩解 物名:7), ᄡᅮᆨ ᄋᆡ: 艾, ᄡᅮᆨ 봉: 蓬(兒學上:5)).

‘ㅆ’과 더불어 ‘ㅅ’계 합용 병서인 ‘ㅺ’, ‘ㅼ’, ‘ㅽ’, ‘ㅾ’은 『日語類解』에 와서도 그 형태를 유지하였다. 두 자료에서 자석어가 변화 없이 유지된 예를 몇 개씩 들어 보겠다.

‘ㅺ’계:	悟	ᄭᆡ칠 오(上:21)>ᄭᆡ칠 오(上:23)	謀	ᄭᅬ 모(上:22)>ᄭᅬ 모(上:23)
	叱	ᄭᅮ지즐 즐(上:26)>ᄭᅮ지즐 즐(上:28)	斫	ᄭᅡᆨ글 작(下:17)>ᄭᅡᆨ글 작(下:14)
‘ㅼ’계:	時	ᄯᅢ 시(上:5)>ᄯᅢ 시(上:5)	屎	ᄯᅩᆼ 시(上:18)>ᄯᅩᆼ 시(上:20)
	汗	ᄯᆞᆷ 한(上:20)>ᄯᆞᆷ 한(上:21)	耒	ᄯᅡ븨 뢰(下:2)>ᄯᅡ븨 뢰(下:1)
‘ㅽ’계:	凸	ᄲᅧ족 텰(上:8)>ᄲᅧ족 철(上:8)	溺	ᄲᅡ질 닉(上:10)>ᄲᅡ질 닉(上:10)
	骨	ᄲᅧ 골(上:18)>ᄲᅧ 골(上:19)	速	ᄲᆞᄅᆞᆯ 속(下:34)>ᄲᆞᄅᆞᆯ 속(下:32)

‘ㅾ’계: 筋 힘ᄶᅮᆯ 근(上:18)>심ᄶᅮᆯ 근(上:19) 逐 ᄶᅩ출 축(上:29)>ᄶᅩ출 축(上:32)
織 ᄶᆞᆯ 직(下:10)>ᄶᆞᆯ 직(下:8) 隻 ᄶᅡᆨ 쳑(下:33)>ᄶᅡᆨ 쳑(下:30)

또한『倭語類解』에서 볼 수 있는 ‘ㅄ’이나 ‘ㅳ’ 등 ‘ㅂ’ 계열의 병서는『日語類解』에 와서는 모두 ‘ㅅ’ 계열인 ‘ㅆ’, ‘ㅼ’으로 바뀌었다.

以 ᄡᅥ 이(上:26)>써 이(上:28) 築 ᄡᆞᆯ 츅(上:33)>ᄊᆞᆯ 츅(上:36)
米 ᄡᆞᆯ 미(下:4)>ᄊᆞᆯ 미(下:2) 糯 ᄎᆞᆸᄡᆞᆯ 나(下:4)>찹ᄊᆞᆯ 나(下:2)
緯 ᄡᅵ 위(下:10)>씨 위(下:8) 用 ᄡᅥ 용(下:42)>쓸 용(下:39)
拂 ᄣᅥᆯ칠 불(上:30)>ᄹᅥᆯ칠 불(上:33) 抖 ᄣᅥᆯ 두(上:30)>ᄹᅥᆯ 두(上:33)

‘ㅂ’계 어두 자음군은 17세기 중반부터 된소리로 발달하게 되면서 ‘ㅂ’이 탈락하였고,[13] 18세기에 이르러서는 ‘ㅂ’계와 ‘ㅅ’계 합용 병서가 자의적으로 선택되다가 19세기부터 ‘ㅂ’계는 사라지고 ‘ㅅ’계 합용 병서로 통일되는 추이를 보인다(정승철 1999:14).

‘ᄡᅥ’는 동시대에 ‘써’와 병기되었다(ᄡᅥ(東新孝3:65)(家禮4:2)(焰硝:9)(女訓上:28)/써(朴解上:3)(家禮9:40)(救荒補:3)). 城 ᄡᆞ다(砌城)(譯語上:14)(朴解下:13)(東新烈7:2)(焰硝:4)가 있는가 하면 담 ᄊᆞ다(打墻)(同文上:36), 옷쟈락애 ᄊᆞ다(兜着)(漢淸10:11), 귀내여 ᄊᆞ다(斜包)(漢淸11:30), 지달 ᄊᆞ다(絆馬)(漢淸14:29)가 동시대에 나타나고, 중세 국어에서 ‘ᄡᆞᆯ’의 어형을 가진 ᄎᆞᆸᄡᆞᆯ(痘瘡:25)(東新烈1:32)(救荒:12)(譯語下:9)(老解上:40)(家禮5:16)(朴解下:44)(東醫1:23)과 함께 동시대에 ᄎᆞᆸᄊᆞᆯ(粘米)(同文下:2)(煮硝:18), ᄎᆞᆸᄊᆞᆯ(江米), 니ᄊᆞᆯ(粳米)(漢淸12:63)이 나온다. ‘ᄡᅵ’는 씨 위: 緯(類合上:28)와 씨 넛타(打經)(同文下:25)(老解下:23), 씨 넛다(理竪絲)(漢淸10:68) 등으로 표기되는가 하면, ᄡᅵ 넛타(經)(譯補:39), ᄡᅵᄂᆞᆯ히(老解下:23)가 혼기되었다. 用은 ᄡᅳᆯ씨라(訓諺)의 각자 병서

13) 15-16세기의 ‘ㅅ’계, ‘ㅂ’계 합용 병서는 그 음가가 달랐다. ‘ㅅ’계는 된소리 표기이고 ‘ㅂ’계는 자음군으로 쓰이다가 17세기 초부터 ‘ㅂ’계가 된소리로 발달하여 ‘ㅅ’계와 통합한 것으로 여겨진다. 즉 ‘ㅺ’, ‘ㅼ’, ‘ㅽ’, ‘ㅆ’은 /k'/, /t'/, /p'/, /s'/의 음가를 가졌고, ‘ㅳ’, ‘ㅄ’, ‘ㅶ’은 /pt/, /ps/, /pc/의 음가를 가졌으며, 3자 자음군인 ‘ㅴ’와 ‘ㅵ’는 /pk'/와 /pt'/의 음가를 가진 것이다(전광현 1997:8-17).

가 유지되었다(쐬 ᄡᅳ다(用計)(漢淸8:39), 회 ᄡᅳ다(用灰)(漢淸12:10)). 그러나 양자는 동시대에 혼기되었다(ᄡᅳ다(家禮6:2)(馬經上:46)(痘瘡下:28)(火砲:20)(胎産:74)(女訓下:19)/쓰다(家禮10:47)(譯語上:63)(馬經上:63)(焰硝:13)(救荒補:13)).

'ᄠᅥᆯ치다'는 ᄠᅥᆯ틸 불(拂)(類合下:8)이 ᄠᅥᆯ티다(抖擻)(語錄重:81)로 쓰였다.[14] ᄠᅥᆯ 수: 擻(字會下:23), ᄠᅥᆯ 진: 振(石千:22)이 후대에 와서 몬지 ᄠᅥ는 것(揮箒)(譯補:43)으로 바뀌었다.

8. 자음 교체

자음이 교체된 사례는 주로 음절 말의 'ㄷ'이 'ㄱ'이나 'ㄹ'로 바뀌거나 'ㄴ'이 'ㅅ'으로, 'ㅇ'이 'ㄱ'으로, 'ㄱ'이 'ㅂ'으로 바뀐 것이 눈에 띈다.

培	붇도들 ᄇᆡ(下:2)>북도들 ᄇᆡ(下:1)	蓼	엳귀 료(下:6)>역귀 료(下:4)
雛	산기 추(下:21)>삭기 추(下:18)	蝟	고솜돋 우(下:23)>고순돗 위(下:20)
修	닫글 슈(下:39)>닥글 수(下:37)	雜	섣길 잡(下:41)>석길 잡(下:39)
猿	진납이 원(下:23)>잣나비 원(下:20)	店	숟막 뎜(上:34)>술막 점(上:38)
梟	옫바미 효(下:21)>올뱀이 효(下:18)	狸	ᄉᆞᆰ 리(下:23)>ᄉᆞᆰ 리(下:20)
掌	손바당 장(上:17)>손바닥 장(上:18)	喜	긴글 희(上:23)>깃블 희(上:25)

'북도도다'는 '붓도도다'의 표기형이 우세했다(붓도돌 ᄌᆞ: 耔(字會下:5)(類合下:41), 붓도도다(培本)(譯譜:42)(同文下:1), 붓도도다(培苗)(漢淸10:4)). '역귀'도 중세 국어에서는 엿귀 료: 蓼(字會上:13)(七類:5), 엿귀 ᄡᅵ(蓼實)(東醫2:33)로 'ㅅ' 말음이 실현되는 것이 일반적이었다. 근대 국어에 와서 이들은 역괴(蓼莪菜)(同文下:4), 역괴

14) 유창균(1959:141)은 『倭語類解』 시기의 병서 표기의 일반적인 관습은 'ㅅ' 된소리로 적는 것이 원칙이며, 일부 각자 병서도 허용되었다고 했다.

(苦蓼)(物譜 菜蔬), 역ᄉᆡ(蓼莪菜)(漢淸12:36)로 쓰였으나 蓼 엿귀(柳物三草)가 나오기도 했다.

'삿기'도 중세 국어부터 'ㅅ' 말음이 절대 우세했다(삿기 예: 猊(字會上:18), 삿기 추: 雛(類合上:12)(七類:8), 삿기(雛)(同文下:36), 고기 삿기(魚秧)(譯語下:38), 삿끼 치거늘(東新孝:7)). 그러나 '삭기'의 형도 간혹 나타난다(東新孝:7). '닥다'도 선행 어형으로 'ㅅ' 말음이 우세한 것이나(닷ᄀᆞᆯ 슈: 修(石千:41)), 근대 국어에서는 대체로 니닥다(剔牙)(譯語上:47), 닥다(修了)(同文下:60), 佛道 닥다(坐靜)(漢淸9:3), 닫ㄱ다(東新忠1:87)로 나타났다. '석기다'는 석기다(三譯5:11)와 석끼다(痘經:50)에서 'ㄱ' 종성 표기가 지배적이었다.

'ᄌᆞᆫ납이'에서 '잣나비' 형은 나타나지 않는다(ᄌᆞᆫ납(弭猴)(東醫1:57), ᄌᆞᆫ납이(朴解下:26)). '올뱀이'는 옫바미 효: 梟(字會上:17), 옫바ᄆᆡ 눈(鴞目)(東醫1:40)이었으나 올바미(梟) 오도새(詩諺 物名)로 바뀌었다. 'ᄉᆞᆰ'은 ᄉᆞᆰ 리: 狸(字會上:19)로부터 狸 ᄉᆞᆰ(四解上:28), ᄉᆞᆰ(野狸)(物譜 毛虫), ᄉᆞᆰ(野猫)(譯語下:33)(漢淸14:8), ᄉᆞᆰ(同文下:39), ᄉᆞᆯ긔 ᄲᅧ(狸骨)(東醫1:50) 등이며 '솕' 형태는 보이지 않는다.

'손바닥'의 선행 어형은 '손바당'으로 말음 'ㅇ'이 'ㄱ'으로 교체된 것이다(손바당(朴重上:45)(胎産:70)(痘瘡上:48)(語錄重:39)(東新孝6:71)(朴解上:45), 손ㅅ바당 티다(打手掌)(譯語下:52)). 근대 국어 자료에 '손바닥'은 여러 곳에서 나타난다(勸念:20, 家禮5:12). '깃브다'는 깃글 희(喜)(類合下:3), 깃글 흔(欣), 깃글 열: 悅(石千:32, 37) 등이 전환하여 깃분 데로(三譯4:2), 깃브다(釋譜13:7), 깃브다(喜歡)(譯語下:43)(捷解初5:10), 긷브다(東新忠1:56) 형으로 나타났다.

요 약

이 장은 『倭語類解』와 『日語類解』의 표기형 중 자음 표기의 변화를 다룬 것이다. 두 책은 동일한 내용 항목을 엮은 것으로, 200여 년이라는 시간 간격에 따라 나타나는 통시적 추이상을 점검하는 데 유용한 자료이다. 『倭語類解』는 두 가지의 판본이 있는데, 이 논구의 자료는 우리나라 국립도서관본과 일본 京都대학에서 영인한 金澤本을 함께 취택했다. 이는 뒤에 나온 『日語類解』가 金澤本을 저본으로 하여 편찬했기 때문이다.

자음의 표기 변화는 자음의 음운 변화, 정서법의 변화와 직접적인 상관관계를 가진다. 이 글에서 다룬 것은 주로 음성의 강화 현상(경음화, 격음화), 음운 첨가, 말음 'ㄷ' >'ㅅ', 두음 'ㄹ' >'ㄴ', 자음 탈락, 병서 표기 등으로, 양 자료를 비교하여 귀납하는 방향을 취하였다. 구개음화에 관련된 항목은 제3장에서 상술할 것이므로 여기서는 생략했다.

『倭語類解』의 간행 시기에 대해서는 17세기 초·중엽에서 18세기 중엽설로 분분하여 단정하기가 어렵다. 다만 이를 추정하기 위해 이 시기에 나온 근대 초기의 문헌 『東國新續三綱行實圖』(1617), 『杜詩諺解重刊本』(1632), 『捷解新語』(1676), 『朴通事諺解重刊本』(1677), 『譯語類解』(1690) 등과 18세기의 『三譯總解』(1703), 『漢淸文鑑』(1779경), 『同文類解』(1748) 등과의 자료 비교는 매우 유효하며 바람직한 실마리를 제공할 것이다.

『倭語類解』를 살펴보면 대체로 17세기의 다른 문헌과 같은 맥락을 보여주면서도 한편으로는 중세 국어 문헌의 특징을 그대로 지속하고 있는 과도기적 모습을 보여주고 있다. 이는 아마도 당시 편집자가 16세기 문헌인 『訓蒙字會』(1527), 『新增類合』(1553), 『石峰千字文』(1583) 등 자석서류를 참고한 연유일 것이다.

우선 근대 국어와 그 이후인 개화기 국어의 일반적인 경향을 살펴볼 필요가 있다. 근대 국어는 대체로 17세기에서 19세기 말까지 300년 동안의 국어를 가리키며, 중세 국어와 현대 국어를 잇는 교량적 역할을 한다. 과도적인 현상을 보이기도 하지만 표기나 음운 현상이 법칙화, 규칙화의 보편성을 추구하고 있다는 것이 특징이다(전광현 1997:52). 그리하여 어두 자음군과 어간 말 자음군의 단순화와 어중 유기음 중철 표기 등이 드러난다. 특히 이기문(1983:192-194)은 정서법의 혼란을 들면서 어두 합용 병서의 혼란과 종성 'ㅅ'과 'ㄷ'의 혼란, 그리고 모음 사이의 'ㄹ,ㄹ'과 'ㄹ,ㄴ'의 혼동을 들었다. 이 글에서도 이러한 사실에 초점을 맞추어 논했다.

한편 별도로 시대가 구분되어 있지는 않지만 이른바 개화기 국어는 19세기와 20세기의 교체기를 가리키는 것으로 근대 국어와 현대 국어의 분수령이 된다. 그러므로 이 시기에는 근대와 현대적 요소가 공존하는데, 근대 국어에 비하면 통일된 경향을 띤다고도 할 수 있다(정승철 1999:7-8). 특히 어간과 어미가 결합할 때 분철하여 표기하는 것이 원칙이라는 점을 들었다. 그리고 초성의 경음 표기가 'ㅅ'계 합용 병서로 통일하였고, 종성 'ㄷ', 'ㅌ', 'ㅅ', 'ㅆ', 'ㅈ', 'ㅊ'을 'ㅅ'으로 통일한 점을 들었다.

『倭語類解』와 『日語類解』의 자음 표기를 비교하면 대체로 국어사의 흐름에 부합하는 양태를 보여 주고 있다. 그러나 부분적으로 『倭語類解』의 자료에 중세 국어의 잔재가 남아 있는 모습도 역력하다. 이는 중세에 나온 여러 유해서의 영향을 입은 것이 아닌가 한다.

음성 강화 현상으로 경음화는 17세기에 형성된 것이다. 그러나 『倭語類解』의 어휘 자료 중에는 아직까지 경음화하지 않은 어형들이 여러 개 나타난다(족(藍), 곧치(串), 괻고리(鶯), 닫뎌구리(鴷), 가치(鵲), 구무거리다(蠢), 불휘(根), 석다(朽), 곧(花), 곧부리(英), 져르다(短), 지르다(衝)). 경음화 가운데는 사잇소리의 개입으로 인해 다음 음절의 첫소리가 된소리로 발음되는 것이 있는데, 이때의 경음화 표기 변화는 사잇소리의 개입 여부에 의존된 것이다.

자음 첨가는 대다수가 음절 말에 'ㅅ'이 첨가되는 예가 많다. 이는 어간 의식과 어말 표기 의식에 따른 것이라 생각된다(빗최다(照), 것치다(荒), 곳치(繭), 쇠맛치(鎚), 잇시다(有), ᄆᆞᆺ츰(終), 곳치다(改), 밋츠다(及), 긋치다(止), 붓치다(接), ᄀᆞᆺ초다(具), 맛치(恰)). 이 밖에도 초성에 'ㄱ'이나 'ㄴ'이 첨가되는 형태도 있다(두게(蓋), 굴네(勒), 닐ᄏᆞᆺ다(稱)).

종성 'ㄷ'과 'ㅅ'의 구별 표기는 15세기에는 매우 엄격했고, 16세기가 되면 이들이 중화되어 표기에 혼란을 가져왔는데, 이것이 17세기까지 지속되다가 18세기에 이르러 'ㅅ' 만으로 통일되는 경향을 보였다. 이러한 사적 추이에 편승하여 20세기 초의 자료인 『日語類解』에서도 종성 'ㄷ'은 'ㅅ'으로 표기되었다. 이 중에서 특이한 양태를 보이는 표기형은 용언 어간 말음 'ㄷ'에 모음 어미가 연결될 때에도 그것이 'ㅅ'으로 바뀌어 분철 표기를 한 예이다(춤밧을(唾), 밋을(信), 뭇을(埋), 엇을(得), 곳을(直), 밧을(受), 굿을(堅), 본밧을(效)).

두음 'ㄹ'과 'ㄴ'의 혼기는 대개가 한자어에 한정된 것인데, 이는 한자의 원음과 시속음의 혼용 때문일 것이다. 그러나 『日語類解』에서는 'ㄹ'이 'ㄴ'으로 표기된 예가 매우 많다. 이는 어두음이 아닌 경우에도 나타나며, 그 아래에 /i/나 /j/가 올 때에는 자의적으로 ∅가 되기도 했다.

자음의 탈락은 'ㅎ'과 'ㅅ' 탈락이 중심이 되는데, 'ㅎ'은 모음이나 'ㄹ' 아래에서, 그리고 'ㅅ'은 사잇소리를 제거한 데서 출현한다.

어두의 병서 표기는 중세의 'ㅄ'계, 'ㅅ'계, 'ㅂ'계의 구별이 근대 국어에 와서 사라짐으로 합용 병서가 혼란을 일으켰고, 이것이 19세기에 와서 된소리가 모두 된시옷으로 통일되었다. 양 자료의 대비에서도 『倭語類解』에서 각자 병서와 합용 병서를 혼합하여 쓰던 것이 『日語類解』에서는 'ㅅ' 합용 병서로 통일되는 경향을 보였다.

자음 교체는 음절 말에서 'ㄷ'>'ㄱ,ㄹ', 'ㄴ'>'ㅅ', 'ㅇ'>'ㄱ', 'ㄱ'>'ㅂ'의 사례가 나타난다.

결론적으로, 『倭語類解』와 『日語類解』는 자음의 표기 형태에서 지금까지 알려진 국어사의 일반적인 추이상에 부합하면서도 양자 모두 과도기적 성향을 드러내고 있는 것이 확인된다. 즉 『倭語類解』는 근대어 자료이면서도 중세어적 성격이 잔존해 있으며, 『日語類解』는 개화기 말의 국어 자료이면서도 근대어적 성격이 역력하다고 할 수 있다.

| 제3장 |

구개음화 표기형 변화

왜학서인 『倭語類解』와 『日語類解』은 약 200년간의 시간 간격을 두고 동일 한자에 관한 국어와 일본어의 자석과 자음을 기재한 것으로, 다른 유해류 어휘집과 함께 어휘의 사적 비교 자료로서의 가치를 가졌다.

『倭語類解』는 20C 초에 일본에서 간행된 『日語類解』와는 달리 그 작자와 간행 연대가 아직까지 명확하게 밝혀져 있지 않다. 그 제작 시기에 관한 설은 17C 초·중엽에서 18C 말엽까지로 매우 다분하다(鄭 光(2002:490-495, 2004).

이 장은 이처럼 다기한 연대설을 염두에 두고, 『倭語類解』의 표기와 음운 현상을 면밀히 살핌으로써 지금까지 국어 음운사에 나타난 시대적 추이 현상을 다시 한 번 점검하려는 것이다. 자료 속에 나타나는 구개음화 현상을 분석하여 전대와 후대의 문헌 자료를 상호 비교하고자 한다. 이러한 탐색은 결과적으로 『倭語類解』의 간행 시기를 추정하는 하나의 단서가 될 것이다. 다만 金亨奎(1969:149-150)의 언급대로 언어의 변천을 문헌의 기록만으로 시기를 획정한다는 것은, 실제로 언어가 문헌보다 훨씬 앞서 변해가고 있으므로 불합리한 요소를 내포하고 있다고 여겨진다.[15)]

---

15) 이는 Vendreyes의 "문헌에 기록되는 문서의 언어는 강물 위에 얼어붙은 얼음이요 그 밑에 정작 강물은 쉬지 않고 흐르듯이 구술어는 쉬지 않고 변하고 있다."고 한 언급과도 상응한다.

『倭語類解』의 국어 음운사적 가치는 이미 이기문(1983:196-203)에서 밝혀지고 있다. 근대 국어에서 구개음화가 나타난 시기를 17C와 18C의 교체기로 정하고, 이를 가장 먼저 보여주는 문헌 자료로 『倭語類解』를 들었다(打: 칠 타(上:30), 瓦: 지새 와(上:32), 刺: 지를 즈(上:54), 黜: 내칠 츌(上:54), 舂: 찌흘 용(下:3), 觸: 찌를 쵹(下:24), 落: 질 락(下:30)).[16)]

그런가 하면, 김동소(1999:135)는 중앙어에서 「ㄷ」 구개음화 현상을 이 문헌이 최초로 보여준다고 논급한 데 대해 이견을 보이고 있다. 이는 『倭語類解』의 출판 연도를 17C 말 또는 18C 초로 잘못 잡음으로서(濱田 敦 1970:13-19) 발생한 것으로 밝히고 있다.

실제로 『倭語類解』 속에는 구개음화한 어례들도 많지만, 아직까지 비구개음을 유지하고 있는 어례들도 적지 않다. 箍: 톄 고(下:14), 柁: 티 타(下:18) 등은 앞선 16C 중세어 문헌(『訓蒙字會』, 『新增類合』, 『石峰千字文』 등)에서 이미 구개음화한 어례들이 비구개음으로 표기됨으로써 특이한 동요를 나타내는 것들이다.[17)]

이 장에서는 「ㄷ(ㅌ)」, 「ㄱ(ㅋ)」, 「ㅎ」 구개음화를 중심으로 다루고, 구개음화에 관련된 'ㄴ'이 /i(j)/ 앞에서 탈락하는 현상이나 'ㅈ' 뒤의 /j/ 탈락 현상은 포함시키지 않았다.

한편 『日語類解』는 일본인 가나자와(金澤庄三郎)가 자신이 소장하고 있던 『倭語類解』를 저본으로 하여 이를 취사하고 역어의 오류를 바로 잡아 1912년(明治 45년 3월 4일)에 엮어 낸 책이다. 200년이라는 시간의 간격을 두고 동일 자

---

16) 안병희(1978)에 의하면 구개음화가 문헌에 가장 먼저 반영된 것으로는 16C 중엽에 나온 『村家救急方』의 '쯰쟝가리'와 '셕쵹화'의 표기라고 했다. 백두현(1992:334-340)은 영남지방에서 간행된 『重刊 杜詩諺解』의 표기 예를 들어 형태소 내부의 어두와 어중, 형태소 경계에서 「ㄷ」 구개음화가 광범위하게 나타난 것으로 미루어 구개음화가 17C 이전에 발생하여 17C의 어느 시점에 와서 완성된 것으로 보았다.

17) 이러한 예는 『杜詩諺解』 초·중간본의 대비에서도 나타난다(오직(只)/오딕(7:12), 지눈(負)/디눈(7:39), 혼가지(同)/혼가디(8:16), 고지(花)/고디(8:23), 가쥬리라(携)/가듀리라(8:34), 가지(枝)/가디(8:42), 치위(寒)/티위(8:34), 힛비츨(光)/힛비틀(7:3)). 전재호(1973:192)는 이를 구개음화의 혼동이라 했다. 이들 어례 중에는 본래부터 'ㅈ', 'ㅊ'이었던 것이 'ㄷ', 'ㅌ'으로 과도 수정된 예도 많이 포함되어 있다.

료 어례를 다룬 두 책을 비교하는 것은 양자의 국어사적 언어 현실(특히 형태, 어휘)이 반영된 것으로 간주하여 의미 있는 것으로 여겨진다.

현존하는『倭語類解』에는 두 종류가 있다. 지금 흔히 볼 수 있는 것은 일본 京都大学 文学部 国語学国文学研究室에서 영인한 가나자와의 소장본이고, 또 하나는 우리나라 국립도서관에 소장된 것이다. 양본에 대한 상세한 비교는 정광(1999)에 의해 정밀하게 논구된 바 있는데, 金澤本은 국립도서관본과 동일한 판본이지만 후쇄본으로 일부 책판이 없어져 보사했고, 판목의 마멸로 탈획과 탈자가 생긴 것이다.[18)]

이 장에서 다룬 자료는 국립도서관본과 함께 金澤本(濯足本)을 대상으로 했다. 이는 金澤(가나자와)가 자신의 소장본인『倭語類解』濯足本을 저본으로『日語類解』를 편찬했으므로, 양본 사이의 상관관계를 따지는 것이 의미 있다고 생각되기 때문이다.

다룬 어휘 자료들은 한자와 한자어의 자음(字音), 그리고 한자 자석으로부터 나온 고유어 또는 한자어의 음을 망라한 것이다.[19)]

1. 비구개음 유지 표기

국어 음운사에서 중세적인 요소가 근대적으로 바뀐 시기를 18C 이후로 보고, 이러한 교체는 대체로 '·'음의 비음운화, 구개음화, 원순 모음화, 단모음화, 전설 모음화 등이 완성된 것을 계기로 삼고 있다(김동소 1999:16).

특히 구개음화는 대체로 남부 방언의 제2음절 아래에서 시작되었고, 18C 초에 중앙어에까지 완성된 것으로 정설화되어 있다(이기문 1983:197, 김동소 1999:181).[20)]

---

18) 책판이 떨어져 나간 부분은 상권 25, 26엽과 하권 41, 42, 54엽이며 이를 필사로 보철했다. 鄭 光(1999)은 金澤本(鄭 光은 이를 濯足本이라 부름)의 낙장, 보사, 탈자, 탈획을 국립도서관 소장본에 따라 바로 잡았는데, 濯足本의 특징에 관한 상론은 鄭 光(1999:499-519)을 참조할 것.

19)『倭語類解』에 실린 자음과 자석 병기의 한자는 상하권을 합쳐 1,999자이고, 2字 이상의 한자어는 1,352개이다. 뒤에 나온『日語類解』는 이보다 다소 적은 각각 1,849자와 761개이다.

20) 이기문(1983:197)은 18C 중엽에 나온『同文類解』(1748)에 이르러 구개음화가 완성된 것으로 보고 있다. 김동소(1999:16)도 중앙어에서「ㄷ」구개음화의 완성을 보여준 것은『同文類解』

그러나 분석한 자료인 『倭語類解』에는 한자의 자음이나 자석으로 쓰인 고유어와 한자어가 구개음화하지 않은 형태를 많이 보여주고 있다. 이는 그 후 20C 초에 나온 『日語類解』에서는 대부분 구개음화한 것으로 표기되었다.

「ㄷ」 구개음화는 대체로 댜>쟈, 뎌>져, 뎍>젹, 뎐>젼, 뎔>졀, 뎜>졈, 뎝>졉, 뎡>졍, 뎨>졔, 됴>죠, 듀>쥬, 듁>쥭, 듕>즁, 디>지, 딕>직, 딘>진, 딥>집, 딩>징의 변화 형태를 보이고 있다.

『倭語類解』 자료 중 구개음화하지 않은 비구개음 '뎌'는 한자 자음 底(밑 뎌(上:11)), 舐(할틀 뎌(上:49)), 抵(다드를 뎌(下:40))와 한자 자석 笛(뎌 뎍(上:39)), 彼(뎌 피(下:33)), 鴷(닫뎌구리 렬(下:21)) 등에서 나타난다. 물론 이들은 『日語類解』에는 구개음화한 어형을 취하고 있다(底: 밋 져(上:12), 舐: 할틀 져(上:52), 抵: 다다를 저(下:37), 笛: 적 적(上:42), 彼: 저 피(下:30), 鴷: 땃저구리 렬(下:18)). 이 가운데 '底', '抵'의 자음과 '笛', '彼'의 자석은 『訓蒙字會』와 『新增類合』, 『石峰千字文』 등의 16C 유해류 어휘집에서도 같은 어형을 보여준다. 이 중 아래의 한자 '笙', '管', '籥'은 '笛'과 함께 동일 자석을 취하는 것으로 어형을 논하는 데 참고가 될 것이다.

밑 뎌: 底(類合下:53)
더딜 뎌: 抵(類合下:41)
뎌 뎍: 笛(字會中:32),(類合下:24)
뎌 싱: 笙(類合上:24),(石千:24)
뎌 관: 管(字會中:32)
뎌 약: 籥(字會中:32)
뎌 피: 彼(字會下:24)

'뎍'은 위에서 다룬 한자 '笛'의 자음과 滴(들을 뎍(上:10)), 適(마즘 뎍(上:28)), 摘(쌀 뎍(下:42)), 그리고 한자어 嫡室(뎍실(上:13)), 硯滴(연뎍(上:38)), 對敵(ᄃᆡ뎍(上:39))

라고 했다. 한편 金亨奎(1969:146)는, 구개음화가 싹튼 것은 숙종조 문헌에서이고, 영조조에 와서 이것이 분명하게 강화되었으며, 정조조에 완성된 것으로 기술했다. 결국 구개음화는 17C 말, 18C 초에 시작되어 18C 중엽에 강화되었고, 18C 말에 완성된 것으로 설명된다.

등에서 '嫡', '滴', '敵'의 자음으로 나타난다. 이들도 『日語類解』에서는 구개음화한 '적'으로 표기되었다(笛: 적 적(上:42), 滴: 들을 적(上:10), 適: 마측 적(上:30), 摘: 딸 적(下:40), 嫡室: 적실(上:10), 硯滴: 연적(上:41), 對敵: ᄃᆡ적(上:42)). 이 중 한자 '滴', '適', '嫡', '嫡', '摘'의 자음은 16C 중세 국어 유해서에도 비구개음인 '뎍'으로 표기되었다.[21]

믈뎜 뎍: 滴(類合下:50)
마ᄌᆞᆯ 뎍: 適(類合下:23),(石千:34)
뎍실 뎍: 嫡(字會上:31),(類合下:35),(石千:37)
ᄃᆡ뎍 뎍: 敵(類合下:21)
ᄠᆞᆯ 뎍: 摘(類合下:46)

'뎐'은 구개음화하여 '전'이 되었는데, 자료 중에는 한자 자음으로 電(번개 뎐(上:2)), 塡(메올 뎐(上:8)), 顚(업더질 뎐(上:29)), 殿(집 뎐(上:31)), 田(밭 뎐(下:2)), 癜(어루러기 뎐(上:51)) 등과 한자어 田父(뎐부(上:14)), 典當(뎐당(上:56)), 螺鈿(라뎐(下:8))에서 '田', '典', '鈿'의 자음으로 나타난다. 『日語類解』에서는 모두 구개음화한 '전'으로 바뀌었다(電: 번개 전(上:1), 塡: 메을 전(上:8), 顚: 업더질 전(上:32), 殿: 집 전(上:34), 田: 밧 전(下:1), 癜: 어루러기 전(上:54), 田父: 전부(上:15), 典當: 전당(上:59), 螺鈿: 라전(下:6)). 한자 '電', '顚', '殿', '田', '癲', '典'의 자음은 중세 국어 유해서에도 비구개음으로 표기되었다.

번게 뎐: 電(字會上:2),(類合上:2)
업더딜 뎐: 顚(類合下:17),(石千:17)
뎐 뎐: 殿(類合上:18)
집 뎐: 殿(石千:18)
받 뎐: 田(字會上:7),(類合上:27),(石千:6)

---

21) 『譯語類解』(1690)에 '연뎍'(硯水瓶)(下:19), 『東國新續三綱行實圖』(1617)에 'ᄃᆡ뎍디 몯ᄒᆞ야'(忠1:28)의 비구개음으로 표기되어 있다.

어르러지 뎐: 癲(字會中:33)
글월 뎐: 典(字會下:42)/ 법 뎐: 典(類合下:42),(石千:20)

한편 한자어 '典當'은 18C 후반의 근대 국어 자료인 『譯語類解補』(1775), 『漢淸文鑑』(1779경)에도 비구개음을 그대로 유지하고 있어 음운 변화의 보수성이 짐작된다.

뎐당 푸주(當舖)(譯補:38),(漢淸6:63)
뎐당 믈건(當頭)(漢淸6:63)
뎐당 므르다(贖)(漢淸6:64)
뎐당ᄒᆞ다(當)(漢淸6:63), 뎐당ᄒᆞ다(典)(漢淸10:15)

그런데 『同文類解』(1748)와 연대 미상인 『物譜』에서는 이미 구개음화한 형태가 나타난다.

젼당 푸주(當舖)(同文下:15)
젼당(典當)(同文下:27),(物譜 商賈)
젼당ᄒᆞ다(典當了)(同文下:27)

이와 같은 현상은 음운 변화가 연대적으로 적확하게 문헌에 반영되지 않는다는 사실을 말해 준다.

'뎜'과 '뎝'은 어례가 많지 않다. 한자 자음 店(숟막 뎜(上:34)), 點(뎜 뎜(上:37)), 簟(삳 뎜(下:12))과 楪(뎝시 뎝(下:14)), 蝶(나븨 뎝(下:26))이 보일 뿐이다. 한자어 更點(경뎜(上:5))에서도 '點'의 비구개음이 확인된다. 이러한 한자 자음은 중세 국어 문헌에서 비구개음으로 쓰인 유이다.

져제 뎜: 店(字會中:8)
뎜 뎜: 點(類合下:58)

산 뎜: 簟(字會中:11),(類合上:24)
뎝시 뎝: 楪(字會中:10)
나뵈 뎝: 蝶(字會上:21),(類合上:15)

이들은 『日語類解』에 오면 店(술막 점(上:38), 點(점 점(上:41), 楪(접시 접(下:11), 蝶(나뷔 접(下:23))으로 구개음화하여 현대 국어의 어형에 가까워졌다.

'뎡'은 근대 국어에 와서 '졍'으로 구개음화했는데, 이러한 한자 자음의 예는 제법 많다. 丁(뎡(上:6)), 汀(물ㄱ 뎡(上:9)), 丁(장뎡 뎡(上:14)), 頂(뎡바기 뎡(上:16)), 亭(졍즈 뎡(上:31)), 庭(뜰 뎡(上:33)), 町(받거리 뎡(下:2)), 鼎(솓 뎡(下:14)), 釘(몯 뎡(下:16)), 碇(닫 뎡(下:18)), 蜓(준자리 뎡(下:26)), 定(뎡홀 뎡(下:37)), 呈(뎡홀 뎡(下:40)) 등이 있고, 한자어인 朝廷(됴뎡(上:35))으로부터 '廷'의 자음과 '釘'으로부터 나온 한자어 蛭釘(질뎡(下:16)), '碇'으로부터 나온 碇纜(뎡람(下:18)), 拋碇(포뎡(下:19)), 拔碇(발뎡(下:19))이 눈에 띈다. 또한 橙丁(등뎡(上:47))의 '丁', 人定(인뎡(上:5))에서도 '定'의 비구개음이 확인된다. 그 대다수가 중세 국어 유해 자료에서도 비구개음으로 반영되고 있다.

믈ㄱ 뎡: 汀(類合上:6)
손 뎡: 丁(字會中:2)/ 당홀 뎡: 丁(類合下:22)/ 장뎡 뎡: 丁(石千:24)
뎡바기 뎡: 頂(字會上:24),(類合上:20)
뎡즈 뎡: 亭(字會中:5),(類合上:22)
뜰 뎡: 庭(字會中:6),(類合上:23)/ 뜰 뎡: 庭(石千:27)
몯 뎡: 釘(字會下:16)
솓 뎡: 鼎(字會中:10),(類合上:27)
더 뎡: 廷(字會中:7)/ 나라뜰 뎡: 廷(類合下:23)
닫 뎡: 碇(字會中:25)
준자리 뎡: 蜓(字會上:21),(類合上:15)
뎡홀 뎡: 定(類合下:10)/ 일뎡 뎡: 定(石千:13)
바틸 뎡: 呈(字會上:35)/ 나톨 뎡: 呈(類合下:32)

『日語類解』에서 이들 한자의 독음은 모두가 구개음화하여 표기되었다(丁: 정(上:6), 汀: 믈가 정(上:9), 丁: 장정 정(上:15), 頂: 정바기 정(上:16), 亭: 정자 정(上:34), 庭: 뜰 정(上:36), 町: 밧거리 정(下:1), 鼎: 솟 정(下:11), 釘: 못 정(下:13), 碇: 닷 정(下:15), 定: 정홀 정(下:34)).

비구개음 '뎨'는 훗날에 와서 '졔'로 구개음화하는데, 한자의 자음으로 弟(아ᄋ 뎨(上:10)), 梯(사ᄃ리 뎨(上:33)), 題(글뎨 뎨(上:37)), 蹄(굽 뎨(下:24)), 踶(출 뎨(下:22)), 第(ᄎ례 뎨(下:42))가 있고, 이로부터 조성된 한자어 兄弟(형뎨(上:12)), 弟嫂(뎨수(上:12)), 弟子(뎨ᄌ(上:14)) 등이 있다. 또한 한자어 提起(뎨긔(上:25)), 皇帝(황뎨(上:35)), 堤堰(뎨언(下:2))으로부터 한자 '提'와 '帝', '堤'가 비구개음으로 나온다. 이들도 『日語類解』에서는 모두 구개음화하여 弟(아우 제(上:13)), 梯(사ᄃ리 제(上:36)), 題(글제 제(上:40)), 蹄(굽 제(下:20)), 踶(출 제(下:21)), 第(차례 제(下:39))와 兄弟(형제(上:13)), 弟嫂(제수(上:13)), 弟子(제ᄌ(上:15)), 提起(제긔(下29)), 皇帝(황제(上:38))로 바뀌었다. 중세 국어에서 이들의 어형은 역시 비구개음인 '뎨'로 쓰였다.

아ᅀ 뎨: 弟(字會上:32),(類合上:19)/ 아ᄋ 뎨: 弟(石千:15)
굽 뎨: 啼(字會下:9),(類合下:14)
ᄃ리 뎨: 梯(字會中:7)
자블 뎨: 提(類合下:47)
출 뎨: 踶(類合下:25)
님굼 뎨: 帝(字會中:1)/ 님금 뎨: 帝(石千:4)/ 황뎨 뎨: 帝(類合上:19)
ᄎ례 뎨: 第(字會上:34)

그런데 근대 문헌인 『同文類解』와 『漢淸文鑑』에 아래와 같은 비구개음형이 나타나 구개음화의 과도적 동요 상황을 보여주고 있다.

뎨ᄌ(徒弟)(同文上:42)
뎨긔ᄒ다(提撥)(漢淸3:12), 건네 뎨긔ᄒ다(常提)(漢淸7:11), ᄆᆯ 뎨긔ᄒ다(瘟了)(漢淸:14:34)

'됴'의 한자 자음으로는 弔(됴문 됴(上:52)), 釣(낙시 됴(下:15)), 鳥(새 됴(下:20), 彫(아로사길 됴(下:42))와 한자어 約條(약됴(上:36))의 '條', 曲調(곡됴(上:43)), 調理(됴리(上:52))의 '調'가 있고, '鳥'로부터 조어된 鳥銃(됴춍(上:41)), 鳥餌(됴이(下:22))가 눈에 띈다.

『日語類解』의 동일 예는 당연히 구개음화하여 弔(조문 조(上:55)), 釣(낙시 조(下:43)), 鳥(새 조(下:17)), 彫(삭일 조(下:40)), 曲調(곡조(上:46)), 調理(조리(上:55)), 約條(약조(上:39)), 鳥銃(조춍(上:44)), 鳥餌(조이(下:19))로 표기됨으로써 현대어의 어형을 갖추게 되었다. 이들도 16C 중세 국어 유해서에서는 비구개음으로 나타나지만(됴문 됴: 弔(類合下:40)(石千:5)), 일부 근대 국어 자료에는 비구개음이 그대로 유지되는 양상을 보여, 구개음화의 완성 시기를 재고하도록 한다.

됴문 됴: 弔(類合下:40),(石千:5)
나쓸 됴: 釣(字會下)/ 랏실 됴: 釣(石千:33)
새 됴: 鳥(字會下:3)
뻐러딜 됴: 彫(石千:33)
사길 됴: 錭(字會下:16)
고를 됴: 調(類合下:60),(石千:2)/ 곡됴(曲調)(同文上:52)
가지 됴: 條(字會下:4)/ 쇼됴 됴: 條(類合下:56)/ 올 됴: 條(石千:32)
됴건 건: 件(類合下:51)
됴춍(鳥銃)(譯語上:22)/ 됴춍 놋티(放鳥銃)(同文上:49), 됴춍 놋티(放鳥鎗)(漢淸4:36)
거믄고 한 곡됴를(琴一操)(朴重中:44)
됴리ᄒᆞ다(將息)(譯語上:63)
됴문ᄒᆞ다(慰孝)(譯補:27)

『倭語類解』에 나타나는 비구개음 '듀', '듁', '듕'은 대체로 구개음화하여 '쥬', '쥭', '즁'으로 나타났으나, '櫺'의 자석인 '듕깃'(上:32)이 유일하게 비구개음을 유지하고 있다. '櫺'은 『訓蒙字會』와 동일한 자석을 가짐으로써 비구개음의 잔류 어례가 되었고, 후일 『日語類解』에서는 '중깃 령'(上:35)으로 구개음화했다.

'디'계의 음들은 구개음화하여 '지'계의 음으로 변했는데, '디'의 유지형은 자료에서 한자 자음 地(따 디(上:7))와 그로부터 조성된 한자어 平地(평디(上:7)), 地震(디진(上:7)), 地衣(디의(下:12)), 그리고 한자 자석 藁(딥 고(下:3)), 蒸(찔 증(上:48)) 에서 나타난다. 16C 중세 국어 자료에는 비구개음을 그대로 반영하고 있다.

ᄯᆞ 디: 地(字會上:1),(類合上:1),(石千:1)

평디(平地), 평디 탄: 坦(類合下:15)

디경 강: 疆(類合下:49)/ 디경 역: 域(類合下:49)/ 디경 경: 境(類合下:51)

디의 연: 筵(石千:19)

딥 고: 藁(類合下:25),(石千:21)

ᄶᅵᆯ 증: 蒸(字會下:12),(類合上:30),(石千:37)

'地'(디)는 『新增類合』에서 '디경'의 자석을 가진 다른 한자에서도 그 비구개음을 여실히 보여준다(디경 강: 疆(下:49), 디경 역: 域(下:49), 디경 경: 境(下:51)). 이들도 『日語類解』에서는 현대 국어처럼 구개음화한 어형이 반영되어 있다(地: ᄯᆞ 지(上:7), 平地: 평지(上:7), 地震: 지진(上:7), 地衣: 지의(下:10), 藁: 집 고(下:1), 蒸: 찔 증(上:51)).

그러나 국어사에서 근대 국어의 분수령으로 인정되는 『同文類解』의 어례 중에는 비구개음을 유지하는 것들도 있어 그 과도적 현상을 나타낸다.

디진(地震), 디진ᄒᆞ다(地動)(同文上:6)

상술한 대로 『倭語類解』에는 비구개음 '디'의 계열에 '디', 'ᄶᅵ'와 '딥'이 나타날 뿐, 그 외 '딕', '딘', '딩' 등은 이미 구개음화하여 '직', '진', '징'으로 표기 반영되었다.

「ㅌ」 구개음화에는 대체로 탁>착, 탕>창, 텨>쳐, 텬>쳔, 텸>쳠, 텰>쳘, 텹>쳡, 텽>쳥, 톄>쳬, 툐>쵸, 툑>츅, 튜>츄, 튝>츅, 튤>츌, 튱>츙, 티>치, 틱>칙, 팀>침 등이 예상된다.

『倭語類解』에는 비구개음인 '텬', '텸', '텰', '텹', '텽'과 '톄', '툐', '티'만이 등장한다. 이들은 훗날 각각 '천', '첨', '철', '첩', '청'과 '체', '초', '치'로 구개음화했다.

자료 중에 '탸' 계열(탸, 탹, 턍)은 눈에 띄지 않는다. '텨' 계열의 '텬', '텸', '텰', '텹', '텽'이 보이는데, 어례를 들어보면 한자 자음 '텬'(天: 하ᄂᆞᆯ 텬(上:1)), '텸'(添: 보탤 텸(下:32), '텰'(凸: 샢족 텰(上:8), 鐵: 쇠 텰(下:8)), '텹'(堞: 셩각희 텹(上:34), 疊: 포괼 텹(下:36)), '텽'(廳: 집 텽(上:31))과 한자어로부터 나온 '텰'(鐵推: 텰퇴(下:16), 火鐵: 화텰(下:13), 煎鐵(젼텰(下:14), 鐵杷: 텰파(下:16), 烙鐵: 락텰(下:17), 蘇鐵: 소텰(下:30)), '텸'(鮎魚: 텸어(下:25), '텹'(法帖: 법텹(上:38), 梳帖: 소텹(上:44)), (疊衣: 텹의(上:45), 疊席: 텹셕(下:13)) 등이 있다. 『日語類解』에 오면 해당어는 일제히 구개음화한 어형을 취하고 있다(天: 하ᄂᆞᆯ 천(上:1), 添: 더ᄒᆞᆯ 첨(下:29), 凸: 샢족 철(上:8), 鐵: 쇠 철(下:7), 堞: 성곽휘 첩(上:37), 疊: 첩첩ᄒᆞᆯ 첩(下:34), 廳: 집 청(上:34), 鮎魚: 첨어(下:22), 法帖: 법첩(上:41), 梳帖: 소첩(上:47)).

중세 국어 자료에서 이들은 물론 비구개음으로 나타났지만, 근대 국어 자료인 『譯語類解』(1690), 『同文類解』(1748), 『漢淸文鑑』(1779경) 등에서도 구개음화하지 않은 어형이 나타나 과도적인 음운 변화의 스펙트럼을 연상케 한다.

하ᄂᆞᆯ 텬: 天(字會上:1),(類合上:1),(石千1:33)

쇠 **텰**: 鐵(字會中:31),(類合上:27)/ **텰환**(鐵丸), **텰환**(鉛子)(譯補:16),(同文上:49)

매도ᄅᆡ에 **텰ᄉᆞ**(轉軸上的銅絲)(漢淸4:57, 12:3), **텰ᄉᆞ** 쌥다(拔絲)(漢淸12:3)

더을 **텸**: 添(字會下:11),(類合下:45)

텹 텹: 疊(類合下:52)

브틸 **텹**: 帖(字會上:35)/ ᄌᆞ옥 **텹**: 帖(類合下:53)

집 **텽**: 廳(字會中:4), 텽 **텽**(類合上:22)

텬셩(天性), 텬셩(性)(漢淸6:11)

'뎐셩'과 '텰환'은 『倭語類解』에도 한자어 형태로 등재된 어례인데(性: 뎐셩 셩(上:23)), 鐵丸: 텰환(上:41)), 다른 근대 국어 문헌에도 비구개음으로 잔존하는 것은 『倭語類解』를 같은 시기의 근대 국어 자료로 볼 수 있는 단서가 되기도 하고, 한편 이 시기까지 구개음화는 부분적으로 실현되는 양상을 보이는 것으로 해석되기도 한다.

'뎨'는 훗날 '체'로 구개음화했는데, 자료에서 보이는 비구개음 '뎨'는 한자 자음 嚔(자칙음 뎨(上:20)), 蔕(꼭지 뎨(下:7)), 遞(갈 뎨(下:36))와 한자 자석 篩(뎨 고(下:14)), 한자어 鼻涕(비뎨(上:20))의 '涕'에서 나타난다. 한자 '嚔'와 '涕'의 자음은 중세 국어 자료에서도 비구개음으로 나타지만(즈치욤 뎨: 嚔(字會上:29), 곳믈 뎨: 涕(字會上:29)), 주목할 사실은 16C 중세 국어 자료인 『訓蒙字會』, 『新增類合』에서 원래 구개음이었던 것이 『倭語類解』에서는 과도 수정되어 비구개음으로 표기하고 있다는 것이다. 본 자료에서 '篩'의 자석은 비구개음인 '뎨'로 쓰였지만 중세 국어 유해서에는 '체'였다(체 싀: 簁(字會中:10), 체 ᄉᆞ: 篩(類合上:27)).

위의 어례들은 『日語類解』에서는 일제히 구개음화한 형태를 취하고 있다(嚔: 자치기 체(上:21)), 篩: 체 고(下:12)), 蔕: 꼭지 체(下:6), 遞: 갈 체(下:33), 鼻涕: 비체(上:21)).

'됴'의 어례는 자료 중 한자 자음 齠(니갈 됴(字會上:32))와 한자어 髫齔(됴츤(上:16)) 두 곳에 나온다. 『日語類解』에서는 초츤(上:17)으로 음운 변화에 의해 어형이 바뀌었다. 이 외에 비개구음이 쓰인 예로는 '툑', '튜', '툭', '튤', '튱' 등이 있으나 본 자료에서 이러한 예들은 이미 구개음화한 형태로 나타난다.

'티'의 어형은 '繭'의 자석인 '고티'(下:10) 한 곳에서만 볼 수 있다. 이는 『日語類解』에서는 '곳치' 견(下:8)으로 자석의 어형이 구개음화했다. '고티'는 중세 국어 문헌(고티 견: 繭(字會中:24))과 근대 국어 문헌(곳티(呑繭)(同文下:25), 繭: 고티(柳物二昆))에서 오랫동안 비구개음을 유지하고 있었다. '티'의 구개음화에는 이 밖의 여러 가지 한자음에서 이뤄졌지만(置, 治, 痔, 致 등), 본 자료에는 구개음화하여 '치'로 쓰였거나(治, 致), 자료에는 다뤄지지 않았다. 또한 '티' 계열의 비구개음 '틱', '팀' 등도 마찬가지로 구개음화했거나 다뤄지지 않은 것들이다.

이상은 전방의 치조음(ㄷ,ㅌ)이 그보다 후방인 경구개음(ㅈ,ㅊ)으로 이행하는, 이른바 후퇴적 구개음화에 관해 살펴본 것이다. 이에 반해 다음 논할 「ㄱ」, 「ㅋ」, 「ㅎ」 구개음화는 후방에 있는 연구개음이나 성문음이 전진하여 경구개음이 되는 전진적 구개음화이다.[22]

「ㅎ」 구개음화에 해당되는 예는 자료 중 세 곳의 한자 자석에서 나타난다.

筋　힘쑬 근(上:18)→심쑬 근(上:19)　　籌　혬 쥬(上:54)→셈 주(上:57)

數　혬 수(上:54)→셈 수(上:57)

이는 『倭語類解』의 시기에서 구개음화가 일어난 것이 아니라, 이후에 「ㅅ」으로 변한 것들이다.[23] 이들은 『日語類解』에서 각각 구개음화하여 '셈 주'(上:57), '셈 수'(上:57)와 '심쑬 근'(上:19)으로 바뀌었다. '籌'와 '數'의 자석인 '혬'은 결국 국어 동사 어간 '혜-'의 어형 변화를 가리키는데, 중세 · 근대 국어의 자료에서 동사 '혜-'는 "헤아리다, 생각하다, 계산하다" 등의 의미로("念", "數", "量", "算", "計") 광범위하게 쓰였다.

혤 계: 計(類合下:20)
혤 산: 算(字會中:2)
혤 과: 課(字會下:21)
혤 규: 揆(類合下:20)

그러나 이것이 구개음화한 '세(셰)-'의 어형이나 '힘'이 '심'으로 된 어례의 분포는 고어에서 극소한 사실을 미루어 보면, 이는 어떤 지역의 방언적 현상이 반영

22) 金亨奎(1967:168)는 국어 음운사에서 후퇴적 구개음화가 전진적 구개음화보다 시기적으로 먼저 나타난 것으로 보고 있다. 이는 인구어에서 연구개음(k, g)의 구개음화가 선행하는 것과 대조된다.

23) 「ㅎ」 구개음화는 16세기 후반 남부 방언이 반영된 것인데, 17, 18세기에는 중앙어에도 나타났다(김동소 1999:183).

된 것이 아닌가 한다.[24]

한편, 「ㄱ」, 「ㅋ」 구개음화는 『倭語類解』에서는 중세 국어의 어형을 그대로 유지하고 있으나 『日語類解』에 와서 구개음화의 역방향인 ㅈ>ㄱ, ㅊ>ㅋ으로 표기된 것이 눈에 띈다. 이는 본래 구개음이었던 것이 『日語類解』에서 비구개음으로 과도 수정된 것이다. 예컨대, 어두에서 羽: 짇 우(下:21)→깃 우(下:18), 皺: 찡긜 추(上:19)→씽긜 추(上:20), 柁: 티 타(下:18)→키 타(下:15), 菹: 팀치 조(上:47)→김치 저(上:50) 등이다. 이러한 현상은 역유추에 의한 과도 수정의 결과로 해석된다.[25] 이는 대체로 18, 19C 문헌에 나타나는데, 본 자료에서 벌써 이와 같이 드러났다.

'짇(짓)'은 『訓蒙字會』나 다른 중세 문헌에도 'ㅈ'형을 취하는 것이 일반적이었다.

짓 우: 羽(字會下:3),(類合上:3),(石千:4)/ 짓 한: 翰(字會下:6)/ 짓 격: 翮(字會下:6)

ᄇᆞᄅᆞ미 거스러 부니 짓과 터리왜 ᄒᆞ야디놋다(風逆羽毛傷)(杜解7:15)

鷸의 짇츨 모도와(聚鷸)(小諺4:43)

이에 반해 '깃'으로 과도 수정되어 쓰인 예는 매우 적다.[26]

범의 깃과 놓의 쇼 ᄀᆞᆺ흔ᄃᆡ(三譯9:15)

---

24) 김동소(1999:183-184)는 이를 「ㅎ」 구개음화로 보지 않고, 고대형을 유지해 오던 남부 방언의 'ㅅ' 형이 중앙 방언으로 세력을 확장해 감으로써 'ㅎ'→'ㅅ'의 어형 교체가 일어났다고 생각하고 있다.

25) 김동소(1999:181)는 'ㅈ'→'ㄱ'의 교체가 중앙 방언의 「ㄱ」 구개음화에 대한 거부감으로 된 과잉 수정 현상으로 해석하고 있다. 『倭語類解』에는 이 외에도 紡: 질삼 방(下:10)이 나오는데, 이도 중세 국어의 어형과 동일하다(績: 질삼 적, 紡: 질삼 방(石千:35)). 백두현(1992:337)은 과도 수정의 원인을 구개음화의 복고적 표기 또는 구개음화가 실현되지 않은 중앙어를 의식한 데서 비롯된 것으로, 이는 단순한 표기상의 오류로 설명했다. 또한 '깃', '길삼', '김치' 등의 과도 수정형이 개신형으로 굳어진 사실이 「ㄱ」 구개음화의 과도 수정에서만 나타나는 것은 이에 대한 거부 의식이 강했음을 의미한다고 했다.

26) 고어에서 '깃'은 네 개의 동음이의어를 가지고 있었다. ① 강보(깃 차(褯))(字會中:24) ② 옷의 깃(깃 녕(領))(石千:41) ③ 둥지(깃 소(巢))(字會下:7)(類合上:12) ④ 깃털(羽) 등이다.

동사 어간 '찡긔-'는 "주름지다, 주름 잡히다"의 뜻으로, 구개음의 형이 일반적으로 쓰였고 『日語類解』처럼 'ᄭᅵᆼ긔-'로 과도 수정한 어형은 거의 보이지 않는다.

ᄧᅵᆼ길 빈: 嚬(石千:40)
ᄧᅵᆼ긘 담에 ᄧᅵᆼ긘 니불에(乞皮皺氈 乞皮皺被)(朴重上:36)

'치'는 배의 방향을 조정하는 기구로 현대 국어에서 '키'로 쓰고 있는데, 당시에는 '치'의 어형이 일반적이었다. 『倭語類解』에 나오는 '티'는 '치'의 과도 수정형이며, 『日語類解』의 '키'는 '티'와는 관계없이 '치'로부터 나온 과도 수정형이다.

치 타: 柁(字會中:25)
치(拕)(譯語下:21)
티(舵)(同文下:18)

'팀ᄎᆡ'(팀ᄎᆡ 조: 葅(上:47))는 『日語類解』에는 현대 국어처럼 '김치'로 나타나지만, 고어에서는 '딤ᄎᆡ', '팀ᄎᆡ', '침ᄎᆡ', '김ᄎᆡ'의 네 가지 어형으로 쓰였다.

딤ᄎᆡ 조: 葅(字會中:22)
딤ᄎᆡ 져: 菹(類合下:30)
팀ᄎᆡ 와: 葅(小諺1:7)
침ᄎᆡ(醃菜)(譯補:31)
침ᄎᆡ(醎菜)(同文下:4), 침ᄎᆡ(醎白菜)(漢淸12:41)
김ᄎᆡ 或曰細切曰虀 全物曰葅(柳物三草)
져리 김ᄎᆡᆯ 망정 업다 말고 ᄂᆞ여라(靑丘:67)

『倭語類解』에서는 '팀ᄎᆡ'의 어형을 유지했으나 근대 국어 자료에서 이것이 '침ᄎᆡ' 또는 '김ᄎᆡ'가 된 것은 「ㅌ」 구개음화와 과도 수정의 소산이다. 즉 '팀>침'은 후퇴적 구개음화에 의한 것이나, '침>김'은 역유추로[27] 구개음화의 과도 수정으로 해석된다.

2. 구개음화한 표기

『倭語類解』에 구개음화한 어례들이 다량 나타나는 것은 이 자료가 이미 근대 국어를 반영한 것임을 입증한다. 이 장에서는 구개음화하지 않은 16C 중세 국어의 유해 자료들의 표기례와 본 자료를 비교 검토하고자 한다.

자료의 어례는 상술한 1절에서와 같이 한자의 자음과 자석에 나타나는 고유어와 한자어, 그리고 일반 한자어를 포함한 것이다.

아래의 표는 16C 중세 국어의 유해류 어휘집인 『訓蒙字會』(1527), 『新增類合』(1576), 『石峰千字文』(1583)의 한자 자석과 자음에서 비구개음으로 등재된 자례와 어례를 들고, 이것이 『倭語類解』에 와서 구개음화한 대응 자례와 어례를 대비한 것이다. 이러한 대비는 『倭語類解』가 이루어진 시기를 측정하는 데도 하나의 단서가 될 것이다.

구개음화	한자 예	訓蒙字會	新增類合	石峰千字文	倭語類解
댱>쟝	腸	애 댱(上:37)	챵ᄌᆞ 댱(上:22)	애 댱(34)	애 쟝(上:18)
	杖	막대 댱(中:19)	막대 댱(上:24)		막대 쟝(上:54)
	帳	댜ᇰ 댱(中:13)	댱 댱(上:24)	댱 댱(19)	쟝 쟝(下13)
	長		긴 댱(下:48)	긴 댱(8)	긴 쟝(下:31)
	場	맏 댱(上:7)	바탕 댱(下:39)	맏 댱(6)	터 쟝(上:34)
	丈	댜ᇰ 댱(中:19)	열자 댱(下:49)		길 쟝(下:39)
	堠	댱승 후(中:9)			쟝승 후(上:34)
	娶		댱가들 취(下:40)		쟝가드릴 취(上:41)
뎌>져	儲		뎌튝 뎌(下:17)		져축 져(下:3)

27) 유창돈(1964:94-96)은 구개음화 현상의 역유추에 대한 어례로 '힝젹>힝뎍'(行蹟), '셔>혀'(椽), '셕>혁'(轡), '디새>기와', 'ᄉᆞᆫᄌᆡ>상기', '딤ᄎᆡ>김치', '치>키'(舵) 등을 들었다.

	箸	져 뎌(中:11)	져 뎌(上:27)		져 져(下:14)
	楮	닥 뎌(上:10)	닥 뎌(上:9)		닥 져(下:28)
	苧	모시 뎌(上:9)	모시 뎌(上:26)		모시 져(下:30)
	鞬	뎌기 건(中:19)			져기 건(下:20)
	短		뎌를 단(下:6)	뎌룰 단(8)	져를 단(下:31)
	彼	뎌 피(下:24)	뎌 피(下:6)	뎌 피(8)	져 피(下:33)
뎍>젹	謫	죄줄 뎍(下:29)	귀향 뎍(下:21)		죄줄 젹(上:54)
뎐>젼	轉 傳	올믈 뎐(下:1)	구울 뎐(上:3) 뎐홀 뎐(下:25)	구울 뎐(20) 옴길 뎐(10)	구을 젼(下:19) 젼홀 젼(下:36)
뎔>졀	寺 刹	뎔 ᄉᆞ(中:10) 뎔 찰(中:10)	뎔 ᄉᆞ(上:18)		졀 ᄉᆞ(上:52) 졀 찰(上:52)
뎡>졍	貞	고ᄃᆞᆫ 뎡(下:25)	고ᄃᆞᆯ 뎡(下:3)	고ᄃᆞᆯ 뎡(7)	고들 졍(上:22)

16C 중세 국어 자료에서 자음(字音)이 '댱'으로 표시된 한자가 『倭語類解』에서 '쟝'으로 바뀐 것으로는 '腸', '帳', '長', '場', '杖', '丈' 등의 한자 자음과 '帿', '娶'의 자석에서이다.

'帳'과 동일한 자석을 가진 한자를 『訓蒙字會』에서 찾아보면, 그 자석은 모두 '댱'으로 통일되어 있다(幌: 댱 황, 幮: 댱 듀, 幃: 댱 위, 幔: 댱 만(字會中:13)). 이는 『倭語類解』에는 구개음화하여 '쟝'으로 쓰였는데, 자음 외에 한자어 문쟝(蚊帳)(下:13)과 또 한편으로는 '幕'의 자석에서도 '쟝막' 막(下:13)으로 표기되었다.

'場'은 자료마다 각각 다른 자석이 채택되었지만('맏', '바탕', '터'), 원래의 자음은 '댱'이었고, 이것이 『倭語類解』에서 '쟝'으로 구개음화한 것이다. 한자어인 목쟝(牧場)(上:34)이 자료 중에 나온다.

'長'은 중세 국어의 자료에서, 이로부터 조성된 한자어 모두가 비구개음으로 표기되었다(댱니(長吏)(五倫:1:10), 댱셩(長成)(五倫4:3), 댱단(長短)(老解下:55), 댱슈(長壽)(小諺5:62), 댱샹(長常)(楞解2:24)). 본 자료에는 구개음화한 '긴 쟝'(下:31)과 '길 쟝'(下:39) 두 곳에서 나타난다. 이에 따라 쟝자(長者)(上:14), 쟝셩(長成)(上:19), 쟝고(長鼓)(上:42), 쟝로(長老)(上:53), 쟝삼(長衫)(上:53) 등으로 표기되었다.

'娶'의 자석인 '쟝가'는 중세어 문헌에서는 비구개음으로 쓰였다(댱가 들며 셔방 마죠믈(釋譜6:16)).

'뎌>져' 구개음화는 한자 자음 '儲', '箸', '楮', '苧'와 '鍵', '短', '彼'의 자석에서 나타난다. '儲'는 자음('져')과 자석('져츅')에서 '져'가 나오는데, 중세 국어의 자석어 '뎌튝(貯蓄)'이 구개음화한 것이다. 그러나 17C초에 간행된 『東國新續三綱行實圖』(1617)에서는 비구개음이 유지된 용례가 보여 과도적인 현상으로 설명된다.

지븨 뎌튝혼 거시 업스듸(東新烈5:29)

'모시 져(苧)'는 자료 중에 한자 자음 외에 한자어 져포(苧布)(下:10)에서도 볼 수 있다.

중세 국어 '뎌기'는 『倭語類解』에서는 '져기'로 구개음화했지만, 다른 근대 문헌인 『譯語類解』(1690)와 『同文類解』(1748)의 어례에서는 비구개음이 그대로 유지되고 있어, 이도 과도적인 혼란으로 보인다.

당방을 뎌기 추다(踢毬)(譯語下:23)
뎌기(鞬子)(同文下:33)

'彼'의 자석인 '뎌'는 중세 국어 자료에서 동일 자석을 가진 '他'(뎌 타(字會下:24),(類合下:62))에서도 같은 어형을 취했다. 이는 훗날 『譯語類解』에서도 비구개음인 '뎌'로 쓰임으로써(뎌 편(那)(譯語下:51)) 17C말까지 어형이 유지되었음을 보여준다.

'轉'은 『訓蒙字會』에서만 다른 자석('옮다')을 채용했는데, 그 자음은 비구개음인 '뎐'이었다.

'傳'은 중세어 자료에서 '뎐'으로 쓰여 이로부터 형성된 한자어의 자음이 모두 동일하게 나타난다(뎐갈(傳喝), 뎐교(傳敎), 뎐슈(傳受), 뎐셤(傳染)). 본 자료에서는 구개음화하여 '傳喝'이 '젼갈'로, '傳令'이 '젼령'(上:36)으로 표기되었다.

구개음화한 '졀'은 '寺'와 '刹'의 자석에서 나타나는데, 중세 국어에서의 동일 자석은 이 밖에도 '庵'(뎔 암(字會中:10))이 있다. 『倭語類解』에서는 이 한자의 자석이 교체되어 '암ᄌᆞ 암'(上:53)으로 쓰였다.

'뎡>졍'의 용례는 자료 중에는 '貞'(고들 졍) 한 곳밖에 없다. 중세 국어 자료에는 한자어 貞正(뎡졍)(小諺6:43), 뎡졀(貞節)(小諺6:61)로 쓰였는데, 18C 중엽의 『同文類解』에서도 '貞節'은 비구개음인 '뎡졀'로 표기되어 구개음화의 과도적인 현상을 보여준다.

구개음화	한자 예	訓蒙字會	新增類合	石峰千字文	倭語類解
뎨>졔	除		덜 뎨(下:58)		졔셕(除夕)(上:4)
	猪	돋 뎨(上:19)	돋 뎌(上:14)		돋 졔(下:23)
됴>죠	朝	아ᄎᆞᆷ 됴(上:2)	아ᄎᆞᆷ 됴(上:3)	아ᄎᆞᆷ 됴(5)	아ᄎᆞᆷ 죠(上:5)
	潮		밀믈 됴(上:6)		죠슈(潮水)(上:10)
	凋		뻐러딜 됴(下:55)		이울 죠(下:30)
	好	됴ᄒᆞᆯ 호(下:31)	됴ᄒᆞᆯ 호(上:26)	됴ᄒᆞᆯ 호(18)	조흘 호(上:19)
듀>쥬	晝	낫 듀(上:1)	낫 듀(上:13)	낫 듀(34)	낟 쥬(上:5)
	肘	ᄑᆞᆯ구브렁 듀(上:26)	ᄑᆞᆯ구븨 듀(上:21)		ᄑᆞᆯ구미 쥬(上:17)
	廚	브석 듀(中:9)	졍듀 듀(上:23)		부억 쥬(上:31)
	柱	기동 듀(中:6)	기동 듀(上:23)		기동 쥬(上:32)
	冑	투구 듀(中:28)	투구 듀(上:29)		투구 쥬(上:40)
	籌		산 듀(下:25)		혬 쥬(上:54)
	紬	명디 듀(中:31)	면듀 듀(上:25)		면쥬(綿紬)(下:9)
	株	읏듬 듀(下:13)	나모민 듀(下:50)		낟 쥬(下:28)
	鍮	듀셕 듀(中:31)			쥬셕 셕(錫)(下:8)
	朮	삽듀 튤(上:13)	삽듀 튤(上:18)		삽쥬 츌(下:5)
듁>쥭	竹	대 듁(上:8)	대 듁(上:7)		대 쥭(下:27)
	筍		듁슌 슌(笋)(上:11)	듁슌 슌(36)	쥭슌 슌(下:5)
듕>즁	中	가온ᄃᆡᆺ 듕(下:34)	가온댓 듕(上:2)	가온대 듕(29)	가온ᄃᆡ 즁(上:11)
	重		므거울 듕(下:48)	므거울 듕(3)	무거올 즁(下:31)

'뎨>졔'의 변화는 '除'와 '猪'에 국한되었다. '除'의 자음은 본 자료에서는 한자

어 '除夕(제셕)'만이 나타나고, '猪'는 『訓蒙字會』와 『新增類合』에서 자음이 각각 '뎨'와 '뎌'로 달랐지만, 그 후 구개음화하여 '졔'가 되었다. 이로부터 나온 山猪(산졔)(下:23)가 눈에 띈다.

'됴'가 '죠'가 된 한자는 자료 중에 '朝', '潮', '凋'가 있고, '好'의 자석에서도 나타난다. '朝'의 자음은 중세 국어에서 모든 한자어에서 '됴'로 일관되어 있다(朝貢(됴공), 朝官(됴관), 朝廷(됴뎡), 朝服(됴복), 朝仕(됴ᄉᆞ), 朝夕(됴셕), 朝會(됴회)). 그런데 『倭語類解』에서 구개음화한 '朝'(죠)가 같은 자료 중 '朝廷'에서 '됴뎡'의 비구개음으로 나타나는 것은 한자의 자음과 한자어의 자음이 다르게 쓰인 예이다.[28] '好'의 자석인 '둏-'은 동석인 '吉', '佳'에서도 비구개음을 가지고 있었다(됴흘 길: 吉(類合下:57), 됴흘 가: 佳(類合下:61)).

한자의 자음에서 '듀>쥬'는 '晝', '肘', '廚', '柱', '胄', '籌', '紬', '株' 등과 '朮'의 자석에 나온 어례가 있다. '晝'는 『東國新續三綱行實圖』에는 비구개음을 그대로 유지하는 양상을 보여주고 있다.

듀야를 호통ᄒᆞ기를(東新烈4:74)
듀야의 색니(東新孝4:29)

'듁>쥭'은 '竹'의 자음과 '筍'의 자석에서 나타나며, 한자어 石竹(셕쥭)(下:29), 煙竹(연쥭)(下:13)에서도 구개음화의 자음 교체를 보여준다.

'듕>즁'은 '中'과 '重'의 자음에서 형성된다. '中'은 표의 네 개 자료에서 모두 동일한 자석('가온ᄃᆡ')을 가졌고, 중세 국어의 자료에 나오는 여러 한자어에서도 동일음으로 나타났다(듕간(中間)(小諺2:14), 듕궁(中宮), 듕당(中堂), 듕ᄆᆡ(中媒), 듕졍(中定), 듕충(中層)(小諺3:8), 듕품(中品), 듕풍(中風)(東新孝6:25)).

듕궁 비: 妃(字會中:1)/ 듕궁 후: 后(類合下:32)
듕당 당: 堂(類合上:24)

28) 김주필(1985:48)은 '요' 앞의 「ㄷ」 구개음화가 가장 늦은 시기인 18C 후기에 발견된다고 했다.

듕ᄆᆡ ᄆᆡ: 媒(類合下:40), 듕ᄆᆡ(同文上:14)
듕인 쟉: 妁(字會中:3)
듕신 ᄆᆡ: 媒(字會中:3)

위의 어례에서 보듯이 '中'은 근대 국어 자료인『同文類解』와『漢淸文鑑』에까지 비구개음 '듕'을 유지하는 보수성을 나타내었다. 그러나『漢淸文鑑』에는 구개음과 비구개음이 혼재하여 자료로서의 동요상과 변화의 과도기성을 예측케 한다.

듕ㅅ돗(半大猪)(漢淸14:13)
듕당(明間)(漢淸9:68)
즁텬(中天)ᄒᆞ다(譯補:1)
즁표 혼인ᄒᆞ다(姑表結緣)(漢淸:142)
즁화ᄒᆞ다(打中伙)(漢淸12:48)

『倭語類解』에는 이미 구개음화한 형태인 즁ᄆᆡ(中媒)(上:41), 즁연(中宴)(上:42), 인즁(人中)(上:16) 등이 나옴으로써, 문헌 자료의 시대적 전후 관계를 예견할 수 있게 한다.

'廚'(부억 쥬)에서도 자료 중에는 한자어 '쳔안쥬'(天眼廚)(下:12)가 나오고, '紬'는 '면쥬'(綿紬)(下:9)를 비롯하여 '방쥬'(方紬), '화쥬'(花紬)(下:19)가 자료에 올라 있다.

구개음화	한자 예	訓蒙字會	新增類合	石峰千字文	倭語類解
디>지	池	몯 디(中:8)	못 디(上:5)	못 디(27)	몯 지(上:9)
	智	디혯 디(下:26)	디혜 디(下:1)		지혜 지(上:22)
	持		자블 디(下:8)	가질 디(17)	가질 지(上:30)
	遲		더딀 디(下:57)		더딀 지(下:34)
	陷	ᄲᅧ딜 함(下:17)	ᄲᅧ딜 함(下:59)		ᄲᅧ질 함(上:8)
	潰		믈헤여딜 궤(下:52)		허여질 궤(上:10)
	溺		ᄲᅡ딜 릭(下:54)		ᄲᅡ질 닉(上:10)

	消		스러딜 쇼(下:58)		ᄉᆞᄅᆞ질 쇼(上:11)
	何		엇데 하(下:26)	엇디 하(25)	엇지 하(上:27)
	顚		업더딜 뎐(下:17)	업더딜 뎐(17)	업더질 뎐(上:29)
	拯	건딜 로(下:23)	건딜 증(下:11)		건질 증(上:30)
	瓦	디새 와(上:23)			지새 와(上:32)
	境		디경 경(下:51)		지경 경(上:34)
	宴		이바디 연(下:7)	이바디 연(讌)(36)	이바지 공(供) (上:42)
	袴	바디 고(上:31)	바디 고(上:31)		바지 과(上:45)
	爨	블디를 분(焚)(下:41)			불지를 찬(上:49)
	刺		디를 ᄌᆞ(下:47)		지를 ᄌᆞ(上:54)
	舂	디흘 숑(下:6)	디흘 용(下:7)		찌흘 용(下:3)
	觸	삐를 쵹(下:8)	다틸 쵹(下"34)		찌를 쵹(下:24)
	落	딜 락(下:5)	떠러딜 락(下:55)	딜 락(33)	질 락(下:30)
	弊		ᄒᆞ여딜 폐(下:14)	히여딜 폐(25)	ᄒᆞ야질 폐(下:36)
	頹	믈어딜 퇴(下:17)	믈허딜 퇴(下:42)		문허질 퇴(下:36)
	虧		이저딜 휴(下"58)		이즈러질 휴(下:36)
	擲	더딜 력(下:22)	더딜 텩(下:47)		더질 쳑(下:38)
	過		디날 과(下:19)	디날 과(8)	지날 과(下:40)
딕>직	直	고들 딕(下:29)	고ᄃᆞᆯ 딕(下:18)	고ᄃᆞᆫ 딕(29)	갑 직(上:55)
	守		디킬 슈(下:43)	디킐 슈(17)	직힐 슈(上:39)
딘>진	塵	듣글 딘(下:18)	드틀 딘(上:6)		틧글 진(上:8)
	珍		보ᄇᆡ 딘(上:26)	보ᄇᆡ 딘(3)	진쥬(珍珠)(下:8)
	陳		베플 딘(下:22)	묵을 딘(3)	베플 진(下:13)
	趁		미츨 딘(下:42)		ᄯᆞ롤 진(下:37)
딜>질	姪	아ᄎᆞ나ᄃᆞᆯ 딜(上:32)	아ᄎᆞᆫ아ᄃᆞᆯ 딜(上:20)		족하 질(上:13)
	蛭	거머리 딜(上:23)	거머리 딜(上:16)		거머리 질(下:26)
	賢	어딜 현(下:25)	어딜 현(下:2)	어딜 현(9)	어질 현(上:22)
	惡	모딜 포(暴)(下:26)	모딜 악(下:2)	모딜 악(10)	모질 악(上:23)
	陶	딜구올 도(中:9)	ᄒᆞᆰ셩녕 도(下:7)	딜것 도(5)	질것 도(下:14)
딩>징	徵		효험 딩(下:58)		츄징(追徵)(上:56)

'디>지' 구개음화의 어례는 자료에도 적지 않게 출현한다. 한자 '池', '智', '指', '遲'의 자음과 여러 개의 한자 자석에 쓰인 명사 한자어와 고유어 용언 어간의 일부, 또는 복합 용언의 어간으로 쓰인 것이다.

'디혜(智)'는 '지혜'로 구개음화했지만, 『同文類解』에서는 '디혜'(上:21)로 쓰여 비구개음이 유지되는 현상으로 나타났다.

'何'의 자석인 '엇디'는 한자 '豈'에서도 동일 자석으로 쓰였다(엇디 긔: 豈(類合上:4)(石千:7)). '瓦'의 자석인 '디새'는 17C말까지 비구개음의 어형을 유지하다가 18C에 이르러 구개음화하여 '지새'가 되었다(이기문 1983:199).

특히 '디'가 '지'로 구개음화한 예가 많은 것은 한자 자석 중 용언 어간의 일부로서 '디-'가 다수였기 때문이다. 중세 국어의 용언 어간 'ᄢᅧ디-', '믈헤여디-', 'ᄡᅡ디-', '스러디-', '업더디-', '건디-', 'ᄠᅥ러디-', 'ᄒᆞ여디-', '믈허디-', '이저디-', '더디-' 등의 어간 일부와 '디르-', '딯(디흐)-', '디나-'의 어간 첫 음절의 '디-'가 '지-'로 바뀐 것이다.

이 중에서도 '디르-'와 '딯(디흐)-'는 구개음화와 더불어 경음화한 예이다.

ᄣᅵ허 ᄀᆞ라(擣研)(救方下:67)
ᄒᆞᆫᄃᆡ ᄣᅵ허(同擣)(救簡1:10)
약을 ᄣᅵ허(分瘟:15)

'ᄡᅡ디-'는 『同文類解』에서도 'ᄡᅡ디-'(淹了)(上:8)로 비개구음이 그대로 지속되었다. '過'의 자석인 '디나-'는 동일 자석을 가진 다른 한자 '歷'에서도 드러난다(디날 력: 歷(類合上:4)(石千:32)). '擲'의 자석인 '더디-'는 동일 자석의 한자 '投'와 '抵'에서도 볼 수 있다(더딜 투: 投(類合下:47)(石千:16), 더딜 뎌: 抵(類合下:41)).[29] '拯'의 자석인 '건디-'는 동일 자석 '撈'에서도 볼 수 있다(건딜 로: 撈(字會下:23)).

이 외에도 '倒': 걷구러질 도(上:31)에서는 해당 한자가 다른 유해서에 등재되

29) '더디-'(投)는 구개음화하여 '더지-'가 되었다가 그 후 'ㄴ' 첨가로 '던지-'가 되었다(이기문 1983:199).

지 않았지만, '것구러디다'(倒了)(同文上:26)의 어형을 통해 구개음화의 흔적을 엿볼 수 있다. 또한 授: 맏질 슈(下:36)에서도 동일 한자의 자석이 중세 국어의 자료와는 대비되지 않지만, '맛디-'(任, 託, 受)로부터 구개음화한 흔적을 알 수 있다(나라홀 아ᅀᆞ 맛디시고(月釋1:5)).

'딕>직'은 한자 '直'의 자음과 '守'의 자석에서 볼 수 있다. 역시 중세 국어의 자료에는 비구개음인 어형 '딕령(直領)', '딕도(直倒)ᄒᆞ다', '딕일(當直)'을 취하고 있으나, 본 자료에서는 구개음화한 한자 어례 '슌직'(純直)(上:23), '시직'(市直)(上:55)이 쓰였다. '守'의 자석으로부터 얻은 '딕희(디키)-'는 아래의 중세 국어 자료에서 그 비구개음을 추적할 수 있다.

受苦ᄅᆞᄫᅵ 딕희여 이셔(釋譜9:12)
어ᅀᅵ 뚤 딕희라(三綱烈:27)

'딜>질'은 한자 '姪'의 자음과 '惡', '陶', '賢', '蛭'의 자석에서 나타난다. 본 자료 중 '姪'은 구개음화한 '질녀'(姪女)(上:13)에서, '蛭'은 '질뎡'(蛭釘)(下:16)에서 볼 수 있다.

형용사 어간 '어딜-'은 동일 자석을 가진 다른 한자에서도 산견된다.

어딜 호: 豪(字會下:25)
어딜 덕: 德(類合下:1)
어딜 션: 善(類合下:2)
어딜 냥: 良(類合下:5)
어딜 장: 臧(類合下:19)
어딘 말ᄉᆞᆷ 모: 謨(類合下:24)
어딜 예: 乂(石千:24)
어딜 양: 良(石千:8)
어딜 션: 善(石千:10)
어딜 령: 令(石千:13)

중세 국어 자료에서 '陶'의 자석으로 '딜'이 나타나는 것은 다른 한자의 자석에서도 동일한 사례인데, 근대 국어가 시작되는 『同文類解』에서도 비구개음을 유지하고 있다.

딜동ᄒᆡ 앙: 盎(字會中:12)/ 딜동ᄒᆡ 분: 瓫(字會中:12)
딜것 굽다(陶了)(同文下:15)

중세 국어의 형용사 어간 '모딜-'은 '惡'의 자석 외에도 다른 한자에서 동일한 자석을 보여줌으로써 '딜' 비개구음 어형의 일관성을 뒷받침해 준다.

모딜 학: 虐(類合下:2)/ 모딜 포: 暴(類合下:3)

'徵'의 구개음화는 본 자료에서는 한자어의 자음으로 '츄징(追徵)'(上:56) 한 곳에서만 나타난다.

구개음화	한자 예	訓蒙字會	新增類合	石峰千字文	倭語類解
탹>챡	着	니블 탹(下:19)			닙을 챡(上:46)
턍>챵	暢				싀훤할 챵(上:21)
	脹	턍만 턍(中:33)	통턍 턍(下:49)		챵만 챵(上:50)
텨>쳐	佛	부텨 불(中:2)	부텨 불(下:24)		부쳐 불(上:53)
텩>쳑	躑	텩툑 텩(上:7)	텩툑 텩(上:7)		쳑쵹(躑躅)(下:29)
	擲	더딜 텩(下:22)	더딜 텩(下:47)		더질 쳑(下:38)
툐>쵸	招		브를 툐(下:34)	브를 툐(32)	봉쵸(捧招)(上:54)
툑>쵹	躅	텩툑 툑(上:7)	텩툑 툑(上:7)		쳑쵹(躑躅)(下:29)
툥>춍	寵		괼 툥(下:22)	괼 툥(30)	고일 춍(下:33)
튜>츄	錘	ᄃᆞ림 튜(中:11)			ᄃᆞ림 츄(下:13)
튝>츅	逐	조출 튝(下:30)	ᄧᅩ출 튝(下:5)	ᄧᅩ출 튝(17)	ᄶᅩ출 츅(上:29)
	築	ᄉᆞᆯ 튝(下:17)	ᄉᆞᆯ 튝(下:10)		ᄡᆞᆯ 츅(上:33)
튤>츌	黜	내조출 튤(下:30)	내틸 튤(下:45)	내틸 튤(29)	내칠 츌(上:54)

	朮	삽듀 튤(上:13)	삽듀 튤(上:8)		삽쥬 츌(下:5)
튱>츙	忠	튱텽 튱(下:25)	졍셩 튱(下:2)	튱셩 튱(11)	츙셩 츙(上:22)
	蟲	벌에 튱(下:3)	벌에 튱(上:16)		베레 츙(下:26)
	冲	져믈 튱(上:32)	가마니 튱(下:55)		두츙(杜冲)(下:28)
티>치	稚	져믈 티(上:32)	아ᄒᆡ 티(下:16)		어릴 치(上:19)
	恥		붓그릴 티(下:15)	붓그릴 티(30)	붇그릴 치(上:21)
	痴	어릴 티(下:30)	어릴 티(下:4)		어릴 치(上:24)
	馳	ᄃᆞᆯ일 티(下:9)	믈ᄃᆞ롤 티(上:14)	ᄃᆞᆯ일 티(26)	ᄃᆞᆯ닐 치(下:24)
	治		다ᄉᆞ릴 티(下:10)	다ᄉᆞ릴 티(28)	다ᄉᆞ릴 치(上:53)
	雉	ᄭᅯᆼ 티(上:16)	ᄭᅯᆼ 티(上:12)		ᄭᅯᆼ 치(下:21)
	拂		ᄯᅥᆯ틸 불(下:8)		뻘칠 불(上:30)
	打	틸 타(下:30)	틸 타(下:47)		칠 타(上:30)
	致		닐윌 티(下:38)	닐윌 티(2)	니뢸 치(下:39)
	蹶	거틸 궐(下:27)			거칠 궐(上:31)
	黜		내틸 튤(下:45)	내틸 튤(29)	내칠 츌(上:54)
	貢	바틸 공(下:21)	바틸 공(下:45)	바틸 공(28)	받칠 공(下:4)
	改		고틸 ᄀᆡ(上:4)	고틸 ᄀᆡ(8)	고칠 ᄀᆡ(下:36)
	遺		기틸 유(下:13)		기칠 유(下:39)
틱>칙	勅		틱셔 틱(下:14)	졍히ᄒᆞᆯ 틱(29)	칙ᄉᆞ(勅使)(上:35)
팀>침	沉	버텅 팀(中:11)	ᄃᆞᆷ길 팀(下:62)	ᄃᆞ믈 팀(31)	ᄌᆞᆷ길 침(上:10)
	砧		방핫돌 팀(下:62)		다드미 침(下:15)

「ㅌ」 구개음화는 「ㄷ」 구개음화에 비해 본 자료에도 출현하는 예가 수적으로 적다.

위의 표도 동일 한자가 16C 중세 국어의 유해 자료에서 비구개음으로 쓰이던 것이 『倭語類解』에 와서 구개음화한 예들을 대비한 것이다. 전술한 대로 한자의 자음과 자석의 고유어 및 한자어에서 드러나는 표기 변화를 뽑은 것이다. 표에 의거하여 몇몇 인상적인 어례에 대해 설명을 덧붙이기로 한다.

'着'의 구개음화는 본 자료에서는 한자 자음과 더불어 한자어 '챡긔'(着碁)(下:19)에서 여실히 보여주고 있다.

'躑'과 '躅'의 구개음화는 중세 국어 한자어의 자석에서 비구개음으로 나타났던 것이 본 자료에서는 구개음화한 한자어 '쳑쵹'(躑躅)(下:29)에서 명확히 보여

준다.

'招'의 구개음화는 본 자료에서는 한자어의 자음인 '봉쵸'(捧招)(上:54)에서만 볼 수 있다.

'忠'은 한자의 자음뿐만 아니라 한자어 '츙신'(忠臣)(上:14)에서 구개음화의 양태를 보여준다. 중세 국어에서 비구개음인 '忠(튱)'으로 된 한자어로는 튱신(忠信)(小諺1:11), 튱의(忠義)(五倫2:33), 튱효(忠孝)(五倫2:50), 튱후(忠厚)(小諺3:5) 등이 있다. 그런데 근대어 자료인 『漢淸文鑑』에서 비구개음으로 표기됨으로써(튱셩(忠)(6:21), 튱직ᄒᆞᆫ 이(忠的)(6:21)), 음의 보수성과 함께 변화 시기의 혼란상을 나타낸다. '蟲'도 구개음화하여 '츙'으로 자음이 교체되었는데, 이에 따라 자료에는 됴츙(倒蟲)(下:25), 황츙(蝗蟲)(下:26), 취츙(臭蟲)(下:27), 츙손(蟲損)(下:27) 등이 나온다.

이 밖에도 다른 유해서에는 나오지 않아 직접 대비가 어렵지만, 韆: 언치 쳔(下:17)의 자석 '언치'도 다른 자료에서 '언티'로 나타남으로써 구개음화한 사실을 알 수 있다(언티: 鞍(柳物一毛)).

'티'의 구개음화는 자료에서 한자의 자음과 한자 자석 중 용언의 어간 일부에서 드러난다. 즉 'ᄯᅥᆯ티-', '내티-', '거티-', '티-', '바티-', '고티-', '기티-', '브티-' 등의 어간 '티'가 '치'로 변한 것이다 이 가운데 '고티-'>'고치-'(改: 고칠 ᄀᆡ(下:38))는 중세 국어 유해서에서 해당 한자의 자석 외에도 동석을 가진 한자가 있어 이를 뒷받침해 준다.

고틸 깅: 更(類合下:45)/ 고틸 경: 更(石千:24)
고틸 광: 匡(類合上:8),(石千:23)

陣: 진칠 진(上:38)에서도 '진티다'(排陣)(同文上:45)의 어례에서 구개음화의 흔적을 볼 수 있다. 또한 指: ᄀᆞᄅᆞ칠 지(上:30)에서도 '손으로 ᄀᆞᄅᆞ티다'(指示)(同文下:61)의 어례에서 구개음화를 추적할 수 있다.

接(부칠 졉)은 중세 유해서에서 직접적인 자석의 대비 어례를 찾을 수 없지만, 다른 한자의 동일한 자석에서 그 구개음화의 흔적을 살필 수 있다.

브틸 텹: 帖(字會上:35)
브틸 긔: 寄(類合下:40)
브틸 부: 付(類合下:40)
브틸 쇽: 屬(石千:34)
브틸 우: 寓(石千:34)

이런 중에서도 이미 구개음화한 『倭語類解』의 자료 속에는 비구개음인 '부틸 쇽'(下:42)이 나와 구개음의 표기에 동요 상황을 나타내고 있다.

'바티-'의 자석을 가진 한자로는 '貢' 외에도 '呈'이 있어 그 어형을 확인할 수 있다(바틸 뎡: 呈(字會上:35)).

'내티-'의 구개음화는 중세 국어 자료에는 '黜'의 자석 외에도 '斥', '擯', '迸' 등이 이를 뒷받침해 준다.

내틸 쳑: 斥(字會下:30)
내틸 빈: 擯(類合下:16)
내틸 병: 迸(類合下:33)

동사 어간 '티-'의 구개음화에서도 '打'의 자석 외에 동일 자석을 가진 '拷', '捶', '撻', '格', '攻'에서 그 어형을 확인할 수 있다.

틸 고: 拷(字會下:30)
틸 췌: 捶(字會下:30)
틸 달: 撻(字會下:30)
틸 격: 格(類合下:25)
틸 공: 攻(類合下:33)

'끽칠 오: 悟'(上:21)는 직접 대응하는 동일 한자의 자석이 다른 자료에 나타나지 않지만 중세 국어의 '끽티다'(小諺6:39), '끽치다'(普附:7)의 어형으로 미루어 보아 구개음화한 것으로 간취된다.

요 약

지금까지 『倭語類解』에 실려 있는 어휘 중 구개음화에 관련된 것을 발췌하여 논하였다. 이로부터 200여 년 뒤에 이를 저본으로 하여 간행한 『日語類解』의 어형과 비교하면서 16C 중세 국어 유해류 어휘집인 『訓蒙字會』, 『新增類合』, 『石峰千字文』의 한자 자음과 자석을 비교했다. 또한 『倭語類解』와 같은 시기에 간행된 『同文類解』 등 근대 국어 자료와도 대비했다.

구개음화의 추이 현상만으로 이 문헌의 간행 시기를 측정할 수는 없지만, 이러한 현상을 통해 국어 음운사적으로 어느 시점과 어느 단계에 속해 있는지는 추량할 수 있을 것이다. 다만 어떤 음운 현상이 어느 시점에서 선을 긋듯이 완성된 것이 아니라, 그 형성 과정에는 스펙트럼식의 과도적 중간 지점이 존재하므로 시기를 확정적으로 논단(論斷)하기는 어렵다. 지금까지 알려진 바에 의하면, 국어의 구개음화 현상은 17C 말에 시작되어 18C 초에 완성된 것으로 정설화되어 있다.

다른 문헌들과 비교 분석한 결과, 본 자료의 구개음화 현상은 자음(字音)에 따라 다음 세 가지 유형으로 분류될 수 있다.

첫째, 16C 중세 국어의 비구개음이 그대로 유지된 경우이다. 이는 『倭語類解』를 중세 국어의 단계에 머물러 있게 하는 것이 된다.

둘째, 16C 중세 국어의 비구개음이 『倭語類解』에 와서 구개음화한 경우이다. 이는 다른 근대 국어의 자료와 함께 『倭語類解』를 근대 국어 자료로 인정할 수 있게 한다. 본 자료의 한자 자음(字音) 비교에서 이러한 부류가 가장 많았다.

셋째, 구개음화에 역유추되어 본래 구개음이었던 것이 『倭語類解』에서 비구개음으로 과도 수정된 부류이다. 이러한 어례는 자료에서 몇몇을 헤아릴 뿐이다. 이는 중세 국어에서 이미 구개음화한 예가 드물기 때문이다.

자료에서 드러나는 한자의 자음과 자석, 그리고 한자어의 자음을 유형별로 분류하면 다음과 같다. *로 표시한 것은 한자의 자석에서 나온 음을 나타낸 것이고, 표시가 없는 것은 한자의 자음을 나타낸 것이다.

유형 1:

뎌(笛*), 뎍(笛, 嫡, 滴, 敵, 摘), 뎐(電, 顚, 典, 田, 鈿, 殿), 뎜(點), 뎝(楪), 뎡(汀, 丁, 頂, 亭, 廷, 鼎, 釘, 碇, 定), 뎨(弟, 提, 梯, 題, 帝, 第), 됴(鳥, 調, 弔), 듕(櫨*), 디(地), 딥(藁*), 찌(띠)(蒸*), 텬(天), 텰(鐵), 티(繭*)

유형 2:

댱>쟝(長, 腸, 娶, 帳), 뎌>져(箸, 楮, 苧, 底, 短*, 彼*), 뎐>젼(傳, 轉), 뎔>졀(寺*), 뎡>졍(貞), 됴>죠(朝, 好*), 듀>쥬(晝, 肘, 柱, 胄, 朮*, 紬, 蛛), 듁>쥭(竹), 듕>즁(中, 重), 디>지(智, 何*, 刺*, 顚*, 拯*, 落*, 擲*, 過*), 딘>진(陳), 딜>질(賢*, 仁*, 惡*, 蛭), 탹>챡(着), 텩>쳑(擲), 텽>쳥(廳), 툥>춍(寵), 튜>츄(錘), 튝>츅(築), 튤>츌(朮), 튱>츙(忠, 蟲), 티>치(悟*, 拂*, 打*, 蹶*, 治, 黜*, 貢*, 雉, 改*, 遺*, 接*)

유형 3:

졍>뎡(蜓), 졔>뎨(篩*)

위의 유형 중에서 유형 2의 예가 가장 많다는 것은 『倭語類解』가 근대 국어의 음운적 특징을 그대로 반영하고 있는 자료임을 말해 준다. 그럼에도 불구하고, 유형 1의 예가 적지 않게 나타나는 것은 구개음화에 있어 이 자료에 중세적 요소가 잔존하는 보수성을 말해 준다.

한편 국어사에서 구개음화가 『同文類解』에서 완성되었다는 논급은 재고해야 할 여지가 있다. 18C 중엽에 나온 이 책은 漢朝淸의 대역 사전 형태로 엮어져 4,800여 개의 어휘를 수록하고 있는데, 이것이 시기적으로 근대 국어에 진입하는 분수령을 이루는 문헌인 것으로 알려져 있다. 그런데 의외로 이 어휘집 속에는 아직 구개음화하지 않은 어례들이 다수 실려 있다. 따라서 구개음화의 완성이란 구개음이 될 모든 비구개음들이 일제히 구개음화했다는 뜻이 아닐 것이다. 음운 변화의 보수성에 의해 잔존하는 유들이 있지만 전체적인 골격으로 볼 때, 구개음화의 전반적인 틀이 갖추어졌음을 말하는 것이다. 『同文類解』에 실린 어례 중 구개음화한 것과 하지 않은 것들을 『倭語類解』에 실린 한자의 자음과 자석, 그리고 고유어음에 한정하여 들어보면 다음과 같다.

• **구개음화한 것**

면쥬(綿紬)(上:24) 지나다(過去)(上:27) 더지다(抛了)(上:29) 밀치다(推了)(上:29) 지다(背着)(上:30) 지새(瓦頭)(上:36) 쟝승(土地)(上:41) 지르다(刺了) 직희다(守了)(上:41) 젼갈ᄒᆞ다(口傳信)(上:42)(上:46) ᄃᆡ적ᄒᆞ다(敵他)(上:46) 쟝막(帳)(上:49) 하직하다(辭了)(上:52) ᄒᆡ여지다(弊壞)(上:56) 념쥬(數珠)(上:59) ᄶᅵ다(蒸了)(上:59) ᄶᅵᆺ타(搗擣)(下:2) 삽쥬(蒼朮菜)(下:4) 병 고치다(醫病)(下:9) 졉시(楪子)(下:13) 져(快子)(下:13) 젼당 푸ᄌᆞ(當舖)(下:15) 쟝(丈)(下:21) 젹다(小啊)(下:22) 젼당(典當)(下:27) 젼당ᄒᆞ다(典當了)(下:27) 쟝(杖)(下:30) 쟝긔(象碁)(下:32) 엇지(何)(下:47) 져(他)(下:51) 져(那箇)(下:51) ᄶᅥ지다(塌陷)(下:53) 져ᄅᆞ다(短了)(下:54) 맛지다(委任)(下:55) 깃치다(遺了)(下:59)

• **구개음화하지 않은 것**

ᄒᆡ 뎌르다(日短)(上:3) ᄒᆡ 디도록(終日)(上:3) 디진ᄒᆞ다(地震)(上:6) ᄲᅡ디다(淹了)(上:8) 디관(地土)(上:13) 듕ᄆᆡ(媒人)(上:14) 댱가락(長指)(上:16) ᄉᆞᆯᄶᅵ다(胖啊)(上:18) ᄂᆞᆺ칙 살디다(面有紋)(上:18) ᄭᆡ티다(懂得)(上:20) 디혜(智)(上:21) 뎡졀(節操)(上:21) 진듕ᄒᆞ다(沉重)(上:22) 것구러디다(倒了)(上:26) 업더디다(顚倒)(上:26) 부티다(留住)(上:30) 분 디킈다(守分)(上:31) 대텽(廳事)(上:39) 경계 뎡ᄒᆞᆫ 목칙(界閑)(上:40) 디경(境界)(上:40) 뎨ᄌᆞ(徒弟)(上:42) 글뎨(題目)(上:42) 뎜티다(打點)(上:43) 진티다(排陣)(上:45) ᄶᅦ티다(衝突)(上:46) 텰환(鉛丸)(上:49) 됴춍 놋타(放鳥銃)(上:49) 됴건됴건 잇ᄌᆞᆸ다(條奏)(上:51) 곡됴(曲兒)(上:52) 뎌(笛)(上:53) 됴ᄒᆞᆫ 밧(好田)(下:1) 됴티아닌 밧(薄田)(下:1) 뎔(寺院)(下:11) 부텨(佛爺)(下:11) 톄(鐵箍)(下:14) 저울튜(秤錘)(下:16) 딜것 굽다(陶了)(下:15) 쇠톄(鐵箍子)(下:17) 티(舵)(下:18) 듀셕(黃銅)(下:23) 곳티(蚕繭)(下:25) 티다(打)(下:29) ᄐᆡ(笞)(下:30) ᄐᆡ로 티다(笞打)(下:30) 뎌기(韃自)(下:33) 말 ᄉᆞᆯ디다(馬肥)(下:38) 듕간 즈음(半途)(下:50) ᄳᆡ티다(打破)(下:53) 부티다(貼上)(下:53) ᄯᅥᆯ티다(抖抖)(下:55) 됴리 잇게(有條)(下:58) 혜다(筭

筭)(下:59) 손으로 ᄀᆞᄅᆞ티다(指示)(下:61)

구개음화가 완성된 18C 근대 국어에서도 구개음화는 일제히 갖추어진 모습을 보이기보다는 자료 속에 혼기, 혼재의 형태로써 현대 국어로 오는 과도적 현상을 나타낸다.

이런 의미에서 지금까지 다룬 『倭語類解』는 중세 국어의 비구개음으로부터 구개음화한 어형으로 교체된 것도 다수 실려 있으나, 비구개음이 그대로 존속하는 것도 있어 구개음화하는 경계 지역에 있는 문헌임을 알 수 있다. 그러나 이러한 사실만 가지고 『倭語類解』의 간행 시기를 추정하는 것은 그 확실성이 희박하다. 이는 이 책이 당시의 언어 사실을 적확하게 반영하고 있느냐 하는 문제를 내포하기 때문이다. 어쩌면 『倭語類解』의 편찬 당시, 그 이전에 나온 여러 유해서(『訓蒙字會』, 『新增類合』, 『石峰千字文』 등)의 자음과 자석을 참고함으로써 중세 국어적 요소가 반영되었을 가능성도 배제할 수 없다. 자료 자석의 대비에서 살펴보면, 『倭語類解』는 『新增類合』의 어례와 상응하는 것이 다수였다. 중세 국어의 비구개음이 잔류된 것으로 보아, 만약 이 책에 중세 국어의 언어 현상(특히 구개음화)이 반영되어 있다고 한다면, 이 책은 근대의 이른 시기에 편찬된 것으로 추정할 수 있을 것이다. 위에서 대비한 대로, 구개음화의 분포상으로 따질 것 같으면, 『倭語類解』는 『同文類解』와 유사한 양태를 띠는 자료이다.

이와 같은 현상은 『同文類解』보다 뒤에 나온 것으로 추정되는 『漢清文鑑』에서도 비슷한 양태가 드러난다. 이 문헌 자료는 18C 말에 나온 것으로 알려져 있는데도 불구하고, 여전히 비구개음이 존속하고 있다는 것이다. 예컨대, 이 글에서 다룬 어휘의 범위에서도 '뎐당(典當)', '뎡ᄌᆞ(亭子)', '뎨수(弟婦)', '뎨긔(提起)', '글뎨(題目)', '됴총놋타(鳥銃)', '텬성(天性)', '텰환(鐵子)', '처뎨(妻弟)', '튱셩(忠)' 등이 등장한다. 이들 어례는 이전 시기에 이미 구개음화를 경험한 것이 다시 비구개음으로 회귀했다고 볼 수는 없을 것이다. 국어 음운사에서 구개음화는 18C 전역을 두고 자료에서 혼기와 동요상을 보이는 것으로 과도기가 길었다고 해석될 뿐이다.

귀납적인 관점에서 설명한다면, 이러한 사실은 두 가지의 해석을 낳는다. 첫째, 『倭語類解』에 중세 국어적 비구개음의 요소가 남아 있다는 사실로써 그 편찬 시기를 근대의 이른 시기로 상정하는 것이고, 둘째, 그 편찬 시기는 그대로 두고 근대 국어에서도 구개음화는 완성이 아닌 과도적 현상을 보였다고 설명하는 것이다.

전술한 대로 구개음화 현상 하나만으로 『倭語類解』의 간행 시기를 논할 수는 없다.

이는 앞으로 이 자료에 나타나는 표기법과 여러 가지 음운 현상을 종합적으로 정리하여 판단해야 할 것이다. 또한 편찬자가 확실하지 않은 만큼 어떠한 방언적 특성이 반영되었는지도 지금의 단계에서는 예측하기가 어렵다.

향후의 연구는 비구개음 중에서도 어떠한 것이 보수성을 지님으로써 그 음들이 근대 국어에까지 존속하였는지, 또한 그것은 어떠한 음성학적 특징을 지녔는지, 특히 한 자음은 어떤 전통적인 성모의 특징이 이에 관여하였는지에 관한 과제이다.

| 제4장 |

모음의 표기형 변화

『倭語類解』는 17-18세기 조선인이 편집한 일본어 사전이고, 『日語類解』는 1912년(明治 45년) 일본인 金澤庄三郎가 『倭語類解』를 취사하고 역어의 오류를 수정하여 엮은 책이다. 무엇보다 양서는 200여 년이란 시간 간격을 가진 것으로 그 간의 국어 음운 변화에 근거한 표기 변화를 살펴보는 데 매우 유용한 문헌 자료가 된다. 특히 양서에 수록된 어휘와 한자가 동일어를 대상으로 하고 있어 직접적인 대비가 가능하다는 점에서 더욱 그러하다. 『倭語類解』에는 30여 개 항목으로 유별된 약 3,300개의 어휘가 수록되어 있고, 『日語類解』에는 약 2,600개 어휘가 실려 있다.

현존하는 『倭語類解』의 판본에는 두 가지 종류가 있다. 일본 金澤本(濯足本)과 우리나라 국립도서관 소장본이 그것이다. 이 글에서는 京都大學에서 영인한 金澤本과 우리나라 국립도서관본을 함께 자료 대상으로 삼았다. 『日語類解』가 金澤本을 저본으로 했기 때문에 양자를 비교하는 데 있어서 유용하다고 생각되기 때문이다.

이 장은 200여 년간의 시간 간격에서 나타나는 표기형의 변화를 항목별로 기술 분석하려는 것이다. 제2장 자음의 표기 변화에 이어 모음의 표기 변화를 다루려고 한다. 『倭語類解』가 간행된 17세기 중엽에 여러 가지 음운 규칙에 의한 변화와 음운 변동이 일어났기 때문에 20세기 초에 나온『日語類解』와 비교하면 표기 변화가 현저하다. 이와 같이 음운 규칙의 형성과 음운 변동이 반영된 여러 가지 표기 형태를 항목별로 분석하고 간단한 설명을 덧붙여 두기로 한다.

사항의 순서는 표기 변화 예의 외연이 큰 것 순서대로 배열한 것이다. 이는 변화의 양태가 가장 일반적인 것으로 인식되기 때문이다.

1. 단모음화

『倭語類解』의 표기에서 치음 아래 /j/가 유지되었던 것이『日語類解』에서는 탈락하여 단모음화한 어례가 가장 많아 표기 변화 중에 현저한 것으로 나타난다. 이에 관해서는 제5장에서 치음 'ㅅ', 'ㅈ', 'ㅊ' 아래로 나누어 어례를 예거하면서 상론할 것이므로 여기에서는 몇 개의 어례만을 제시하는 데 그치고 그 논의는 줄이고자 한다.

'ㅅ' 아래

島 셤 도(上:9)>섬 도(上:9)
建 셰울 건(下:39)>세울 건(下:36)
守令 슈령(上:35)>수령(上:38)
泄瀉 셜샤(上:50)>셜사(上:53)

'ㅈ' 아래

僕 죵 복(上:15)>종 복(上:16)
箸 져 져(下:14)>저 저(下:11)
孔雀 공쟉(下:20)>공작(下:17)
赤馬 젹마(下:22)>적마(下:19)

'ㅊ' 아래

忠 츙셩 츙(上:22)>충셩 충(上:24)
脹 챵만 챵(上:50)>창만 창(上:53)
淸醬 청쟝(上:47)>청장(上:50)
草書 초셔(上:38)>초서(上:41)

치음 아래 /j/의 탈락은 16세기 초에 발생하여 18세기 후기에 완성된 점을 고려하면 20세기 초에 간행한 『日語類解』를 『倭語類解』와 비교하는 것은 별로 의미가 없다. 다만 획일적으로 단모음화한 어형을 표기한 『日語類解』의 자료를 확인했다는 데 의의를 두고자 한다.

『倭語類解』에 기재되어 있는 한자의 자석과 자음, 그리고 한자어의 독음에서 치음 아래에 /j/가 탈락하여 단모음화한 사례는 단 한 곳도 찾지 못한 것으로 나타났다.

다만 단모음화에서 치음 아래의 /j/의 탈락이 아닌 'ㅅ', 'ㅎ', 'ㅂ' 아래에서 'ㅢ'가 'ㅣ'로 바뀐 곳이 눈에 들어온다.

荊 가싀 형(下:28)>가시 형(下:25)　　控 ᄃᆞᆯ일 공(上:30)>다릴 공(上:33)

守 직힐 슈(上:39)>직힐 수(上:42)　　鑽 비븨 찬(下:16)>비비 찬(下:13)

環 골희 환(下:16)>고리 환(下:14)

이 밖에도 'ㅑ'>'ㅏ'의 단모음화가 반영된 표기의 예도 산견된다.

蛇 ᄇᆡ얌 샤(下:26)>ᄇᆡ암 사(下:23)　　蟬 ᄆᆡ얌이 션(下:26)>ᄆᆡ암이 선(下:23)

蟻 가얌이 의(下:26)>개암이 의(下:23)

이들 어형은 후대에 와서 모두 음절이 축약되어 'ᄇᆡ얌'>'뱀', 'ᄆᆡ얌이'>'매미', '가얌이'>'개미'로 장음화했다.

그런가 하면 역방향으로 단모음이 이중 모음으로 바뀌어 표시된 예도 없지 않다.

狼 일히 랑(下:23)>일희 랑(下:19)　　螢 반도 형(下:26)>반듸 형(下:23)

2. 'ㆍ'의 표기 변화

국어 음운사에서 'ㆍ'의 소실은 16세기에 제2음절에서 1단계로 시작되어 18세기 후반이 되면 2단계로 어두에서도 일어난 것으로 알려져 있다(이기문 1983:200-201). 이에 대해 김동소(1999:180-189)는 16세기 후반에 'ㆍ'의 1단계 소실이 시작되어 'ㆍ'>'ㅏ, ㅗ, ㅡ'가 되었고, 18세기 중엽에는 'ㆍ'의 비음운화가 완성되었다고 했다.

1) 어두 음절의 'ㆍ'

『倭語類解』에서 어두 음절에 쓰인 'ㆍ'는 『日語類解』에 와서는 대부분 'ㅏ'로 교체 표기되었다. 이와 같은 어례가 두 자료에서 약 50개 나타난다.

風	ᄇᆞᄅᆞᆷ 풍(上:1)>바ᄅᆞᆷ 풍(上:1)	旱	ᄀᆞ믈 한(上:2)>가믈 한(上:2)
月	ᄃᆞᆯ 월(上:3)>달 월(上:3)	四月	ᄉᆞ월(上:3)>사월(上:3)
津	ᄂᆞᄅᆞ 진(上:9)>나루 진(上:9)	消	ᄉᆞᄅᆞ질 쇼(上:11)>살아질 소(上:11)
顔	ᄂᆞᆺ 안(上:16)>낫 안(上:16)	嚔	ᄌᆞᄎᆡᆷ음 톄(上:20>자ᄎᆡ기 체(上:21)
控	ᄃᆞᆯ일 공(上:30)>다릴 공(上:33)	村	ᄆᆞᄋᆞᆯ 촌(上:34)>마을 촌(上:37)
里	ᄆᆞᄋᆞᆯ 리(上:34)>마을 리(上:37)	掌	ᄀᆞ음알 쟝(上:36)>가음알 장(上:39)
男	ᄉᆞ나희 남(上:42)>사나희 남(上:45)	屑	ᄀᆞᄅᆞ 셜(上:47)>가로 설(上:50)
燒	ᄉᆞᆯ을 쇼(上:49)>사롤 소(上:52)	呑	ᄉᆞᆷ킬 ᄐᆞᆫ(上:49)>삼킬 ᄐᆞᆫ(上:52)
富	ᄀᆞᄋᆞᆷ열 부(上:56)>가음열 부(上:59)	磨	ᄀᆞᆯ 마(下:3)>갈 마(下:2)
菜	ᄂᆞᄆᆞᆯ ᄎᆡ(下:4)>나물 ᄎᆡ(下:3)	蘇	ᄎᆞ조기 소(下:5)>차족이 소(下:4)
杏	ᄉᆞᆯ고 힝(下:6)>살구 힝(下:5)	筬	ᄇᆞᄃᆡ 셩(下:10)>바듸 성(下:8)
柄	ᄌᆞ로 병(下:17)>자로 병(下:14)	扈	ᄑᆞ래 호(下:18)>파래 호(下:15)

鷗 ᄀᆞᆯ며기 구(下:20)>갈막이 구(下:17)

鼯 ᄃᆞ람이 오(下:23)>다ᄅᆞᆷ쥐 오(下:20)

馳 ᄃᆞᆯ닐 치(下:24)>달닐 치(下:21)

蜓 ᄌᆞᆫ자리 뎡(下:26)>잔자리 정(下:23)

蠅 ᄑᆞ리 승(下:26)>파리 승(下:23)

楸 ᄀᆞ래 츄(下:28)>가래 추(下:24)

枯 ᄆᆞ를 고(下:30)>마를 고(下:27)

細 ᄀᆞᄂᆞᆯ 셰(下:31)>가늘 세(下:28)

葦 ᄀᆞᆯ 위(下:31)>갈 위(下:27)

裹 ᄊᆞᆯ 과(下:32)>쌀 과(下:29)

懸 ᄃᆞᆯ 현(下:32)>달 현(下:36)

頻 ᄌᆞ즐 빈(下:32)>자조 빈(下:29)

遞 ᄀᆞᆯ 톄(下:36)>갈 체(下:33)

擇 ᄀᆞᆯ힐 틱(下:37)>갈힐 틱(下:34)

節 ᄆᆞᄃᆡ 졀(下:39)>마ᄃᆡ 절(下:37)

剪 ᄀᆞᆯ길 젼(下:42)>갈길 전(下:39)

摘 ᄯᆞᆯ 뎍(下:42)>ᄯᅡᆯ 적(下:40)

이러한 현상이 표기에 반영되는 데에 당시의 공시적인 모든 문헌에 일제히 적용된 것은 아니다. 위의 표기례 변화 중 몇 가지 눈에 띠는 것을 언급해 두고자 한다.

'ᄇᆞᄅᆞᆷ'>'바ᄅᆞᆷ'의 변화는 근대 국어의 여러 문헌에서는 'ᄇᆞ람'으로 표기된 것이 많다(ᄇᆞ람 블면 어름여ᄂᆞᆫ 거시여(朴重上:36), ᄇᆞ람 잇다(譯語上:1), 거두치ᄂᆞᆫ ᄇᆞ람(倒捲風)(漢淸1:16), ᄇᆞ람 니다(同文上:2), ᄇᆞ람믈 저허(恩重:6)). 'ᄀᆞ믈'>'가믈'도 『漢淸文鑑』에서는 'ᄀᆞ믈'로 표기되었다(극히 ᄀᆞ므다(亢旱)(1:23)).

『倭語類解』의 표기형에는 중세 국어의 어형을 유지하고 있는 것이 일반적이다. 『訓蒙字會』나 『新增類合』의 표기 어형이 그대로 실린 것이 많다. 예컨대, '津 ᄂᆞᄅᆞ 진'(倭上:9)의 어형은 『訓蒙字會』(上:5)와 『新增類合』(下:51)에서 동일한 'ᄂᆞᄅᆞ'였고, '蜓 ᄌᆞᆫ자리 뎡'(倭下:26)도 같은 어형을 취했다(ᄌᆞᆫ자리 청: 蜻(字會上:21), ᄌᆞᆫ자리 졍: 蜻(類合上:15)). 이들은 어두 음절에서 'ㆍ'가 'ㅏ'로 표기가 바뀌었지만 근대 국어 문헌인 『同文類解』(下:42)와 『漢淸文鑑』(ᄌᆞᆫ자리 뎡(螞蛉)(14:51))에서는 보수성에 의해 'ㆍ'의 표기를 지속하고 있다.

이 밖에 근대 국어 문헌에 어두 음절에서 'ㆍ'가 유지된 예들을 더 들어 보면 다음과 같다.

'낫'(ᄂᆞᆺ(杜重1:5)), '자ᄎᆞ기'(ᄌᆞ치옴 ᄒᆞ다(譯語上:37)), '사나희'(ᄉᆞ나희(老解上:33, 捷語4:24)), '가로'(ᄀᆞᄅᆞ(麵)(同文下:3)(漢淸12:65)), '사로다'(ᄉᆞ로다(燒了)(同文上:63)), '차족이'(ᄎᆞ조기(紫蘇)(譯語下:10), ᄎᆞ조기(紫菜)(同文下:4), 紫蘇 ᄎᆞ죠기(柳物三草)), '나물'(ᄂᆞ믈(東新孝:8)(三綱忠:25)(朴重2:25)), '바듸'(ᄇᆞᄃᆡ(筌)(物譜 蚕績)), '파래'(ᄑᆞ래(㕓斗)(譯語下:22)), '갈막이'(ᄀᆞᆯ멱이(白鷗)(物譜 羽虫)), '다름쥐'(ᄃᆞ라미(同文下:39), ᄃᆞ라믜 겁질(胎要:31), ᄃᆞ람이(松鼠)(物譜 毛虫)), '싸다'(ᄊᆞ다(掐取)(漢淸10:10), ᄊᆞ다(摘了)(同文上:2), ᄡᅩᆼ ᄡᆞᄂᆞᆫ 겨집이니(內重2:104), 고티 ᄠᆞ다(摘繭)(譯語下:2), 예 ᄠᆞ던 사ᄅᆞ미(舊摘人)(朴重11:28)) 등이 그러하다.

'皆 ᄃᆞ 기'(倭上:27)에서 'ᄃᆞ'는 오기인 것 같다. 중세 국어에서도 부사 '다'가 'ᄃᆞ'로 표기된 예는 전혀 없기 때문이다.

(1) a. 興亡이 다 몯ᄌᆞᄫᆞ나(龍歌:11)
  b. 다 구디 즘겨 뒷더시니(釋譜6:2)
  c. ᄂᆞᆷᄋᆞᆯ 다 조ᄎᆞ니(月曲:11)
  d. 다 기: 皆(類合上:20)/ 다 진: 盡(類合下:4)

이 밖에 'ㆍ'의 소실에 따라 어두 음절에서 'ㅡ', 'ㅗ', 'ㅓ'로 바뀌어 표기된 예도 있다.

土	ᄒᆞᆰ 토(上:8)>흙 토(上:8)	頤	ᄐᆞᆨ 이(上:17)>턱 이(上:17)
袖	ᄉᆞ매 슈(上:46)>소매 수(上:49)		

어례 중에서 '턱'이 'ᄐᆞᆨ'으로 쓰인 근대 국어 자료가 있는가 하면(ᄐᆞᆨ(下頤)(同文上:15),(漢淸5:51)), '兜頰 턱 쟈갈이(柳物一毛)'에서는 '턱'으로 표기되었다.

한편 어두 음절의 'ㆍ'가 『日語類解』에 그대로 표기형을 유지하고 있는 예들도 적지 않게 나타난다.

月 ᄃᆞᆯ 월(上:1)>ᄃᆞᆯ 월(上:1)

朔 초ᄒᆞᄅᆞ 삭(上:4)>초ᄒᆞ로 삭(上:3)

子時 ᄌᆞ시(上:5)>ᄌᆞ시(上:5)

明 ᄇᆞᆯ글 명(上:6)>ᄇᆞᆰ을 명(上:5)

溫 ᄃᆞ술 온(上:6)>ᄃᆞ술 온(上:5)

寒 ᄎᆞᆯ 한(上:6)>ᄎᆞᆯ 한(上:6)

子 ᄌᆞ(上:7)>ᄌᆞ(上:6)

間 ᄉᆞ이 간(上:11)>ᄉᆞ이 간(上:11)

四方 ᄉᆞ방(上:11)>ᄉᆞ방(上:12)

兄 ᄆᆞᆮ 형(上:12)>ᄆᆞᆺ아들 형(上:12)

字 ᄌᆞ ᄌᆞ(上:13)>ᄌᆞ ᄌᆞ(上:14)

臂 ᄑᆞᆯ 비(上:17)>ᄑᆞᆯ 비(上:18)

肌 ᄉᆞᆯ 긔(上:18)>ᄉᆞᆯ 긔(上:19)

肥 ᄉᆞᆯ질 비(上:19)>ᄉᆞᆯ질 비(上:20)

恨 ᄒᆞᆫᄒᆞᆯ ᄒᆞᆫ(上:21)>ᄒᆞᆫᄒᆞᆯ ᄒᆞᆫ(上:22)

讓 ᄉᆞ양 양(上:22)>ᄉᆞ양 양(上:24)

祥 ᄌᆞ셰 샹(上:23)>ᄌᆞ세 상(上:25)

愛 ᄉᆞ랑 ᄋᆡ(上:23)>ᄉᆞ랑 ᄋᆡ(上:25)

讒 ᄎᆞᆷ소 참(上:26)>ᄎᆞᆷ소 ᄎᆞᆷ(上:28)

自稱 ᄌᆞ칭(上:26)>ᄌᆞ칭(上:28)

最 ᄀᆞ장 최(上:27)>ᄀᆞ장 최(上:29)

徒 ᄒᆞᆫ갇 도(上:27)>ᄒᆞᆫ갓 도(上:29)

竟 ᄆᆞᄎᆞᆷ내 경(上:27)>ᄆᆞᄎᆞᆷ내 경(上:30)

秋 ᄀᆞ올 츄(上:3)>ᄀᆞ을 추(上:2)

此時 ᄎᆞ시(上:5)>ᄎᆞ시(上:5)

巳時 ᄉᆞ시(上:5)>ᄉᆞ시(上:5)

朗 ᄇᆞᆯ글 랑(上:6)>ᄇᆞᆰ을 랑(上:5)

冷 ᄎᆞᆯ 링(上:6)>ᄎᆞᆯ 링(上:6)

曝 ᄆᆞᆯ뢰일 포(上:6)>ᄆᆞᆯ릴 포(上:6)

巳 ᄉᆞ(上:7)>ᄉᆞ(上:6)

邊 ᄀᆞᆺ 변(上:11)>ᄀᆞ 변(上:11)

四面 ᄉᆞ면(上:11)>ᄉᆞ면(上:12)

姉 ᄆᆞᆮ누의 ᄌᆞ(上:12)>ᄆᆞᆺ누의 ᄌᆞ(上:13)

使令 ᄉᆞ령(上:14)>ᄉᆞ령(上:15)

肘 ᄑᆞᆯ구미 쥬(上:17)>ᄑᆞᆯ구미 주(上:18)

姿 ᄌᆞ틔 ᄌᆞ(上:19)>ᄌᆞ틔 ᄌᆞ(上:20)

汗 ᄯᆞᆷ 한(上:20)>ᄯᆞᆷ 한(上:21)

忍 ᄎᆞᆷ을 인(上:21)>ᄎᆞᆷ을 인(上:23)

勇 ᄂᆞᆯ낼 용(上:22)>ᄂᆞᆯ낼 용(上:23)

察 ᄉᆞᆯ필 찰(上:23)>ᄉᆞᆯ필 찰(上:25)

爭 ᄃᆞ톨 징(上:26)>ᄃᆞ톨 징(上:28)

默 ᄌᆞᆷᄌᆞᆷ 묵(上:26)>ᄌᆞᆷᄌᆞᆷ 묵(上:28)

頗 ᄌᆞ몯 파(上:26)>ᄌᆞ못 파(上:29)

寧 ᄎᆞᆯ아리 녕(上:27)>ᄎᆞᆯ아리 녕(上:29)

爲 ᄒᆞᆯ 위(上:27)>ᄒᆞᆯ 위(上:28)

况 ᄒᆞ믈며 황(上:28)>ᄒᆞ물며 황(上:30)

曰 ᄀᆞᆯ 왈(上:28)>ᄀᆞᆯ 왈(上:30)

使 ᄒᆞ여곰 ᄉᆞ(上:28)>ᄒᆞ여금 ᄉᆞ(上:30)

走 ᄃᆞᆯ을 주(上:29)>ᄃᆞᆯ을 주(上:31)

降 ᄂᆞ릴 강(上:29)>ᄂᆞ릴 강(上:32)

隨 ᄯᆞ를 슈(上:29)>ᄯᆞ를 수(上:32)

望 ᄇᆞ랄 망(上:29)>ᄇᆞ랄 망(上32)

指 ᄀᆞᄅᆞᆫ칠 지(上:30)>ᄀᆞᄅᆞ칠지(上:32)

捫 ᄆᆞᆫ질 문(上:30)>ᄆᆞᆫ질 문(上:33)

蹴 ᄎᆞᆯ 츅(上:31)>ᄎᆞᆯ 축(上:33)

蹈 ᄇᆞᆲ을 도(上:31)>ᄇᆞᆲ을 도(上:33)

壁 ᄇᆞᄅᆞᆷ 벽(上:32)>ᄇᆞᄅᆞᆷ 벽(上:35)

築 ᄡᆞᆯ 츅(上:33)>ᄊᆞᆯ 축(上:36)

橋 ᄃᆞ리 교(上:34)>ᄃᆞ리 교(上:37)

使臣 ᄉᆞ신(上:35)>ᄉᆞ신(上:38)

使酒 ᄉᆞ쥬(上:42)>ᄉᆞ주(上:45)

髢 ᄃᆞᆯᄋᆡ 톄(上:44)>ᄃᆞᆯᄋᆡ 체(上:47)

佩 ᄎᆞᆯ 패(上:44)>ᄎᆞᆯ 패(上:47)

裁 ᄆᆞᄅᆞᆯ ᄌᆡ(上:45)>ᄆᆞᄅᆞᆯ ᄌᆡ(上:48)

紐 ᄃᆞᆯ막이 뉴(上:46)>ᄃᆞᆯ막이 뉴(上:49)

烹 ᄉᆞᆱ을 ᄑᆡᆼ(上:48)>ᄉᆞᆱ을 ᄑᆡᆼ(上:51)

生 ᄂᆞᆯ것 ᄉᆡᆼ(上:48)>ᄂᆞᆯ것 ᄉᆡᆼ(上:51)

甘 ᄃᆞᆯ 감(上:48)>ᄃᆞᆯ 감(上:51)

吮 ᄲᆞᆯ 연(上:49)>ᄲᆞᆯ 연(上:52)

痱 ᄯᆞᆷ띄 불(上:51)>ᄯᆞᆷ띄 불(上:54)

癢 ᄀᆞ려올 양(上:51)>ᄀᆞ려울 양(上:54)

祠堂 ᄉᆞ당(上:52)>ᄉᆞ당(上:55)

黥 ᄌᆞᄌᆡ 경(上:54)>ᄌᆞᄌᆞ 경(上:57)

一 ᄒᆞᆫ 일(上:54)>ᄒᆞᆫ 일(上:57)

賣 ᄑᆞᆯ 매(上:55)>ᄑᆞᆯ ᄆᆡ(上:58)

米 ᄡᆞᆯ 미(下:4)>ᄊᆞᆯ 미(下:2)

磁石 ᄌᆞ셕(下:9)>ᄌᆞ석(下:7)

織 ᄶᆞᆯ 직(下:10)>ᄶᆞᆯ 직(下:8)

經 ᄂᆞᆯ 경(下:10)>ᄂᆞᆯ 경(下:8)

紫芝 ᄌᆞ지(下:10)>ᄌᆞ지(下:9)

自鳴鐘 ᄌᆞ명죵(下:13)>ᄌᆞ명종(下:11)

韂 ᄃᆞ래 쳠(下:17)>ᄃᆞ래 첨(下:14)

乘 ᄐᆞᆯ 승(下:19)>ᄐᆞᆯ 승(下:16)

鷄 ᄃᆞᆰ 계(下:21)>ᄃᆞᆰ 게(下:18)

雀 참새 쟉(下:21)>참새 작(下:18)

翼 ᄂᆞᆯ개 익(下:21)>ᄂᆞᆯᄀᆡ 익(下:18)

飛 ᄂᆞᆯ 비(下:22)>ᄂᆞᆯ 비(下:18)

獅 ᄉᆞᄌᆡ ᄉᆞ(下:22)>ᄉᆞ지 ᄉᆞ(下:19)

馬 ᄆᆞᆯ 마(下:22)>ᄆᆞᆯ 마(下:18)

狸 ᄉᆞᆰ 리(下:23)>ᄉᆞᆰ 리(下:20)

踶 ᄎᆞᆯ 뎨(下:24)>ᄎᆞᆯ 제(下:21)

騎 ᄐᆞᆯ 긔(下:24)>ᄐᆞᆯ 긔(下:21)

盈 ᄎᆞᆯ 영(下:32)>ᄎᆞᆯ 영(下:29)

私 ᄉᆞᄉᆞ ᄉᆞ(下:32)>ᄉᆞᄉᆞ ᄉᆞ(下:29)

卑	ᄂᆞᄌᆞᆯ 비(下:32)>ᄂᆞ즐 비(下:29)	同	ᄒᆞᆫ가지 동(下:34)>ᄒᆞᆫ가지 동(下:31)
眞	ᄎᆞᆷ 진(下:34)>ᄎᆞᆷ 진(下:31)	終	ᄆᆞᄎᆞᆷ 죵(下:34)>ᄆᆞᆺᄎᆞᆷ 죵(下:31)
速	ᄲᆞᄅᆞᆯ 속(下:34)>ᄲᆞᄅᆞᆯ 속(下:32)	棄	ᄇᆞ릴 기(下:35)>ᄇᆞ릴 기(下:33)
翳	ᄀᆞ리울 예(下:37)>ᄀᆞ리울 에(下:34)	限	ᄒᆞᆫᄒᆞᆯ ᄒᆞᆫ(下:39)>ᄒᆞᆫᄒᆞᆯ ᄒᆞᆫ(下:36)
具	ᄀᆞ촐 구(下:40)>ᄀᆞᆺ촐 구(下:38)	乾	ᄆᆞᄅᆞᆯ 간(下:41)>ᄆᆞᄅᆞᆯ 간(下:38)
共	ᄒᆞᆫ가지 공(下:41)>ᄒᆞᆫ가지 공(下:38)	如	ᄀᆞᄐᆞᆯ 여(下:41)>ᄀᆞᆺᄒᆞᆯ 여(下:38)
似	ᄀᆞᄐᆞᆯ ᄉᆞ(下:41)>ᄀᆞᆺᄒᆞᆯ ᄉᆞ(下:39)	僭	ᄎᆞᆷ람 ᄎᆞᆷ(下:41)>ᄎᆞᆷ람 ᄎᆞᆷ(下:39)
第	ᄎᆞ례 뎨(下:42)>ᄎᆞ례 제(下:39)	尋	ᄎᆞᄌᆞᆯ 심(下:42)>ᄎᆞᄌᆞᆯ 심(下:40)

이들은 18세기 중·말엽 'ㆍ'음의 소실에도 불구하고 표기의 보수성에 의해 유지된 것인데, 그 표기자가 폐지된 1933년까지 이러한 어형이 존속된 것으로 보인다. 그러나 자료와는 달리, 앞에서 본 대로 근대 국어의 다른 문헌에서 어두 음절의 'ㆍ'>'ㅏ'의 예들도 눈에 띈다. 'ᄎᆞ다'(술 차다(寒)(譯語上:59)), 'ᄉᆞᆱ다'(烹 삶다(柳物五火)), 'ᄃᆞ래'(다릐(羊桃)(漢淸13:5), 獼猴桃 다릐(柳物三草)), 'ᄎᆞᆷ새'(雀 참새(柳物一羽)), 'ᄂᆞᆯ다'(飛 날다(柳物一羽)), 'ᄀᆞᆺ초다'(갓초다(女四序:3)) 등이 그러한 예이다. 이들 중에는 이전 단계에서 이미 'ㆍ'>'ㅏ'가 이뤄졌지만 보수성에 의해 의도적으로 교정한, 이른바 과도 수정의 표기도 적지 않다.

어두 음절의 'ㆍ'가 유지된 어형이 있는 것처럼, 'ㆎ'의 표기 형태도 그대로 지속된 것이 많이 있다.

歲	ᄒᆡᆺ 졔(上:3)>ᄒᆡ 세(上:2)	年	ᄒᆡ 년(上:3)>ᄒᆡ 년(上:2)
來月	ᄅᆡ월(上:3)>ᄂᆡ 월(上:3)	再昨日	ᄌᆡ작일(上:4)>ᄌᆡ작일(上:4)
亥時	ᄒᆡ시(上:6)>ᄒᆡ시(上:5)	泉	ᄉᆡᆷ 쳔(上:9)>ᄉᆡᆷ 쳔(上:9)
甥	ᄉᆡᆼ질 ᄉᆡᆼ(上:13)>ᄉᆡᆼ질 ᄉᆡᆼ(上:13)	再從	ᄌᆡ죵(上:13)>ᄌᆡ종(上:13)
孩兒	ᄒᆡᄋᆞ(上:13)>ᄒᆡᄋᆞ(上:14)	民	ᄇᆡᆨ셩 민(上:14)>ᄇᆡᆨ셩 민(上:15)

顱 ᄃᆡ골 로(上:16)>ᄃᆡ골 로(上:16)
白睛 ᄇᆡᆨ정(上:16)>ᄇᆡᆨ정(上:17)
白髮 ᄇᆡᆨ발(上:17)>ᄇᆡᆨ발(上:17)
腹 ᄇᆡ 복(上:17)>ᄇᆡ 복(上:18)
臍 ᄇᆡᆺ곱 졔(上:17)>ᄇᆡ곱 졔(上:18)
脈 ᄆᆡᆨ ᄆᆡᆨ(上:18)>ᄆᆡᆨ ᄆᆡᆨ(上:19)
態 ᄐᆡ도 ᄐᆡ(上:19)>ᄐᆡ도 ᄐᆡ(上:20)
垢 ᄯᆡ 구(上:19)>ᄯᆡ 구(上:20)
恚 ᄋᆡ도롤 에(上;21)>ᄋᆡᄃᆞ롤 에(上:22)
思 ᄉᆡᆼ각 ᄉᆞ(上:21)>ᄉᆡᆼ각 ᄉᆞ(上:23)
悟 ᄭᆡ칠 오(上:21)>ᄭᆡ칠 오(上:23)
行 ᄒᆡᆼ실 ᄒᆡᆼ(上:22)>ᄒᆡᆼ실 ᄒᆡᆼ(上:23)
才 ᄌᆡ조 ᄌᆡ(上:22)>ᄌᆡ조 ᄌᆡ(上:24)
猛 ᄆᆡᆼ녈 ᄆᆡᆼ(上:22)>ᄆᆡᆼ녈 ᄆᆡᆼ(上:24)
術 ᄌᆡ조 슐(上:24)>ᄌᆡ조 술(上:26)
答 ᄃᆡ답 답(上:24)>ᄃᆡ답 답(上:26)
開口 ᄀᆡ구(上:25)>ᄀᆡ구(上:27)
開諭 ᄀᆡ유(上:25)>ᄀᆡ유(上:26)
盟 ᄆᆡᆼ셰 ᄆᆡᆼ(上:25)>ᄆᆡᆼ셰 ᄆᆡᆼ(上:27)
幸 ᄒᆡᆼ혀 ᄒᆡᆼ(上:27)>ᄒᆡᆼ혀 ᄒᆡᆼ(上:29)
每 ᄆᆡ양 ᄆᆡ(上:27)>ᄆᆡ양 ᄆᆡ(上:30)
徘徊 ᄇᆡ회(上:29)>ᄇᆡ회(上:31)
廊 ᄒᆡᆼ랑 랑(上:31)>ᄒᆡᆼ낭 낭(上:34)
棁 ᄃᆡ공 졀(上:32)>ᄃᆡ공 절(上:35)
鉞 ᄇᆡ목 슐(上:32)>ᄇᆡ목 술(上:35)
臺 ᄃᆡ ᄃᆡ(上:33)>ᄃᆡ ᄃᆡ(上:36)
濠 ᄒᆡᄌᆞ 호(上:34)>ᄒᆡᄌᆞ 호(上:37)
宰相 ᄌᆡ상(上:35)>ᄌᆡ상(上:38)
學 ᄇᆡ홀 ᄒᆞᆨ(上:37)>ᄇᆡ홀 ᄒᆞᆨ(上:40)
冊 ᄎᆡᆨ ᄎᆡᆨ(上:38)>ᄎᆡᆨ ᄎᆡᆨ(上:41)
色紙 ᄉᆡᆨ지(上:38)>ᄉᆡᆨ지(上:41)
對敵 ᄃᆡ뎍(上:39)>ᄃᆡ적(上:42)
背叛 ᄇᆡ반(上:40)>ᄇᆡ반(上:43)
鉦 ᄌᆡᆼ 졍(上:41)>ᄌᆡᆼ 정(上:44)
孕 ᄇᆡᆯ 잉(上:41)>ᄇᆡᆯ 잉(上:45)
笙 ᄉᆡᆼ황 ᄉᆡᆼ(上:43)>ᄉᆡᆼ황 ᄉᆡᆼ(上:46)
辛 ᄆᆡ올 신(上:48)>ᄆᆡ을 신(上:51)
飽 ᄇᆡ브를 포(上:49)>ᄇᆡ부를 포(上:52)
烟 ᄂᆡ 연(上:49)>ᄂᆡ 연(上:53)
甦 ᄭᆡ여날 소(上:51)>ᄭᆡ여날 소(上:55)
齊 ᄌᆡ계 ᄌᆡ(上:52)>ᄌᆡ게 ᄌᆡ(上:55)
笞 ᄐᆡ쟝 ᄐᆡ(上:54)>ᄐᆡ장 ᄐᆡ(上:57)
財産 ᄌᆡ산(上:56)>ᄌᆡ산(上:59)
生涯 ᄉᆡᆼᄋᆡ(上:56)>ᄉᆡᆼᄋᆡ(上:59)
薑 ᄉᆡᆼ강 강(下:5)>ᄉᆡᆼ강 강(下:3)
海帶 ᄒᆡᄃᆡ(下:6)>ᄒᆡᄃᆡ(下:4)
海衣 ᄒᆡ의(下:6)>ᄒᆡ의(下:4)
栢子 ᄇᆡᆨᄌᆞ(下:6)>ᄇᆡᆨᄌᆞ(下:5)
梨 ᄇᆡ 리(下:6)>ᄇᆡ 리(下:5)
梅實 ᄆᆡ실(下:7)>ᄆᆡ실(下:5)

玳瑁	ᄃᆡ모(下:8)>ᄃᆡ모(下:6)	白礬	ᄇᆡᆨ반(下:9)>ᄇᆡᆨ반(下:7)
彩	ᄎᆡᄉᆡᆨ ᄎᆡ(下:11)>ᄎᆡᄉᆡᆨ ᄎᆡ(下:8)	机	ᄎᆡᆨ상 궤(下:12)>ᄎᆡᆨ상 궤(下:10)
船	ᄇᆡ 션(下:17)>ᄇᆡ 선(下:15)	鸚鵡	ᄋᆡᆼ무(下:20)>ᄋᆡᆼ무(下:17)
白馬	ᄇᆡᆨ마(下:22)>ᄇᆡᆨ마(下:19)	駒	ᄆᆡ야지 구(下:22)>ᄆᆡ야지 구(下:19)
海蔘	ᄒᆡᄉᆞᆷ(下:25)>ᄒᆡ삼(下:22)	生鰒	ᄉᆡᆼ복(下:25)>ᄉᆡᆼ복(下:22)
蛇	ᄇᆡ얌 샤(下:26)>ᄇᆡ암 사(下:23)	蟬	ᄆᆡ얌이 션(下:26)>ᄇᆡ암이 선(下:23)
枳	ᄐᆡᆼᄌᆞ 기(下:28)>ᄐᆡᆼᄌᆞ 기(下:25)	材	ᄌᆡ목 ᄌᆡ(下:28)>ᄌᆡ목 ᄌᆡ(下:25)
梅花	ᄆᆡ화(下:29)>ᄆᆡ화(下:26)	海棠花	ᄒᆡ당화(下:29)>ᄒᆡ당화(下:26)
密	ᄇᆡᆨᄇᆡᆨᄒᆞᆯ 밀(下:32)>ᄇᆡᆨᄇᆡᆨᄒᆞᆯ 밀(下:29)	充	ᄎᆡ올 츙(下:32)>ᄎᆡ을 츙(下:29)
禍	ᄌᆡ화 화(下:33)>ᄌᆡ화 좌(下:30)	結	ᄆᆡᆯ 결(下:36)>ᄆᆡ즐 결(下:33)
災	ᄌᆡ화 ᄌᆡ(下:37)>ᄌᆡ앙 ᄌᆡ(下:35)	厄	ᄌᆡ익 익(下:37)>ᄌᆡ익 익(下:35)
覺	ᄭᆡᄃᆞ를 각(下:38)>ᄭᆡᄃᆞ를 각(下:35)	對	ᄃᆡᄒᆞᆯ ᄃᆡ(下:39)>ᄃᆡᄒᆞᆯ ᄃᆡ(下:37)
行	ᄒᆡᆼᄒᆞᆯ ᄒᆡᆼ(下:39)>ᄒᆡᆼᄒᆞᆯ ᄒᆡᆼ(下:37)	剖	ᄶᆡ힐 부(下:42)>ᄶᆡᆯ 부(下:40)

위에서 보았듯이 『倭語類解』에서 어두 음절의 ‘ᆡ’는 단 하나의 예외도 없이 『日語類解』에서 표기형이 그대로 유지되었다. 『倭語類解』의 ‘ᆡ’가 ‘ㅐ’나 ‘ㅔ’로 바뀐 사례는 전혀 없다. 그러나 부분적으로 근대 국어 자료에 따라서는 이미 ‘ㆍ’가 소실됨으로써 ‘ㅐ’가 나타나기도 한다(‘ᄉᆡᆼ각’(ᄉᆡᆼ각ᄒᆞ다(猜想)(漢淸8:19), ᄉᆡᆼ각건대(想是)(漢淸8:20), ᄇᆞ라 ᄉᆡᆼ각ᄒᆞ다(想)(漢淸8:19)).

‘ᄃᆡ공’은 중세 국어의 어형인 ‘대공’이 그대로 근대 국어에 이어진 예들이 많다(대공 졀(梲)(字會中:6), 대공(斗拱)(譯語上:17)(漢淸9:69), 블근 대공앳(朱拱)(杜重14:11), 대공(棨)(物譜 第宅)).

이와는 반대로 ‘ㅐ’가 ‘ᆡ’로 변한 것이 자료에서 몇 개 나타난다.

嶺	재 령(上:7)>ᄌᆡ 령(上:7)	賣	ᄑᆞᆯ 매(上:55)>ᄑᆞᆯ ᄆᆡ(上:58)
俗	부대 ᄃᆡ(下:15)>부ᄃᆡ ᄃᆡ(下:12)	鷹	매 응(下:20)>ᄆᆡ 응(下:17)

이 중에는 근대 국어의 문헌에서 'ㅐ'의 표기를 유지하는 것도 눈에 띈다('ᄌᆡ'(뫼 험ᄒᆞᆫ 재ᄅᆞᆯ 넘어(三譯9:5)), 'ᄆᆡ'(鷹 매(柳物一羽)).

2) 비어두 음절의 'ㆍ'

비어두 음절에 오는 'ㆍ'는 대체로 'ㅡ'로 바뀌었다. 이는 『倭語類解』와 『日語類解』의 두 자료의 비교에서도 마찬가지의 표기 변화를 보여주고 있다.

秋	ᄀᆞ올 츄(上:3)>ᄀᆞ을 추(上:2)	泥	즌ᄒᆞᆰ 니(上:8)>진흙 이(上:8)
府	마ᄋᆞᆯ 부(上:33)>마을 부(上:37)	村	ᄆᆞᄋᆞᆯ 촌(上:34)>마을 촌(上:37)
里	ᄆᆞᄋᆞᆯ 리(上:34)>마을 리(上:37)	職	벼ᄉᆞᆯ 직(上:36)>벼슬 직(上:39)
仕	벼ᄉᆞᆯ ᄉᆞ(上:36)>벼슬 ᄉᆞ(上:39)	位	벼ᄉᆞᆯ 위(上:36)>벼슬 의(上:39)
富	ᄀᆞᄋᆞᆷ열 부(上:56)>가음열 부(上:59)	菱	말ᄋᆞᆷ 릉(下:6)>말음 릉(下:4)
珠	구ᄉᆞᆯ 쥬(下:8)>구슬 주(下:6)	鹿	사ᄉᆞᆷ 록(下:23)>사슴 록(下:20)
鱗	비ᄂᆞᆯ 린(下:25)>비늘 린(下:22)		

근대 국어는 'ㆍ'를 유지하는 보수성을 보이는 한편 'ㅡ'로 변화되는 양면을 나타내는 과도기였다. 위에서 든 어례에서 'ㆍ'를 유지하는 근대 국어 자료를 뽑아보면 다음과 같다.

'벼슬'(벼ᄉᆞᆯ 봉ᄒᆞ다(封爵)(同文上:38), 벼ᄉᆞᆯ(爵)(漢淸2:45), 벼ᄉᆞᆯᄒᆞ이다(補授)(漢淸2:47), 벼ᄉᆞᆯᄒᆞ다(做官)(譯語上:13)), '말음'(말암 ᄭᆞ다(剝菱角)(譯語上:56), 말암(詩諺 物名:1), '비늘'(비ᄂᆞᆯ(同文上41), 비ᄂᆞᆯ(鱗)(漢淸14:47)). 그러나 '벼슬'은 중세 국어에 쓰인 선행 어형이었다(벼스를 도도시니(龍歌:85), 벼스를 求ᄒᆞ면(釋譜9:23), 벼스리 ᄒᆞ오ᅀᅡ 冷ᄒᆞ도다(官獨冷)(杜初15:36)/'구슬'(귀옛 구슬 호리라(釋譜13:10), 珠는 구스리오(月釋1:15), 구슬 쥬: 珠(字會中:31), 구슬 옥: 玉(石千:3), 구슬 벽: 壁(石千:10), 구슬 긔: 璣(石千:40)/구

ᄉᆞᆯᄀᆞ치 엉긴 그으름(炕洞烟釉)(漢淸10:52), 념쥬머리에 큰 구ᄉᆞᆯ(佛頭)(漢淸11:2)).

특히 용언의 관형사형 어미 ‘-ᄋᆞᆯ’이 ‘-을’로 바뀐 것이 적지 않다. 이는 모음 조화와 관련된 변별적 표기 차이이다.

可	올ᄒᆞᆯ 가(上:28)>올흘 가(上:30)	空	ᄉᆞᆨ절업ᄉᆞᆯ 공(上:28)>속절업슬 공(上:30)
眠	조ᄋᆞᆯ 면(上:31)>조을 면(上:34)	卑	ᄂᆞᄌᆞᆯ 비(下:32)>ᄂᆞ즐 비(下:29)
無	업ᄉᆞᆯ 무(下:34)>업슬 무(下:31)	如	ᄀᆞᄐᆞᆯ 여(下:41)>ᄀᆞᆺ흘 여(下:38)
似	ᄀᆞᄐᆞᆯ ᄉᆞ(下:41)>ᄀᆞᆺ흘 ᄉᆞ(下:39)		

비어두 음절의 ‘ㆍ’는 ‘ㅡ’ 외에 ‘ㅗ’, ‘ㅜ’ 또는 ‘ㅏ’로도 바뀌었다.

朔	초ᄒᆞᄅᆞ 삭(上:4)>초ᄒᆞ로 삭(上:3)	津	ᄂᆞᄅᆞ 진(上:9)>나루 진(上:9)
弟	아ᄋᆞ 뎨(上:12)>아우 제(上:13)	脊	등ᄆᆞᄅᆞ 쳑(上:17)>등ᄆᆞ루 쳑(上:18)
橐	쟈ᄅᆞ 탁(下:15)>자루 탁(下:12)	始	비로ᄉᆞᆯ 시(下:34)>비로솔 시(下:31)
相	서ᄅᆞ 샹(下:41)>서로 샹(下:38)	抵	다ᄃᆞ를 뎌(下:40)>다다를 저(下:37)

이 중에서 ‘脊 등ᄆᆞᄅᆞ 쳑’(倭上:17)은 중세 국어 자료의 어형을 그대로 지키고 있는데(字會上:27, 類合下:51), ‘등ᄆᆞᄅᆞ’가 음절이 축약되어 ‘등ᄆᆞᆯ’로도 나타난다(등ᄆᆞᆯ 쳑: 脊(類合下:51)). 그런가 하면 ‘등ᄆᆞᄅᆞ’는 근대 국어에 와서 표기형이 대체로 ‘등ᄆᆞ루’로 바뀌었지만 ‘ㆍ’가 그대로 유지되는 표기 형태도 보인다(등ᄆᆞᄅᆞ(馬脊梁)(漢淸14:23)). 이와 같은 예로 ‘橐 쟈ᄅᆞ 탁’(倭下:15)에서는 중세 국어 문헌의 어형이 그대로 반영되어 있는데(쟈ᄅᆞ ᄃᆡ: 袋(字會中:13)(類合上:31)), 근대 국어에 와서도 ‘ㆍ’가 그대로 표기되는 사례가 다른 곳에서 나타난다(쟈ᄅᆞ(口袋)(譯語下:15)). ‘나루’도 근대 국어 문헌에서 중세어 표기를 유지하는 예가 있고(ᄂᆞᄅᆞ(津頭)(同文上:7), ᄂᆞᄅᆞ(渡口)(漢淸9:23)), ‘초ᄒᆞ로’도 초ᄒᆞᄅᆞ(初一)(漢淸1:26))의 표기가 나

온다.

이와는 반대로 'ㅏ'가 'ㆍ'로 바뀐 어례들도 나타난다.

影 그림자 영(上:20)>그림ᄌᆞ 영(上:21)

이도 다른 근대 문헌에서 어형이 유지되기도 했다(그림자(影貌)(譯補:1), 그림자(影)(漢淸1:3)(同文上:3)).

비어두 음절의 'ㆍ'의 표기 변화와 함께, 'ㆎ'의 변화도 살펴보면 'ㆎ'가 유지된 경우도 있지만 대체로 'ㅓ', 'ㅢ', 'ㅗ', 'ㅐ', 'ㅣ', 'ㅔ', 'ㅚ', 'ㆍ' 등으로 다양하게 바뀐 것이 다수이다.[30] 이는 'ㆍ'의 소실로 인한 이중 모음의 변화이다.

埃 몬ᄌᆡ ᄋᆡ(上:8)>몬지 ᄋᆡ(上:8)
派 물가ᄅᆡ 파(上:9)>물가래 패(上:9)
耐 견ᄃᆡᆯ 내(上:21)>견될 내(上:23)
男 ᄉᆞ나ᄒᆡ 남(上:42)>사나희 남(上:45)
黥 ᄌᆞᄌᆡ 경(上:54)>ᄌᆞᄌᆞ 경(上:57)
鋤 호ᄆᆡ 서(下:2)>호믜 서(下:1)
薤 부ᄎᆡ ᄒᆡ(下:5)>부초 ᄒᆡ(下:3)
貝 쟈ᄀᆡ 패(下:8)>자개 페(下:6)
筬 ᄇᆞᄃᆡ 셩(下:10)>바듸 셩(下:8)
盆 동ᄒᆡ 분(下:14)>동의 분(下:12)
笊 죠ᄅᆡ 조(下:15)>조리 조(下:12)
斧 도ᄎᆡ 부(下:16)>돗긔 부(下:13)
獅 ᄉᆞᄌᆡ ᄉᆞ(下:22)>ᄉᆞ지 ᄉᆞ(下:19)
鯨 고ᄅᆡ 경(下:25)>고래 경(下:22)
輕 ᄀᆞ비야올 경(下:31)>가ᄇᆡ야을 경(下:28)
今 이ᄌᆡ 금(下:34)>이제 금(下:31)
擇 ᄀᆞᆯ힐 ᄐᆡᆨ(下:37)>갈힐 ᄐᆡᆨ(下:34)

이들 중 상당수는 전 시대의 어형을 유지하고 있다('몬지'(몬ᄌᆡ 니다(浡灰)(譯補:7) / '부초'(부ᄎᆡ(薤)(老解下:34)(朴重中:33), 부ᄎᆡ(韭菜)(漢淸12:36), 韭 부ᄎᆡ(柳物三草), 부ᄎᆡ움(黃芽韭)(漢淸12:36) / '바듸'(ᄇᆞᄃᆡ(筬)(譯語下:3)(同文下:17), ᄇᆞᄃᆡ(竹篋)(漢淸10:69))

30) 17-18세기 문헌에서 'ㆍ'와 'ㅡ'의 혼기와 더불어 'ㆎ'와 'ㅐ', 'ㅢ'의 혼기 예는 매우 흔하다. 이는 'ㅔ', 'ㅐ'가 하향 이중 모음이었던 것이 단모음화한 데서 비롯된 것으로 보인다(쓸ᄀᆡ(倭上:18)~쓸개(漢淸5:57)~쓸게(同文上:17),(三譯5:11)).

/ '조리'(灑米器 죠릐(柳物三草), 죠리(寠數)(物補 鼎鐺)) / '고래'(鯨 고릐(柳物二鱗)). '·ㅣ' > 'ㅣ'의 예에서는 『訓蒙字會』에서 'ᄉᆞᄌᆞᆺ ᄉᆞ'(獅)(上:18)로 나타나지만 『譯語類解』에서도 이는 모음 변화가 없이 그 어형을 그대로 유지하는 예도 있다(ᄉᆞᄌᆡ(獅子)(下:33)).

'·ㅣ'>'ㅢ'에서 '斧 도ᄎᆡ 부'(倭下:16)는 중세 국어의 어형도 마찬가지였지만(字會中:16)(類合上:28), 근대 국어에 와서 표기가 변하지 않고 유지된 예도 나타난다(도ᄎᆡ(斧子)(漢淸10:36)).

자료의 비교에서 '·ㅣ'의 표기 변화가 역으로 나타나는 예도 눈에 띈다. 즉 'ㅐ', 'ㅔ' > '·ㅣ'의 현상이다.

翼	ᄂᆞᆯ개 익(下:21)>ᄂᆞᆯᄀᆡ 익(下:18)		杉	익개 삼(下:28)>익ᄀᆡ 삼(下:24)
鸇	새매 젼(下:21)>새ᄆᆡ 전(下:17)		鶻	송골매 골(下:21)>송골ᄆᆡ 골(下:17)
扇	부체 션(下:13)>부ᄎᆡ 선(下:11)			

'鸇: 새매 젼'(倭下:21)은 중세어 자료인 『新增類合』에도 동일한 어형인 '새매'였는데(上:12), 근대 국어에 와서 '새ᄆᆡ'가 되었다. 그러나 근대 국어의 여러 자료에서 전대의 어형인 '새매'를 유지하고 있다(새매(鸇子)(譯語下:26)(同文下:34), 새매(雀鷹)(漢淸13:50,60)). '扇: 부체 션'(倭下:13)은 중세 국어 문헌에서도 동일 어형을 취하고 있었는데(字會中:15)(類合上:25)(石千:35)), 근대 국어에도 이대로 유지한 예들도 있고(부체(同文下:13)) 변화한 예도 있다(부ᄎᆡ(屈戌扇)(物譜 服飾)). 'ᄂᆞᆯᄀᆡ'도 'ᄂᆞᆯ개'(翅)(同文下:35)로 '익ᄀᆡ'도 '익개나모'(杉木)(譯語下:42)로 표기된 예가 있다.

예 중 '漏: 실 루'(倭上:10)는 탈획으로 인한 오류이다. 중세 국어의 표기형에서 동사 'ᄉᆡ다'가 '시다'로 표기된 예는 없기 때문이다.

(2) a. 바ᄅᆞᆳ믈 ᄉᆡᄂᆞᆫ 굼긔 드러(釋譜13:10)
b. ᄉᆡᄂᆞᆫ 자내 믈 브ᅀᅳ며(漏巵)(楞解6:106)

c. 漏ᄂᆞᆫ **싈씨라**(法華1:24)

뿐만 아니라 'ㅜ', 'ㅗ'>'ㆍ'의 예도 흔치 않지만 산견된다.

笑	우움 쇼(上:20)>우ᄉᆞᆷ 소(上:22)	雲	구룸 운(上:2)>구ᄅᆞᆷ 운(上:1)
恚	ᄋᆡ도롤 에(上:21)>ᄋᆡᄃᆞᄅᆞᆯ 에(上:22)	正	바롤 졍(下:40)>바ᄅᆞᆯ 정(下:37)

'구ᄅᆞᆷ'에서는 이전의 '구룸'을 유지하는 표기 형태들이 근대 국어 자료에 나타난다(구룸(雲)(漢淸1:8), 구룸 펴지다(雲布滿)(漢淸1:9), 魚鱗ᄀᆞᆺ흔 구룸(譯補:2)).

3. 대립 모음 간의 모음 교체

대립 모음 사이의 모음 교체 현상은 두 자료에서 흔히 볼 수 있다. 주로 'ㅗ'와 'ㅜ' 사이의 교체가 많고, 'ㅏ'와 'ㅓ' 사이에도 적지 않게 나타난다.

頭	마리 두(上:16)>머리 두(上:16)	鬚	나롯 슈(上:17)>나룻 수(上:17)
髯	나롯 염(上:17)>나룻 염(上:17)	嗾	쵸길 주(上:26)>축일 주(上:28)
瞥	눈금져길 별(上:30)>눈감자길 별(上:32)	堞	셩각회 텹(上:34)>셩각휘 쳡(上:37)
硯	벼로 연(上:38)>벼루 연(上:41)	靴子	훠ᄌᆞ(上:46)>화ᄌᆞ(上:49)
藏	ᄀᆞᆷ출 장(下:3)>ᄀᆞᆷ촐 장(下:2)	乾柹	간시(下:6)>건시(下:5)
杏	ᄉᆞᆯ고 힝(下:6)>살구 힝(下:5)	棠	아가외 당(下:7)>아가위 당(下:5)
鉤	갈구리 구(下:16)>갈고리 구(下:14)	鈴	방올 령(下:16)>방울 령(下:14)
錛	자괴 분(下:16)>자귀 분(下:13)	毬	쥭방올 구(下:20)>죽방울 구(下:16)
烏	가마괴 오(下:21)>가마귀 오(下:18)	猯	오소리 단(下:23)>오수리 단(下:20)
蝟	고솜돋 위(下:23)>고순돗 위(下:20)	蛙	개구리 와(下:27)>개고리 와(下:24)

樹	나모 슈(下:27)>나무 수(下:24)	桑	ᄲᅩᆼ나모 상(下:27)>ᄲᅩᆼ나무 상(下:24)
楡	느릅나모 유(下:27)>느릅나무 유(下:24)	漆	온나모 칠(下:28)>옷나무 칠(下:25)
椵	피나모 가(下:28)>피나무 단(椴)(下:23)	梢	나모긑 쵸(下:28)〉나무끗 소(下:25)
茅	쒸 모(下:31)>씌 모(下:27)	短	져를 단(下:31)>짜를 단(下:28)
薄	열울 박(下:31)>얇을 박(下:28)	少	쟈글 쇼(下:31)>적을 소(下:28)
曲	구블 곡(下:34)>굽을 곡(下:31)	比	견졸 비(下:41)>견줄 비(下:38)
致	니뢸 치(下:39)>일윌 치(下:36)	成	일올 셩(下:43)>일울 성(下:40)
僅	겨요 근(下:42)>겨우 근(下:39)		

이들은 시대적으로 필연적 교체를 이룬 것은 아니다. 특히 ‘마리’>‘머리’와 ‘쟉다’>‘적다’의 경우는 모음 교체에 의한 어휘 분화가 일어난 것으로, 현대 국어에 와서 양자는 공존하며 그 지시 의미가 각각 다르다.

위에서 예시한 어례 중 근대 국어에 와서 대립 모음으로 교체되지 않은 사례를 들면 다음과 같다.

‘나ᄅᆞᆺ’(입웃나ᄅᆞᆺ(髭)(譯語上:34)), 나ᄅᆞᆺ(鬍子)(同文上:15)), ‘성각휘’(셩각회(城堞口)(漢淸9:20), 셩가쾨(城堞子)(同文上:40)), ‘벼루’(벼로(同文上:44), 벼로(硯)(漢淸4:20)), ‘살구’(杏 살고(柳物四木)), ‘아가위’(山櫨, 아가외 당(棠)(柳物四木), 아가외(山裡紅)(譯上:55)(石千:14)), ‘자귀’(자괴(錛子)(譯語下:17), 자괴(介)(物譜 工匠), 자괴(同文下:16)), ‘오수리’(오소리(猯)(物譜 毛虫)), ‘고순돗’(고솜돗(刺蝟)(譯語下:32), 고솜돗(同文下:39), 蝟鼠 고솜돗(柳物一贏), 고솜도치(刺蝟)(漢淸14:8)), ‘개고리’(개구리(靑蛙)(東文下:42)(漢淸14:43)), ‘씌’(쒸(同文下:46), 쒸(茅草)(漢淸13:12)), ‘견주다’(견조다(比比)(同文下:52), 왼편으로 견조고(翻)(漢淸4:50)), ‘겨우’(겨요(將將的)(漢淸11:49), 나히 겨요 십ᄉᆞ세라(五倫1:3), 겨요 열세헤(東新孝6:25)) 등이다.

‘錛 자괴 분’(倭下:16)에서 ‘자괴’는 근대 국어에 와서도 모음 교체하지 않고 그 어형을 유지하는 것이 대다수였다(자괴(錛子)(譯語下:17)(漢淸10:34, 12:5), 자괴(斤)

(物譜 工匠), 자괴(同文下:16)).

'나모'는 중세 국어에서 일반적인 표기 형태였다. 예컨대, '젓나모'(檜)(字會上:10),(類合上:8) 등의 '나모'는 근대 국어에 와서 '나무'로 대립 모음 교체했는데, 이 시대에도 아직 교체되지 않은 어형이 나타난다(젓나모(檜松)(譯語下:41), 젓나모(杉松)(同文下:43), 젓나모(杆松)(漢淸13:18)).

'比 견졸 비'(倭下:41)에서도 모음 교체가 되지 않은 표기형이 근대 국어 자료에서 나타나는가 하면(견조다: 比比(同文下:52), 比並(漢淸11:53), 긔추 관혁 견조다(指帽子)(漢靑)4:45), 이미 중세 국어에서 '견주다'가 나타나(견줄 비: 比(石千:15)), 이러한 현상은 현대 국어의 서울 방언에서처럼 호용의 유동성이 심했던 것으로 짐작된다.

특히 'ㅗ'와 'ㅜ' 사이의 대립적인 교체는 용언의 경우 관형사형 어미에서 매우 현저하게 드러난다. 대체로 '-올'이 '-울'(을)로 바뀐 것이 많은데, 이는 모음 조화와 상관적이다. 이와는 반대로 '-울'이 '-올'로 바뀌어 현대 국어와는 역행되는 형태를 가진 예들도 있다. 아래 예 중 '더러울'과 '더러올'의 표기 변화가 그러하다.

孤	외로올 고(上:15)>외로울 고(上:16)	柔	부드러올 유(上:23)>부드러을 유(上:24)
亂	어즈러올 란(上:39)>어즈러을 란(上:42)	辛	믜올 신(上:48)>믜을 신(上:51)
癢	ᄀ려올 양(上:51)>ᄀ려울 양(上:54)	重	무거올 즁(下:31)>무거울 중(下:28)
難	어려올 난(下:34)>어려울 난(下:32)	易	쉬올 이(下:34)>쉬울 이(下:32)
陋	더러울 루(上:19)>더러을 루(上:20)	醜	더러울 취(上:19)>더러을 추(上:20)

4. 전설 모음화

국어 음운사에서 전설 모음화는 19세기에 들어와서 일어난 것으로 알려져 있다(이기문 1983:203, 김동소 1999:187, 전광현 1997:41).

치음 아래의 중설 모음 'ㅡ'가 전설화하여 'ㅣ'가 되는 현상으로, 이 두 자료에서 그와 같은 표기가 몇 개 나타난다.

泥	즌ᄒᆞᆰ 니(上:8)>진흙 이(上:8)	拭	쓰슬 식(上:30)>씨슬 식(上:33)
厭	슬흘 염(上:49)>실흘 염(上:52)	荒	거츨 황(下:3)>것칠 황(下:1)
吠	즈즐 폐(下:24)>지즐 폐(下:21)	葛	츩 갈(下:31)>칡 갈(下:27)

그러나 전설 모음화는 19세기에 들어와서 이루어진 것으로, 근대 국어 자료에서는 아직까지 이루어지지 못한 표기형들이 많아 그 과도적인 현상을 보여준다('진흙'(즈다(泥濘)(同文上:6)), '씻다'(눈물 쓰스니(三譯1:6), 슷다(揩了)(同文下:6), ᄒᆞᆰ 뿟다(抹墁)(譯補:14)), '싫다'(슬타(不肯)(譯語上:69)), '칡'(츩(葛藤)(物譜 雜草), 갈 츩(柳物三草)).

5. 움라우트

움라우트는 모음 동화 현상으로, 선행하는 모음이 후행하는 'ㅣ'나 'j'를 닮아 역행 동화되는 것이다. 동화의 방향으로 보면 역행 동화이고, 정도로 보면 불완전 동화이며, 거리로 보면 원격 동화이다.

曉	사베 효(上:5)>새벽 효(上:4)	渠	ᄀᆞ쳔 거(上:9)>ᄀᆡ천 거(上:9)
鸝	졉이 구(下:20)>제비 구(下:16)	梟	올바미 효(下:21)>올뱀이 효(下:18)
鷰	져비 연(下:21)>제비 연(下:18)	蝸	ᄃᆞᆯ팡이 와(下:26)>달ᄑᆡᆼ이 와(下:23)
蟻	가얌이 의(下:26)>개암이 의(下:23)	公	구의 공(下:32)>귀위 공(下:29)
寵	고일 춍(下:33)>괴일 춍(下:30)	弊	ᄒᆞ야질 폐(下:36)>해여질 폐(下:34)

이 중 '曉: 사베 효'(倭上:5)에서 '사'와 '새'는 시대적 모음의 추이라기보다는 동시대에 혼용된 표기형이었던 것 같다. 따라서 '새배'와 '새볘', '사배'는 동일 시대의 여러 문헌에 공시적으로 나타난다.

(3) 새배 : a. 새배 華 보다가(圓覺上2-3:27)
b. 어르누근 남ᄀᆞᆫ 새배 프로도다(錦樹曉來靑)(杜初7:14)
c. 새배 湘水ㅅ 보ᄆᆡ 녀노라(曉行湘水春)(杜初2:24)
d. 새배 신 : 晨(字會上:1)

새볘 : a. 새볘 어올 메(晨昏)(東新孝6:21)
b. 새볘 出船ᄒᆞ쟉시면(捷語6:16)

사배 : a. 사뱃 吹角ㅅ소리(曙角)(杜重8:44)
b. 漏刻 소리ᄂᆞᆫ 사뱃 사ᄅᆞᆯ 뵈야ᄂᆞ니(漏聲催曉箭)(杜重6:4)

'ᄀᆞ쳔'이 '기쳔'이 된 것은 다른 문헌에서 'ᄀᆞ쳔'의 어형을 그대로 유지하고 있는 예가 많아 그러한 음운 변화가 획일적으로 일어난 것이 아닌 것 같다(ᄀᆞ쳔 거: 渠(石千:32), ᄀᆞ쳔(溝)(同文上:8)).

움라우트는 18세기 중엽에 나타난 음운 현상으로[31], '져비'는 중세 국어 자료에서 변이되지 않았는데(져비 연: 鷰(字會上:17)(類合上:12)), 이러한 어형이 근대 국어에도 유지된 예가 적지 않다(졉이(燕)(物譜 羽虫), 越燕: 졉이(柳物一羽)).

'달핑이'는 근대 국어 자료에서는 양형이 다 드러난다(달팡이(蝸牛)(漢淸14:49), 蝸牛 달팡이(柳物二介), ᄃᆞᆯ팽이(蝸牛)(物譜 介虫)). '개암이'는 근대 국어 자료에 '가야미'가 나오고(가야미(螞蟻)(同文下:43)), 이와는 반대로 중세 국어 자료에 이미 움라우트를 경험한 '개야미'가 나와(그듸 이 굼긧 개야미 보라(釋譜6:36)) 혼기의 동요상을 보인다.

이 두 문헌 자료를 비교해 보면, 이와 같은 동화 현상이 거꾸로 나타나 표기에 반영된 예도 있다.

---

31) 전광현(1997:41)은 18세기와 19세기 사이에 일어난 것으로 보았다.

斬 베힐 참(上:54) > 버힐 참(上:57)

이와 같은 현상은 혼합적인 역표기 형태로 나타나는데, 근대 국어 자료에서 양자가 혼입된 표기형을 볼 수 있다(버히다(同文上:46), 귀 버히다(刵)(漢淸15:12)/슴쓸 베히다(剪臍帶兒)(譯語上:37)).

6. 원순 모음화

국어 음운사에서 원순 모음화는 17세기 말에 일어난 것으로 추정하고 있다(이기문 1983:202, 김동소 1999:184)[32]. 순음 'ㅁ', 'ㅂ', 'ㅍ', 'ㅃ' 아래의 'ㅡ'가 원순 모음인 'ㅜ'가 되는 현상으로, 자료에는 주로 'ㅁ'과 'ㅂ' 아래에 나타나는 예가 많다.

況	ᄒᆞ믈며 황(上:28)>ᄒᆞ물며 황(上:30)	俯	구블 부(上:29))>구불 부(上:31)
衾	니블 금(上:46)>니불 금(上:49)	飽	ᄇᆡ브를 포(上:49))>ᄇᆡ부를 포(上:52)
染	믈드릴 염(下:11)>물드릴 염(下:8)	紅	블글 홍(下:11)>븕을 홍(下:8)
青	프를 청(下:11)>푸를 청(下:9)	蝶	나븨 뎝(下:26)>나뷔 접(下:23)
林	수플 림(下:29))>수풀 림(下:25)	藪	덤블 수(下:29))>덤불 수(下:25)
稀	드믈 희(下:32)>드물 희(下:29)	使	브릴 시(下:37))>부릴 ᄉᆞ(下:34)
與	더블 여(下:39))>더불 여(下:37)	忙	받블 망(下:40))>밧불 망(下:38)

'붉다', '부리다', '밧부다' 등에서는 근대 국어 문헌에 이미 원순화된 어형으로 표기되었는데(붉다(紅)(同文下:25), ᄂᆞᆺ 붉다(漢淸8:66)/부리는 계집의게(三譯上:5), 간계닉게 부리는 이(慣使奸計)(漢淸8:39), 부리다(使之)(同文上:50)/밧부고 급ᄒᆞᆫ(三譯8:6), 밧부다(忙)(漢淸7:42)), '드물다', '밧부다' 등에서는 간혹 비원순화된 어형이 보이기도 한다(별이 드믈고(三譯8:18), 밧브다(忙)(同文下:52)).

32) 전광현(1997:40)은, 원순 모음화는 17세기 전반부터 나타나기 시작하여 17세기 후반에 완성된 것으로 보고 있다.

이에 반해 용언의 관형사형에서 원순 모음 'ㅜ'가 비원순 모음인 'ㅡ'로 회귀 역행하는 예도 보인다. 이는 연철과 분철 표기 사이에서 형성된 변화인지도 모른다.

溢 너물 일(上:10)>넘을 일(上:10)

7. 음절 축약

음절이 축약되어 짧은 형태를 취하는 자석어도 여러 개 눈에 띈다. 이 과정에서 모음의 탈락 현상은 필연적으로 수반된 것이다.

霞	노을 하(上:2)>놀 하(上:2)	曝	ᄆᆞᆯ뢰일 포(上:6)>ᄆᆞᆯ릴 포(上:6)
脣	입시울 슌(上:16)>일쏠 순(上:17)	齦	닛무음 흔(上:16)>닛몸 근(上:17)
潰	허여질 궤(上:10)>헷칠 궤(上:10)	拔	쌔힐 발(上:39)>쌜 발(上:43)
菁	쉰무우 형(下:4)>숫무 청(下:3)	莓	싸ᄋᆞᆯ기 ᄆᆡ(下:7)>ᄯᆞᆯ기 ᄆᆡ(下:5)
綿	소옴 면(下:10)>솜 면(下:8)	轉	구을 젼(下:19)>굴 전(下:16)
鳶	쇼로기 연(下:21)>솔개 연(下:17)	毛	터럭 모(下:24)>털 모(下:20)

그런가 하면 역으로 음절이 늘어나는 경우도 볼 수 있다. 이는 어휘사적으로 보면 역행하는 현상이다.

刈	뷜 애(下:3)>버힐 에(下:1)	螕	진뒤 비(下:27)>진득이 비(下:24)

'진득이'는 중세 국어에서는 '진뒤'였는데(진뒤 비: 螕(字會上:23)), 근대 국어의 자료에서도 음절이 늘어난 형태는 그다지 보이지 않는다(진듸(草螕)(譯語下:36), 진되(同文下:42), 진되(狗鼈)(漢淸14:54), 진듸(螕)(物譜 虫豸)).

요 약

대체로 표기형의 변화는 역사적으로 음운 체계와 음운 변화, 음운 변동이 그 근원적인 동인이 되는 것은 더 말할 나위가 없다.

이 장은 근대 국어의 일본어 어휘 사전인 『倭語類解』와 개화기(1984-1910) 이후 현대 국어 초기에 나온 『日語類解』에서 모음 표기 형태 변화를 중심으로 기술한 것이다.

표기상으로 나타나는 변화 중 몇 개 항목을 추려서 당시에 간행된 다른 문헌들과 비교하여 그 추이상을 검토하는 방향으로 논구를 진행했다. 양본의 모음 표기 비교에서 두드러진 사항은 단모음화, '·'의 표기 변화, 대립 모음 간의 모음 교체, 전설 모음화, 움라우트, 음절 축약 등 여섯 가지 대목으로 유별했다.

『倭語類解』의 간행 시기를 17세기 초·중엽으로 추정한다면 시기적으로 『東國新續三綱行實圖』(1617), 『杜詩諺解重刊本』(1632), 『捷解新語』(1676), 『朴通事諺解重刊本』(1677), 『譯語類解』(1690) 등과 거의 같은 시대에 나온 문헌으로 상호 비교가 유효하며, 그 뒤 18세기 중엽이라면 동 시대 문헌인 『三譯總解』(1703), 『漢淸文鑑』(1779경), 『同文類解』(1748)와도 비교할 가치가 있다.

시기적으로 보면 『倭語類解』는 근대 국어의 다른 문헌들과 표기상으로 같은 맥락을 보여주고 있지만, 한편으로는 중세 국어 문헌인 『訓蒙字會』(1527), 『新增類合』(1553), 『石峰千字文』(1583) 등 자석서류의 형태를 많이 반영한 것이 특징적이다.

이기문 교수(1983:200-201)에 의하면, 국어 음운사에서 모음의 변화는 16세기에 정서법이 붕괴되기 시작했고, 17세기에 오면 'ㅢ'>'ㅓ', 'ㅓ'>'ㅣ'가 일반화되었으며, 17세기 말에는 원순 모음화가 나타났다. 16세기에 '·'가 제2음절에서 1단계로 소실됨으로 모음 조화에 영향을 주었는데, 이는 18세기 중엽에 와서는 어두에서도 소실됨으로써 19세기 초엽 국어의 모음 체계에 큰 변화를 일으켜 8모음 체계가 되었다. 전설 모음화도 19세기에 이르러서 이루어진 것으로 기술되었다.

김동소 교수(1999:180-186)는 '·'의 제1단계 소실이 16세기 후반에 시작되어 17세기 초에는 제1음절의 '·'>'ㅏ', 'ㅗ', 'ㅡ'가 되는 변화를 겪었으며, 18세기 중엽에 이르러 '·'의 음가가 상실되고 비음운화가 완성되었다고 했다. 이 무렵에 단모음화와 움라우트 현상이 확립되었고, 전설 모음화는 이보다 늦은 19세기 말에 이루어졌다고 했다. 양설에서 원순 모음화, '·' 음가의 상실, 8모음 체계화, 단모음화, 전설 모음화에 대한 시대 매김에서는 큰 차이점을 보이지는 않는다.

『倭語類解』와 『日語類解』는 그 간행 시기로 보면 200여 년간의 시간 속에 '·'의 음가 상실과 모음 체계의 변화, 원순 모음화, 움라우트, 단모음화, 전설 모음화를 경험했기 때문에 양자의 비교에서 이러한 변화가 시현되는 데 대한 시사점을 찾을 수는 없다. 이러한 모음 변화는 모두 『倭語類解』 이후에 이루어진 것이기 때문이다. 다만 이들의 변화를 온전히 치르고 난 20세기 초의 표기로써 앞선 여러 가지 음운 변화가 표기형에 반영된 양태를 확인하는 데 의의를 둘 수 있을 것이다. 특히 어두 음절의 '·'가 18세기 중·후반에 음가가 상실되어 비모음화했지만 그 표기형은 『日語類解』에 그대로 유전되는 보수성을 엿볼 수 있으며, 그 외의 여러 가지 음운 변화가 표기에 반영된 형태는 획일적이고 예외 없이 이루어진 것이 아니라, 때로는 후대의 문헌에서 역표기하는 동요 현상이 나타나는 사실을 살필 수 있었다.

결론적으로 모음의 표기 형태 변화에서 두 문헌을 비교해 보면, 『倭語類解』의 표기는 중세 국어에 가깝고 『日語類解』는 근대 국어에 가깝다는 생각을 떨칠 수 없다.

| 제5장 |

치음 아래 /j/음 표기 변화

이 장은 양본을 대비하면서 한자의 자음과 자석을 통하여 그 표기에서 나타나는 소위 치음(ㅅ,ㅈ,ㅊ) 아래의 이중 모음이 단모음으로 변한 어례를 찾아 분석하고자 하는 것이다. 이는 『倭語類解』의 간행 시기를 따지는 또 하나의 가늠자가 될 것이다. 이를 위해 앞서 간행된 16세기 중세 국어 자료 『訓蒙字會』(1527), 『新增類合』(1529), 『石峰千字文』(1583) 등과 근대 국어 『譯語類解』(1690), 『同文類解』(1748), 『漢淸文鑑』(1779경) 등의 어휘집들을 종횡으로 대조하는 방식을 취하였다.

1. 'ㅅ' 아래

앞에서 밝힌 대로 『倭語類解』와 『日語類解』는 한자에 대한 당시의 자석과 자음을 기재했고, 여기에 한자어에 대한 자음을 병기한 것이다. 이 장에서는 개별 한자의 우리말 자음을 중심으로 살펴보고, 덧붙여 자료에 등재된 한자어의 자음에 대해 논하기로 한다.

흔히 치음 아래의 단모음화 현상은 구개음화 현상과 관련하여 일어난 것으로 해석되고 있다. 이는 'ㅅ', 'ㅈ', 'ㅊ'이 /i(j)/와 어울리는 환경에서 구개음으로 변이하는 것으로부터 비롯된다. 따라서 구개성을 띤 활음 /j/의 실현이 어렵게 됨으

로써 탈락하는 음성적 현상이다.[33]

구개음화는 『倭語類解』에서 이미 나타난 표기 예가 다수 있지만(칠 타: 打(上:30), 지새 와: 瓦(上:32), 찌흘 용: 舂(下:3), 질 락: 落(下:30) 등), 단모음화 현상은 거의 보이지 않는다.

결국 치음 하의 이중 모음이 단모음이 되는 현상은 15세기에서 단모음 형태와 이중 모음 형태가 대립됨으로써 의미가 분화되던 것이 단모음 하나로 통합, 중화된 현상으로 설명된다. 그리하여 현대 국어에서는 '-시아', '-시어', '-시오' 등 어미의 축약형이나 외국어 표기에 사용되는 것으로 잔존하고 있다.

아래의 표들은 『倭語類解』의 표기에서 치음 아래 /j/가 유지되었던 한자 자음(字音)과 어휘의 예를 들고, 이것이 단모음화한 『日語類解』의 예를 대비하면서 그 이전 중세 국어의 자료인 『訓蒙字會』, 『新增類合』, 『石峰千字文』과 비교한 것이다.

단모음화	한자 예	倭語類解	訓蒙字會 (1527)	新增類合 (1529)	石峰千字文 (1583)	日語類解 (1912)
샤>사	奢	샤치 샤 (上:23)		샤치 샤 (下:2)		사치 사 (上:25)
	社	샤단 샤 (上:34)		샤직 샤 (下:9)		사단 사 (上:37)
	寫	쓸 샤(上:37)	쓸 샤(下:20)	슬 샤(下:39)	슬 샤(19)	쓸 사(上:40)
	赦	샤홀 샤 (上:54)		샤죄 사 (下:35)		사홀 사 (上:57)
	卸	부리울 샤 (下:17)				부리울 사 (下:15)
	麝	샤향노로 샤 (下:23)	샤향놀 샤 (上:18)			사향 사 (下:20)
	蛇	ᄇᆡ얌 샤 (下:26)	ᄇᆡ얌 샤 (上:22)	ᄇᆡ얌 샤 (上:15)		ᄇᆡ암 사 (下:23)
	斜	빋길 샤 (下:37)	빗글 샤 (下:17)			빗길 사 (下:34)

33) 백두현(1992:355)은 'ㅅ', 'ㅈ' 아래 /j/의 탈락이 사적으로 'jə > ə'로부터 시작하여 다른 것으로 확대되었다고 보았다.

	謝	샤례 샤 (下:40)		샤례 샤 (下:43)	사례 샤(32)	사례 사 (下:37)
	上	웃 샹 (上:11)	마ᄃᆡ 샹 (下:34)	웃 샹 (上:2)	웃 샹(14)	우 상 (上:11)
	裳	치마 샹 (上:45)	츄마 샹 (中:22)	치마 샹 (上:31)	치마 샹(4)	치마 상 (上:48)
	詳	ᄌᆞ셰 샹 (上:23)		ᄌᆞ셰 샹 (下:60)	ᄌᆞ셰 샹(38)	ᄌᆞ세 상 (上:25)
	嘗	맏볼 샹 (上:48)	맏볼 샹 (下:13)	맛볼 샹 (下:11)	맛볼 샹(37)	맛볼 상 (上:51)
샹>상	償	가플 샹 (上:56)	가플 샹 (下:22)	가ᄑᆞᆯ 샹 (下:11)		갑을 상 (上:59)
	象	코키리 샹 (下:22)	코키리 샹 (上:18)	고키리 샹 (下:50)	고키리 샹(36)	코끼리 상 (下:19)
	橡	도토리 샹 (下:28)	도토리 샹 (上:11)			도토리 상 (下:24)
	常	덛덛 샹 (下:39)		평샹 샹 (下:61)	상녯 샹(7)	ᄒᆞᆼ상 상 (下:37)
	相	서ᄅᆞ 샹 (下:41)	직샹 샹 (中:1)	서르 샹 (上:4)	서르 샹(21)	서로 상 (下:38)

'ㅅ' 아래 /j/가 탈락함으로써 단모음화하는 어례들은 『倭語類解』에서는 대체로 샤>사, 샵>삽, 샹>상, 셔>서, 셕>석, 션>선, 셜>설, 셤>섬, 셥>섭, 셩>성, 셰>세, 쇼>소, 쇽>속, 숑>송, 슈>수, 슉>슈, 슌>순, 슐>술 등으로 나타난다. 결국 『倭語類解』에서 'ㅅ' 아래 /j/가 유지되는 것은 이러한 단모음화가 이 자료의 후대에 이루어졌음을 말해준다.

이 장에서 『倭語類解』의 시대적 성격을 밝히기 위해 16세기 중세 국어의 어휘집과 비교하는 한편, 17세기 말에 나온 『譯語類解』와 『同文類解』를 비롯한 18세기 근대 국어 자료와 비교하는 방향으로 논의하고자 한다.

한자의 자음이 '샤'인 경우는 한자 '奢', '社', '寫', '赦', '卸', '麝', '蛇', '斜', '謝' 등의 자음에서 볼 수 있는데, 16세기 자료인 『訓蒙字會』, 『新增類合』, 『石峰千字文』에서도 같은 양태를 나타낸다. 다만 다른 것은 부분적으로 『訓蒙字會』에서 '寫'의 자음이 경음화한 '쌰'로 나타나는 예와 '赦'의 자음이 『新增類合』에서 이미 단모음화한 '사'로 나타나는 표기의 예가 보일 뿐이다.

본 자료에 이들 자음의 표기형을 뒷받침하는 한자어로 斜路: 샤로(上:8), 斜眼: 샤안(上:51), 毒蛇: 독샤(下:26), 社稷: 샤직(上:33) 등이 병기되었다. 이 밖에도 '샤'를 유지하는 한자어로 '舍', '射'가 있고(舍廊: 샤랑(上:31), 射干: 샤간(下:30)), 한자의 자석에서 고유어로 나타나는 黶: 샤마귀 염(上:51)이 있다.

위의 '샤'는 17세기 말, 18세기 중엽에 나온 근대 국어 자료에서도 그 표음이 유지되고 있다.

샤례ᄒᆞ다(作謝)(同文上:51), 샤례ᄒᆞ다(道謝)(漢淸6:47)/ 샤은ᄒᆞ다(謝恩)(同文上:51), 샤은사(謝恩使) (同文上:37)
샤치ᄒᆞᄂᆞᆫ 사ᄅᆞᆷ(奢侈人)(同文上:13), 샤치 잇다(天老)(漢淸6:10), 샤치ᄒᆞ다(奢費)(漢淸8:17)
샤ᄒᆞ다(赦也)(同文下:30), 샤ᄒᆞ다(饒他)(譯補:36)
샤마괴(黑子)(同文上:19), 샤마괴(污子)(漢淸6:1), 샤마괴(黶子)(譯語上:36)
샤창(斜眼窓)(譯補:13)
샤향(麝香)(救簡6:53), 샤향(香臍子)(譯補:35), 샤향노로(香獐)(譯下:33), 샤향노로(香麞)(漢淸14:5), 샤향빗쳇 비단(麝香褐)(譯語下:4)
독사(蝮蛇)(譯語下:36), 독샤 믈인ᄃᆡ(救簡6:54)

'샵'은 '朮'의 자석에서 보이는 '샵주 출'(下:5)' 하나가 있을 뿐이다.

'샹'은 『倭語類解』에서 한자 '上', '裳', '詳', '嘗', '償', '象', '橡', '常', '相'의 자음으로 나타난다. 이들은 중세 국어 자료와 동일한 자음(字音)을 그대로 유지하고 있다. 이로써 조성되는 한자어의 자음에서도 마찬가지다(馬上才: 마샹직(上:15), 常人: 샹인(上:14), 橡實: 샹실(下:7)). 또한 자료에서 다른 한자어에 보이는 '샹'의 형태로 '箱', '商', '傷'이 있다(硯箱: 연샹(上:38), 箱子: 샹ᄌᆞ(下:12), 商賈: 샹고(上:56), 傷寒: 상한(上:50)).

이들 한자 자음에 대한 근대 국어 자료의 표음은 다음과 같이 온전히 동일하다.

샹보ᄂᆞᆫ 사ᄅᆞᆷ(相士)(同文上:13), 샹보ᄂᆞᆫ 이(看相的)(譯補:19)/ 갑 샹당ᄒᆞ다(價值相等)(漢淸10:16)/ 샹등ᄒᆞ다(相當)(漢淸10:17)/ 샹합ᄒᆞ다(隨合)(漢淸11:53)
샹실이(橡實)(物譜 雜木), 샹실(痘瘡下:47)>
샹담에 닐러시되(常言道)(漢淸7:10)
샹아빗(象牙梳)(救簡6:7)
샹ᄌᆞ(箱籠)(譯語下:14), 샹ᄌᆞ(東新孝4:8)
샹한으로(傷寒)(分瘟:7), 샹한(痘瘡上:12)

단모음화	한자예	倭語類解	訓蒙字會	新增類合	石峰千字文	日語類解
셔>서	暑	더울 셔(上:6)	더울 셔(上:1)		더울 셔(1)	더울 서(上:5)
	西	셧녁 셔(上:11)	셧녁 셔(中:4)	션녁 셔(上:2)	션녁 셔(18)	셧녁 서(上:11)
	壻	사회 셔(上:13)	사회 셔(上 :32)	사회 셔(上:20)		사회 서(上:13)
	黍	기장 셔(下:4)	기장 셔(上:12)	기장 셔(上:10)	기장 셔(28)	기장 서(下:2)
	薯	마 셔(下:5)	마 셔(上:14)	마 셔(上:7)		마 서(下:4)
	棲	긷드릴 셔(下:22)				깃드릴 서(下:19)
	犀	무쇼 셔(下:23)	뮤쇼 셔(上:18)	므쇼 셔(上:13)		물소 서(下:19)
	噬	물ㅅ 셔(下:24)	믈 셔(下:8)	믈 셔(下:33)		물 서(下:21)
	徐	나로여 셔(下:41)		날휠 셔(下:17)		천천 서(下:38)
셕>석	夕	나조 셕(上:5)	나죄 셕(上:2)	나죄 셕(上:3)	나죄 셕(36)	나조 석(上:4)
	石	돌 셕(上:8)	돌 셕(上:4)	돌 셕(上:6)	돌 셕(27)	돌 석(上:8)
	惜	앋길 셕(上:23)		앗길 셕(下:26)		앗길 석(上:25)
	石	셤 셕(上:55)				섬 석(上:58)
	錫	쥬셕 셕(下:8)	납 셕(中:31)	납 셕(上:25)		주석 석(下:6)
	席	돋 셕(下:12)	돗 셕(中:11)	돗 셕(上:24)	돗 셕(19)	돗 석(下:10)

션>선	霰	싸눈 션(上:2)	ᄡᆞ눈 션(上:2)	ᄧᆞ눈 션(上:4)		쌀아기눈 선(上:2)
	善	잘ᄒᆞᆯ 션(上:23)	됴ᄒᆞᆯ 션(下:31)	어딜 션(下:2)	어딜 션(10)	잘ᄒᆞᆯ 선(上:25)
	扇	부체 션(下:13)	부체 션(中:15)	부체 션(上:25)	부체 션(35)	부칙 선(下:11)
	船	ᄇᆡ 션(下:17)	ᄇᆡ 션(下:25)	ᄇᆡ 션(上:19)		ᄇᆡ 선(下:16)
	蟬	ᄆᆡ얌이 션(下:26)	ᄆᆡ야미 션(上:22)	ᄆᆡ야미 션(上:15)		ᄆᆡ암이 선(下:23)
셜>설	雪	눈 셜(上:2)	눈 셜(上:2)	눈 셜(上:4)		눈 설(上:2)
	舌	혀 셜(上:16)	혀 셜(上:26)	혀 셜(上:20)		혀 설(上:17)
	設	베플 셜(下:41)		베플 셜(上:30)	베플 셜(19)	베플 설(下:39)
	屑	ᄀᆞᄅᆞ 셜(上:57)	ᄀᆞᄅᆞ 셜(中:22)	ᄀᆞᄅᆞ 셜(下:61)		가로 설(上:58)
셤>섬	蟾	두텁이 셤(下:27)	두터비 셤(上:24)	두터비 셤(上:15)		둑겁이 섬(下:24)
셩>성	星	별 셩(上:1)	별 셩(上:1)	별 셩(上:2)	별 셩(20)	별 성(上:1)
	姓	셩 셩(上:13)	셩 셩(上:32)	셩 셩(下:2)		성 성(上:14)
	聲	소릐 셩(上:20)	소릐 셩(上:29)	소릐 셩(下:1)	소릐 셩(10)	소릐 성(上:22)
	性	텬셩 셩(上:22)	셩 셩(上:29)		셩 셩(17)	천성 성(上:23)
	聖	셩인 셩(上:22)	셩ᅀᅵᆫ 셩(下:25)	셩인 셩(下:2)	셩인 셩(9)	성인 성(上:23)
	城	셩 셩(上:33)	잣 셩(中:8)	잣 셩(上:18)	잣 셩(27)	성 성(上:37)
	醒	ᄭᆡᆯ 셩(上:42)		ᄭᆡᆯ 셩(下:7)		ᄭᆡᆯ 성(上:45)
	盛	담을 셩(上:48)	다ᄆᆞᆯ 셩(下:12)	셩ᄒᆞᆯ 셩(下:62)	셩ᄒᆞᆯ 셩(62)	담을 성(上:51)
	誠	졍셩 셩(上:22)	졍셩 셩(下:25)	졍셩 셩(下:13)	졍셩 셩(13)	정성 성(上:24)
	腥	비릴 셩(上:48)	비릴 셩(下:13)	비릴 셩(上:15)		비릴 성(上:52)
	筬	ᄇᆞᄃᆡ 셩(下:10)	ᄇᆞᄃᆡ 셩(中:18)			바듸 성(下:8)
	盛	셩ᄒᆞᆯ 셩(下:33)				셩ᄒᆞᆯ 성(下:30)
	成	일올 셩(下:43)		일울 셩(上:4)	이룰 셩(2)	일울 성(下:40)

셰>세	歲	힛 셰(上:3)	힛 셰(上:2)	히 셰(上:4)	힛 셰(2)	히 세(上:2)
	洗	씨슬 셰 (上:44)	시슬 셰 (下:11)	시슬 셰 (下:21)	낙 셰(28)	씨슬 세 (上:47)
	稅	공셰 셰(下:4)	공셋 셰(下:21)	뎐셰 셰(上:19)		공세 세(下:2)
	細	ᄀᆞ늘 셰 (下:31)		ᄀᆞ늘 셰 (下:48)		가늘 세 (下:28)
	勢	형셰 셰 (下:37)		ᄉᆞ셔 셔 (下:58)		형세 세 (下:35)

'셔'의 표음 어례는 한자의 자음 '署', '西', '壻', '黍', '薯', '棲', '犀', '噬', '徐'에서 나타난다. 16세기 문헌에서도 이들 자음의 표기형은 '셔' 일색으로 쓰였다. 자료에서 이들 한자가 조성하는 한자어로 다음과 같은 것이 올려져 있다(西風: 셔풍(上:1), 西瓜: 셔과(下:7), 同壻: 동셔(上:13), 玉黍: 옥셔(下:4), 犀角: 셔각(下:8)).

이 외에도 한자어로 예시한 것 중 '書'가 눈에 띈다(書吏: 셔리(上:36), 書簡: 셔간(上:37), 圖書: 도셔(上:37), 正書: 졍셔(上:38), 曆書: 력셔(上:38), 書案: 셔안(上:38), 書鎭: 셔진(上:38)).

한자 자석의 고유어에서 '셔'가 나타나는 것은 '京: 셔울 경'(上:33)과 '立: 셜 립'(上:29)이다. 이는 근대 자료에서도 셔울(京城)(同文上:40), 무지게 셔다(虹現)(同文上:2), 셔딩(尺)(物譜 文士), 셔안(案)(漢淸11:33), 셔진(鎭紙)(譯補:11), 셔방 맛다(配與人, 嫁與人)(譯語上:41), 셔진(鎭尺)(漢淸4:21)으로 표기되어 동일어의 표음에 변화가 없었음을 보여준다.

'셕'은 한자 '夕', '石', '惜', '錫', '席'의 자음에서 찾을 수 있다. 물론 이들은 한자어에서도 같은 자음을 취하였다(七夕: 칠셕, 除夕: 제셕(上:4), 夕陽: 셕양, 昨夕: 작셕, 今夕: 금셕(上:5), 夕飯: 셕반(上:46)/石壁: 셕벽(上:7), 怪石: 괴셕(上:8), 薄石: 박셕(上:33), 石耳: 셕이(下:5), 石榴: 셕류(下:6), 石魚: 셕어(下:25), 石花: 셕화(下:26), 石竹: 셕쥭(下:29), 磁石: ᄌᆞ셕(下:9)/含錫: 함셕(下:8)/方席: 방셕(下:12)).

다른 근대 국어 자료의 표기에서도 동일하다.

사셕만 잇는 싸(沙石地)(同文上:6)/ 셕듁화(瞿麥)(救簡3:109)/
셕류(丹若)(物譜 木果)/ 셕벽(㪷壁)(同文上:7),(漢淸1:39)/
셕이(石耳)(物譜 蔬菜),(柳物三草)
방셕(坐褥)(同文上:58),(譯補:44)/ 교의 방셕((椅撘)(漢淸11:19)

'션'은 한자 '霰', '善', '扇', '船', '蟬'의 자음과 한자어의 자음 '旋', '仙', '膳', '線'에 나타난다(旋風: 션풍(上:1)/仙人: 션인(上:14), 鳳仙花: 봉션화(下:29)/膳退: 션퇴(上:42)/金線: 금션(下:9)/大船: 대션, 小船: 쇼션, 快船: 쾌션(下:17), 商船: 샹션, 漁船: 어션, 船頭: 션두, 船梢: 션쵸(下:18), 船板子: 션판ᄌᆞ, 出船: 츌션(下:18), 暈船: 운션(下:19), 破船: 파션(下:19)).

이들은 중세 국어에서의 표음과 동일했다. 또한 한자 자석에서도 '襪: 보션 말'(上:46)과 '賂: 션물 로'(下:39)와 같이 '션'으로 표기되었다. 이는『同文類解』를 비롯한 18세기 근대 국어의 자료에서도 /j/가 유지된 어형을 지키고 있다.

션믈 드리다(送面皮)(同文下:51), 션믈 쓰다(行賄)(漢淸3:7)
봉션화(鳳仙花)(譯語下:39),(物譜 花卉)
합션ᄒᆞᆫ 실(線)(同文下:24)
션단(閃段)(同文下:24), 션단(閃緞)(譯補:40)
보션(襪子)(同文上:55), 보션(襪)(漢淸11:11), 담보션(氈襪子)(同文上:56)

'셜'과 '셤'은 한자 '雪', '舌', '設', '屑'과 '蟾'의 자음과 한자어의 자음에서 '泄'과 '譫', '閃'이 나온다(雪糖: 셜당(上:47), 頭屑: 두셜(上:44), 漏泄: 루셜(上:26), 泄瀉: 셜샤(上:50)/譫語: 셤어(上:26), 閃段: 셤단(下:9)). 이는 한자 자석에서도 '寃: 셜울 원'(上:21)과 '島: 셤 도'(上:9), '事: 셤길 ᄉᆞ'(下:33)와 같다.

『同文類解』 등의 근대 국어 자료에도 '셜워ᄒᆞ다'(傷痛)(同文下:10), '셟다'(苦啊)(同文下:10), ᄀᆞ장 셟다(痛苦)(漢淸7:1), 크게 셟다(慟)(漢淸7:5), '셜샤'(泄瀉)(痘瘡上:66), '셜사ᄒᆞ다'(瀉肚)(漢淸:215)로 어형이 유지되고 있으며, '셤'(海島子)(譯語上:8),(同文上:17), '셤기다'(服事)(同文上:30), '셤단'(閃段)(同文下:24)으로 어형이 유지

되고 있다. 그러나 『譯語類解』에서는 '섬기다'(服事)가 나와 이미 단모음화한 흔적을 엿볼 수 있다.

'셥'은 자료에서 '眉: 눈셥 미'(上:16)와 '鑷子: 셥즈'(上:44)에 나타날 뿐이다.

'셩'은 특히 많은 한자의 자음으로 등장하는데, 자료에는 '星', '姓', '聲', '性', '聖', '城', '醒', '盛', '誠', '腥', '筬', '成' 등이 올려 있다. 이로써 조성된 '聖人: 셩인'(上:14)과 '長成: 쟝셩'(上:19)의 한자어 자음과 한자의 자석에서 나타난다(民: 빅셩 민(上:14), 郭: 받셩 곽(上:33), 堞: 셩각희 텹(上:34), 忠: 츙셩 츙(上:22), 誠: 졍셩 셩(上:22), 桃: 복셩화 도(下:6), 蕃: 번셩홀 번(下:31)).

'셩'의 표기는 『同文類解』을 비롯한 근대 국어 자료에서도 /j/가 그대로 유지되고 있다.

셩 ᄆᆞᄅᆞ다(性躁)(同文上:22), 셩 ᄆᆞᄅᆞ다(性急)(譯語上:38), 셩 ᄆᆞ르다(暴躁)(漢淸7:6, 8:33)/ 셩품(性格)(譯譜:51),(同文上:40)/ 셩 ᄊᆞᆫ ᄆᆞᆯ(急性馬)(譯語下:29)

셩문밧 좌우관(關廂)(同文上:40),(漢淸9:21)/ 셩가킈(城垜子)(同文上:40), 셩각회(城垜口)(漢淸9:20), 셩각희 구멍(砲眼)(物譜 地譜), 셩가회 구무(砲眼)(譯補:10)

셩취ᄒᆞ다(成就)(譯補:53)

한편 '셰'는 '歲', '洗', '稅', '細', '勢'의 자음에서 나타나는데, 이들도 16세기 중세 국어의 어형을 그대로 이어받고 있다. 이 밖에 한자어에서 '世', '貰' 등이 같은 어형을 취한다(世子: 셰ᄌᆞ(上:35), 家貰: 가셰(上:56)). 한자의 자석에서도 '셰'의 표기형을 찾을 수 있다(盟: ᄆᆡᆼ셰 ᄆᆡᆼ(上:25), 賃: 셰낼 임(上:56), 稅: 공셰 셰(下:4), 權: 권셰 권(下:37), 勢: 형셰 셰(下:37), 建: 셰울 건(下:39)).

『同文類解』 등의 근대 국어 자료에서도 '셰'의 표기형은 유지되고 있다.

셰슈대야(洗臉盆)(同文下:15),(漢淸11:24)

과셰ᄒᆞ다(守稅)(同文下:60), 부셰 밧다(抽稅)(同文上:51), 샹고의 셰(稅)(同文

上:51), 셰 밧치다(上稅)(譯補:38), (租)(漢淸10:17), 셰(租子)(漢淸10:17), 셰 내다(雇了)(同文下:27), 뭘 셰 내여, 오다(租馬來)(譯語下:50)
밍셰ᄒᆞ다(起誓)(同文下:28), 밍셰ᄒᆞ다(賭誓)(譯補:52)
旗 셰우다(竪旗)(譯語上:2), 셰워 놋타(竪放)(譯語下:45), 버틔워 셰오다(支架)(漢淸10:15)

단모음화	한자 예	倭語類解	訓蒙字會	新增類合	石峰千字文	日語類解
쇼>소	消	ᄉᆞᄅᆞ질 쇼 (上:11)	스러딜 쇼 (下:58)	ᄉᆞᆯ 쇼 (下:41)		살아질 소 (上:11)
	少	져믈 쇼 (上:19)		져글 쇼 (下:60)	져믈 쇼(35)	절믈 소 (上:21)
	笑	우움 쇼 (上:20)	우숨 쇼 (上:29)	우움 쇼 (下:7)	우움 쇼(40)	우숨 소 (上:22)
	嘯	슈ᄑᆞ롬 쇼 (上:43)	ᄑᆞ람 쇼 (下:32)	ᄑᆞ람 쇼 (下:6)	ᄑᆞ람 쇼(39)	쉬파롬 소 (上:46)
	燒	ᄉᆞᆯ을 쇼 (上:49)	ᄉᆞᆯ 쇼 (下:35)	ᄉᆞᆯ 쇼 (下:41)		사롤 소 (上:52)
	小	져글 쇼 (下:31)		쟈ᄀᆞᆯ 쇼 (下:47)		적을 소 (下:28)
	少	쟈글 쇼 (下:31)				적을 소 (下:28)
쇽>속	續	니을 쇽 (下:36)		니ᄋᆞᆯ 쇽 (下:12)	니ᄋᆞᆯ 쇽(30)	니을 속 (下:33)
	俗	풍쇽 쇽 (下:39)		풍쇽 쇽 (下:20)	풍쇽 쇽(39)	풍속 속 (下:37)
숑>송	訟	숑ᄉᆞ 숑 (上:26)	구의홀 숑 (下:32)	숑ᄉᆞ 숑 (下:21)		송ᄉᆞ 송 (上:28)
	誦	외올 숑 (上:37)	외올 숑 (下:32)	외올 숑 (下:8)		외올 송 (上:40)
	松	솔 숑(下:27)	솔 숑(上:11)	솔 숑(上:8)	솔 숑(12)	솔 송(下:24)
슈>수	水	물 슈(上:10)	믈 슈(下:35)	믈 슈(上:6)	믈 슈(2)	물 수(上:10)
	鬚	나론 슈 (上:17)	입거웃 슈 (上:28)	귀밋털 슈 (上:21)		나룻 수 (上:17)
	手	손 슈(上:17)	손 슈(上:26)	손 슈(上:21)	손 슈(36)	손 수(上:18)

	秀	ᄢᅢ혀날 슈 (上:19)		ᄢᅢ여날 슈 (下:55)		ᄢᅢ혀날 수 (上:20)
	須	모로미 슈 (上:26)		모로미 슈 (下:30)		모로미 수 (上:29)
	雖	비록 슈 (上:28)				비록 수 (上:30)
	隨	ᄯᆞ를 슈 (上:29)		조출 슈 (下:31)	조출 슈(15)	ᄯᆞ를 수 (上:32)
	守	직힐 슈 (上:39)		디킐 슈 (下:43)	디킐 슈(41)	직힐 수 (上:42)
	戍	슈자리 슈 (上:39)				수자리 수 (上:42)
	袖	ᄉᆞ매 슈 (上:45)	ᄉᆞ매 슈 (中:23)			소매 수 (上:48)
	囚	가돌 슈 (上:53)		가돌 슈 (下:21)	거둘 슈(6)	가돌 수 (上:57)
	穗	이삭 슈 (下:3)	이삭 슈 (下:4)	이삭 슈 (上:10)		이삭 수(下:1)
	收	거들 슈 (下:3)	거둘 슈 (下:5)	거둘 슈 (下:26)		거둘 수 (下:2)
	輸	슈운ᄒᆞᆯ 슈 (下:19)	옴길 슈 (下:22)	슈뎐 슈 (下:14)		수운ᄒᆞᆯ 수 (下:16)
	樹	나모 슈 (下:27)	나모 슈 (下:3)	큰나모 슈 (上:5)	나모 슈(6)	나무 수 (下:24)
	修	닷글 슈 (下:39)		닷ᄀᆞᆯ 슈 (下:20)	닷ᄀᆞᆯ 슈(41)	닥글 수 (下:37)
	誰	누구 슈 (下:33)	뉘 슈 (下:24)	뉘 슈 (下:6)	누구 슈(23, 31)	누구 수 (下:30)
	受	바들 슈 (下:36)	바ᄃᆞᆯ 슈 (下:2)		바ᄃᆞᆯ 슈(15)	밧을 수 (下:33)
	授	맏질 슈 (下:36)				줄 수 (下:33)
	垂	드리울 슈 (下:37)		드리울 슈 (下:26)	드리울 슈(5)	드리울 수 (下:34)
슉>숙	宿	잘 슉(上:31)		잘 슉(下:23)	잘 슉(1)	잘 슉(上:34)
	熟	니글 슉 (上:48)	니글 슉 (下:12)	니글 슉 (上:10)	니글 슉(28)	닉을 숙 (上:51)

슌>순	脣	입시울 슌 (上:16)	입시울 슌 (上:26)	입시울 슌 (上:21)		입쑬 순 (上:17)
	順	슌홀 슌 (上:23)		슌홀 슌 (下:19)		순홀 순 (上:24)
	瞬	눈ᄭᆞᆷ쟈길슌 (上:30)	눈ᄀᆞᆷᄌᆞ길 슌 (下:28)			눈감자길 순 (上:32)
	筍	쥭슌 슌 (下:5)	듁슌 슌 (上:13)	듁슌 슌 (上:11)	쥭슌 슌(36)	죽순 순 (下:3)
	鶉	몯ᄎᆞᄅᆞ기 슌 (下:21)	모ᄎᆞ라기 슌 (上:17)			뫼ᄎᆞ락이 순 (下:18)
	馴	길드릴 슌 (下:24)		길드릴 슌 (下:16)		길드릴 순 (下:21)
슐>술	術	ᄌᆡ조 슐 (上:24)	ᄌᆡ좃 슐 (下:31)	묘리 슐 (下:8)		ᄌᆡ조 술 (上:26)
	鉥	ᄇᆡ목 슐 (上:32)	ᄇᆡ목 슐 (下:15)			ᄇᆡ목 술 (上:35)

'쇼'는 한자 '消', '少', '笑', '嘯', '燒', '小'의 자음과 한자어 '紹', '簫'의 자음으로 표기되었다(燒酒: 쇼쥬(上:47)/小人: 쇼인, 小童: 쇼동(上:14), 小指: 쇼지(上:17), 小心: 쇼심(上:23), 小斗: 쇼두(下:4)/紹介: 쇼개(上:25)/洞簫: 동쇼(上:43)).

또한 한자의 자석에 나오는 어휘 속에 '쇼'가 몇 개 등장한다(瞽: 쇼경 고(上:51)/牛: 쇼 우(下:22)/羔: 염쇼 고(下:23)/螺: 쇼라 라(下:25)).

근대 국어 자료에도 같은 어휘들이 동일한 표음을 가지고 표기되었다.

쇼쥬ㅅ즈의(燒酒粕)(同文上:60), 쇼쥬 쓰의(燒酒糟)(漢清12:42), 쇼쥬ㅅ고오리(酒甑)(譯語下:14)

쇼쳔어, 숑샤리(小魚)(同文下:41),(譯補:49),(漢清14:42)

퉁쇼(洞簫)(同文上:53), 퉁쇼(簫)(漢清3:54)

쇼경(瞎厮)(同文下:8)

쇼라(螺螄)(同文下:41),(譯語下:38), 쇼라(螺)(物譜 介蟲)

염쇼(山羊)(漢清14:13), 염쇼(蒙古羊)(柳物一毛), 염쇼 삿기(羔兒)(譯語下:32)

특히 '牛'의 자석인 '쇼'(下:38)의 어휘들이 근대 국어 자료집에 다량 나온다.

쇼 우다(牛吼), 쇼 지르다(牛低頭), 어룽쇼(花牛), 암쇼(乳牛), 무쇼(水牛)(同文下:38), 어룽쇼(花牛), 암쇼(牸牛, 乳牛)(譯語下:30), 쇼 먹이다(摂牛)(譯語下:3), 쇼 메오다(套牛)(譯語下:31), 쇠야지(犢兒)(譯語下:30), 쇠야지(牛犢)(同文下:38)(漢淸14:36)(救簡3:31), 쇠힘(牛筋)(同文下:38)(漢淸14:36), 쇠가족(牛皮)(同文下:40), 쇠덕셕(牛衣)(柳物一毛), 쇠 말독(橛)(物譜 牛馬), 쇠고기(牛肉)(譯語上:50), 쇼 흐르다(牛走)(柳物一毛)

'쇽'과 '숑'의 자음을 가진 한자는 많지 않다. '續'과 '俗', 그리고 '訟', '誦', '松' 등의 한자음과 여기에 '屬'과 '空'이 각각 한자어의 자음(空: 쇽졀업슬 공(上:28))과 한자의 자석에서 나타난다(屬公: 쇽공(上:54)/松栮: 숑이(下:5), 松魚: 숑어(下:25), 松子: 숑ᄌᆞ(下:28)). 이들에 대한 근대 국어의 표기형도 온전히 동일했다.

쇽담(俗話)(同文上:24)/ 쇽되다(俗)(漢淸8:47)
쇽졀업시(徒然)(漢淸8:66), 쇽졀업다(不濟事)(譯語上:69), 쇽졀업다(打空)(語錄重:11)
숑ᄉᆞ((訟)(同文下:28), 숑ᄉᆞ(詞訟)(漢淸3:5), 구의 숑ᄉᆞᄒᆞ다(打官司)(譯語上:65)
숑엽만 먹고(只啖松葉)(東新孝3:62)/ 숑이(松栮)(柳物 三草)/ 숑잣(松子)(柳物 木果)/ 숑지(松香)(譯語下:17),(同文下:23),(東新孝2:69)/ 숑편(葉子餑餑)(譯補:30),(同文上:59),(漢淸12:44)/ 숑화ᄉᆡᆨ(秋香色)(譯補:40),(同文下:25)(漢淸10:64)

한자의 자음 중 '슈'의 외연은 매우 넓다. '水', '鬚', '手', '秀', '須', '雖', '隨', '守', '戍', '袖', '囚, '穗, '收', '輸', '樹', '修', '誰', '受', '授', '垂' 등 많은 한자의 자음이 자료에 나온다. 여기에다 한자어에서 '髓', '酬, '燧, '讐', '茱' 등의 자음이 '슈'로 표기되었다(水路: 슈로(上:8), 水鈴: 슈령, 潮水: 죠슈, 汐水: 셕슈, 逆水: 역슈(上:10), 水墨: 슈묵(上:38), 水銀: 슈은, 水晶: 슈졍(下:8), 水桶: 슈통(下:14), 水獺: 슈달(下:23)/勒

鬚: 륵슈(上:17)/手背: 슈빅(上:17), 手腕: 슈완(上:17), 手本: 슈본(上:36)/骨髓: 골슈(上:18)/酬酌: 슈작(上:25)/修理: 슈리(上:33)/烽燧: 봉슈(上:34)/守令: 슈령(上:35)/報讎: 보슈(上:40)/茱萸: 슈유(下:29)).

또한 한자의 자석 속에 나오는 '슈'의 표기 예들도 다수 있다(河: 하슈 하(上:9), 勞: 슈고로을 로(上:21), 仇: 원슈 구(下:40), 巾: 슈건 건(上:46), 麵: 국슈 면(上:47), 輸: 슈운홀 슈(下:19), 幇: 훈슈 방(下:20), 侮: 업슈이너길 모(下:35), 魁: 괴슈 괴(下:40)).

이들의 어형은 16세기 중세 국어의 표기와 동일하다. 근대 국어의 자료에 나오는 '슈'도 단모음화하지 않은 형태로 표기되고 있다.

슈고ᄒᆞ다(勞苦, 生受)(譯語下:44), 슈고롭게 ᄒᆞ다(教勞)(同文下:56), 슈고 견ᄃᆡ지 못ᄒᆞ다(不耐勞)(漢清8:28)
원슈 갑다(報怨), 원슈 짓다(結怨)(同文下:29)
슈자리 군ᄉᆞ(戍兵)(同文上:44)/ 간슈(滷水)(同文上:61)(柳物五 石)/ 슈달(水獺)(物補 水族)/ 슈은(水銀)(救簡6:86)/ 은하슈(天河)(同文上:1)/ 슈가지(水茄子)(同文下:3),(漢清12:35)
마리 슈건(首帕)(同文上:54)/ 토슈(套手)(同文上:56)
슈운ᄒᆞ다(搬運)(同文下:19),(譯補:46)
슈파롬ᄒᆞ다(嘯了)(同文下:60), 슈파롬ᄒᆞ다(打哨子)(漢清7:18)
업슈이 너기다(小看)(同文上:32),(譯語上31), 업슈이 너기미니(三譯2:3),
사롬 업슈이 녀기다(驕傲人)(譯語下:49)
훈슈 말(別幇)(譯補:47)
국슈(譯語上:51), 국슈(湯餅)(物譜 飮食), 국슈(麵)(漢清12:33), 국슈 미다(趕麵)(漢清10:13)
골슈(腦)(救簡6:22)

'슉'은 '宿'과 '熟'의 자음과 한자어 속의 '叔'에서 그 표기 예를 찾을 수 있다(熟水: 슉슈(上:46), 熟鰒: 슉복(下:25)/叔父: 슉부, 叔母: 슉모(上:12)).

'슌'은 '脣', '順', '瞬', '筍', '鶉', '馴'의 자음으로, 그리고 한자어 속에서 '純'을 볼

수 있다(缺脣: 결슌(上:51)/順風: 슌풍(上:1), 順流: 슌류(上:10)/純直: 슌직. 純朴: 슌박(上:23)).

『同文類解』 등의 근대 국어 문헌에도 '슌ᄒᆞ다(順啊)(上:20)의 형태가 그대로 나온다.

'슐'은 '術'과 '鉞'의 자음에서 표기례로 나오는데, 한자어에서도 '戌'이 나타난다(幻術: 환슐(上:15)/戌時: 슐시(上:6), 戌 슐(上:7)). 근대 국어 자료에는 환슐ᄒᆞᄂᆞᆫ 사ᄅᆞᆷ(變戱法的)(同文下:33), 환슐(戱法)(漢淸6:61)이 나온다.

2. 'ㅈ' 아래

단모음화	한자예	倭語類解	訓蒙字會	新增類合	石峰千字文	日語類解
쟈>자	煮	지질 쟈 (上:48)	ᄉᆞᆯ믈 쟈 (下:12)	ᄉᆞᆯ믈 쟈 (下:41)		지질 자 (上:51)
쟉>작	勺	구기 쟉 (下:13)	구기 쟉 (中:12)	되드리 쟉 (下:58)		구기 작 (下:11)
	斫	짝글 쟉 (下:17)				짝글 작 (下:14)
	鵲	가치 쟉 (下:21)	가치 쟉 (上:17)	가치 쟉 (上:11)		까치 작 (下:18)
	雀	ᄎᆞᆷ새 쟉 (下:21)	새 쟉 (上:17)	ᄎᆞᆷ새 쟉 (上:12)		ᄎᆞᆷ새 작 (下:18)
쟝>장	將	쟝ᄎᆞᆫ 쟝 (上:26)	쟝슈 쟝 (中:1)	쟝챳 쟝 (下:10)	쟝슈 쟝(21)	장ᄎᆞᆺ 장 (上:29)
	墻	담 쟝(上:33)	담 쟝(中:5)	담 쟝(上:24)	담 쟝(34)	담 장(上:36)
	場	터 쟝 (上:34)	맏 댱 (上:7)	바탕 댱 (下:39)	믿 댱(6)	터 장 (上:38)
	掌	ᄀᆞ음알 쟝 (上:36)	숀바ᄃᆞᆨ 쟝 (上:26)	손바닥 쟝 (上:21)		가음알 장 (上:39)
	杖	막대 쟝 (上:54)	막대 댱 (中:19)	막대 댱 (上:24)		막대 장 (上:57)
	帳	쟝 쟝(下:13)	댱 댱(中:13)	댱 댱(上:24)	댱 댱(19)	장 장(下:10)
	檣	ᄃᆞᆺ대 쟝 (下:18)	빗대 쟝 (下:25)			돗대 장 (下:15)

	長	긴 쟝(下:31)			긴 댱(8)	긴 장(下:28)
	長	길 쟝(下:38)		긴 댱(下:48)		길 장(下:36)
져>저	渚	물ᄀᆞ 져 (上:9)	믓ᄀᆞᆺ 져 (上:4)	쟈근셤 져 (上:6)		물ᄭᆞ 저 (上:9)
	杵	공이 져 (下:3)		방핫고 져 (上:24)		공이 저 (下:2)
	箸	져 져(下:14)	져 뎌(中:11)	져 뎌(上:27)		저 저(下:11)
	蛆	귀더기 져 (下:27)	귀더기 져 (上:24)	구더기 져 (上:16)		구덕이 저 (下:24)
	楮	닥 져(下:28)	닥 뎌(上:10)	닥 뎌(上:9)		닥 저(下:25)
	苧	모시 져 (下:30)	모시 뎌 (上:9)	모시 뎌 (上:26)		모시 저 (下:27)
젹>적	磧	쟉별 젹 (上:8)	쟉벼리 젹 (上:4)			작별 적 (上:8)
	跡	자최 젹 (上:20)	자최 젹 (下:26)	자최 젹 (下:1)	자최 젹(26)	자최 적 (上:21)
	炙	구을 젹 (上:48)	젹 젹 (中:21)	젹 젹 (上:29)		구을 적 (上:51)
	謫	죄줄 젹 (上:54)	죄줄 뎍 (下:29)	귀향 뎍 (下:21)		죄줄 적 (上:57)
	積	ᄡᆞ흘 젹 (下:3)		ᄉᆞ흘 젹 (下:58)	ᄉᆞ흘 젹(10)	ᄡᆞ흘 적 (下:2)
젼>전	前	앒 젼(上:11)	앒 젼(下:34)	앒 젼(上:2)		압 전(上:11)
	篆	젼ᄌᆞ 젼 (上:37)				전ᄌᆞ 전 (上:40)
	戰	ᄡᆞ홈 젼 (上:39)	ᄡᆞ흠 젼 (下:15)	ᄉᆞ홈 젼 (下:19)		ᄡᆞ홈 전 (上:42)
	餞	젼송 젼 (上:42)	젼송 젼 (下:10)			전송 전 (上:46)
	煎	달힐 젼 (上:48)	지질 젼 (下:14)	달힐 젼 (下:41)		달일 전 (上:51)
	氈	노릴 젼 (上:48)	노릴 젼 (下:13)	병됴홀 젼 (下:11)		노릴 전 (上:52)
	痊	암글 젼 (上:51)				나을 전 (上:54)
	錢	돈 젼(上:55)	돈 젼(中:31)	돈 젼(上:26)		돈 전(上:58)

錢	돈 젼(下:8)				돈 전(下:6)
氈	담 젼 (下:13)	시욱 젼 (中:30)			담뇨 전 (下:10)
轉	구을 젼 (下:19)	올물 뎐(下:1)	구울 뎐 (上:3)	구을 뎐(20)	굴 전 (下:16)
鸇	새매 젼 (下:21)		새매 젼 (上:12)		새ᄆᆡ 전 (下:17)
全	온젼 젼 (下:31)			옴길 뎐(10)	온전ᄒᆞᆯ 전 (下:28)
傳	젼할 젼 (下:36)		뎐ᄒᆞᆯ 뎐 (下:25)		전ᄒᆞᆯ 전 (下:33)
剪	ᄀᆞᆯ길 젼 (下:42)			ᄀᆞᆯ길 젼(25)	갈길 전 (下:39)

'ㅈ' 아래 /j/의 탈락으로 이뤄지는 단모음화는 쟈>자, 쟉>작, 쟝>장, 져>저, 졍>정, 젼>전, 졀>절, 졍>정, 졔>제, 죠>조, 죡>족, 죵>종, 쥬>주, 쥭>죽, 쥰>준, 즁>중 등으로 집약된다.

『倭語類解』에서 아직까지 구개음화되지 못해 'ㄷ' 자음을 그대로 가지고 있는 한자음에 대해서는 본 논의에서 제외된다. 이들은 이후에 구개음화하여 'ㅈ'으로 변했고, 이어서 단모음화하는 단계를 거친 것이다(전술 111-118쪽 참조).

뎌 : 低, 底, 舐
뎍 : 嫡, 滴, 摘, 適, 笛
뎐 : 典, 電, 田, 塡, 癲, 鈿, 顚, 殿
뎡 : 丁, 汀, 庭, 亭, 町, 定, 釘, 呈, 廷, 碇, 蜓
뎨 : 弟, 梯, 題, 蹄, 帝, 堤, 第, 提
됴 : 弔, 釣, 鳥, 彫, 條, 調

본 자료에서 한자음 '쟈'로 표기된 예로는 '煮'가 있고, 한자어의 자음으로 나타나는 '者'와 '鷓'가 있다(卜者: 복쟈(上:15), 鷓鴣: 쟈고(下:21)). 한자의 자석에서 드러나는 '쟈'로는 '矜: 쟈랑 긍'(上:26), '貝: 쟈ᄀᆡ 패'(下:8), '鼈: 쟈라 별'(下:25) 등이 올라 있다.

이들 한자의 자음은 16세기 중세 국어 자료의 표기형과 동일하며, 음운 변화의 흔적이 전혀 없다. 또한 근대 국어에서도 단모음화하지 않고 /j/를 유지하는 어형으로 이어졌다.

쟈랑(誇口)(譯補:51)
쟈개(硨磲)(同文下:23), 쟈개(海蚆)(譯語下:1), 쟈개장식(鈿)(物譜 衣服)
쟈라(王八)(同文下:41), 쟈라(鼈)(物譜 介蟲)

'쟉'은 '勺', '斫', '鵲', '雀'의 자음으로 자료에 나오는데, 이들도 중세 문헌과 비교하면 그 어형이 변화 없이 이어져 왔다. '쟉'은 이 외에도 한자어의 자음에서 '酌', '芍'이 나오기도 한다(酌酒: 쟉쥬(上:42), 芍藥: 쟉약(下:29)). 또한 한자 자음으로 나온 예들이 다시 한자어에서도 동일한 표기 형태로 나와 그 표음을 더욱 분명히 한다(斫刀: 쟉도(下:16), 孔雀: 공쟉(下:20)). 이들도 근대 국어의 자료에서 보면 동일한 이중 모음을 취하고 있다.

쟉도(劕刀), 쟉도 바탕(劕床)(同文下:16), 쟉도(鈇), 쟉도 바탕(침)(物譜 牛馬)
쟉약(芍藥)(譯語下:39)

'쟝'으로 표기된 한자는 자료에 제법 많다. '將', '墻', '場', '掌', '杖', '帳', '檣', '長'이 있는데, 이들의 표기는 16세기 중세 자료와 비교하면 몇몇 자음의 음운이 변화한 것이 있어 주목된다. 즉 구개음화한 것으로 'ㄷ>ㅈ' 변화를 겪은 것이다. 예컨대, '場', '杖', '帳', '長' 등은 앞선 중세 국어의 자료에서는 '댱'으로 적힌 것이 '쟝'으로 구개화한 것이다. 이런 사실을 근거로 살펴보면 구개음화 현상은 /j/이 탈락한 단모음화보다는 이른 시기에 이루어졌음을 예견하게 된다. 즉 'ㅈ' 아래 /j/가 탈락하기 전에 'ㄷ'으로부터 구개음화하여 'ㅈ'이 된 것이다. 또한 비구개음이 구개음으로 변화함에 있어 /j/가 탈락하는 형태로 변화된 것이 아니라 /j/를 가진 이중 모음으로 구개음화했다. 바로 '댱>쟝'으로 변화한 것이 아니라,

'댱>쟝>장'의 변화 단계를 보여주고 있다.

위의 '쟝'은 이들이 조성하는 한자어에서도 나타난다(大將: 대쟝(上:35), 牧場: 목쟝(上:34), 蚊帳: 문쟝(下:13), 長者: 쟝쟈(上:14), 長指: 쟝지(上:17), 長成: 쟝셩(上:19), 長鼓: 쟝고(上:43)). 다른 한자어로부터 얻을 수 있는 '쟝'의 표기는 '匠', '障', '薔'이 있다(匠人: 쟝인, 冶匠: 야쟝, 鑄匠: 주쟝(上:15)/障子: 쟝ᄌᆞ(上:32)/薔薇: 쟝미(下:29)).

근대 국어 자료에서도 동일 한자의 자음 '쟝'은 단모음화하지 않고 그대로 어형이 유지되었다.

쟝(幔子)(同文上:49), 빗쟝 지르다(欄門)(同文上:35)
쟝ㅅ대(量杆)(同文下:21), 쟝ㅅ대(杆子)(漢淸13:29), 쟝으로 티다(杖打)(同文下:30)
쟝막(帳房)(漢淸11:29), 몽고 쟝막(穹帳房)(同文上:49), 쟝막 티다(支帳房)(同文上:50), 쟝막 치다(打帳房)(譯語下:17), 방ㅅ쟝(弓棚子)(同文上:48)
쟝승(土地)(同文上:41), 쟝승(土地老兒)(譯補:10)
쟝긔(象碁), 쟝긔 두다(打象碁)(同文下:32), 쟝긔(象棋)(漢淸9:15), 쟝긔 두다(譯語下:24), 쟝긔 열부(象棊十副)(老解下:62), 쟝긔 두다(打象棋)(譯語下:24)

'져'는 한자 '渚', '杵', '箸', '蛆', '楮', '苧'의 자음과 다른 한자의 자석으로 나타난다(暮: 져믈 모(上:5), 少: 져믈 쇼(上:19), 市: 져재 시(上:34), 訊: 져줄 신(上:54), 毽: 져기 건(下:20), 小: 져글 쇼(下:31), 彼: 져 피(下:33), 欲: ᄒᆞ고져ᄒᆞᆯ 욕(下:40), 先: 몬져 션(下:40)). 여기에도 '뎌>져'의 구개음화를 경험한 유들이 나타난다. '著', '楮', '苧' 등은 16세기 중세 국어 문헌에서 '뎌'로 표기된 것이다.

『同文類解』의 동일어에도 '져'는 이중 모음의 형태를 그대로 유지했다.

져(快子)(下:13)
져(那箇)(下:51), 져곳(那處)(下:48), 져편(那邊)(上:9)
이리나 져리나(素性)(下:49)
져근 쑴(一虎口)(下:21), 져근 즘싱의 구무(小獸穴)(上:7)

져기(略小)(下:22)
져므다(晚了)(上:5)
져제(市上)(上:41)
몬져 ᄒᆞ다(當先)(下:46)

특히 자료의 '뎌기'(鞬子), '뎌기 ᄎᆞ다'(踢鞬子)(下:33)에서는 구개음화하지 않은 예가 나와 주목된다.

'젹'은 '磧', '跡', '炙', '謫', '積'의 자음으로 기재되어 있다. 이 중 '謫'은 중세 국어에서는 자음이 '뎍'으로서 후일 구개음화한 것이다. 또한 '文籍: 문젹'(上:37), '赤馬: 젹마'(下:22)로부터 '籍', '赤'의 표음을 추가할 수 있다. '衫'의 자석에서도 '젹'이 나타난다(衫: 젹삼 삼(上:45)).

이는 근대 국어 자료에서도 그 표기형은 동일하다.

젹삼(衫兒)(同文上:55), ᄯᆞᆷ밧기 젹삼(汗衫)(譯語上:44),
젹삼(汗衫)(物譜 衣服)
젹으마치(小小的)(同文下:22), 킈 젹다(身矮)(同文上:18)

'젼'으로 표음된 한자의 수는 비교적 많다. '前', '篆', '戰', '餞', '煎', '氈', '痊', '錢', '氊', '轉', '鸇', '全', '傳', '剪' 등으로, 이들 중에도 중세 국어의 '뎐'으로부터 구개음화한 '轉'과 '傳'이 있다. 조어된 한자어로부터도 그 자음을 확인할 수 있다(戰場: 젼장(上:39), 挑戰: 도젼(上:39)/金錢花: 금젼화(下:29)/全鰒: 젼복(下:25)/傳喝: 젼갈(上:25), 傳令: 젼령(上:36)). 또한 行纏: 힝젼(上:46), 鱣魚: 젼어(下:25)로부터 '纏'과 '鱣'이 추출된다.

근대 국어에서도 '젼'은 이중 모음이 유지되었다.

젼례대로(照例)(譯語下:43),(同文上:51)/ 못ᄒᆞᆫ 젼(未然前)(同文下:46)
젼ᄌᆞ 쓰다(篆字寫)(同文上:43)
믌고기 젼ᄒᆞ다(煎魚)(譯語上:51)

젼(邊子)(同文下:14)/ 젼대(小口俗)(同文下:65), 젼ᄃᆡ(纏帶)(譯語上:45), 젼ᄃᆡ(束腰)(物譜 衣服), 젼ᄃᆡ(搭包)(漢淸11:10), 젼ᄃᆡ(錦囊)(漢淸11:43)
젼갈ᄒᆞ다(口傳信)(同文上:42),(譯補:23), 젼갈ᄒᆞ다(口寄信)(漢淸6:37), 젼갈ᄒᆞ다(寄口信)(漢淸4:12)
젼혀다(全是)(同文下:48)/ 온젼ᄒᆞᆫ 것(全的)(同文下:54)
힝젼(腿套)(譯補:28), 힝젼(套褲)(漢淸11:11)
젼어(玉板魚)(譯語下:37)

단모음화	한자예	倭語類解	訓蒙字會	新增類合	石峰千字文	日語類解
졀>절	梲	ᄃᆡ공 졀(上:32)	대공 졀(中:6)			ᄃᆡ공 졀(上:35)
	絶	ᄭᅳᆫ흘 졀(下:36)		그ᄎᆞᆯ 졀(下:12)	그ᄎᆞᆯ 졀(16)	ᄭᅳᆫ을 졀(下:33)
	折	써끌 졀(下:38)		것글 졀(下:46)		썩글 졀(下:35)
	節	ᄆᆞᄃᆡ 졀(下:39)	ᄆᆞᄃᆡ 졀(上:1)	ᄆᆞᄃᆡ 졀(上:3)	ᄆᆞᄃᆡ 졀(16)	마ᄃᆡ 졀(下:37)
	切	일졀 졀(下:40)		졀ᄒᆞᆯ 졀(上:36)		일졀 졀(下:38)
	竊	그ᄋᆞᆨ 졀 (下:42)		그ᄋᆞ기 졀 (下:44)		그ᄋᆞᆨ 졀 (下:39)
졍>정	淨	조흘 졍(上:19)		조ᄒᆞᆯ 졍(下:48)		조흘 졍(上:20)
	情	ᄯᅳᆮ 졍(上:22)	ᄠᅳᆮ 졍(上:29)	ᄠᅳᆮ 졍(下:1)	ᄠᅳᆮ 졍(17)	ᄯᅳᆺ 졍(上:23)
	貞	고들 졍(上:22)	고ᄃᆞᆫ 뎡(下:25)	고ᄃᆞᆯ 뎡(下:3)	고ᄃᆞᆯ 뎡(7)	고들 졍(上:24)
	靜	고요 졍 (上:29)		ᄀᆞ마니 졍 (下:4)	고요ᄒᆞᆯ 졍(17)	고요 졍 (上:32)
	政	졍ᄉᆞ 졍(上:36)	졍ᄉᆞᆺ 졍(下:31)	공ᄉᆞ 졍(下:10)	졍ᄉᆞ 졍(14)	졍사 졍(上:39)
	鉦	ᄌᆡᆼ 졍(上:41)	ᄌᆡᆼ 졍(中:29)	ᄌᆡᆼ 졍(上:29)		ᄌᆡᆼ 졍(上:44)
	淸	식을 졍(上:48)			시글 졍(12)	식을 졍(上:51)
	正	바롤 졍(下:40)		졍ᄒᆞᆯ 졍(下:63)	졍ᄒᆞᆯ 졍(10)	바ᄅᆞᆯ 졍(下:37)
졔>제	臍	비ᄉᆞᆸ 졔(上:17)	빗복 졔(上:27)	빗복 졔(上:21)		비곱 졔(上:18)
	諸	모들 졔(上:28)		모ᄃᆞᆯ 졔(上:16)	모ᄃᆞᆯ 졔(15)	모들 졔(上:31)
	祭	졔ᄉᆞ 졔(上:52)	졔ᄒᆞᆯ 졔(下:10)	졔ᄉᆞ 졔(下:24)	졔ᄉᆞ 졔(37)	졔ᄉᆞ 졔(上:55)

	薺	낭이 졔(下:5)	나ᅀᅵ 졔(上:14)			낭이 제(下:3)
	猪	돋 졔(下:23)	돋 뎨(上:19)	돋 뎌(上:14)		돗 제(下:20)
	際	즈음 졔(下:39)		ᄀᆞᆺ 졔(下:49)		즈음 제(下:36)
죠>조	朝	아ᄎᆞᆷ 죠(上:5)	아ᄎᆞᆷ 됴(上:2)	아ᄎᆞᆷ 됴(上:3)	아ᄎᆞᆷ 됴(5)	아ᄎᆞᆷ 조(上:4)
	笊	죠ᄅᆡ 조(下:15)	죠ᄅᆡ 조(中:13)			조리 조(下:12)
죡>족	足	발 죡(上:18)	발 죡(上:29)	발 죡(上:21)	발 죡(36)	발 족(上:19)
죵>종	腫	부을 죵(上:50)	ᄇᆞ을 죵(中:35)	ᄡᅵ 죵(下:7)		부을 종(上:53)
	種	씨 죵(下:3)	ᄡᅵ 죵(下:5)	ᄡᅵ 죵(下:7)	죵ᄌᆞ 죵(21)	씨 종(下:1)
	終	ᄆᆞᄎᆞᆷ 죵(下:34)	ᄆᆞᄎᆞᆷ 죵(下:35)	ᄆᆞᄎᆞᆷ 죵(下:63)	ᄆᆞᄎᆞᆷ 죵(13)	ᄆᆞᆺᄎᆞᆷ 종(下:31)
쥬>주	晝	낟 쥬(上:5)	낫 듀(上:1)	낫 듀(上:3)	낫 듀(36	낫 주(上:4)
	洲	물ᄀᆞ 쥬(上:9)	믓ᄀᆞᆺ 쥬(上:4)			물ᄭᅡ 주(上:9)
	廚	부엌 쥬(上:31)	부석 듀(中:9)	졍듀 듀(上:23)		부억 주(上:34)
	柱	기동 쥬(上:32)	기동 듀(中:6)	기동 듀(上:23)		기동 주(上:35)
	胄	투구 쥬(上:40)	투구 듀(中:28)	투구 듀(上:29)		투구 주(上:43)
	酒	술 쥬(上:47)	술 쥬(中:21)	술 쥬(上:29)	술 쥬(36)	술 주(上:50)
	籌	혬 쥬(上:54)	사술 듀(下:25)	산 듀(下:25)		셈 주(上:57)
	珠	구슬 쥬(下:8)	구슬 쥬(中:31)	진쥬 쥬(上:25)	구슬 쥬(3)	구슬 주(下:6)
	蛛	거믜 쥬(下:27)	거믜 듀(上:21)	거믜 듀(上:16)		검의 주(下:23)
쥭>죽	粥	쥭 쥭(上:46)	쥭 쥭(中:20)	쥭 쥭(上:29)		죽 죽(上:50)
	竹	대 쥭(下:27)	대 듁(上:8)	대 듁(上:7)		대 죽(下:24)
쥰>준	蠢	구무거릴 쥰 (下:27)	구믈어릴 쥰 (下:8)	구믈거릴 쥰 (上:16)		숨작일 준 (下:24)
즁>중	中	가온ᄃᆡ 즁 (上:11)	가온ᄃᆡᆺ 듕 (下:34)	가온댓 즁 (上:2)	가온대 듕(29)	가온ᄃᆡ 중 (上:11)
	中	맏칠 즁(上:40)				맛칠 중(上:44)
	重	무거올 즁 (下:31)		므거울 듕 (下:48)	므거울 듕(3)	무거올 중 (下:28)

'졋(젓)'은 한자 '乳: 졋 유'(上:17)와 '沛: 졋바질 패'(上:29)의 자석에서 나타나는데, 이들도 근대 국어 자료에서 같은 어형을 지키고 있다.

졋 ᄶᆞ다(摘妳子)(同文上:16), 졋통(妳膀子)(同文上:6),
졋곡지(奶頭嘴)(譯補:22), 졋ᄭᅩᆨ지(奶頭嘴)(漢淸5:53)
졋바져 눕다(仰卧)(同文上:27), 졋바뎌 눕다(仰白臥)(譯語上:40),
졋바누이다(仰卧)(救簡2:33)

'졀'은 '梲', '絕', '折', '節', '切', '竊'의 자음이며, 한자어의 자음에서도 확인된다(時節: 시졀(上:4)/絕壁: 졀벽(上:7), 絕島: 졀도(上:9), 氣絕: 긔졀(上:51)). 또한 '空: 쇽졀업슬 공'(上:28)과 '倍: 갑졀 빈'(上:56)의 자석에서도 '졀'의 어형은 확인된다. '絕壁'은 『同文類解』에서도 '졀벽'(懸崖)(上:7), '갑졀'(一倍)(下:26)로 나타난다.

'졉'은 한자어 '接待: 졉디'(上:42)의 자음과 '鬮: 졉이 구'(下:20)의 자석에서 찾을 수 있다. 『同文類解』에서도 'ᄃᆡ졉ᄒᆞ다(敬人)(上:31)로 쓰였다.

'졍'은 '淨', '情', '貞', '靜', '政', '鉦', '凊', '正'의 표음이다. 이 가운데 '貞'은 '뎡'으로부터 구개음화한 흔적을 중세 문헌에서 찾아볼 수 있다. 또한 자료 중에 나오는 한자어에서 '井', '精', '整', '晶' 등이 추가된다(溫井: 온졍(上:9), 精神: 졍신(上:20), 整齊: 졍졔(上:38), 水晶: 슈졍(下:8)). 이는 근대 국어 문헌에서도 동일 표기형으로 쓰였다.

졍셔ᄒᆞ다(騰眞)(同文下:43), 졍셔ᄒᆞ다(抄寫)(漢淸4:11)
졍셩(誠)(同文上:21)
졍신 ᄀᆞ다듬다(勵精)(同文上:31)
온졍(溫泉)(柳物五水)
졍 업다(沒情分)(同文上:32)/ 큰 졍분(大分上)(譯補:56)
졍히(正)(同文下:50), 졍히 쓰다(正字寫)(同文上:43)

'졔'는 '臍', '諸', '祭', '薺', '猪', '際'의 자음이다. 이 중에서 '猪'는 '뎨'로부터 구개음화한 어형이다. '除夕: 졔셕'(上:4)에서 '除'가 이에 포함된다. 『同文類解』에서도 '졔ᄒᆞ다'(行祭祀), '졔믈 버리다'(供獻)(上:52)와 같은 어형이 나옴으로서 이중모음이 유지된 것이다.

'죠'는 '朝'와 '笊'의 자음에서 볼 수 있는데, 이에 한자어 '潮水: 죠슈'(上:10), '嘲弄: 죠롱'(上:25)으로부터 '潮', '嘲'를 추가할 수 있고, 紙: 죠히 지(上:38), 蛤: 죠개 합(下:25)의 자석으로부터도 표음을 알 수 있다.

'죠'는 이른 시기에 '됴'가 구개음화한 것이 많다. 근대 국어 자료에도 다음과 같이 동일한 표음이 쓰였다.

> 죠개(蚌蛤)(同文下:41), 죠개(蛤蜊)(漢淸14:43)
> 죠히(紙), 죠히 쓰다(抄紙), 죠히 직졀ᄒᆞ다(裁絕), 죠히 ᄒᆞᆫ권(一打了紙)(同文上:43), 및 ᄉᆞᆺᄂᆞᆫ 죠희(茅紙, 草紙)(譯語上:19)
> 죠회ᄒᆞ다(上朝)(同文上:53)
> 죠리(譯語下:13), 죠리(灑米器)(柳物三草), 죠리(篗數)(物譜 鼎鐺)

'죡'은 한자 '足'의 자음과 이를 뒷받침하는 한자어 '足背', '足掌', 그리고 '凸'의 자석에서 찾을 수 있다. 『同文類解』에는 '죡ᄒᆞ다'(句了)(下:50), '죡쇄'(脚足)(譯語上:66)(同文下:30), 죡쇄(脚鐐)(漢淸3:9)가 나온다.

'죵'은 자료에서 '腫', '種', '終'의 자음으로 나타난다. 또한 한자어의 표음에서 이를 살펴볼 수 있다(終日: 죵일(上:5), 種子: 죵ᄌᆞ(下:14)). 뿐만 아니라, 다른 한자어의 자음으로부터 '죵'은 '從', '鐘'이 추가되며(從兄弟: 죵형뎨(上:13), 再從: 직죵(上:13)/鐘樓: 죵루(上:34), 自鳴鐘 ᄌᆞ명죵(下:13)), 한자의 자석으로부터도 '죵'을 찾을 수 있다(僕: 죵 복, 奴: 죵 노, 婢: 죵 비(上:15)/脛 죵아리 경(上:18)).

근대 국어 자료에도 '죵들'(幇子們), '계집죵'(女幇子)(同文上:14), '죵가치 부리다'(僕役)(同文下:32), '죵아리'(小腿)(同文上:16)(譯語上:35), 죵아리(後腿)(漢淸12:29) 등이 나온다.

'쥬'는 '晝', '洲', '廚', '柱', '胄', '酒', '籌', '珠', '蛛'의 자음이다. 이들 중에는 16세기 중세 국어 자료에는 구개음화하지 않았던 예들이 포함되어 있다. '晝', '柱', '胄', '籌', '蛛' 등은 '듀'로부터 구개음화한 것이다. 또한 위의 한자로부터 조성된 한자어가 제시되고 있다(珠簾: 쥬렴(上:33)/使酒: ᄉᆞ쥬(上:42), 淸酒: 청쥬, 濁酒: 탁쥬, 燒酒: 쇼쥬(上:47), 酒煎子 쥬젼ᄌᆞ(下:13)). 또한 다른 한자어의 자음으로부터 '主',

'周', '紬'가 추가된다(公主: 공쥬(上:35), 神主: 신쥬(上:52)/爻周: 효쥬(上:37)/綿紬: 면쥬(下:9)). 여기에다 한자의 자석으로부터 '쥬'의 표음을 볼 수 있다(礎: 쥬츄 초(上:32)/朮: 삽쥬 츌(下:5)).

이에 해당하는 표음이 근대 국어의 여러 자료에서도 볼 수 있다.

쥬츄ㅅ돌(柱頂石)(同文上:34), 쥬츄돌(或呼, 柱頂石)(譯語上:17)
쥬망(酒鬼), 쥬정ᄒᆞ다(撒酒風)(同文上:60), 쥬정ᄒᆞ다(醉鬧)(譯補:25),(漢淸8:24)/ 쥬젼ᄌᆞ(茶壺子)(譯補:43), 쥬젼ᄌᆞ(酒注)(物譜 酒食), 쥬전ᄌᆞ(銅銚)(譯語下:13)
념쥬(數珠)(同文上:57)/ 야광쥬(猫睛)(同文下:22)
신쥬(家堂神)(同文下:10)
면쥬(綿紬), 방ᄉᆞ쥬(紡紬)(同文下:24)

그러나 '듀셕'(黃銅)(同文下:23)에서는 아직 구개음화하지 않은 어형을 취하고 있어 주목된다.

'쥭'에는 한자 '粥', '竹'의 자음이 올라 있다. '竹'의 자음은 중세 국어에서는 표음이 '듁'으로 근대 국어에 와서 구개음화한 것이다. '筍: 쥭슌 슌'(下:5)과 '毬: 쥭방올 구'(下:20)의 자석에서도 '쥭'의 표음을 찾을 수 있다. 근대 국어 자료에서 '된쥭(稠粥)'(譯語上:49), '쥭니블'(粥皮)(同文上:59), '쥭슌'(竹萌)(物譜 蔬菜)이 나와 이중 모음이 유지된 어형을 확인할 수 있다.

'쥰'은 '蠢'의 한자 자음과 '駿馬: 쥰마'(下:22)로부터 그 자음을 살필 수 있다.

'즁'은 '中', '重'의 자음으로 나타난다. 한자어 '中媒: 즁ᄆᆡ'(上:41)와 '中風: 즁풍'(上:50)의 표음이 이를 뒷받침하고, 한자 '僧: 즁 승'(上:53)의 자석에서도 동일음임이 확인된다. 근대 자료에 '즁'(和尙)(同文下:11), '즁'(比丘)(物譜 族姻)이 나타나고 있으나, '진듕ᄒᆞ다'(沉重)(同文上:22), '듕간 즈음'(半途)(同文下:50), '밤ㅅ듕'(夜半)(同文上:5)에서는 구개음화하지 않은 '듕'이 나타나 음운 변화의 불확일성을 짐작케 한다.[34]

3. 'ㅊ' 아래

단모음화	한자예	倭語類解	訓蒙字會	新增類合	石峰千字文	日語類解
챠>차	借	빌 챠(上:56)	빌 챠(下:22)	빌 챠(下:45)		빌 차(上:59)
챡>착	着	닙을 챡 (上:46)	니블 탹 (下:19)			닙을 착 (上:49)
챵>창	暢	싀훤ᄒᆞᆯ 챵 (上:21)		통탸ᇰ 턍 (下:49)		시원ᄒᆞᆯ 창 (上:22)
	唱	부를 챵 (上:42)	브를 챵 (下:15)	브를 챵 (下:6)	브를 챵(15)	부를 창 (上:45)
	脹	챵만 챵 (上:50)	턍만 턍 (中:33)			창만 창 (上:53)
쳑>척	戚	겨ᄅᆡ 쳑 (上:13)	아ᅀᆞᆷ 쳑 (上:32)	권당 쳑 (下:16)	아ᅀᆞᆷ 쳑(35)	겨ᄅᆡ 척 (上:14)
	脊	등ᄆᆞᄅᆞ 쳑 (上:17)	등ᄆᆞᄅᆞ 쳑 (上:27)	등ᄆᆞᄅᆞ 쳑 (下:51)		등ᄆᆞ루 척 (上:18)
	尺	자 쳑(上:55)	자 쳑(中:14)	자 쳑(上:28)	자 쳑(7)	자 척(上:58)
	隻	짝 쳑 (下:33)	외짝 쳑 (下:33)	외짝 쳑 (下:47)		짝 척 (下:30)
	擲	더질 쳑 (下:38)	더딜 텩 (下:22)	더딜 텩 (下:47)		더질 척 (下:36)
쳔>천	川	내 쳔(上:9)	내 쳔(上:4)	내 쳔(上:5)	내 쳔(12)	내 천(上:9)
	泉	ᄉᆡᆷ 쳔(上:9)	ᄉᆡᆷ 쳔(上:5)	ᄉᆡᆷ 쳔(上:5)		ᄉᆡᆷ 천(上:9)
	淺	엳틀 쳔 (上:10)		여틀 쳔 (下:48)		엿흘 천 (上:10)
	釧	ᄑᆞᆯ쇠 쳔 (上:44)	ᄑᆞᆯ쇠 쳔 (中:24)	ᄑᆞᆯ쇠 쳔 (上:32)		천 천 (上:47)
	喘	쳔만 쳔 (上:50)	쳔만 쳔 (中:33)			천만 천 (上:53)
	千	일쳔 쳔 (上:55)	즈믄 쳔 (下:24)	일쳔 쳔 (上:1)	일쳔 쳔(22)	일천 천 (上:58)
	韆	언치 쳔 (下:17)	글위 쳔 (中:19)			언치 천 (下:14)
	賤	쳔ᄒᆞᆯ 쳔 (下:32)	쳔ᄒᆞᆯ 쳔 (下:26)	쳔ᄒᆞᆯ 쳔 (下:2)	쳔ᄒᆞᆯ 쳔(14)	천ᄒᆞᆯ 천 (下:29)

34) 백두현(1992:354)은 음성적 점진성(phonetic gradualness)으로 설명했다.

쳠>첨	簷 瞻 尖	쳠하 쳠 (上:32) ᄃᆞ래 쳠 (下:17) ᄲᅧ쪽 쳠 (下:32)	기슭 쳠 (中:5)	긋셸 쳠 (下:53)		쳠하 쳠 (上:35) ᄃᆞ래 쳠 (下:14) ᄲᅧ족ᄒᆞᆯ 쳠 (下:28)
쳥>청	淸 請 菁 靑	ᄆᆞᆯ글 쳥 (上:10) 쳥ᄒᆞᆯ 쳥 (上:25) 쉳무우 쳥 (下:5) 프를 쳥 (下:11)	ᄆᆞᆯ골 쳥 (下:1) 쉿무수 쳥(上:14) 프를 쳥 (中:29)	ᄆᆞᆯ골 쳥 (下:48) 쳥ᄒᆞᆯ 쳥 (下:45) 쉿무우 쳥 (上:10) 프를 쳥 (上:5)	프를 쳥(26)	ᄆᆞᆯ글 쳥 (上:10) 쳥ᄒᆞᆯ 쳥 (上:27) 숫무 쳥 (下:3) 푸를 쳥 (下:9)

'ㅊ' 아래 /j/를 가진 이중 모음이 후일에 단모음화한 음절로는 쟈>차, 챡>착, 챵>창, 쳑>척, 쳔>천, 쳠>첨, 쳥>청, 쵸>초, 쵹>촉, 춍>총, 츄>추, 츅>축, 츈>춘, 츌>출, 츙>충, 췌>취, 쵸>취 등이 있다. 이들의 음절 형성도 이전 시기에 비구개음이었던 것이 구개화하여 이루어진 것으로, 꽤 많은 숫자를 헤아린다. 이와는 반대로 이 자료에는 아직까지 구개음화하지 못하여 대상에서 빠진 한자의 자음도 다수 있다. 이들은 후일에 구개음화와 더불어 /j/의 탈락으로 단모음화하여 현대 국어에 이른다.

텬 : 天
텸 : 添, 鮎
텽 : 廳
톄 : 嚏, 蒂, 遞, 涕
툐 : 齠, 髫

'챠'는 '借'의 자음으로 자료에 나타나며, 한자어 '遮日: 챠일'(下:13)로부터 '遮'의 자음이 추가된다. '챠일'(遮日)은 同文上:49와 漢淸11:29에 동일 어형으로 쓰였다(챠일 기동(柱子), 챠일 ᄆᆞᄅᆞ(樑)).

'챡'은 한자 '着'의 자음으로 자료에는 단 한 개가 올려져 있다. 이는 중세 국어 '탹'으로부터 구개음화를 겪은 어형이다.

'챵'은 '暢', '唱', '脹'의 자음으로, 이 중 '唱'과 '脹'은 '턍'으로부터 구개음화한 어형이다. 자료에는 '菖蒲: 챵포'(下:30)로부터 '菖'의 자음이 나와 이에 포함된다. 근대 국어 자료에도 가슴 챵만ᄒᆞ다(胸膈發脹)(漢淸8:3), 긔운 ᄆᆡ쳐 챵만ᄒᆞ다(氣結脹滿)(漢淸8:4), 챵ᄒᆞ다(膨脹)(漢淸8:3), 챵포(菖蒲)(柳物三草) 등이 동일 표음으로 쓰였다.

'쳐'는 한자의 자음이 아닌 한자어 '妻娚: 쳐남'(上:13)에서 '妻'가 나온 것 외에 한자음에 관한 예는 실리지 않았고, 다만 한자의 자석에서만 나타난다(瞳: 눈부쳐 동(上:16), 佛: 부쳐 불(上:53)). 이는 근대 국어 자료에도 같은 자음으로 표기되었다(쳐(正娘子), 쳐가(娘家)(同文上:10), 쳐뎨(小姨)(漢淸5:41), 쳐모(丈母)(漢淸5:40), 쳐부(丈人)(漢淸5:40)/ 부쳐(佛)(漢淸9:1)).

'쳑'은 '戚', '脊', '尺', '隻', '擲'의 자음인데, 이 가운데에도 '尺'과 '擲'은 비구개음인 '텩'이 구개음화한 것이다. 한편 '鶺鴒: 쳑령'(下:21), '蚇蠖: 쳑확'(下:26), '躑躅: 쳑촉'(下:29) 등의 한자어에서 '鶺', '蚇', '躑'의 자음이 추가된다.

'쳔'은 '川', '泉', '淺', '釧', '喘', '千', '韆', '賤'의 자음으로 나타나는데, '薦擧: 쳔거'(上:36)에서 '薦'자가 추가되고, '渠: ᄀᆡ쳔 거'(上:9)의 자석에서도 동일 표음이 나타난다. 근대 국어 자료에서도 '쳔'(一千)(同文下:20), '쳔거ᄒᆞ다'(擧用)(漢淸2:48), '쳔ᄃᆡᄒᆞ다'(折套)(漢淸7:55), ᄀᆡ쳔(溝)(同文上:8) 등 이중 모음을 그대로 유지했다.

'쳠'은 한자 '簷', '韂', '尖'의 자음이다. 근대 자료에서도 '쳠하'(滴水簷)(同文上:35), '쳠하의 홈'(天溝)(漢淸9:29)처럼 동일형으로 나타났다.

'쳥'은 자료에서는 한자 '淸', '請', '菁', '靑'의 표음에다 '鯖魚: 쳥어'(下:25)에서 '鯖'이 추가되었다. 이에 '淸醬: 쳥쟝'(上:47)과 '鴉靑: 아쳥'(下:10), '二靑: 이쳥'(下:11), '三靑: 삼쳥'(下:11)이 더해져 그 표음을 뒷받침했다.

근대 국어 자료에서도 다음과 같은 어형으로 표기상의 변화가 없었음을 말해 준다.

청명ᄒᆞᆫ 날(淸明天)(漢淸1:2), 일긔 청명ᄒᆞ다(晴明)(漢淸1:2)

청ᄒᆞ다(請也)(同文上:52)/ 구청ᄒᆞ다(求請罷), 청쵹(屬托)(同文上:33)/ 청쵹ᄒᆞ다(屬托)(譯補:51), 청쵹(關節)(蒙類下:23), 청쵹ᄒᆞ다(打關節)(蒙類下:24), 청쵹ᄒᆞ다(請託)(漢淸6:52)

청삼승(毛靑布)(同文下:24)/ 청개구리(靑蛙)(譯語下:36)/ 청어(海靑魚)(物譜蟲魚)/ 아청(靑)(漢淸10:65)/ 거믄 아청 비단(黑靑)(譯語下:4)

단모음화	한자예	倭語類解	訓蒙字會	新增類合	石峰千字文	日語類解
쵸>초	鞘	갑풀 쵸 (上:40)		칼가ᄑᆞᆯ 쵸 (上:32)		칼집 초 (上:43)
	炒	복글 쵸 (上:48)	봇글 쵸 (下:13)			복글 초 (上:51)
쵹>촉	鏃	살믿 쵹 (上:40)	살믿 쵹 (中:29)			살밋 촉 (上:44)
	燭	쵸 쵹(下:15)	쵸 쵹(中:15)	쵸 쵹(上:24)	쵸 쵹(36)	초 촉(下:12)
	觸	찌를 쵹 (下:24)	삐를 쵹 (下:8)	다틸 쵹 (下:34)		찌를 촉 (下:21)
춍>총	寵	고일 춍 (下:33)	ᄉᆞ랑ᄒᆞᆯ 통 (下:33)	괼 통 (下:22)	괼 통(30)	괴일 총 (下:30)
츄>추	秋	ᄀᆞ올 츄(上:3)	ᄀᆞᄉᆞᆯ 츄(上:1)	ᄀᆞ올 츄(上:2)	ᄀᆞ올 츄(2)	ᄀᆞ을 추(上:2)
	推	밀 츄 (上:30)		츄심 츄 (下:38)	밀 츄(4)	밀 추 (上:33)
	樞	지도리 츄 (上:32)	지도리 츄 (中:7)	지도리 츄 (上:23)		지도리 추 (上:35)
	箒	뷔 츄(下:15)	뷔 츄(中:18)			뷔 추(下:13)
	錐	송곧 츄 (下:16)		송곳 츄 (上:28)		송곳 추 (下:13)
	錘	ᄃᆞ림 츄 (下:13)	ᄃᆞ림 튜 (中:11)			처울 추 (下:11)
	鞦	고ᄃᆞᆯ개 츄 (下:17)	고ᄃᆞᆯ개 츄 (中:27)			밀치 추 (下:16)
	鷲	수리 츄 (下:20)	수리 츄 (上:15)			수리 추 (下:17)
	楸	ᄀᆞ래 츄 (下:28)	ᄀᆞ래 츄 (上:11)	ᄀᆞ래 츄 (上:9)		가래 추 (下:24)
츅>축	逐	쏘출 츅 (上:29)	조출 튝 (下:20)	뽀출 튝 (下:5)	뽀출 튝(17)	쏘출 축 (上:32)

	蹴 築 縮	출 츅(上:31) 빨 츅(上:33) 줄 츅 (下:32)	슐 튝(下:17)	슐 튝(下:10) 주처들 츅 (下:62)		출 축(上:33) 쌀 축(上:36) 주러질 축 (下:29)
츈>춘	春	봄 츈(上:2)	봄 츈(上:1)	봄 츈(上:2)		봄 춘(上:2)
츌>출	出 黜	날 츌(上:29) 내칠 츌 (上:54)	내조츨 튤 (下:20)	날 츌(下:5) 내틸 튤 (下:45)	날 츌(3) 내틸 튤(29)	날 출(上:31) 내칠 출 (上:57)
츙>충	忠 蟲 充 衝	츙셩 츙 (上:22) 베레 츙 (下:26) ᄎᆡ올 츙 (下:32) 질을 츙 (下:37)	튱텽 튱 (下:25) 벌에 튱 (下:3)	졍셩 튱 (下:2) 벌에 튱 (上:16) 출 츙 (下:56) 다디를 츙 (下:50)	튱셩 튱(11) 출 츙(34)	충셩 충 (上:24) 버레 충 (下:23) ᄎᆡ을 충 (下:29) 찌를 충 (下:34)
췌>취	嘴	부리 췌 (下:22)	새부리 췌 (下:6)	부리 췌 (上:13)		부리 취 (下:18)
취>취	醜 醉 吹 臭 取	더러울 취 (上:19) 취ᄒᆞᆯ 취 (上:42) 불 취(上:43) 내 취(上:48) 취ᄒᆞᆯ 취 (下:35)	취ᄒᆞᆯ 취 (下:15) 불 츄(下:15) 내 취(下:13)	취ᄒᆞᆯ 취 (下:7) 불 취(下:6) 내 취(下:11) 가질 취 (下:40)	불 츄(20) 아ᄋᆞᆯ 취(12)	더러올 취 (上:20) 취ᄒᆞᆯ 취 (上:45) 불 취(上:47) 내 취(上:52) 가질 취 (下:33)

'쵸'는 한자 '誚', '炒'의 자음인데, 한자어인 '樵夫: 쵸부'(上:15), '膲: 삼쵸'(上:18), '草書: 쵸셔'(上:38), '捧招: 봉쵸'(上:54), '胡椒: 호쵸'(下:7), '山椒: 산쵸'(下:7), '焰硝: 염쵸'(下:9), '船梢: 션쵸'(下:18), '鷦鷯: 쵸료'(下:21), '芭蕉: 파쵸'(下:30)로부터 '樵', '膲', '草', '招', '椒', '硝', '梢', '鷦', '蕉'가 추가되었다.

근대 국어 자료에서도 '봉쵸(口供)'(同文下:29), '망쵸'(皮硝)(同文下:23), 'ᄃᆞᆰ 쵸ᄒᆞ다'(炒鷄)(譯語下:25) 등에서 동일 어형을 취한 것을 알 수 있다. 그러나 『漢淸文鑑』(11:17)에서는 '가족 익이는 염초'(皮硝)가 쓰여 이미 단모음화한 어형이 보이기도 한다.

'쵹'은 한자 '鏃', '燭', '觸'의 자음으로 나타났고, '춍'은 '寵'과 한자어 '鳥銃: 됴춍'(上:41)으로부터 표음이 드러났다. '寵'도 중세 국어에서 '툥'이 구개음화한 것이다.

'츄'는 한자 '秋', '推', '樞', '箒', '錐', '鞦', '鶖', '楸'의 자음이며, 여기에도 '騅馬: 츄마'(下:22), '鰍魚: 츄어'(下:25)의 '騅', '鰍'를 더했다. 『同文類解』에서는 '츄셕'(仲秋節)〈上:55〉에서 '츄'의 형태가 단모음화되지 않고 그대로 유지되고 있다.

'츅'은 '逐', '蹴', '築', '縮'의 자음과 '丑時: 츅시'(上:5), '妯娌: 츅리'(上:13)에서 '丑'과 '妯'이 더해졌다.

'츈'은 '春'의 자음이고, '츌'은 '出'과 '黜'의 자음이다. 이로부터 조어된 한자어 '立春: 립츈'(上:4)과 '出船: 츌션'(下:18)이 이를 뒷받침한다.

'츙'의 자음으로 '忠', '蟲', '充', '衝'을 들었는데, 이 중 '忠'과 '蟲'은 중세 국어의 비구개음 '튱'이 구개음화한 것이다.

'췌'는 '嘴'의 자음이고, '취'는 '醜', '醉', '吹', '臭', '取'의 자음과 '驟雨: 취우'(上:2), '翡翠: 비취'(下:20)의 '驟'와 '翠'에서 나온 것이다. 『同文類解』를 중심으로 한 근대 국어 자료에서도 '취ᄒᆞ시다'(有酒意), '니취ᄒᆞ다'(狠醉了), '악취'(慘氣)(同文上:60), '취ᄒᆞ여 뷔것다'(醉跟蹌)(同文上:26), '취치 아니타'(沒醉)(譯補:33)로 이중모음이 유지되는 어형이 쓰였다.

요 약

'ㅅ' 아래의 /j/ 탈락 현상은 대체로 17세기 말에 나타나기 시작하여 늦어도 18세기 말에 완성된 것으로 보고 있다. 김동소(1999:186)는 『譯語類解』(1690)에서 이러한 단모음화 현상이 일어났으나, 『同文類解』(1748), 『蒙語類解』(1768) 등 후대의 문헌에서는 그 표기가 지속되어 18세기 중엽까지 유동적이었음을 밝혔다. 실제로 『譯語類解』에 나타나는 단모음화 현상은 극히 부분적이었다.

센 믈(緊水)(下:7)

소경의 막대(明杖)(上:29)

섬기다(服事)(上:31)

상화(饅頭), 고기 소 녀흔 **상**화(肉包), 샅아 소 녀흔 **상**화(糖包)(上:51)

보십 허리예 **세**온 기동(犁柱)(下:7)

사공(舡家, 舡夫, 梢工, 梢子)(下:21)

빅 다히는 **선창**(馬頭)(下:21)

술윗줄에 **저**근 멍에(小鞅)(下:22)

이에 대해 백두현(1992:354-357)은 치찰음 뒤의 /j/ 탈락이 16세기 초의 문헌에서 나타나기 시작함으로써 이러한 현상이 이미 발생한 것으로 보고 있다. 이에 16세기 문헌에 나타나는 탈락형과 유지형의 혼기 예를 들고 있다. 이 중 이 글에서 다룬 낱말로는 '섬기다'/'셤기다'(二倫:18), '시절'(時節)/'시졀'(正俗初:20,24), '몬저'(呂約:30,32), '조히'(紙)

(七大:7)/'죠히'(七大:7) 등이 있고,『杜詩諺解 重刊本』을 비롯한 17세기 문헌에도 '몬저'/'몬져'(經書 大學), '시절'/'시졀'(杜重), '저비'/'져비'(燕)(杜重), '자랑'/'쟈랑'(杜重), '저근'/'져근'(小)(杜重), '저므니'/'져므니'(杜重), '종'/'죵'(奴)(杜重), '저고맛'/'져고맛'(小)(杜重) 등의 혼기가 보인다. 따라서 치음 아래의 /j/의 탈락 현상은 16세기 초에 이미 발생하여 18세기에 확대되었고, 이것이 18세기 후기에 완성되었다는 주장이다.

이러한 점에서 보면,『倭語類解』를 20세기 초반에 간행된『日語類解』(1912)와 비교하는 것은 별 의미가 없다.『倭語類解』에서 치음 아래 /j/를 유지한 어형이『日語類解』에 와서는 빠짐없이 /j/가 탈락하여 단모음화했기 때문이다. 이 장에서는 후대에 획일적인 탈락을 확인했을 뿐이다.

이 장은『倭語類解』에 등재된 한자와 한자어의 자음, 그리고 한자의 자석에 나오는 고유어를 포함시켜 그 표기 형태를 살핀 것이다. 자료의 표기 형태에서 치음 아래 /j/가 탈락한 어형은 단 한 곳도 찾아 볼 수 없었다.

따라서 치음 하의 /j/의 탈락 현상만으로 판단한다면『倭語類解』가 나온 시기는 이러한 현상이 발생하기 이전이거나, 그 후 탈락이 확대되고 완성된 18세기와 그 말엽 이전에 이뤄진 것으로 여겨진다. 이러한 상황으로 미루어『倭語類解』는 17세기 초엽이나 17세기 말에서 18세기 초엽에 나왔다는 설에 비중이 쏠린다.

또한 사적으로 보면 'ㄷ', 'ㅌ'이 /j/에 의해 구개음화한 것은 그것이 바로 /j/ 탈락형으로 변한 것이 아니라, 반드시 /j/를 가진 이중 모음으로 구개음화했다가 다시 /j/가 탈락하는 단계를 거쳤다는 사실이 확인된다.

| 제6장 |

일본 한자의 독음 표기 변화

- 淸音과 濁音 -

앞의 장에서는 왜학서인 『倭語類解』와 『日語類解』의 한자에 관한 우리말 자음과 자석을 비교하여 국어 어휘사적 추이를 모색했고, 형태론적 어형 변화를 추적했다. 한편 음운론적 관점에서 구개음화와 단모음화 현상에 대한 변화의 시기와 양태를 분석했으며 자음과 모음의 표기 변화를 다루기도 했다.

이와 같은 탐색은 유해서로서 동일한 형식과 내용을 담은 두 문헌 자료에 대해 시간적 거리에 나타나는 우리말의 통시론적 변천상을 파악하는 데 도움이 될 것이다. 시대적 위치를 보면 『倭語類解』는 근대 국어의 자료이고, 『日語類解』는 개화기 말 현대 국어의 문헌이다.[35)]

이 장은 이와 같은 연구의 연속선상에서 두 문헌 자료에 나타난 일본어 한자음의 우리말 표기법과 그 변화를 탐색하고, 상이점을 중심으로 당대에 받아들인 한자음의 차이를 기술하려는 것이 목적이다. 특히 일본어 한자음 중 吳音과 漢音의 독음 차이가 양 자료에 어떻게 반영되었는지에 대해 살펴볼 것이다. 그 중에서도 유성음과 무성음을 지칭하는 소위 청음과 탁음의 대립에 중점을 두고자

---

35) 성희경(2003:227-255)도 『倭語類解』와 『日語類解』를 표제 한자에 대한 일본 한자음을 중심으로, 특히 기제 방법 등 체제를 중심으로 교체와 수정 양태를 분석했다. 그는 『倭語類解』의 일본 한자음은 한편으로는 일반 통용음을, 또 한편으로는 한문 훈독의 字音을 나타내는 제법 실용적인 것이라고 했다.

한다.

주지된 대로 한자의 呉音은 4-5세기 중국에서 가장 오래된 字音으로, 양자강 지방의 남방음이 전래된 것으로 '對馬音'이라고도 한다. 승려에 의해 전래되어 독송에 많이 사용되고 있다. 漢音은 7세기 이후 隋·唐 시대에 전래된 것으로 당시 長安 부근의 중국 북방음으로, 일본 奈良 시대에 들어와 漢籍이나 일부 불경에 쓰이는 중국의 표준음이다.

오음과 한음의 두드러진 차이는 聲母에서 오음의 マ行이 한음의 バ行과 대응되고, 오음의 ナ行이 한음의 ザ行, 또는 ダ行과 대응되는 점[36)]과 오음의 ワ行이 한음의 カ行과 대응되는 점, 그리고 같은 行을 취하더라도 頭音이 다르다는 점 등을 들 수 있다. 이에 덧붙여 양 한자음의 현저한 차이는 무엇보다도 이 장에서 다루고자 하는 오음의 탁음과 한음의 청음의 대응이라 할 수 있다.

일본어의 한자음에서 呉音은 聲母의 淸濁이 비교적 정확하게 구별되지만 漢音의 경우는 淸濁이 혼용되어 있다. 이는 당대 長安音에 있어서 全濁 聲母의 無聲音化가 진행되고 있었던 것을 반영한 것으로 설명된다. 당시 양음의 聲母를 분석하여 정리하면 다음과 같다(高松政雄 1986:196, 223).

呉音의 聲母

淸濁 / 五音	全淸 · 次淸	全濁	次濁
喉音	ア·ヤ·ワ·カ·ガ		
牙音	カ	ガ	ガ
齒音	サ	ザ	ナ
舌音	タ	ダ	ラ·ナ
脣音	ハ	バ	マ

36) 이를 五音 相通이라 한다.

漢音의 聲母

清濁 / 五音	全清 · 次清 · 全濁	次濁
喉音	ア·ヤ·ワ	
牙音	カ	ガ
齒音	サ	ザ
舌音	タ	ダ(ナ)·ラ
脣音	ハ	バ(マ)

청음과 탁음이라는 술어는 중국의 韻學으로부터 온 것으로[37], 唐代에 청음으로 시작하는 음은 높고(陰調) 탁음으로 시작하는 음은 상대적으로 낮다(陽調). 중국에서 청탁의 구별은 唐 이후에는 애매하게 되었다.

이 장은 일본 한자음의 청탁 대립에다 주점을 두고 기술한 것으로, 결국『倭語類解』와『日語類解』에서 취택한 한자음이 오음이냐 한음이냐, 아니면 관용음이냐를 청탁에 따라 따져보고, 그것이 우리말 국자로 어떻게 전사되었는지를 비교하여 청탁 간의 교체에 대해 논하고자 한다.

일본 한자음에서 탁음이라는 것은 결국 유성 파열음과 파찰음, 마찰음을 가리키며, 표기형으로는 청음의 가나 오른쪽에 聲點을 찍어 표시한다.

그런데『倭語類解』에서 일본어의 탁음에 대한 우리말 표기법은 두음에서 같은 계열 자음의 유성음(비음) 'ㅇ', 'ㅁ', 'ㄴ'을 합용하여 병서함으로써 청음과 구별했다.[38] 즉 牙音에서는 'ガ-ㆁ가', 'ギ-ㆁ기', 'グ-ㆁ구', 'ゲ-ㆁ게', 'ゴ-ㆁ고'이고, 脣音에서는 'バ-ㅁ바', 'ビ-ㅁ비', 'ブ-ㅁ부', 'ベ-ㅁ베', 'ボ-ㅁ보'이며, 舌音에서는 'ダ-ㄴ다', 'ヂ-ㄴ지(ㅿ이)', 'ヅ-ㄴ즈

37) 全清과 次清을 합하여 清音이라고 부른다. 全清은 무기 · 무성의 폐쇄음, 마찰음, 파찰음을 가리키고, 次清는 유기 · 유성음의 폐쇄음과 파찰음을 가리킨다.

38)『倭語類解』의 권말 '伊呂波間音'에 유성음을 표기하기 위해 고안한 한글 범례가 제시되었다.
ㆁ가: 가아 間　ㆁ기: 이기 間　ㆁ구: 우구 間　ㆁ계: 계예 間　ㆁ고: 오고 間
ㅁ바: 마바 間　ㅁ비: 미비 間　ㅁ부: 무부 間　ㅁ베: 메베 間　ㅁ보: 모보 間
ㅿ아: 사아 間　ㅿ이: 시이 間　ㅿ으: 스으 間　ㅿ예: 셰예 間　ㅿ오: 소오 間
ㄴ다: 다나 間　ㄴ데: 네데 間　ㄴ도: 노도 間

(ᅀᅳ)', 'デ-ᄕᅦ', 'ド-ᄕᅩ'로 표시했다. 여기에 開拗音이나 合拗音이 들어가 이중 모음이 될 때에는 'ギャ-ᅁᅣ', 'ギュ-ᅁᅲ', 'ギョ-ᅁᅭ', 'グヮ-ᅁᅪ' 'ビャ-ᄜᅣ', 'ビュ-ᄜᅲ', 'ビョ-ᄜᅭ', 그리고 'ヂャ-ᅀᅣ', 'ヂュ-ᅀᅲ', 'ヂョ-ᅀᅭ'가 된다. 이와는 달리 齒音의 탁음을 표시하는 데는 우리 국자의 반치음자(ㅿ)를 사용하였다. 'ザ-ᅀᅣ', 'ジ-ᅀᅵ', 'ズ-ᅀᅳ', 'ゼ-ᅀᅨ', 'ゾ-ᅀᅩ', 그리고 이중 모음인 경우는 'ジャ-ᅀᅣ', 'ジユ-ᅀᅲ', 'ジョ-ᅀᅭ'로 표기했다.[39]

한편 표제 한자에 대한 일본어 자음과 자훈에서 된소리로 발음되는 것을 우리 국자로 어떻게 표기하였는지 살펴보겠다. 전술한 대로 일본어 자음 체계에는 파열음과 마찰음에서 된소리와 거센소리, 예사소리와의 대립이 없기 때문에 『倭語類解』와 『日語類解』에서도 그것을 구별할 필요가 없었다. 『日語類解』에 나오는 'ㅅ' 병서 표기는 된소리가 아니라 탁음 표시이며, 된소리와 예사소리는 별개로 구분하지 않았다. 『倭語類解』에서는 탁음을 'ㅅ' 병서가 아닌 유성 자음의 병서(ᅌᄀ, ㄴㄷ, ㅁㅂ)로 표시했는데, 간혹 일본어의 실현음에 따라 된소리를 표기하기 위해 각자 병서가 자의적으로 나타난다. 이는 일본어 폐쇄음의 음소 /k/, /t/, /p/ 속에는 각각 異音(allophone)인 [k], [k'], [kʰ]/[t], [t'], [tʰ]/[p], [p'], [pʰ]의 실현음이 존재하기 때문이며, 청탁 대립이 아닌 성대 긴장이나 기(氣)의 유무에 따른 대립을 가진 한국어에 간섭을 받은 것으로 해석된다. 자의적이란 동일 음성 환경 속에서 경음 표시가 일정하게 획일화되지 않았다는 것을 말한다. 아래의 예들은 자료 속에 나오는 'ㄲ'(까, 끼, 꾸, 꼬, 꽈), 'ㄸ'(따, 떼, 또), 'ㅉ'(찌, 쯔)가 쓰인 것인데, 이들은 『日語類解』에 와서 평음인 'ㄱ', 'ㄷ', 'ㅈ'으로 중화되었다.

---

39) 『倭語類解』의 사본인 苗代川 『和語類解』에는 일본어의 유성음(탁음)을 표시하기 위해 濁点인 두 점을 찍었다(ㄱ″, ㅅ″, ㄷ″, ㅂ″).

'ㄲ'

旬	도우까(上:4) → 도우가(上:3)	朗	호까라까(上:6) → 호까라가(上:5)
滑	나메라까(上:11) → 나메라가나(上:11)	外舅	하하까다노오지(上:12) → 시유오도(上:12)
愁	시즈까이(上:21) → 기쑤가이(上:22)	戀	나즈까시우(上:21) → 시다우(上:23)
恥	하즈까시(上:21) → 하쑤가시이(上:23)	確實	다시까나(上:24) → 다시가나(上:25)
愚	오로까(上:24) → 오로가나(上:26)	躁	고고로미싀까이(上:24) → 기쎄와시이(上:26)
癡	오로소까(上:24) → 오로가나(上:26)	閑談	시즈까니가다루(上:25) → 세겐싸나시(上:27)
嗽	히소까니가다루(上:26) → 소소노가수(上:28)	應	싄까도(上:28) → 오우씨루(上:30)
臣	신까(上:35) → 신가(上:38)	短	미싀가이(下:31) → 미씨가이(下:28)
難	무즈까시(下:34) → 무두가시이(下:32)	秘	히소까(下:35) → 가구수(下:32)
幽	가스까(下:37) → 가수가(下:35)	竊	히소까니(下:42) → 히소가니(下:39)
單子	단깐(上:37) → 가기두게(下:39)	愎	단끼나(上:24) → 단기나(上:26)
樂	오모시로꾸(上:23) → 다노시무(上:25)	動	우꼬꾸(上:29) → 우고구(上:31)
開	히라꾸(下:30) → 히라구(下:27)	重	오모꾸(下:31) → 오모이(下:28)
悉	고도꼬도꾸(下:27) → 고도고도구(下:34)	乾	기와꾸(下:41) → 기와구(下:38)
設	호뽀꼬시(下:41) → 모우게루(下:39)	使酒	스이꾜우(上:42) → 수이기요우(上:45)
西瓜	스이꽈(下:7) → 스이구와(下:6)		

'ㄸ'

脫	따쯔(上:46) → 짜두(上:49)	天	뗀(上:1) → 덴(上:1)
更點	고우뗀(上:5) → 없음	得	예떼(下:34) → 에루(下:31)
仰勒	오시떼(下:45) → 없음	乙	기노또(上:6) → 기노도(上:6)
丁	히노또(上:6) → 히노도(上:6)	巳	즈지노또(上:6) → 즈지노도(上:6)
辛	니노또(上:6) → 기노도(上:6)	癸	미스노또(上:6) → 미쑤노도(上:6)
雇工	야도이우또(上:15) → 야도이쎄도(上:16)	鬱	우또시(上:21) → 웃도시이(上:22)
從容	유루리또(下:46) → 없음	尋常	우가또(下:47) → 없음
寄生	야또리기(下:28) → 야쏘리끼(下:25)		

'ㅉ'

七月	시찌똬쯔(上:3) → 시지깍두(上:3)	八月	하찌똬쯔(上:3) → 없음
狂	기찌까이(上:50) → 기까지까우(上:58)	質	시찌(上;56) → 없음
汝	소찌(下:33) → 난씨(下:30)	八幡山	하찌반(下:53) → 없음
雪	셰쯔(上:2) → 세두(上:2)[40]		

위의 예들은 표제 한자에 대한 일본어 음이나 훈(대역어)을 우리 국자로 적은 것이다. 『倭語類解』에서 이와 같은 각자 병서 표기로 경음을 나타낸 것인데, 이들의 사용은 어떤 규칙에 따라 일률적으로 적용된 통일성이 없다. 예컨대 'ㄲ'의 '까'는 대개가 형용동사나 형용사의 어간 일부가 'か' 된소리로 발음된다고 '까'로 표기했는데, 이것이 모든 경우에 공통적으로 적용되지 않았다. 같은 조건에서

40) 『倭語類解』에서 일본어 'つ'는 우리말 표기로는 모두 '쯔'를 사용했다. 이는 『日語類解』에서 '두'가 되었다.

'까'가 아닌 '가'로 적힌 예들을 들어보면 다음과 같다.

明 아기라가(上:6) → 아가루이(上:5)

暢 하례야가(上:21) → 하례야가(上:22)

凸 나가다가(上:8) → 나가짜가(上:8)

速 스미야가(下:34) → 하야이(下:32)

緩 유루야가(下:34) → 유루이(下:32)

溫 아다다가(上:6) → 아다다가이(上:5)

平 다이라가(下:37) → 다이라가(下:34)

饒 유다가(上:40) → 유다가(上:37)

僅 와스가(下:42) → 와쓰가(下:39)

위의 예들은 형용동사 및 형용사 어간으로 'か'를 가진 것인데 된소리인 '까'로 표기되어야 할 조건을 갖춘 것이지만 '가'로 표기한 것이다.

또한 '꾸'의 경우도 마찬가지로 앞의 예에서 대체로 형용사의 연용형 어미나 부사 형태인 'く'가 '꾸'로 표기된 것인데, 아래의 예에서는 동일한 음운론적, 문법론적 환경을 가졌음에도 '구'로 표기되었다.

多 오우구(下:31) → 오우이(下:28)

暫 시바라구(下:34) → 시빠라구(下:32)

堅 가다구(下:36) → 가다이(下:33)

如 ꥵᅩ도구(下:41) → ᄭᅩ도시(下:38)

1. 牙音의 청음과 탁음

牙音의 濁音은, 吳音에서는 カ行 탁음(ガ行音)[41]으로, 漢音에서는 カ行 清音으로 읽었다. 예컨대, '求'는 グ와 キウ로, '群'은 グン과 クン으로, '勤'은 ゴン과 キン으로, '權'은 ゴン과 ケン으로, '强'은 ガウ와 キャウ로, '極'은 ゴク과 キョク 등으로, 앞의 오음에 반드시 濁点을 찍어 탁음임을 표시했다. 이를『倭語類解』

41) 일본어에서 カ행의 탁음은 연구개 통비음인 [ŋ]과 연구개 파열음인 [g]로 나뉜다. 양자는 異音(allophone)으로 분포상 어중과 어두에서 실현되는 차이가 있고, 전자는 후자보다 다소 연한 음으로 인식되고 있다.

와 『日語類解』에서 비교해 보면, 전자에서는 탁음인 경우 초성에 ‘ㅇ’을 병기하여 ‘ᅁ’으로 적었는데,[42] 이것이 『日語類解』에 오면 어김없이 ‘ㅅ’을 병기하여 ‘ᄭ’으로 바뀌었다. 따라서 『日語類解』의 일본 한자음에 나타나는 ㅅ합용 병서는 이것이 된소리를 표시하기 위한 것이 아니라 탁음을 나타낸 것이다. 일본어의 음운 체계에서 청탁의 구별은 있어도 평음과 경음, 유기음의 대립은 존재하기 않기 때문에 이들을 구별할 필요가 없었다.[43]

牙	ᅁᅡ(上:16)>ᄭᅡ(上:17)	牙婆	ᅁᅡ하(上:15)>ᄭᅡ하(上:16)
象牙	쇼우ᅁᅡ(下:8)>쏘우ᄭᅡ(下:7)	芽	ᅁᅡ(下:6)>ᄭᅡ(下:4)
鵝	ᅁᅡ(下:21)>ᄭᅡ(下:18)	我	ᅁᅡ(下:33)>ᄭᅡ(下:30)
壑	ᅁᅡ구(上:7)>ᄭᅡ구(上:7)	樂	ᅁᅡ구(上:43)>ᄭᅡ구(上:46)
街	ᅁᅡ이(上:8)>ᄭᅡ이(上:7)	亥	ᅁᅡ이(上:7)>ᄭᅡ이(上:7)
亥時	ᅁᅡ이시(上:6)>ᄭᅡ이씨(上:5)	刈	ᅁᅡ이(下:3)>ᄭᅡ이(下:1)
艾	ᅁᅡ이(下:31)>ᄭᅡ이(下:27)	巖	ᅁᅡᆫ(上:7)>ᄭᅡᆫ(上:7)
顔	ᅁᅡᆫ(上:16)>ᄭᅡᆫ(上:16)	含	ᅁᅡᆫ(上:49)>ᄭᅡᆫ(上:52)
含錫	ᅁᅡᆫ샤구(下:8)>ᄭᅡᆫ시야구(下:7)	雁	ᅁᅡᆫ(下:20)>ᄭᅡᆫ(下:17)
眼膜	ᅁᅡᆫ마구(上:51)>ᄭᅡᆫ마구(上:54)	眼鏡	ᅁᅡᆫ계이(下:13)>ᄭᅡᆫ기요우(下:11)
斜眼	샤ᅁᅡᆫ(上:51)>시야ᄭᅡᆫ(上:54)	瘧疾	ᅁᅣ구시쯔(上:50)>ᄭᅵ야구시두(上:53)
迎	ᅁᅨ이(上:42)>ᄭᅨ이(上:45)	原	ᅁᅨᆫ(上:7)>ᄭᅨᆫ(上:7)
源	ᅁᅨᆫ(上:9)>ᄭᅨᆫ(上:9)	言	ᅁᅨᆫ(上:24)>ᄭᅨᆫ(上:26)
空言	고우ᅁᅨᆫ(上:25)>구우ᄭᅨᆫ(上:27)	嚴	ᅁᅨᆫ(上:39)>ᄭᅨᆫ(上:42)
弦	ᅁᅨᆫ(上:40)>ᄭᅨᆫ(上:43)	元	ᅁᅨᆫ(下:40)>ᄭᅨᆫ(下:37)

42) 『倭語類解』에는 간혹 탁음 표시가 ‘ᄓ’로 된 것이 나온다. 屐 ᄓᅨ다(上:46) → ᄭᅨ다(上:49), 半 나가ᄖᅡ(下:31) → 나가ᄲᅡ(下:28)에서는 판하의 오기나 오각으로 생각된다(浜田 敦 외:1959).

43) 『倭語類解』 전편 중 일본어 독음 표기를 위해 두음에서 각자 병서를 사용한 것은 ‘天’(뗀 上:1)과 ‘脫’(따쯔 上:46), ‘天流河’(뗀류우ᅁᅡ와 下:53), 그리고 마지막 음절에 나타나는 ‘ツ’를 ‘쯔’로 표기한 것밖에 없다. 결국 일본어의 독음을 위해 국어의 경음인 각자 병서나 합용 병서는 물론, 유기음(ㅋ, ㅌ, ㅍ)의 표기도 사용되지 않았다.

諺文	ᅁᅦᆫᄜᅮᆫ(上:38)>ᄭᅦᆫᄲᅮᆫ(上:41)	幻術	ᅁᅦᆫ슈쯔(上:15)>ᄭᅦᆫ씨유두(上:16)
午	ᅁᅩ(上:7)>ᄭᅩ(上:6)	午時	ᅁᅩ시(上:5)>ᄭᅩ씨(上:5)
午飯	ᅁᅩ한(上:46)>ᄭᅩ한(上:49)	悟	ᅁᅩ(上:21)>ᄭᅩ(上:23)
五	ᅁᅩ(上:54)>ᄭᅩ(上:57)	五月	ᅁᅩ계쯔(上:3)>ᄭᅩᄭᅡ두(上:3)
齬	ᅁᅩ(下:23)>ᄭᅩ(下:20)	護	ᅁᅩ(下:33)>ᄭᅩ(下:30)
誤	ᅁᅩ(下:34)>ᄭᅩ(下:31)	蜈蚣	ᅁᅩ고우(下:27)>ᄭᅩ고우(下:23)
獄	ᅁᅩ구(上:53)>ᄭᅩ구(上:57)	梧桐	ᅁᅩ도우(下:27)>ᄭᅩ도우(下:24)
傲	ᅁᅩ우(下:35)>ᄭᅩ우(下:32)	號令	ᅁᅩ우레이(上:39)>ᄭᅩ우레이(上:42)
臥	ᅁᅪ(上:31)>ᄭᅮ와(上:34)	瓦	ᅁᅪ(上:32)>ᄭᅮ와(上:35)
願	ᅁᅪᆫ(上:28)>ᄭᅮ완(上:30)	鐵丸	데쯔ᅁᅪᆫ(上:41)>데두ᄭᅮ완(上:44)
漁	ᅁᅭ(下:38)>ᄭᅵ요(下:35)	漁船	ᅁᅭ센(下:18)>ᄭᅵ요센(下:15)
玉	ᅁᅭ구(下:8)>ᄭᅵ요구(下:6)	玉黍	ᅁᅭ구쇼(下:4)>ᄭᅵ요구시요(下:3)
語澁	ᅁᅭ시우(上:26)>ᄭᅩ시유우(上:28)	譫語	센ᅁᅭ(上:26)>센ᄭᅩ(上:28)
付耳語	후ᅀᅵᅁᅭ(上:26)>후씨ᄭᅩ(上:28)	凝	ᅁᅭ우(上:10, 48)>ᄭᅵ요우(上:11, 51)
業	ᅁᅭ우(下:38)>ᄭᅵ요우(下:35)	隅	ᅁᅮ(上:11)>ᄭᅮ우(上:11)
愚	ᅁᅮ(上:24)>ᄭᅮ(上:26)	具	ᅁᅮ(下:40)>ᄭᅮ(下:38)
郡	ᅁᅮᆫ(上:34)>ᄭᅮᆫ(上:37)	群	ᅁᅮᆫ(下:42)>ᄭᅮᆫ(下:39)
牛	유우(下:22)>ᄭᅵ유우(下:19)	儀	ᅁᅵ(上:19)>ᄭᅵ(上:20)
蟻	ᅁᅵ(下:26)>ᄭᅵ(下:23)	宜	ᅁᅵ(上:27)>ᄭᅵ(上:30)
僞	ᅁᅵ(下:34)>ᄭᅵ(下:31)	疑	ᅁᅵ(下:35)>ᄭᅵ(下:32)
議論	ᅁᅵ론(上:25)>ᄭᅵ론(上:27)	雜技	소우ᅁᅵ(下:19)>싸두ᄭᅵ(下:16)
齦	ᅁᅵᆫ(上:16)>ᄭᅵᆫ(上:17)	吟	ᅁᅵᆫ(上:37)>ᄭᅵᆫ(上:40)
銀	ᅁᅵᆫ(下:7)>ᄭᅵᆫ(下:6)	銀河	ᅁᅵᆫ가(上:1)>ᄭᅵᆫ가(上:1)
銀口魚	ᅁᅵᆫ고우교(下:24)>ᄭᅵᆫ고우ᄭᅵ요(下:21)	銀杏	ᅁᅵᆫ교우(下:6)>ᄭᅵᆫ기요우(下:5)

水銀　스이ᅌᅵᆫ(下:8)>수이씬(下:6)

위의 예들은 『倭語類解』와 『日語類解』에서 'ᅌ' 탁음 표기가 온전하게 지켜진 것이다. 이들은 대체로 오음에서나 한음에서나 유성음인 탁음으로 읽히는 공통점이 있다. 자료 중 몇 가지 예를 들어 설명하면, '牙', '芽'(ゲ/ガ), '我', '鵝'(ガ 공통), '樂'(ガク 공통), '刈'(ゲ/ガイ), '顔', '諺'(ゲン/ガン), '雁', '眼'(ゲン/ガン), '巖'(ガン, ゲン 공통), '艾'(ガイ, ゲイ 공통), '原'(グヮン/ゲン), '瘧'(ギャク 공통), '迎'(ギャウ/ゲイ), '願'(グヮン/ゲン), '言', '嚴'(ゴン/ゲン), '元'(グヮン/ゲン), '午'(ゴ 공통), '悟', '鼯', '誤', '蜈', '梧', '五', '傲'(ゴ 공통), '獄'(ゴク/ギョク), '隅', '愚'(グ 공통), '儀', '宜', '僞', '疑', '議'(ギ 공통), '吟', '銀'(ゴン/ギン) 등으로, 이들의 독음은 오음이나 한음에서 모두 탁음이거나 탁음의 공통음이었다. 이 중에서도 '瘧'(ᅌᅣ구), '臥', '瓦'(ᅌᅪ), '源', '丸'(ᅌᅪᆫ), '漁'(ᅌᅭ), '玉'(ᅌᅭ구), '語'(ᅌᅭ), '凝', '業'(ᅌᅭ우), '牛'(ᅌᅲ우) 등은 拗音이 들어간 이중 모음의 탁음으로, 『日語類解』에서는 각각 '씨야', '쑤와', '씨요', '씨유' 등으로 표기함으로써 음절이 늘어났다.

그러나 아래의 예들은 본래 청음인데 『倭語類解』에서 탁음으로 잘못 표기했다가 『日語類解』에서 교정한 것이다.

谷　ᅌᅩ구(上:8)>고구(上:7)　　　恰　ᅌᅩ우(下:41)>고우(下:38)

梟　ᅌᅭ우(下:21)>기요우(下:18)

'谷'은 오 · 한음 공통으로 청음 'コク'였고, '恰'도 본래 한음인 'コウ'(カフ)였으며, '梟'도 오 · 한음 공통의 'キョウ'(ケウ)였던 것이 탁음으로 오기되었다가 후일 바로잡은 것이다.

額	가구(上:16)>ᄭᅡ구(上:16)	學	가구(上:37)>ᄭᅡ구(上:40)
盖	가이(上:41, 下:14)>ᄭᅡ이(上:44, 下:11)	害	가이(下:35)>ᄭᅡ이(下:32)
岸	간(上:7)>ᄭᅡᆫ(上:7)	磑	가이(下:3)>ᄭᅡ이(下:2)
屐	계기(上:46)>ᄭᅦ기(上:49)	逆	계기(下:35)>ᄭᅵ야구(下:33)
逆風	계기후우(上:1)>ᄭᅵ야구후우(上:1)	隙	계기(下:39)>ᄭᅦ기(下:36)
鯨	계이(下:25)>ᄭᅦ이(下:20)	月	계쯔(上:1, 3)>ᄭᅨ두(上:1, 3)
月夜	계쯔야(上:5)>ᄭᅦ두야(上:5)	今月	긴계쯔(上:3)>곤ᄭᅨ두(上:3)
絃	겐(上:43)>ᄭᅦᆫ(上:46)	眩暈	(겐운)(上:50)>ᄭᅦᆫ운(上:53)
濠	고우(上:34)>ᄭᅩ우(上:37)	盒	고우(下:13)>ᄭᅩ우(下:11)
合	고우(下:35)>ᄭᅩ우(下:33)	强弓	고우규우(上:40)>ᄭᅩ우기유우(上:43)
强盜	고우도우(上:15)>ᄭᅩ우도우(上:16)	明後日	메이고우ᅀ이쯔(上:4)>미요우ᄭᅩ니지(上:4)
限	곤(下:39)>ᄭᅦᆫ(下:36)	畵	과(上:38)>ᄭᅮ와(上:41)
畵員	과인(上:36)>ᄭᅮ와인(上:39)	外	과이(上:11)>ᄭᅮ와이(上:11)
外方	과이호우(上:34)>ᄭᅮ와이호우(上:37)	翫	관(下:35)>ᄭᅮ완(下:32)
魚	교(下:24)>ᄭᅵ요(下:21)	嘵	교우(上:5)>ᄭᅵ요우(上:4)
仰	교우(上:29)>ᄭᅵ요우(上:31)	懊	교우(上:39)>ᄭᅩ우(上:42)
戱子	기시(上:15)>ᄭᅵ시(上:16)	女妓	쇼기(上:15)>ᄶᅵ요ᄭᅵ(上:16)

그런가 하면 『倭語類解』에서 청음으로 표기된 것이 『日語類解』에 와서 탁음으로 바뀐 예들도 적지 않다.

이들은 『倭語類解』에서 청음으로 표기한 것이 『日語類解』에서 탁음으로 교체된 것인데,[44] 그 유형을 들어 보면 다음과 같다.

---

44) 자료 중 한국 국립중앙도서관 소장본에는 후일에 가필한 것도 있다. 學(가구→ㅇ가구), 害(가이→ㅇ가이), 鯨(계이→ㅇ계이), 隙(계기→ㅇ계기), 仰(교우→ㅇ교우)로 교정되었고, 强弓에서

첫째, 오음과 한음이 공통으로 탁음인데 『倭語類解』에서 청음으로 오기한 것을 『日語類解』에 와서 탁음으로 바로잡은 것. 예 중에 '額', '岸', '逆', '月', '外', '磑', '魚', '仰', '翫' 등이 보인다. 이들 한자의 독음을 오음과 한음, 관용음으로 나누어 살펴보자.[45)]

한자	오음	한음	관용음	한자	오음	한음	관용음
額	ギャク	ガク		岸	ガン	ガン	
逆	ギャク	ゲキ		月	ガチ (グワチ) ・ガツ (グヮツ)	ゲツ	
外	ゲ	ガイ (グヮイ)	唐音 ウイ	磑	ガイ(ゲ)	ガイ (グヮイ)	
魚	ギョ	ギョ		仰	ゴウ (ガウ)	ギョウ (ギャウ)	コウ (カウ)
翫	ガン (グヮン)	ガン (グヮン)					

이들이 모두 탁음으로 읽힌 것은 일본 고어의 어휘 자료에서도 쉽게 볼 수 있다(額: 額堂(がくだう), 額無垢(がくむく), 岸: 岸芷汀蘭(がんしていらん)(范中淹, 岳陽樓記), 逆: 逆臣(ぎゃく(げき)しん), 逆罪(ぎゃくざい), 月: 月宮(げっきゅう), 月琴(げっきん), 月光(ぐゎっくゎう), 外: 外典(げでん), 外都(ぐゎいど), 魚: 魚袋(ぎょたい), 魚道(ぎょだう), 仰: 仰天(ぎゃうてん)(文明本節用集) 등).

둘째, 오음은 탁음이고 한음은 청음인데 『倭語類解』에서 한음인 청음을 취한 것이 『日語類解』에서 오음인 탁음으로 교체된 것. 상기 예 중에는 '學', '害', '强',

强의 독음은 본래부터 '꾜'로 되어 있다. 성희경(2003:243-244)은 『倭語類解』와 『日語類解』의 한자음을 비교하면서 잘못된 표기의 수정 예와 잘못 수정된 예를 여러 개 들었다. 이들은 『日語類解』에서 당시 통용된 한자음을 기준으로 수정한 것(예: 月 계쯔→쎄두, 岸 간→깐)과 『日語類解』에 바른 한자음을 일본 한자음으로 존재하지 않는 한자음으로 잘못 수정한 것(예: 早 소우→지요우, 謀 뽀우→뽀)이다.

45) 관용음이란 일본에서 관습적으로 사용해 온 일본 특유의 독음이다.

'紘', '眩', '合', '濠', '後', '妓' 등이 이에 해당된다. 이들 한음은 모두 청음이다.[46]

한자	오음	한음	관용음	한자	오음	한음	관용음
學	ガク	カク・ コウ (カウ)		害	ガイ	カイ (カツ)	
强	ゴウ (ガウ)	キョウ (キャウ) [47]		紘	ゲン	ケン	
眩	ゲン	ケン		合	ゴウ (ガフ)	コウ (カフ)	カッ (ガッ)
濠	ゴウ (ガウ)	コウ (カウ)		後	ゴ	コウ	ゴ[48]
妓	ギ	キ					

셋째, 『倭語類解』에서 오음과 한음의 공통음인 청음으로 표기한 것을 『日語類解』에서 관용음인 탁음으로 교체한 것. 예로는 '盖', '畵', '曉'가 있다.

한자	오음	한음	관용음	한자	오음	한음	관용음
盖	カイ	コウ (カフ)	ガイ	畵	エ/カク (クヮク)	カイ (クヮイ) カク (クヮク)	ガ(グヮ)
曉	キョウ (ケウ)	キョウ (ケウ)	ギョウ (ゲウ)				

넷째, 『倭語類解』에서 청음인 한음으로 표기한 것이 『日語類解』에서 탁음인 관용음으로 교체된 것. 자료 중에는 '屐', '隙', '鯨', '盒', '戱'가 있다.

46) 이들 부류는 국립도서관본 『倭語類解』에서 탁음으로 가필 교정한 예가 많이 눈에 띈다.

47) '强　교우(上:23)>기요우(上:25)'에서는 한음인 청음이 그대로 유지되고 있다.

48) '後　고우(上:11)>고우(上:11)'에서는 한음인 청음이 그대로 유지되고 있다.

한자	오음	한음	관용음	한자	오음	한음	관용음
屐		ケキ	ゲキ	隙		ケキ	ゲキ
鯨		ケイ	ゲイ	盒		コウ (カフ)	ゴウ (ガフ)
戲	ケ	キ	ゲ(ギ)				

다섯째, 『倭語類解』에서 청음으로 잘못 표기한 것을 『日語類解』에서 탁음인 오음·관용음으로 교정한 것. 字音 '限', '畵'가 이에 해당된다.

한자	오음	한음	관용음	한자	오음	한음	관용음
限	ゲン	カン		畵	エ/カク (クワク)	カイ (クワイ) カク (クワク)	ガ(グワ)

여섯째, 『倭語類解』에서 청음으로 바르게 표기된 것을 『日語類解』에서 관용음의 영향으로 탁음으로 잘못 교정한 것. 예 중에는 '怯'이 있다.

한자	오음	한음	관용음	한자	오음	한음	관용음
怯	コウ (コフ)	キョウ (ケフ)	ゴフ				

이 밖에도 '建 견(下:39)>겐(下:36)'에서는 오음과 한음이 각각 'コン'과 'ケン'으로 청음이었으나 『倭語類解』에서 청음의 자음 '곤'이 '견'으로 잘못 표기되어 교정한 것도 있다.

2. 舌音의 청음과 탁음

일본 한자음에서 舌音의 濁音은 吳音에서는 タ行 濁音(ダ行음)으로 읽고 漢音에서는 タ行 淸音으로 읽는다. 예를 들면 '地'는 오음에서는 탁음인 ヂ, 한음에서는 청음인 チ로 읽는다. 이 밖에도 '土'(ド/ト), '大'(ダイ/タイ), '堂'(ダウ/タウ),

'長'(ヂャウ/チャウ), '重'(ヂウ/チョウ), '洞'(ドウ/トウ), '定'(ヂャウ/テイ), '沈'(ヂン/チン), '直'(ナイ/ダイ) 등에서 오음과 한음은 탁음과 청음으로 변별되어 읽혔다.

唾	ᄔᅡ[49](上:20)>ᄯᅡ(上:21)	糯	ᄔᅡ(下:4)>ᄯᅡ(下:2)
許諾	교ᄔᅡ구(上:25)>기요ᄯᅡ구(上:27)	奈	ᄔᅡ이(下:7)>ᄯᅡ이(下:5)
灘	ᄔᅡᆫ(上:9)>단(上:9)	緞	ᄔᅡᆫ(下:9)>ᄯᅡᆫ(下:7)
粧段	소우ᄔᅡᆫ(下:9)>시요우ᄯᅡᆫ(下:7)	閃段	센ᄔᅡᆫ(下:9)>센ᄯᅡᆫ(下:7)
溺	ᄔᅦ기(上:10)>ᄯᅦ기(上:10)	泥	ᄔᅦ이(上:8)>ᄯᅦ이(上:8)
泥濘	ᄔᅦ이네이(上:8)>ᄯᅦ이네이(上:8)	鮎魚	ᄔᅦᆫ교(下:25)>덴ᄭᅵ요(下:22)
奴	ᄔᅩ(上:15)>ᄯᅩ(上:16)	怒	ᄔᅩ(上:23)>ᄯᅩ(上:25)
讀	ᄔᅩ구(上:37)>도구(上:40)	毒蛇	ᄔᅩ구샤(하:26)>ᄯᅩ구시야(下:23)
海棠花	가이ᄔᅩ우과(下:29)>가이ᄯᅩ우구와(下:26)	訥	ᄔᅩ쯔(上:26)>도두(上:28)
鈍	ᄔᅩᆫ(上:24)>ᄯᅩᆫ(上:26)		

위의 예들은 『倭語類解』에서 ダ행 탁음으로 읽던 字音을 『日語類解』에서도 그대로 탁음으로 유지한 형이다. 우리말 표기로 보면 'ᄔ'이 'ᄯ'으로 바뀐 것이다. 『倭語類解』에서 탁음을 표기하기 위해 사용한 합용 병서 'ᄔ'형이 『日語類解』에서는 'ᄯ'형으로 바뀌었지만 두 가지 표기는 같은 탁음의 표시였다. 'ᄯ'은 앞에서 논한 'ㅆ'과 마찬가지로 된소리를 표기하기 위한 것이 아니라 탁음을 표시하기 위한 합용이다.

예들 중에는 오음 ナ行음과 한음 ダ行음 중, 한음을 취하여 『倭語類解』에 올린 것이 많고, 그것이 『日語類解』에 이어지는 양태를 보였다('泥'(ナイ/デイ), '糯'(ナ/ダ), '奈'(ナイ/ダイ), '溺'(ニヤク/デキ), '鮎'(ネン/デン), '奴', '怒'(ヌ/ド), '諾'(ナク/ダ

49) 『倭語類解』 金澤本에는 청음인 '다'로 오기되어 있다.

ク)). 또 한편 독음이 공통으로 청음이었지만 『倭語類解』에서 탁음인 관용음을 선택한 경우도 있고('灘'(カン・タン(공통)/ダン(관용음)), 탁음과 청음으로 대립하는 오음과 한음 중 오음의 탁음을 선택한 경우도 있다('段', '緞'(ダン/タン), '毒', '讀'(ドク/トク), '鈍'(ドン/トン), '棠'(ダウ/タウ)). 이와는 달리 한음의 탁음을 취한 예도 없지 않다('鮎'(デン), '訥'(ドツ)). 특히 '鮎魚'의 '鮎'은 한음인 탁음(デン)을 『倭語類解』에서 바르게 썼는데도 『日語類解』에서 청음(テン)으로 바꾸어 교정의 오류를 낳은 것이고, '訥'(ドツ)는 청음인 관용음(トツ)으로 교체된 것이다.

그런 한편 『倭語類解』에서 청음으로 표기되었던 것을 『日語類解』에 와서 탁음으로 교체한 아래 예들도 있다.[50)]

打	다(上:30)>ᄯᅡ(上:33)	拿	다(上:53)>ᄯᅡ(上:56)
柁	다(下:18)>ᄯᅡ(下:15)	駝	다(下:22)>ᄯᅡ(下:19)
濁	다구(上:10)>ᄯᅡ구(上:10)	濁酒	다구슈(上:47)>ᄯᅡ구시유(上:50)
擡	다이(上:30)>ᄯᅡ이(上:33)	臺	다이(上:33)>ᄯᅡ이(上:36)
大	다이(下:31)>ᄯᅡ이(下:28)	大豆	다이도우(下:4)>ᄯᅡ이ᄯᅮ(下:2)
奪	다쯔(下:36)>ᄯᅡ두(下:33)	脫	따쯔(上:46)>ᄯᅡ두(上:49)
彈	단(上:43)>ᄯᅡᆫ(上:46)	彈子	단시(上:41)>ᄯᅡᆫ시(上:44)
閑談	간단(上:25)>간ᄯᅡᆫ(上:27)	弄談	로우단(上:25)>로우ᄯᅡᆫ(上:27)
決斷	계쯔단(上:54)>게두ᄯᅡᆫ(上:57)	題	데이(上:37)>ᄯᅡ이(上:40)
第	데이(下:42)>ᄯᅡ이(下:39)	電	덴(上:2)>ᄯᅦᆫ(上:1)
殿	덴(上:31)>ᄯᅦᆫ(上:34)	田	덴(下:2)>ᄯᅦᆫ(下:1)
田夫	덴후(上:14)>ᄯᅦᆫ부(上:15)	傳	덴(下:36)>ᄯᅦᆫ(下:33)
傳喝	덴가쯔(上:25)>ᄯᅦᆫ가두(上:27)	螺鈿	라덴(下:8)>라ᄯᅦᆫ(下:6)

50) 이 중에도 국립중앙도서관본에는 후일에 가필한 것이 있다. 駝(다→따), 濁(다구→따구), 奪(다쯔→따쯔), 彈子(단시→딴시), 弄談(로우단→로우딴), 傳喝(덴가즈→뗀가쯔), 鈍(돈→똔), 呑(돈→똔) 등이다. 이 중 탁음 표기가 'ㅇㄷ'으로 혼란을 보이는 예가 있다(奪(ꥵᅡ쯔), 電(ꥵᅦᆫ), 同(ꥵᅩ우)).

土 도(上:8)>또(上:8)

洞 도우(上:8)>또우(上:7)

童 도우(上:14)>또우(上:15)

瞳 도우(上:16)>또우(上:17)

銅 도우(下:8)>또우(下:6)

同 도우(下:34)>또우(下:31)

同壻 도우셰이(上:12)>또우세이(上:13)

道士 도우시(上:14)>또우시(上:14)

祠堂 시도우(上:52)>시또우(上:55)

鈍 돈(上:40)>똔(上:43)

獨 도구(上:15)>또구(上:16)

洞嘯 도우쇼우(上:43)>또우시요우(上:46)

小童 쇼우도우(上:14)>시요우또우(上:15)

動 도우(上:29)>또우(上:31)

烏銅 우도우(下:8)>우또우(下:7)

同謀 도우뽀우(上:56)>또우볘우(上:59)

同生 도우쇼우(上:12)>또우세이(上:13)

古道魚 고도우교(下:25)>고또우끼요(下:22)

臀 돈(上:17)>뗀(上:18)

呑 돈(上:49)>똔(上:52)

이러한 교체 변화는 다음 몇 가지 유형으로 나뉜다.

첫째, 『倭語類解』에서 한음인 청음으로 읽던 것이 『日語類解』에서는 오음의 탁음으로 교정된 것.51)

한자	오음	한음	관용음	한자	오음	한음	관용음
柁	ダ	タ		駝	ダ	タ	
唾	ダ	タ		擡	ダイ	タイ	
臺	ダイ	タイ		大	ダイ(ダ)	タイ(タ)	
題	ダイ	テイ		第	ダイ	テイ	
奪	ダチ·ダツ	タツ		脫	ダツ	タツ·タイ	

51) 성희경(2003:241-242)에서는 '唾', '奪', '脫', '土', '銅' 등의 추이가 관용음으로 교체된 것으로 되어 있다.

彈	ダン	タン		談	ダン	タン	
斷	デン	タン		電	デン	テン	
田	デン (ヂン)	テン (チン)		傳	デン	テン	
殿	デン	テン		鈿	デン	テン	
土	ド	ト		同	ドウ	トウ	
銅	ドウ	トウ		道	ドウ (ダウ)	トウ (タウ)	
堂	ドウ (ダウ)	トウ (タウ)		童	ドウ	トウ	
動	ドウ	トウ	ド	獨	ドク	トク	
鈍	ドン	トン					

둘째, 『倭語類解』에서 한음의 청음을 취했던 것이 『日語類解』에서는 관용음의 탁음으로 바뀐 것.[52]

한자	오음	한음	관용음	한자	오음	한음	관용음
濁	ジョク (ヂョク)	タク	ダク	洞		トウ	ドウ
瞳		トウ	ドウ	臀		トン	デン

셋째, 『倭語類解』에서 오음과 한음이 동일한(공통) 청음이었던 것을 『日語類解』에서 탁음인 관용음으로 바꾼 것.

한자	오음	한음	관용음	한자	오음	한음	관용음
打	チョウ (チャウ) ・タ	テイ(タ)	ダ	呑	トン	トン	ドン

52) 성희경(2003:239-240)은 '濁', '洞', '瞳'을 한음에서 오음으로 바뀐 것으로 분류했다.

넷째, 『倭語類解』에서 한음의 탁음으로 바로 된 것을 『日語類解』에서 청음으로 잘못 교정한 것.

한자	오음	한음	관용음	한자	오음	한음	관용음
拿	ナ(ニョ)	ダ(ヂョ)					

특히 舌音의 청탁음(비음)은 吳音에서는 ナ行음, 漢音에서는 タ行 탁음(ダ行음)으로 읽혔는데, 예를 들어 '尼'의 오음은 'ニ'이고 한음에서는 'ヂ'이다. 이러한 예들은 이 밖에도 '奴'(ヌ/ド), '女'(ニョ/ヂョ), '內'(ナイ/ダイ), '男'(ナン/ダン), '納'(ナフ/ダフ), '辱'(ニク/ヂョク) 등이 있다. 이는 한자 聲母 중 泥母에서 나타나는 두 자음의 차이이다.[53] 이 자료에 표제어로 등장하는 예들을 찾아보자.

內 따이(上:11)>나이(上:11)　　大內 다이따이(上:31)>다이나이(上:34)

納 또우(下:3)>노우(下:2)

'內'와 '納'은 『倭語類解』에서 한음인 タ行 탁음(ダ)을 취하였다가 『日語類解』에서는 오음인 ナ行음으로 바꾼 것이다.

한자	오음	한음	관용음	한자	오음	한음	관용음
內	ナイ・ ヌイ	ダイ		納	ノウ (ナフ)	ドウ (ダフ)	トウ (タフ)・ ナン・ ナツ・ナ

53) 중국 한자음의 聲母에 한정하여 오음과 한음의 살펴보면 같은 聲母가 다른 두자음으로 대립되는 것은 明母, 泥母, 日母, 匣母에서 각각 マ-バ, ナ-ダ, ナ-ザ, ガヮ-カ로 나타나고, 동일 성모가 청탁의 차이를 보이는 것으로는 並母, 定母, 群母에서 그러하다(バ-ハ, ダ-タ, ガ-カ).

3. 脣音의 청음과 탁음

다음 예들은 『倭語類解』에서 순음의 청탁음이 한음인 バ行음으로 읽힌 예이다. 이들은 『日語類解』에 와서도 그대로 지켜졌다. 따라서 우리말 표기 'ㅃ'> 'ㅽ'을 유지하고 있다.[54] 'ㅽ'의 합용 병서는 된소리를 나타낸 것이 아니라 탁음을 표시했던 것으로 전술한 바와 같다.

馬	빠(下:22)>ᄲᅡ(下:19)	馬上才	빠쇼우사이(上:15)>ᄲᅡ씨요우사이(上:16)
理馬	리빠(上:15)>리ᄲᅡ(上:15)	赤馬	세기빠(下:22)>세기ᄲᅡ(下:19)
駿馬	슌빠(下:22)>시윤ᄲᅡ(下:19)	馬銜	빠간(下:17)>ᄲᅡ간(下:14)
麥	빠구(下:4)>ᄲᅡ구(下:2)	瑪瑙	빠노우(下:8)>ᄲᅡ노우(下:6)
買	빠이(上:55)>ᄲᅡ이(上:58)	賣	빠이(上:55)>ᄲᅡ이(上:58)
中媒	쥬우빠이(上:41)>지유우ᄲᅡ이(上:44)	晩	빤(上:5)>ᄲᅡᆫ(上:5)
米	뻬이(下:4)>ᄲᅦ이(下:2)	粳米	고우뻬이(下:4)>고우ᄲᅦ이(下:2)
襪	뻬쯔(上:46)>ᄲᅦ두(上:49)	暮	뽀(上:5)>ᄲᅩ(上:4)
墓	뽀(上:52)>ᄲᅩ(上:55)	墨	뽀구(上:38)>ᄲᅩ구(上:41)
水墨	스이뽀구(上:38)>수이ᄲᅩ구(上:41)	鶩	뽀구(下:20)>ᄲᅩ구(下:17)
睦	뽀구(下:33)>ᄲᅩ구(下:30)	牧場	뽀구죠우(上:34)>ᄲᅩ구씨요우(上:38)
痲木	마뽀구(上:50)>마ᄲᅩ구(上:53)	柴木	사이뽀구(下:29)>사이ᄲᅩ구(下:25)
漱木	소우뽀구(上:44)>소우ᄲᅩ구(上:47)	望	뽀우(上:4, 29)>ᄲᅩ우(上:3, 32)
戊	뽀우(上:6)>ᄲᅩ우(上:6)	卯	뽀우(上:7)>ᄲᅩ우(上:6)

54) 순음 'ㅂ'의 탁음 표기에서도 'ᄖ'의 오기가 『倭語類解』에 나온다(輸 하고ᄖᅮ(下:19) → 하고ᄲᅮ(下:16)). 이에 대해 浜田 敦 외(1959)는 판하를 쓸 때 오기이거나 판각을 새길 때 오각이 있을 수 있다고 했다. 그런데 貧 무사ᄖᅩ루(上:23) → 무사ᄲᅩ루(上:25)나 譫語 우즈즈고도ᄖᅡ(上:26) → 다와ᄭᅩ도(上:28)에서 나타나는 'ᄖᅩ'와 'ᄖᅡ'의 오기는 국립도서관본에는 '뽀'와 '빠'로 바로 표기되어 있다.

卯時 ᄜᅩ우시(上:5)>ᄲᅩ우씨(上:5)　母 ᄜᅩ우(上:12)>ᄲᅩ(上:12)
祖母 소ᄜᅩ우(上:12)>소ᄲᅩ(上:12)　眸 ᄜᅩ우(上:16)>ᄲᅩ우(上:17)
謀 ᄜᅩ우(上:22)>ᄲᅩ(上:24)[55]　同謀 도우ᄜᅩ우(上:56)>ᄯᅩ우ᄲᅩ우(上:59)
茅 ᄜᅩ우(下:31)>ᄲᅩ우(下:27)　茅屋 ᄜᅩ우오구(上:31)>ᄲᅩ오오구(上:34)
某 ᄜᅩ우(下:33)>ᄲᅩ우(下:30)　忙 ᄜᅩ우(下:40)>ᄲᅩ우(下:38)
芒魚 ᄜᅩ우교(下:25)>ᄲᅩ우ᄭᅵ요(下:21)　拇指 ᄜᅩ우시(上:17)>ᄲᅩ지(上:18)
紗帽 샤ᄜᅩ우(上:45)>시야ᄲᅩ우(上:48)　帽子 ᄜᅩ우시(上:45)>ᄲᅩ우시(上:48)
苗 ᄜᅭ우(下:2)>ᄲᅵ요우(下:1)　猫 ᄜᅭ우(下:23)>ᄲᅵ요우(下:20)
武 ᄜᅮ(上:38)>ᄲᅮ(上:31)　舞 ᄜᅮ(上:42)>ᄲᅮ(上:45)
侮 ᄜᅮ(下:35)>ᄲᅮ(下:32)　文 ᄜᅮᆫ(上:37)>ᄲᅮᆫ(上:40)
文籍 ᄜᅮᆫ세기(上:37)>ᄲᅮᆫ세기(上:40)　明文 메이ᄜᅮᆫ(上:56)>메이ᄲᅮᆫ(上:59)
聞 ᄜᅮᆫ(上:25, 下:38)>ᄲᅮᆫ(上:27, 下:35)　眉 ᄜᅵ(上:16)>ᄲᅵ(上:17)
美 ᄜᅵ(上:19)>ᄲᅵ(上:20)　尾 ᄜᅵ(下:24)>ᄲᅵ(下:20)
悶 ᄜᅵᆫ(上:21)>ᄲᅵᆫ(上:22)　敏 ᄜᅵᆫ(上:23)>ᄲᅵᆫ(上:24)

이들 字音의 오음과 한음, 그리고 관용음을 살펴보자.

한자	오음	한음	관용음	한자	오음	한음	관용음
馬	メ・マ	バ		麥	ミヤク	バク	
瑪	メ	バ		買	マイ	バイ	
賣	メ	バイ		媒		バイ・ボウ	
晚	マン	バン		米	マイ	ベイ	メ
襪		バツ	ベツ	暮		ボ	
墓		ボ		墨	モク	ボク	
鶩		ボク(ブ)		睦		ボク	
牧	モク	ボク		木	モク	ボク	

55) 교체 과정에서 장음인 'ウ'(우)가 탈락되었다.

望	モウ (マウ)	ボウ (バウ)		戊		ボウ	ボ
卯		ボウ (バウ)		母	モ	ボ	
眸	ム	ボウ		謀	ム	ボウ	
矛	ム	ボウ		某	ム	ボウ· バイ	
忙		ボウ (バウ)		亡	モウ (マウ· ム)	ボウ (バウ· ブ)	
芒	モウ (マウ)	ボウ (バウ)		拇		ボウ	ボ
帽	モウ	ボウ		苗	メウ	ビョウ (ベウ)	
猫	ミョウ (メウ)	ビョウ (ベウ)		武	ム	ブ	
舞	ム	ブ		侮	ム	ブ	
文	モン	ブン		聞	モン	ブン	
眉	ミ	ビ		美	ミ	ビ	
尾	ミ	ビ		憫	ミン	ビン	
敏	ミン	ビン					

일본 한자음에서 脣音의 清濁音은 吳音에서는 マ行음으로, 漢音에서는 バ行음으로 읽는 것이 일반적인 경향이었다. 이는 중국 한자음의 성모 중 明母의 대립을 나타낸 것이다. 예를 들면 '馬'는 오음에서는 'マ' 또는 'メ'이고, 한음에서는 'バ'로 읽힌다. 위의 한자음에서 오음은 マ행음 일색이고 한음은 모두 バ행음이다. 자료의 예 외에도 '妙'(メウ/ベウ), '万'(マン/バン), '文'(モン/ブン), '末'(マツ/バツ), '物'(モツ/ブツ) 등의 한자음에서 이와 같은 대응이 현저하다.

그런데도 위의 예들은 『倭語類解』, 『日語類解』 할 것 없이 오음을 취하지 않은 부류들이다. 오음의 マ行음이 전혀 반영되지 않았고, 한음의 バ行음으로 독음되고 있다. 다만 오음에서 マ行음을 가지지 않는 '鼻'와 '琵'에서는 청음인 'ヒ'의 대립이 있지만 양 자료에서 오음인 'ビ'로만 읽혔다(鼻: ビ(오음), ヒ(한음)/琵: ビ(오음), ヒ(한음)).[56]

鼻 삐(上:16)>씨(上:17)
鼻孔 삐고우(上:16)>씨고우(上:17)
鼻涕 삐데이(上:20)>씨데이(上:21)
鼻梁 삐료우(上:16)>씨리요우(上:17)
琵琶 삐하(上:43)>씨하(上:46)

한편 아래의 순음들은 『倭語類解』에서는 한음의 バ行음으로 읽었고, 『日語類解』에서는 오음의 マ행음으로 읽은 예이다.[57] 이들의 독음을 분석하면 다음과 같다.

妹 빠이(上:12)>마이(上:13)
妹夫 빠이후(上:12)>마이후(上:13)
每 빠이(上:27)>마이(上:30)
埋 빠이(上:52)>마이(上:55)
迷 뻬이(上:24)>메이(上:26)
木瓜 뽀구과(下:7)>모구구와(下:5)
木棉 뽀구멘(下:10)>모구멘(下:8)
沐浴 뽀구요구(上:44)>모구요구(上:47)
夢 뽀우(上:31)>무(上:34)
毛 뽀우(下:24)모우(下:20)
玳瑁 다이뽀우(下:8)>다이마이(下:6)
霧 뿌(上:2)>무(上:2)
無 뿌(下:34)>무(下:31)
無名指 뿌메이시(上:17)>무메이시(上:18)

56) 이처럼 문자상으로 보면 양국어는 순음에서 음운적 통일성이 일탈되어 있다. 즉 국어에서 순음의 3항적 상관속인 'ㅂ'-'ㅃ'-'ㅍ'은 일본어에서는 'ハ'와 'バ'의 대립이 아니라 'パ'와 'バ'의 대립이다. 현대 일본어에서 양순 파열음은 무성 パ(p)와 유성 バ(b)의 대립으로 이루어지며, 'ハ'는 후두 마찰음으로 무성 [h]와 유성 [ɦ]로 대립된다. 역사적으로 반탁음은 室町 말기에 キリシタン 자료에서 처음 보인 것으로, 옛날에는 청음의 4성을 표시하기 위해 쓴, 음성학적이 아닌 문자적인 명칭이다. 그 유래는 促音이나 撥音 뒤의 ハ行 자음이 /p/음화하는 것을 나타낸 것으로, 이는 결국 소멸한 /p/가 부활한 불규칙적인 것으로 이해된다. 『日語類解』에 나오는 반탁음은 모두 10개소로 대부분이 촉음(つ)과 발음(ん) 뒤에 쓰였고, 우리 문자 표기는 어김없이 'ㅂ'으로 되어 있다('絕壁'(ぜっぺき/쎗베기(上:8), '八方'(はっぽう/합보우(上:12), '六腑'(ろっぷ/롭부(上:19), '念'(しんぱい/신바이(上:23), '專'(もっぱら/몹바라(上:31), '放砲'(はっぽう/합보우(上:44), '鳥銃'(てっぽう/뎁보우(上:44), '鐵丸'(てっぽうだま/뎁보우따마(上:44), '袴'(ぱっち/밧지(上:48), '鼈'(すっぽん/숩본(下:22)). 이 중 '鳥銃'의 훈은 '鐵砲'를 잘못 기재한 것으로 보인다.

57) 『倭語類解』에서도 국립도서관본에는 후일에 가필한 것이 나온다. '每'(빠이→마이), '無'(뿌→무), '務'(뿌→무).

務	ᄜᅮ(下:37)>무(下:35)	問	ᄜᅩᆫ(上:25)>몬(上:26)
問情	ᄜᅩᆫ셰이(上:36)>몬씨요우(上:39)	味	ᄜᅵ(上:48)>미(上:51)

한자	오음	한음	관용음	한자	오음	한음	관용음
妹	マイ	バイ		毎	マイ	バイ	
埋	マイ	バイ		迷	メイ	ベイ	
木	モク	ボク		沐	モク	ボク	
毛	モウ	ボウ		夢	ム	ボウ	
瑁	マウ·マイ	バイ·ボウ(バウ)	マイ	霧	ム	ブ	
務	ム	ブ		無	ム	ブ	
問	モン	ブン		味	ミ	ビ	

그런가 하면 이와는 역방향으로 교체된 것도 있다.

梅花	마이과(下:29)>ᄡᅡ이구와(下:26)	梅實	마이ᅀᅵ쯔(下:7)>ᄡᅡ이씨두(下:5)
皿	메이(下:12)>ᄡᅦ이(下:10)	忘	모우(上:19)>ᄡᅩ우(上:22)
亡	모우(上:40)>ᄡᅩ우(上:43)	䖟	모우(下:26)>ᄡᅩ우(下:23)
妄	모우(下:34)>ᄡᅩ우(下:31)	物	모쯔(下:32)>ᄡᅮ두(下:34)

이들은 오음의 マ행 계열에서 한음의 バ행 계열로 교체된 것이다.

한자	오음	한음	관용음	한자	오음	한음	관용음
梅	マイ	バイ		皿	(ミャウ)	メイ・ベイ	
忘	モウ(マウ)	ボウ (バウ)		亡	モウ (マウ・ム)	ボウ (バウ・ブ)	
㾃	(ミャウ)	ボウ (バウ)		妄	モウ(マウ)	ボウ (バウ)	
物	モチ・モツ	ブツ					

이 중 '皿'은 한음으로 'メイ'와 'ベイ'로 읽히지만 본래 오음은 'ミャウ'였고, '㾃'도 오음은 'ミャウ'였다.

한편 국어의 표기로 보면 'ㅂ'>'ㅄ'으로 바뀐 예도 적지 않다.

伐	바쯔(上:39)>ᄡᅡ두(上:42)	罰	바쯔(上:53)>ᄡᅡ두(上:56)
筏	바쯔(下:18)>ᄡᅡ두(下:15)	別	베쯔(上:28)>ᄡᅦ두(上:31)
瞥	베쯔(上:30)>ᄡᅦ두(上:32)	襪	베쯔(上:46)>ᄡᅦ두(上:49)
鼈	베쯔(下:25)>ᄡᅦ두(下:22)	辯	벤(上:26)>ᄡᅦᆫ(上:28)
辦	벤(上:42)>ᄡᅦᆫ(上:45)	僕	보구(上:15)>ᄡᅩ구(上:16)
鞭	벤(下:17)>ᄡᅦᆫ(下:15)	便	벤(下:41)>ᄡᅦᆫ(下:38)
撲	보구(下:38)>ᄡᅩ구(下:36)	卜者	보구샤(上:15)>ᄡᅩ구시야(上:15)
瀑布	보구호(上:9)>ᄡᅡ구후(上:9)	乏	보우(下:36)>ᄡᅩ우(下:33)
佛	보쯔(上:53)>ᄡᅮ두(上:56)	分付	분후(上:25)>ᄡᅮᆫ후(上:27)
鬢	빈(上:16)>ᄡᅵᆫ(上:17)		

이들이 앞의 경우와 다른 점은 한음이 ハ행의 음이라는 것과 오음이나 관용음이 バ행으로, ハ행의 청탁 대립으로 ハ→バ의 교체를 보여준다는 점이다. 그런데 우리말 표기는 ハ행음을 'ㅎ'(h)으로 표시하지 않는 점이 후술할 ハ행음과 다르다. 이 중에서도 '佛'은 오음의 'ブツ'를 'ボツ'로 잘못 표기한 것을 『日語類解』에서 수정했다.

한자	오음	한음	관용음	한자	오음	한음	관용음
伐	バツ	ハツ		罰	バチ (バツ)	ハツ	
筏		ハツ	バツ	別	ベチ	ヘツ	ベツ
瞥		ヘツ	ベツ	襪		バツ	ベツ
鼈		ヘツ	ベツ	辯	ベン	ヘン	
辨	ベン	ヘン		僕	ボク	ホク	
鞭		ヘン	ベン	便	ベン	ヘン	ビン
撲		ホク	ボク	ト	ホク	ホク	ボク
瀑	ボウ (ホク)	ホウ (ボク)	バク	乏	ボウ (ボフ)	ホウ (ハフ)	
佛	ブツ	フツ (ホツ)		鬢		ヒン	ビン

脣音의 濁音은 吳音에서는 ハ行 濁音(バ행음)으로 읽고, 漢音에서는 清音(ハ행음)으로 읽는 것이 원칙이다. 예컨대, '夫'는 오음에서 ブ, 한음에서 フ로 읽었는데, 이 외에도 '伴'(バン/ハン), '貧'(ビン/ヒン), '煩'(ボン/ハン), '凡'(ボン/ハン), '奉'(ブ/ホウ), '平'(ビャウ/ヘイ), '白'(ビャク/ハク) 등의 예가 그러하다. 자료 중 몇 곳에서 이와 같은 반영례가 나타난다. 결과적으로 『倭語類解』에서는 오음을, 『日語類解』에서는 한음을 취한 것이다.

霹靂	베기레기(上:2)>헤기레기(上:1)	杯	바이(下:13)>하이(下:11)[58]
髮	바쯔(上:17)>하두(上:17)	白髮	하구바쯔(上:17)>하구하두(上:17)
妄發	모우바쯔(上:26)>모우하두(上:28)	逼迫	보우하구(上:39)>히두하구(上:42)
分	분(上:55)>훈(上:58)	巫	뿌(上:15)>후(上:16)
服	뿌구(上:52)>후구(上:55)		

'霹'은 오음이나 한음에서 탁음이 아닌 청음이다. 이를 잘못 표기하여 'ベキ'가 된 것을 청음인 'ヘキ'로 교정했다. '杯'도 청음인데 'バイ'로 오기했다가 'ハイ'로 바로잡았다. 'バイ'는 일본어 '乾杯(カンパイ), '金杯(キンパイ), '獻杯'(ケンパイ)나 '一杯(イッパイ), '十杯(ジッパイ) 등의 반탁음 'パ'에, 또는 한국어 어두음 /p/에 유추된 것이 아닌가 한다. '髮'과 '發'에서도 탁음인 'バツ'로 오기했다가 청음인 'ハツ'로 교정한 것으로, 이것도 東音인 /pal/에 영향을 입은 것으로 추량된다(發 발홀 발(下:42), 髮 터럭 발(上:17)). '逼'은 청음도 한음도 아닌 것으로 잘못 표기된 것을 관용음(청음)으로 교정했다. '分'과 '服'에서는 오음(탁음, ブン·ブク)에서 한음(청음, フン·フク)로 교체된 것이고, '巫'에서는 한음(탁음 ブ)에서 관용음(청음 フ)로 바뀐 것이다.

한자	오음	한음	관용음	한자	오음	한음	관용음
霹	ヒャク	ヘキ		杯		ハイ	
髮	ホチ· ホツ	ハツ		發	ホチ· ホツ	ハツ	
逼	ヒキ	ヒョク	ヒツ	分	ブン	フン	ブ
巫	ム	ブ	フ	服	ブク	フク	

그러나 이와 같은 독음의 교체가 반대 방향으로 진행된 경우도 있다. 『倭語類解』에서 한음을, 『日語類解』에서 오음을 취한 유들이다. 이들의 독음을 차례대로 분석하면 다음과 같다.

58) 성희경(2003:214-217)은 '杯'와 함께 '髮'(上:17), '發'(下:42)에서 일본 한자음의 표기가 각각 '바이', '바쯔', '바쯔'로 적힌 것은 본래 이들의 일본 한자음은 오음이나 한음에서 청음인 'ハイ', 'ハツ', 'ハツ'였는데, 조선 한자음의 두자음인 /p/에 간섭을 받아 그렇게 된 것이라고 했다. 이들은 『日語類解』에서 '하이', '하두', '하두'로 교정되었다.

純朴 슌하구(上:23)>씨윤샢구(上:24)

拔 하쯔(上:39)>쌔두(上:43)

病 혜이(上:50)>쎄요우(上:53)

曝 호우(上:7)>샢우(上:6)

房 호우(上:31)>샢우(上:34)

防 호우(上:39)>샢우(上:42)

膀胱 호우고우(上:18)>샢우고우(上:19)

花盆 과혼(下:30)>구와쏀(下:26)

蚊帳 훈죠우(下:13)>쑨지요우(下:10)

倍 하이(上:56)>쌔이(上:59)

盤 한(下:13)>싼(下:11)

暴風 호우후우(上:2)>소보우후우(上:1)

傍 호우(上:11)>샢우(上:11)

艙房 소우호우(下:18)>소우샢우(下:15)

紡 호우(下:10>샢우(下:8)

盆 혼(下:14)>쏀(下:11)

蚊 훈(下:26)>쑨(下:24)

한자	오음	한음	관용음	한자	오음	한음	관용음
朴	フ・ホク	ハク・ホク	ボク	倍	バイ	ハイ	
拔	バチ・バツ	ハツ		盤	バン	ハン	
病	ビョウ(ビャウ)	ヘイ		暴	ボ・ボウ(バウ)・ボク	ホウ(ハウ)・ホク・ハク	バク
曝	ボク	ホク	バク	傍	バウ	ハウ	
房	ボウ(バウ)	ホウ(ハウ)		防	ボウ(バウ)	ホウ(ハウ)	
紡	ハウ	ホウ(ハウ)	ボウ(バウ)	膀	ボウ(バウ)	ホウ(ハウ)	
盆	ボン	ホン		蚊	モン	ブン	

이들은 대체로 『倭語類解』에서는 한음인 ハ행 청음을 취했고, 『日語類解』에서는 이를 오음인 バ행 탁음으로 교체한 것이다. 이 중에서도 '朴'과 '紡'은 청음에서 탁음으로 바뀌었지만 후자가 오음이 아닌 관용음이다. 또한 '蚊'에서는 다른 예들처럼 ハ行의 청탁 대립이 아니라 マ행과 ハ행의 탁음과의 대립인데도 불구하고 『倭語類解』에서 '훈'으로 기재한 것은 오류이다. 이에 대해 국립도서관 소장본에는 '房': '호우'를 '뽀우'로, '盆': '혼'을 '뽄'으로, '蚊': '훈'을 '뿐'으로 가필되어 있다.

어쨌든 일본어에서 ハ행음과 バ행음, 또한 パ행의 반탁음의 대립은 음성학적인 것이 아닌 문자적인 대응으로 인식할 수밖에 없는 것으로, 일본 음운의 역사적 변화의 산물이다.[59]

4. 齒音의 청음과 탁음

일본어 한자음 ザ行(ザ, ジ, ズ, ゼ, ゾ)을 표기하는 데 우리 한글의 반치음자 'ㅿ'가 쓰였다. 일본의 한자음에서 齒音의 濁音은 吳音에서는 サ行의 濁音(ザ行音), 漢音에서는 サ行의 淸音으로 읽는다. 따라서 『倭語類解』에서 'ᅀᅡ', 'ᅀᅵ', 'ᅀᅮ', 'ᅀᅦ', 'ᅀᅩ'와 같은 표기는 일본어의 탁음을 나타낸 것이고, '사', '시', '스', '셰', '소'는 청음을 표시한 것이다. 이것이 『日語類解』에 오면 'ㅿ'의 소실로 초성에 'ㅅ'을 병기하여 된시옷을 씀으로써 탁음을 나타낸 것이다. 그러므로 ㅆ은 경음 표기가 아니라 탁음 표시이다. 일본어 한자의 독음에서 탁음과 청음이 양용되는 것은 음운의 변화에 따른 것도 있지만 오음과 한음의 차이로 인한 것이 많다. 예컨대, '士'는 오음으로는 'ジ', 한음으로는 'シ'이며 이를 우리말로 전사하면 각각 'ᅀᅵ'와 '시'가 된다. 이 밖에 청탁이 대립하는 예로는 '神'(ジン/シン), '存'(ゾン/ソン), '成'(ジャウ/セイ), '上'(ジャウ/シャウ). '贈'(ゾウ/ソウ), '述'(ジュツ/シュツ) 등이 있다.

---

59) 일본어의 ハ行 頭音은 원시 일본어에서 /p/이었고, 上代에 와서 /Φ/이었으며, 근세 이후에는 'フ' 이외의 위치에서는 /h/로 변화해 왔다. 이를 '脣音退化' 현상이라 부른다. 따라서 ハ와 バ는 청탁으로 정연한 대응 관계를 이루지 않는다. 半濁音 'パ'行은 'ハ'와 'バ'行에 기생하고 있는 것으로, 음성학적으로는 'バ'와 대립하고 있다(北原保雄 1999:28-29).

坐 ᅀᅡ(上:29)>싸(上:31)

殘忍 ᅀᅡᆫᅀᅵᆫ(上:24)>싼닌(上:25)

賊 ᅀᅩ구(上:39)>쏘구(上:42)

粟 ᅀᅩ구(下:4)>쏘구(下:3)

屬公 ᅀᅩ구고우(上:54)>쏘구고우(上:57)

隨 ᅀᅳ이(上:29)>쑤이(上:32)

字 ᅀᅵ(上:13)>씨(上:14)

耳 ᅀᅵ(上:16)>씨(上:17)

石耳 셰기ᅀᅵ(下:5)>세기씨(下:3)

辭 ᅀᅵ(上:24, 42)>씨(上:26, 46)

自 ᅀᅵ(上:27, 28)>씨(上:29, 30)

珥 ᅀᅵ(上:44)>씨(上:47)

似 ᅀᅵ(下:41)>씨(下:39)

磁石 ᅀᅵ셰기(下:9)>씨세기(下:7)

實 ᅀᅵ쯔(下:6)>씨두(下:4)

結實 계쯔ᅀᅵ쯔(下:3)>게두씨두(下:1)

膩子 ᅀᅵ지(上:44)>씨시(上:47)

鳥餌 됴ᅀᅵ(下:22)>지요우씨(下:19)

幼兒 이우ᅀᅵ(上:13)>요우씨(上:14)

塵 ᅀᅵᆫ(上:8)>씬(上:8)

腎 ᅀᅵᆫ(上:18)>씬(上:19)

刃 ᅀᅵᆫ(上:40)>씬(上:43)

盡 ᅀᅵᆫ(下:37)>씬(下:34)

尋 ᅀᅵᆫ(下:42)>씬(下:40)

讒 ᅀᅡᆫ(上:26)>싼(上:28)

族 ᅀᅩ구(上:13)>쏘구(上:13)

烏賊魚 우ᅀᅩ구교(下:25)>우쏘구찌요(下:22)

俗 ᅀᅩ구(下:39)>쏘구(下:37)

雜技 ᅀᅩ우끼(下:19)>씨두찌(下:16)

滋 ᅀᅵ(上:10)>씨(上:10)

八字 하쯔ᅀᅵ(上:41)>하지씨(上:44)

耳麰 ᅀᅵ뽀우(下:4)>씨쏘우(下:2)

付耳語 후ᅀᅵ욕(上:26)>후씨쇽(싱:28)

而 ᅀᅵ(上:26)>씨(上:28)

自稱 ᅀᅵ쇼우(上:26)>씨시요우(上:28)

寺 ᅀᅵ(上:52)>씨(上:55)

粥 ᅀᅵ구(上:46)>씨유구(上:50)

柔 ᅀᅵ우(上:23)>씨유우(上:24)

確實 가구ᅀᅵ쯔(上:24)>가구씨두(上:25)

不實 후쯔ᅀᅵ쯔(下:2)>후씨두(下:1)

松栮 쇼우ᅀᅵ(下:5)>시요우씨(下:3)

孩兒 가이ᅀᅵ(上:13)>까이씨(上:14)

壬 ᅀᅵᆫ(上:7)>씬(上:6)

人 ᅀᅵᆫ(上:14)>씬(上:14)

仁 ᅀᅵᆫ(上:22)>씬(上:23)

訊 ᅀᅵᆫ(上:54)>씬(上:57)

甚 ᅀᅵᆫ(下:40)>씬(下:38)

人中 ᅀᅵᆫ쥬우(上:16)>씬지유우(上:17)

乞人	기쯔ᅀᅵᆫ(上:15)>고두씬(上:16)	小人	쇼우ᅀᅵᆫ(上:14)>시요우씬(上:14)
常人	ᅀᅭ우ᅀᅵᆫ(上:14)>씨요우씬(上:15)	主人	ᅀᅲᅀᅵᆫ(上:42)>시유씬(上:45)
市人	시ᅀᅵᆫ(上:14)>시씬(上:15)	眞荏	신ᅀᅵᆫ(下:4)>신씬(下:3)

또한 /j/ 拗音의 개입으로 상향 이중 모음이 된 표기 'ᅀᅣ', 'ᅀᅭ', 'ᅀᅲ'도 나타난다. 이들은 『日語類解』에서는 요음이 성음절화하여 독립 음절을 형성하는 변화를 했고, 그러면서도 요음이 그대로 남아 있는 특징을 보였다. 즉 'ᅀᅣ'는 '씨아'로 바뀐 것이 아니라 /j/를 그대로 유지하는 '씨야'가 된 것이다. 'ᅀᅭ → 씨요', 'ᅀᅲ → 씨유'에서도 마찬가지이다. 아마도 선행하는 /j/의 순행 동화로 실현되는 음을 그대로 표기한 것이리라 생각된다. 다만 'ᅀᅨ'는 'ㅖ'의 단모음화로 인해 'ᅀᅨ → 쎄'가 되었다.[60]

惹	ᅀᅣ(下:41)>씨야구(下:39)	弱	ᅀᅣ구(上:23)>씨야구(上:25)
若	ᅀᅣ구(上:27)>씨야구(上:29)	稅	ᅀᅨ이(下:3)>쎄이(下:2)
噬	ᅀᅨ이(下:24)>쎄이(下:21)	舌	ᅀᅨ쯔(上:16)>쎄두(上:17)
絕	ᅀᅨ쯔(下:36)>쎄두(下:33)	然	ᅀᅨᆫ(上:27)>쎈(上:30)
喘	ᅀᅨᆫ(上:50)>쎈(上:53)	女	ᅀᅭ(上:42)>씨요(上:45)
處女	쇼ᅀᅭ(上:41)>시요씨요(上:44)	女妓	ᅀᅭ기(上:15)>씨요끼(上:16)
女息	ᅀᅭ소구(上:13)>씨요소구(上:13)	鋤	ᅀᅭ(下:2)>씨요(下:1)
汝	ᅀᅭ(下:33)>씨요(下:30)	褥	ᅀᅭ구(上:46)>씨요구(上:49)
除夕	ᅀᅭ셰기(上:4)>씨요세기(上:4)	常	ᅀᅭ우(下:39)>씨요우(下:37)
拯	ᅀᅭ우(上:30)>씨요우(上:33)	釀	ᅀᅭ우(上:47)>씨요우(上:50)
蒸	ᅀᅭ우(上:48)>씨요우(上(51)	繩	ᅀᅭ우(下:15)>씨요우(下:13)

60) ㅖ>ㅔ의 단모음화는 두음이 'ㅿ'인 경우에만 국한된 것이 아니다. '兄'(계이(上:12)>게이(上:12)), '迎'(ᅇᅨ이(上:42)>ᅇᅦ이(上:45)), '嶺'(례이(上:7)>레이(上:7)), '明'(몌이(上:6)>메이(上:5)), '別'(볘쯔(上:28)>뻬두(上:31)), '夕'(셰기(上:5)>세기(上:4)), '易'(예기(上:55)>에기(上:59)), '壁'(혜기(上:32)>헤기(上:35)) 등 전반에서 나타난다. 이는 일본어 'エ'段 모음을 한글로 이중 모음인 'ㅖ'로 전사하였기 때문인데, 'テ'와 'ネ'는 단모음인 'ㅔ'로 썼다(조강희 2001:124-134, 이동욱 2008:60-66).

繩床	ᅀᅭ우ᅀᅭ우(下:12)>씨요우시오우(下:10)	火繩	과ᅀᅭ우(上:41)>구와씨요우(上:44)
證人	ᅀᅭ우ᅀᅵᆫ(上:56)>시요우닌(上:59)	儒生	ᅀᅲ쇼우(上:14)>씨유세이(上:14)
戌	ᅀᅲ(上:39)>씨유(上:42)	熟	ᅀᅲ구(上:48)>씨유구(上:51)
熟水	ᅀᅲ구스이(上:46)>씨유구수이(上:49)	熟鰒	ᅀᅲ구후구(下:25)>씨유구하구(下:22)
充	ᅀᅲ유(下:32)>씨유우(下:29)	戌	ᅀᅲ쯔(上:7)>시유두(上:7)
鉞	ᅀᅲ쯔(上:32)>씨유두(上:35)	朮	ᅀᅲ쯔(下:5)>씨유두(下:4)
戌時	ᅀᅲ쯔시(上:6)>찌유두씨(上:5)	幻術	옌ᅀᅲ쯔(上:15)>쩬씨유두(上:16)
順	ᅀᅲᆫ(上:23)>씨윤(上:24)	順流	ᅀᅲᆫ리우(上:10)>씨윤리유우(上:10)
鶉	ᅀᅲᆫ(下:21)>씨윤(下:18)	準	ᅀᅲᆫ(下:42)>씨윤(下:39)
閏月	ᅀᅲᆫ계쯔(上:3)>씨윤쎄두(上:3)	純朴	ᅀᅲᆫ하구(上:23)>씨윤ᄲᅡ구(上:24)
純直	ᅀᅲᆫ죠구(上:23)>씨윤지요구(上:24)		

위의 예 중 『倭語類解』에서 치음 サ行의 탁음들은 대개가 우리말 반치음자 'ㅿ'로 표기되었다. 이는 『日語類解』에 와서 같은 탁음 표기인 'ㅆ'로 바뀌었지만, 이와 같은 틀을 벗어난 표기도 눈에 띈다.

ㅿ → ㅅ

蠶	ᅀᅡᆫ(下:26)>산(下:23)	麝	ᅀᅣ(下:23)>시야(下:20)
髯	ᅀᅦᆫ(上:17)>센(上:17)	染	ᅀᅦᆫ(下:10)>센(下:8)
層函	ᅀᅩ우간(下:12)>소우간(下:10)	曾祖母	ᅀᅩ우소ᄲᅩ우(上:12)>소우소ᄲᅩ(上:12)
曾孫	ᅀᅩ우손(上:13)>소우손(上:13)	諸	ᅀᅭ(上:28)>시오(上:31)
初	ᅀᅭ(下:34)>시오(下:31)	證人	ᅀᅭ우ᅀᅵᆫ(上:56)>시요우닌(上:59)
蠢	ᅀᅲᆫ(下:27)>시윤(下:24)	觸	ᅀᅩ구(下:24)>시요구(下:21)
示	ᅀᅵ(下:37)>시(下:35)	侵	ᅀᅵᆫ(上:39)>신(上:42)

ㅿ → ㄴ

軟草色	센(셴)소우쇼구(下:11)>난소우시요구(下:9)	饒	ᅀ쇼우(下:40)>니요우(下:37)
乳母	ᅀ슈얜우(上:13)>니유우샏(上:13)	尼	ᅀ시(上:53)>니(上:56)
日	ᅀ시쯔(上:1, 4)>니지(上:1, 4)	日暈	ᅀ시쯔운(上:1)>니지운(上:1)
日記	ᅀ시쯔기(上:38)>니지기(上:41)	忍	ᅀ신(上:21)>닌(上:23)
殘忍	산ᅀ신(上:24)>싼닌(上:25)		

이들의 양태를 분석하면 다음 몇 개 부류로 나뉜다.

첫째, 『倭語類解』에서 탁음인 吳音을 취했고 『日語類解』에서는 청음인 한음으로 바뀐 경우이다. 이러한 한자의 字音에는 '麝', '蠶', '曾', '諸', '充', '示' 등이 있다.

한자	오음	한음	관용음	한자	오음	한음	관용음
蠶	ザン	サン		麝	ジャ	シャ	
曾	ゾウ	ソウ	ゾ	諸	ジョ (ショ)	ショ	
充	ジュウ	シュウ		示	ジ	シ·キ	

둘째, 『倭語類解』에서 청음을 탁음으로 잘못 표기한 것을 『日語類解』에서 청음으로 교정한 것('證', '層', '觸', '初', '蠢', '侵').

한자	오음	한음	관용음	한자	오음	한음	관용음
證	シャウ· ショウ	セイ· ショウ		層		ソウ	
觸	ソク(ス)	ショク (ソウ)		初	ショ	ソ	
蠢	シュン	シュン		侵	シン	シン	

셋째, 『倭語類解』에서 탁음인 한음으로 표기한 것을 『日語類解』에서 관용음인 탁음으로 교체하거나('染'), 탁음으로 옳게 표기한 것을 청음으로 잘못 교정한 것('髥').

한자	오음	한음	관용음	한자	오음	한음	관용음
染		ゼン	セン	髥	ネン	ゼン	

넷째, 『倭語類解』에서 한음의 サ행 탁음(ザ행음)을 취했다가 『日語類解』에서는 오음의 ナ행음으로 바꾼 것('軟', '饒', '乳', '尼', '日', '忍').

한자	오음	한음	관용음	한자	오음	한음	관용음
軟	ナン	ゼン		饒	ニョウ (ネウ)	ジョウ (ゼウ)	
乳	ニュウ (ニウ)	ジユ		尼	ニ(ニチ・ナイ)	ジ (ヂ・ジツ・ヂツ)	ジ
日	ニチ	ジツ		忍	ニン	ジン	

이러한 예로는 자료 외에도 '兒'(ニ/ジ), '如'(ニヨ/ジヨ), '人'(ニン/ジン), '然'(ネン/ゼン), '柔'(ニウ/ジウ), '入'(ニフ/ジフ) 등이 있다.

그런데 『倭語類解』에서 청음으로 표기된 독음이 『日語類解』에 와서 탁음으로 바뀐 예도 적지 않다.

罪	사이(上:53)>싸이(上:56)	材	사이(下:28)>싸이(下:25)
暫	산(下:34)>싼(下:32)	長者	죠우샤(上:14)>지요우씨아(上:14)
雀	샤구(下:21)>씨야구(下:18)	孔雀	고우샤구(下:20)>고우씨야구(下:17)
情	셰이(上:22)>씨요우(上:23)	城	셰이(上:33)>씨요우(上:37)
前	셴(上:11)>쎈(上:11)	善	셴(上:23)>쎈(上:25)

全　센(下:31)>쎈(下:28)　　全鰒　셴후구(下:25)>쎈후구(下:22)

膳退　셴다이(上:42)>쎈다이(上:46)　　鏃　소구(上:40)>쏘구(上:44)

簇子　소구시(下:12)>쏘구시(下:10)　　續　소구(下:36)>쏘구(下:33)

憎　소우(上;23)>쏘우(上:25)　　藏　소우(下:12)>쏘우(下:10)

鋤　쇼(下:2)>씨요(下:1)　　上　쇼우(上:11)>씨요우(上:11)

乘　쇼우(下:19)>씨요우(下:16)　　象　쇼우(下:22)>쏘우(下:19)

象牙　쇼우까(下:8)>쏘우까(下:7)　　須　슈(上:26)>수(上:29)

樹　슈(下:27)>씨유(下:24)　　筍　슌(下:5)>씨윤(下:3)

馴　슌(下:24)>씨윤(下:21)　　蘂　스이(下:30)>쓰이(下:27)

時　시(上:5)>씨(上:5)　　時病　시혜이(上:50)>씨쎄요우(上:53)

壽　시우(上:19)>씨유(上:21)　　獸　시우(下:22)>씨유우(下:19)

次　시(下:42)>씨(下:39)　　次韻　시인(上:37)>씨인(上:40)

事　시(下:32, 33)>씨(下:29, 30)　　侍　시(下:33)>씨(下:30)

十　시우(上:55)>씨유우(上:58)　　十月　시우계쯔(上:3)>씨유우까두(上:3)

受　시우(下:36)>씨유(下:33)　　授　시우(下:36)>씨유(下:33)

粥　시구(上:46)>씨우구(上:50)　　沈香色　신고우쇼구(下:10)>씬고우시요구(下:9)

이들은 『倭語類解』에서 청음으로 표기된 것이 『日語類解』에서는 탁음으로 교정된 것인데, 그 독음의 형태를 살펴보면 다음과 같다.

한자	오음	한음	관용음	한자	오음	한음	관용음
罪	ザイ	サイ		材	ザイ	サイ	
暫	ザン	サン		者	シャ	シャ	サ
雀	サク	シャク	ジャク	情	ジョウ(ジャウ)	セイ	
城	ジョウ(ジャウ)	セイ		前	ゼン	セン	

善	ゼン	セン		全	ゼン	セン	
膳	ゼン	セン		鏃		ソク	ゾク
簇		ソウ·ソク	ゾク	續	ゾク	ショク	
憎	ソウ	ソウ	唐音 ス	藏	ゾウ (ザウ)	ソウ (サウ)	
鋤		ソ	ジョ	上	ジャウ	シャウ	
乘	ジョウ	ショウ		象	ゾウ (ザウ)	ショウ (シャウ)	
須	シュ	シュ	ス	樹	ジユ	シユ	
熟	ジュク	シュク		戌		シユツ	ジユツ
筍		シュン	ジュン	馴	ジユン	シユン	
蘂	ヌイ	ズイ		壽	ジュ	シュウ (シウ)	
時	ジ	シ		獸	シュ	シュウ (シウ)	ジュウ (ジウ)
次	シ	シ	ジ	事	ジ	シ	ズ
侍	ジ	シ		十	ジュウ (ジフ)	シュウ (シフ)	
受	ズ·ジュ	シュウ (シウ)		授	ジユ	シュウ (シウ)	
粥		シュク·イク		沈	ジン (ヂン)	チン·シン	

이들의 표기 변화는 대체로 두 가지로 설명된다. 하나는『倭語類解』에서 한음을 받아들여 청음을 썼던 것을『日語類解』에서는 오음의 탁음으로 바꾼 것이고, 또 하나는 관용음인 탁음으로 바꾼 것이다('筍', '雀', '鏃', '簇', '憎', '鋤', '戌', '獸', '次'). 그런데 표에서 보면 '者'와 '粥', '僧'은 탁음으로 교체할 수 없는 것인데, 이는 한국 한자음(東音)의 '쟈'와 '쥭'에 견인되어 동화된 것으로 보인다(術者(슐쟈)(上:15), 卜者(복쟈)(上:15), 粥(쥭 쥭)(上:47)).

요 약

이 장은 왜학서『倭語類解』와『日語類解』의 일련의 비교 연구로, 일본 한자음의 국어 표기 변화를 중심으로 논한 것이다.

주지하다시피 일본어의 한자 독음은 중국으로부터 전래된 시기에 따라 吳音과 漢音이 있고, 또한 일본 국내에서 관습적으로 익어온 관용음이 있다. 이 장에서는 200여 년간의 시간의 차이를 두고 편찬된 두 자료에서 일본 한자음 독음의 국어 표기 변화를 중심으로 분석했다. 특히 청음(무성음)과 탁음(유성음)에 주점을 두고 이들의 변화를 기술했다. 두 시기에서 청음과 탁음이 어떻게 국어 국자로 전사되었는지를 살펴보았다.

당시의 일본어 독음을 표기하기 위해 사용된 한글자는 'ㄱ', 'ㄴ', 'ㄷ', 'ㄹ', 'ㅁ', 'ㅂ', 'ㅅ', 'ㅇ', 'ㅈ', 'ㅎ' 등 10개 자음과 여기에다 탁음 표시로『倭語類解』에서는 'ㆁㄱ', 'ㄴㄷ', 'ㅁㅂ', 'ㅿ' 등이 추가되었고,『日語類解』에서는 'ㅅ' 합용에 따라 'ㅺ', 'ㅼ', 'ㅽ', 'ㅆ'이 더해졌다. 따라서 당시 일본어 자음 체계에서 음소가 아닌 실현음을 표시하기 위한 부분적인 된소리 표기 흔적을 제외하고는 된소리나 거센소리를 나타내기 위한 각자 병서 또는 합용 병서, 그리고 유기음인 'ㅊ', 'ㅋ', 'ㅌ', 'ㅍ' 등은 사용되지 않았다. 이는 일본어의 자음에 청탁의 대립은 있지만 성대 긴장이나 기식의 유무에 따른 평음과 경음, 격음의 변별적 대립은 없기 때문이다.

일본 한자음 중 오음과 한음의 차이는 여러 가지 점에서 규칙적인 대립을 보여준다. 그 중에서도 탁음과 청음의 대조는 매우 현저하다. 대체로 오음에서는 청음과 탁음의 구분이 분명했지만 한음에 와서는 그렇지 못했다. 이러한 현상은 중국 長安音에서 탁음의 청음화가 진행되었기 때문이다. 청음과 탁음의 구별은 파열음, 파찰음, 마찰음 등에서 나타나는데, 전통적인 중국의 韻學에 따르면 아음, 설음, 순음, 치음에서 그 대립이 드러난다.

『倭語類解』와 『日語類解』의 비교에서 청음이 탁음으로 교정된 것은 많으나 그 반대로 탁음을 청음으로 고쳐 쓴 예는 드물다. 이는 성음 자체가 청음에서 탁음화한 것도 있겠지만, 대체로 오음과 한음 중 어느 한자음을 취택했느냐에 달려있다고 할 수 있다. 『倭語類解』에서 청음으로 표시되었던 것이 『日語類解』에 와서 탁음으로 바뀐 것은 대개가 한음보다는 오음, 그리고 일본에서 특유하게 관용되던 관용음을 따랐기 때문인 것으로 여겨진다. 이처럼 한음에서 오음으로 바뀐 것은 일본 한자음의 역사적인 흐름으로 보면 역행되는 현상이다.[61]

양 자료에서 일본 한자음을 적은 국어 두자음의 표기 변화를 총괄하면 다음과 같은 양태를 드러낸다.

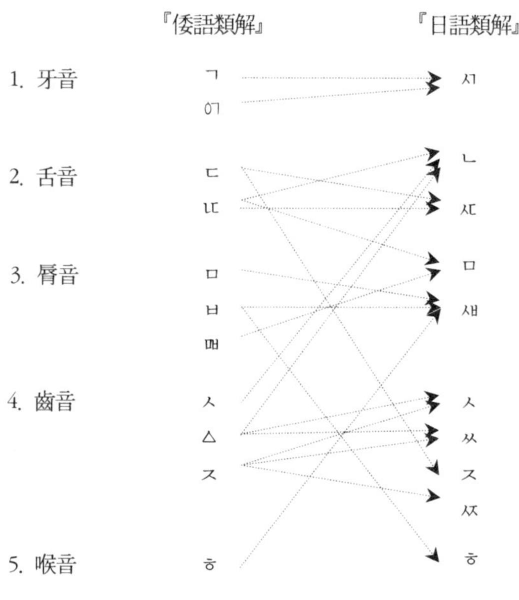

61) 성희경(2003:245)도 양본의 한자음 변화에서 한음으로부터 오음으로 변한 것이 압도적으로 많고, 오음에서 한음으로 바뀐 것은 의외로 적다고 했다. 특히 『韻鏡』의 탁음자에 속하는 한자의 청음형 한자음이 『日語類解』에 와서 오음으로 많이 교체되었다. 이러한 현상은 『倭語類解』에 한음으로 된 '讀書音'이 많이 기재되었기 때문인 것으로 설명했다. 이러한 讀書音은 당시의 일반적인 자료에 나타나는 일본 한자음과는 일치하지 않는다.

이 표에는 탁음의 유지(ᅇ→ᄭ, ᇈ→ᄯ, ᇝ→ᄲ, ㅿ→ㅆ)와 청음의 탁음화(ㄱ→ᄭ, ㄷ→ᄯ, ㅂ→ᄲ, ㅅ→ㅆ, ㅎ→ᄲ), 탁음의 청음화(ㅿ→ㅅ), 오음과 한음의 교체(ᇈ→ㄴ, ㅁ→ᄲ, ᇝ→ㅁ, ㅂ→ㅎ, ᇝ→ㅎ, ㅅ→ㄴ, ㅿ→ㄴ) 등 통시적 정보가 들어 있다.

여기에다 같은 자음의 유지형(ㄱ→ㄱ, ㄴ→ㄴ, ㄷ→ㄷ, ㄹ→ㄹ, ㅁ→ㅁ, ㅂ→ㅂ, ㅅ→ㅅ, ㅇ→ㅇ, ㅈ→ㅈ, ㅎ→ㅎ)을 더하면 두자음 전체의 표기 변화를 망라한 것이 된다. 전술한 바대로 'ᅇ', 'ᇈ', 'ᇝ', 'ㅿ'은 『倭語類解』에서 일본 한자음의 탁음을 표시한 것이고, 'ᄭ', 'ᄯ', 'ᄲ', 'ㅆ'은 『日語類解』에서 탁음을 표시한 것이다. 따라서 이러한 표기법은 각자 병서나 합용 병서에 따른 된소리 표기와는 무관하다. 특히 『倭語類解』의 탁음 표기에서 두자음의 동일 계열 유성음 'ㅇ', 'ㄴ', 'ㅁ'을 합용 병기하여 'ᅇ', 'ᇈ', 'ᇝ'의 자음군을 이룬 것이 흥미롭다.

| 제7장 |

親字의 대역 일본어 교체형

『倭語類解』와 『日語類解』는 각각 우리나라 근대와 개화기 말(1912년)에 나온 왜학서로서 다른 고문서와 마찬가지로 세로쓰기로 간행된 책이다. 양 자료의 지면 구성을 살펴보면, 한자 및 한자어를 부류에 따라 상하 2단으로 16개 표제어(『日語類解』는 14개)를 제시하고 그 아래 오른쪽에는 한자의 우리말 훈(자석)과 음(자음, 東音)을 기재했으며(두 음절 이상의 한자어는 자음만 표시), 왼쪽에는 일본 한자음을 한글로 적었다. 그 아래 한자(어)의 의미에 상당하는 일본어(대역어)를 히라가나(平假名)로 표기하고 국어 발음을 한글로 병기했다. 양본의 차이는 『倭語類解』에는 일본어 대역어를 히라가나로 적지 않고 한글로만 표기했다는 것밖에 없다.

일본에서의 한자 자훈은 처음에는 字意를 번역 해석하는 방식의 성격을 가졌다가 그 후 사회의 관습으로 고착된 독법이 되어 한자를 읽거나 쓰는 데에 사용된 것이다. 일본어에는 한자의 자의와 일본어 자훈의 語義를 동일시하는 경향이 있다. 이런 점에서 국어에서 한자를 자음만으로 읽는 것과는 그 한자와의 밀착도에서 엄연한 차이가 있다.[62] 그러나 '訓'이란 한자의 자의를 번역한 음 형

62) 林 史典(1976:186)는 "일본에서 한자는 그 훈의 체계적인 성립에 따라 발생의 모체인 중국어로부터 벗어나 일본어라는 새로운 환경에 순응하고 재생되었다."라고 했다.

태가 그 한자에 결부된 것으로 인식하고 있다는 점에서 국어나 일본어에서 동일한 개념으로 이해하고 있다. 일본의 자훈에는 일반훈, 고어훈, 특수훈 등의 몇 가지 종류가 있다.[63]

이 글은 양 자료의 표제 한자(親字)에 관한 훈(자석)의 변화를 비교하는 한편, 특히 일본어 대역어에 역점을 두고 그 변화 양태를 분석하여 상호 관계를 살피려는 것이다. 우리말 한자 자석에 주목하면서 이에 대한 일본어 한자 대역어의 변화를 대비하려는 것이다. 이러한 비교를 통해 당시 양국어의 동일 한자에 대한 의미상의 밀착도를 점검 측정하고자 한다.

자료에서 일본어 대역어의 변화는 주로 품사 간, 훈독과 음독, 하의 관계에 따른 교체로 나타난다. 특히 『倭語類解』에는 '又云'의 형태로 복수 대역어를 많이 취하고 있는데, 이는 한자 자의의 다의성과 당시 적절한 대응 일본어를 찾기 위해 유의적인 관련어를 여러 개 가져온 것으로 여겨진다.

자료로는 두 종류의 『倭語類解』 판본인 우리나라 국립도서관본과 일본의 金澤本(濯足本)[64]을 함께 살펴보았다. 善本인 국립도서관본이 있는데도 비교 자료로 金澤本을 고려한 것은 金澤庄三郎의 『日語類解』가 자신의 소장본인 濯足本을 저본으로 이를 수정하여 편찬했기 때문이다. 양본은 동일 판본으로 알려져 있으나, 濯足本은 낙장을 보사한 부분의 오기와 판각의 마모로 탈획, 탈자가 많은 자료이다.

이 글에서 다뤄지는 표제 한자는 국어 자음(字音)이 1음절, 즉 한 글자인 한자가 대상이 된다. 일본어에서는 이를 '親字'(おやじ)라고 일컬어 『漢和辭典』에 표제로 나오는 1字의 한자를 가리킨다.[65] 『倭語類解』에 등재된 친자는 상권에

63) 이를 正訓, 熟字訓, 宛字訓 등으로 말하기도 한다. 그러나 일본 한자의 훈은 크게 正訓과 仮訓으로 나눈다. 正訓(和訓)은 한자 본래의 의미를 따른 訓이고(예: 伯父(おじ), 川(かわ), 國(くに), 鳥(とり), 山(やま)), 仮訓은 한자 본래의 의미가 아닌 일본의 독자적인 訓(예: 相手(あいて), 宛名(あてな), 得手(えて), 組合(くみあい), 手當(てあて))이다.

64) '濯足本'은 정 광 교수가 붙인 이름이다.

65) 일본어에서 한자 1字와 일본어 단어와의 관계는 ① 한자 1字가 자립적으로 1단어를 나타내는 것, ② 한자 1字가 자립성은 없지만 접두사나 접미사로 다소 자유롭게 다른 단어에 부착하는 것, ③ 한자 1字가 조어 요소가 되어 다른 조어 요소와 결합하여 2字의 단어를 만드는 것, ④ 한자 1字가 그 자체에 요소성은 없지만 2字 또는 3字가 합체하여 1단어를 만드는 것

1,079자, 하권에 920자로 모두 1,999자를 헤아린다. 이 중에서도 일본어 자석이 양 자료에서 교체 변개되었거나『倭語類解』에서 又云으로 이훈(異訓)을 제시한 부류 650여 자에 한정된다.[66]

양 자료에서 하나의 한자가 두 곳 이상의 표제어로 나타나는 것은 동류 항목끼리 모은 유해서의 특징 때문인 것으로 보이며, 또한 한자의 다의적 기능으로 인한 다훈의 결과로 해석된다. 아래의 예는 그와 같은 것을 모두 수록한 것인데, 예컨대 '月: ᄃᆞᆯ 월'은 '天文'의 항과 '時候'의 항에 두 번 표제 한자로 등장한다. 특히 '行'의 경우는『倭語類解』에 네 곳에,『日語類解』에 세 곳 표제어로 나오며('힝실 힝'(性情), '녤 힝'(動靜), '힝ᄒᆞᆯ 힝'(雜語), '줄 항'(雜語)), '親'도 '어버이 친'(人倫), '친ᄒᆞᆯ 친'(人倫), '친이ᄒᆞᆯ 친'(雜語)이라는 이훈으로 세 곳에 나온다.

	『倭語類解』	『日語類解』
月	ᄃᆞᆯ 월(上:1)/ᄃᆞᆯ 월(上:3)	ᄃᆞᆯ 월(上:1)/달 월(上:3)
日	날 일(上:1)/날 일(上:4)	날 일(上:1)/날 일(上:4)
方	모 방(上:11)/바야흐로 방(上:27)	모 방(上:12)/바야흐로 방(上:29)
少	져믈 쇼(上:19)/쟈글 쇼(上:31)	절믈 소(上:21)/적을 소(上:28)
誠	정셩 셩(上:22)/진실노 셩(上:28)	정성 성(上:24)/진실노 성(上:30)
戌	슐(上:7)/슈자리 슈(上:39)	술(上:7)/수자리 수(上:42)
凝	물엉길 응(上:10)/엉길 응(上:48)	엉길 응(上:11)/엉길 응(上:51)
行	힝실 힝(上:22)/녤 힝(上:29) 힝ᄒᆞᆯ 힝(下:39)/줄 항(下:42)	힝실 힝(上:23)/힝ᄒᆞᆯ 힝(上:31) 힝ᄒᆞᆯ 힝(下:37)
親	어버이 친(上:12)/친ᄒᆞᆯ 친(上:13) 친이ᄒᆞᆯ 친(下:42)	어버이 친(上:12)/친ᄒᆞᆯ 친(上:13) 친ᄒᆞᆯ 친(下:39)
子	ᄌᆞ(上:7)/아들 ᄌᆞ(上:12)	ᄌᆞ(上:6)/아들 ᄌᆞ(上:13)
樂	즐길 락(上:23)/풍류 악(上:43)	즐길 락(上:25)/풍뉴 악(上:46)
生	ᄂᆞᆯ 싱(上:41)/ᄂᆞᆯ건 싱(上:48)	날 싱(上:45)/ᄂᆞᆯ것 싱(上:48)

(예: 挨拶, 滑稽, 面倒 등)이 있다(林 四郎 외(1997:105-106)). 이와 같이 한자 1字의 형태론적 조어 기능은 국어와도 흡사하다.

66) 이 자료에서 일본어 대역어가 교체된 1字 한자(親字)는 상권에 357자, 하권에 290자로 나타났다.

盖	개 개(上:41)/두에 개(下:14)	蓋 개 개(上:44)/두게 개(下:11)
報	갑흘 보(下:40)/보ᄒᆞᆯ 보(下:40)	갑흘 보(下:37)/보ᄒᆞᆯ 보(下:38)
事	일 ᄉᆞ(下:32)/셤길 ᄉᆞ(下:33)	일 ᄉᆞ(下:29)/섬길 ᄉᆞ(下:30)
君	님금 군(上:35)/그ᄃᆡ 군(下:32)	님금 군(上:38)/그ᄃᆡ 군(下:30)
長	긴 쟝(下:31)/길 쟝(下:38)(丈)	긴 장(下:28)/길 장(下:36)
望	보롬 망(上:4)/ᄇᆞᄅᆞᆯ 망(上:29)	망(上:3)/ᄇᆞᄅᆞᆯ 망(上:32)
足	발 죡(上:4)/죡ᄒᆞᆯ 죡(下:42)	발 족(上:19)
使	ᄒᆞ여곰 ᄉᆞ(上:28)/브릴 ᄉᆞ(下:37)	ᄒᆞ여금 ᄉᆞ(上:30)/부릴 ᄉᆞ(下:34)
自	스스로 ᄌᆞ(上:27)/부틀 ᄌᆞ(上:28)	스스로 ᄌᆞ(上:20)/부틀 ᄌᆞ(上:30)
甲	갑(上:6)/갑온 갑(上:40)	갑(上:6)/갑옷 갑(上:43)
中	가온ᄃᆡ 즁(上:11)/맏칠 즁(上:40)	가온ᄃᆡ 중(上:11)/맛칠 중(上:44)
石	돌 셕(上:8)/셤 셕(上:55)	돌 석(上:8)/섬 석(上:58)
直	고들 직(下:34)/갑 직(下:55)	곳을 직(下:31)/갑 직(下:58)
易	받골 역(上:55)/쉬올 이(下:34)	밧골 역(上:59)/쉬울 이(下:32)
錢	돈 젼(上:55)/돈 젼(下:8)	돈 전(上:58)/돈 전(下:6)
邊	ᄀᆞᆺ 변(上:11)/변리 변(上:56)	ᄀᆞ 변(上:11)/변리 변(上)
丁	뎡(上:6)/장뎡 뎡(上:14)	정(上:6)/장정 정(上:15)
得	시러곰 득(上:27)/어들 득(下:34)	엇을 득(上:29)/엇을 득(下:31)
負	질 부(下:20)/질 부(下:38)	질 부(下:17)/질 부(下:36)
辭	말ᄉᆞᆷ ᄉᆞ(上:24)/下직 ᄉᆞ(上:42)	말ᄉᆞᆷ ᄉᆞ(上:26)/下직 ᄉᆞ(上:46)
爲	ᄒᆞᆯ 위(上:27)/위ᄒᆞᆯ 위(下:40)	ᄒᆞᆯ 위(上:29)/위ᄒᆞᆯ 위(下:37)
强	강ᄒᆞᆯ 강(上:23)/강잉ᄒᆞᆯ 강(下:41)	강ᄒᆞᆯ 강(上:25)
重	무거올 즁(下:31)/겹 즁(下:34)	무거울 중(下:28)

1. 품사 간의 교체

『倭語類解』와 『日語類解』에 표제로 등재된 한자(親字)의 일본어 대역어들은 품사적으로 명사, 동사, 형용사, 형용동사, 부사 사이의 상호 교체가 다양한 형태를 이루고 있다. 이는 품사 의식이 없었던 당시 자의적인 대역의 결과이기도 하지만, 두 자료 사이에서 국어 자석의 형태가 이에 영향을 주었을 것으로 추량된다.

이들 중 가장 많은 비중을 차지하고 있는 형식은『倭語類解』의 대역어로 명사를 취택했던 일본어가『日語類解』에 와서 동사로 교체된 예이다. 상하권을 통해 91개의 어례를 뽑았다. 이는 표제 한자의 훈이 명사적 개념보다 동사성이 강하다고 인식했기 때문이다. 따라서 국어의 훈도 품사상 동사로 된 것이 대다수다.

명사↔동사

『倭語類解』의 한자에서 명사성을 가진 일본어 대역어가『日語類解』에서 동사로 바뀐 것 중에는 동사의 연용형이 기본형으로 바뀐 형태가 가장 많다. 이는 일본어 문법에서 동사의 연용형은 그것 자체로 동명사의 역할을 하기 때문이다. 이것이 지닌 명사적 지위는 格이나 어순 등의 문법적인 카테고리를 가지고 문중에서 주어나 목적어가 되어 서술어의 동작, 상태, 성질의 주체나 대상이 될 수 있다는 점에서도 잘 드러난다.

老 오이 又云 도시요리(上:19) → 도시요루(としよる)(上:21)
畏 오소레(上:21) → 오소레루(おそれる)(上:22)
困 구다삐레(上:21) → 구다쎄레루(くたびれる)(上:23)
誡 이마시메(上:25) → 이마시메루(いましめる)(上:27)
稟 몯시아예(上:25)[67] → 모우시아쎄루(もうしあげる)(上:27)

---

67)『倭語類解』濯足本(京都大學 영인본)은 국내 국립중앙도서관본과 비교하면 목판의 마모로 탈획, 탈자가 많고, 특히 上권의 25, 26엽과 下권의 41, 42, 48, 54엽은 낙장으로 후대에 필사로 보사하는 과정에서 오기와 변개가 많다. 鄭 光(2004)이 摘記한 양본에서 서로 달라진 표기는 낙장의 보사 부분에 많이 집중되어 있다(稟: 몯우시아예(上:25)/몯시아예(もうしあげ), 請: 구졔이(上:25)/구셰이, 告: 고(上:25)/고호고, 提起: 데기(上:25)/데이기, 指揮: 지 지(上:25)/지 시, 許諾: 우계고우(上:25)/우계오우, 譽: 길릴예(上:25)/기릴예, 閑談: 담 단(上:25)/담 딴, 嘲弄: 죠론(上:25)/죠롱, 아사비루/아사계루(あざける), 詰: 나이루(上:26)/나싀루(なじる), 處: 곧처(下:41)/곧쳐, 倚: 요라가가루(下:41)/요리가가루, 共: 혼가지공(下:41)/혼가지공, 恰: 죠우뇨(下:41)/죠우또, 迸: 호뇨바시루(下:41)/호뇨바빠시루, 設: 호뇨교시 又云 모우구루(下:41)/호뇨꼬시 又云 모우구루(もうける), 沒: 뽇스루(下:42)/뽇수두, 夥: 만을과(下:42)/만을화, 行: 군다리(下:42)/군따리, 尋: 다즈비(下:42)/다즈네(たずね), 幾介: 남보가(下:48)/남보까, 陷穽: 한졍(下:48)/함졍). 濯足本의 낙장 부분의 오기와 변개에 관한 상론은 鄭 光(2004:29-34)을 참조할 것.

告 즈예 又云 시라셰(上:25) → 두쎄루(つげる)(上:27)
立 다지(上:29) → 다두(たつ)(上:31)
起 오기(上:28) → 오기루(おきる)(上:31)
顚 다오레후시(上:29) → 다오레루(たおれる)(上:32)
逐 옫가졔(上:29) → 옥가게루(おっかける)(上:32)
伸 노베(上:29) → 노뻬루(のべる)(上:32)
指 사시(上:30) → 유삐사수(ゆびさす)(上:32)
躍 오또리(上:31) → 오쏘루(おどる)(上:33)
踰 고시(上:31) → 고수(こす)(上:33)
臥 후셰(上:31) → 후수(ふす)(上:34)
伏 후시(上:31) → 후수(ふす)(上:34)
眠 네무리(上:31) → 네무루(ねむる)(上:34)
鬪 이사가이 又云 곈과(上:39) → 이사가우(いさかう)(上:42)
敗 야부레(上:39) → 야쁘레루(やぶれる)(上:43)
叛 소무기(上:39) → 소무구(そむく)(上:43)
嫁 요메이리(上:41) → 요메이리수루(よめいりする)(上:45)
醉 요우 又云 요이(上:42) → 요우(よう)(上:45)
舞 오또리 又云 마우(上:42) → 오쏘루(おどる)(上:45)
粧 시다구 又云 요소오이(上:44) → 요소오우(よそおう)(上:47)
痛 이다미(上:50) → 이다무(いたむ)(上:53)
貸 가시(上:56) → 가수(かす)(上:59)
荒 아라시(下:3) → 아레루(あれる)(下:1)
磨 도예 又云 스리(下:3) → 수루(する)(下:2)
馴 나례 又云 나루루(下:24) → 나레루(なれる)(下:21)
尖 도까리(下:32) → 도까루(とがる)(下:28)
餘 아마리(下:32) → 아마루(あまる)(下:29)
懸 가계(下:32) → 가게루(かける)(下:29)
失 우시나이(下:34) → 우시나우(うしなう)(下:31)
合 아와셰(下:35) → 아와세루(あわせる)(下:33)
傳 즈다예(下:36) → 두다에루(つたえる)(下:33)
求 모도메(下:36) → 모도메루(もとめる)(下:33)
連 즈스계(下:36) → 두쑤게루(つづける)(下:33)

續 즈스계 又云 즈스구(下:36) → 두쑤게루(つずける)(下:33)
解 도계(下:36) → 도구(とく)(下:33)
疊 가사나리(下:36) → 가사나루(かさなる)(下:34)
頹 구스례(下:36) → 구쑤레루(くずれる)(下:34)
改 아라다메(下:36) → 아라다메루(あらためる)(下:34)
列 나라뻬 又云 즈라나루(下:37) → 나라쁘(ならぶ)(下:34)
綻 호고로삐(下:37) → 호고로쎄루(ほころびる)(下:34)
貫 즈라누기(下:37) → 두라누구(つらぬく)(下:34)
使 즈가이(下:37) → 두가우(つかう)(下:34)
逃 니예(下:37) → 니쎄루(にげる)(下:35)
覺 사메(下:38) → 사도루(さとる)(下:35)
掘 호리(下:38) → 호루(ほる)(下:35)
折 오리(下:38) → 오루(おる)(下:35)
引 히기(下:38) → 히구(ひく)(下:36)
待 마지(下:38) → 마두(まつ)(下:36)
遺 노고리(下:39) → 노고수(のこす)(下:36)
標 시루시(下:39) → 시루시수루(しるしする)(下:36)
顯 아라와례(下:39) → 아라와레루(あらわれる)(下:36)
修 미까기(下:39) → 미까구(みがく)(下:37)
輔 다스계(下:40) → 다수게루(たすける)(下:37)
接 즈계(下:40) → 두게루(つける)(下:38)
臨 노소미(下:41) → 노쏘무(のぞむ)(下:38)
免 마누가례(下:41) → 마누까레루(まぬがれる)(下:38)
擾 미따례(下:41) → 미싸레루(みだれる)(下:39)
尋 다즈네(下:42)[68] → 다쑤네루(たずねる)(下:40)

위의 예들은 『倭語類解』에서 일본어 대역어 동사가 연용형으로 된 동명사 형태를 갖춘 것이 『日語類解』에서 동사의 기본형으로 바뀐 것이다. 이는 이들 한자가 가진 어휘적 속성이 명사성보다는 동사성이 현저하다는 것을 말해 준다.

68) 앞의 각주에서 본 대로 '尋: 다즈비'(下:42)는 국립중앙도서관본에 '다즈네'로 되어있다. 이는 낙장 보사 과정에서 '네'와 '비'의 자형이 닮아 오기한 것 같다.

국립도서관본에서 예시한 60여 개의 한자에다 이와 같이 동사의 기본형으로 교정 가필한 것이 반수가 넘는 것은 이를 방증한다.

이들 표제 한자의 우리말 자석은 양 자료에서 어김없이 동사 형태를 취하고 있다는 점이 주목된다. 다만 예시한 한자 중에서 '畏'의 자석이 '두릴'에서 '두려울'로 교체됨으로써 품사상 동사에서 형용사로 바뀐 사례가 있을 뿐이다. 이 중에는 자석이 명사나 명사적 어근으로 이루어진 것으로 '誡'(경계), '尖'(샢족), '逃'(도망), '擾'(요란) 등이 눈에 띈다. 그런데 '誡'에서 일본어 대역어인 동명사 '戒め'와 동사 '戒める'는 그 의미가 "훈계, 교훈, 가르침" 등을 나타냄으로써 국어의 자석인 '경계'와는 의미상 다소 벗어나 있다. '鬪'도 우리말 훈으로는 일반적인 "싸움"을 지칭하고 있는데 비해 일본어 대역어는 '諍い', '諍う', 또는 '喧譁'로 싸움 중에서 "언쟁"이 중심이 되고 있다.

'荒'의 우리말 훈은 형용사 '거츨'이지만 대역된 일본어는 명사 '嵐'(あらし, 폭풍우)였고, 『日語類解』에 와서 동사인 '荒れる'(심해지다, 거칠어지다, 황폐해지다)로 교체되었다. '尖'은 국어 훈으로 어근인 '샢족'이었다가 '-ᄒᆞ다'가 붙어 활용한 형용사 '샢족ᄒᆞᆯ'로 바뀌었는데, 일본어에서는 동사 'とがる'(뾰족해지다)로 대응시켰다. '疊'은 '포괼'에서 '쳡쳡ᄒᆞᆯ'로 동사에서 형용사로 바뀐 것인데, 일본어 대역에서 동사 '重なる'(겹치다)로 바뀌었다. 그런데 일본어에서 '疊'의 정훈은 '疊(たたみ)'(접은 것, 멍석), 또는 동사 '疊(たた)む'(쌓아올리다, 접어서 겹치다)였다. '遺'는 '끼칠'이 훈인데 일본어 대역에는 '殘り'(나머지)와 '殘(遺)す'(남기다)로 다소 의미차이가 드러난다. '修'의 일본어 훈은 '修(おさ)める'(수양하다, 배우다)와 '修(おさ)まる'(안정되다, 가라앉다)이나 국어에서 '닥글'로 나옴으로 '研(磨)く', '研(磨)き'로 대역되어 간극이 보인다. '臨'은 '望み'(조망, 소원, 소망)와 '望む'(조망하다, 내려다보다, 마주 보다, 상대하다)로 국어에서의 '림ᄒᆞ다'(낮은 곳으로 오다)와는 다르다.

우리나라에서는 한자를 읽을 때 자석과 자음을 함께 읽는 관습이 있다. 『千字文』을 비롯하여 대다수의 유해서들이 이와 같은 형식을 취하고 있고, 이는 『倭語類解』에서도 마찬가지다. 따라서 제시한 한자의 자음이 명사어처럼 되고 그 앞의 자석이 용언인 경우 관형사형을 취하는 것이 상례였다. 대체로 '-ㄹ' 관형사형 어미를 취했고, '-ㄴ' 어미를 쓰는 것은 극소수였다.[69] 본 자료에서도 일부 형용사에 '-ㄴ' 관형사형 어미가 쓰여 '白'(힌 빅)(倭下:11)/(日下:9), '大'(큰 대)(下:31)/(下:28), '長'(긴 쟝)(下:31)/(下:28), '德'(큰 덕)(上:22)/(上:23) 등이 나타나며, '長'에서는 '길 쟝'으로 '-ㄹ' 관형사형 어미도 나타난다(下:39)/(下:36).

아래의 예들은 동일 어원의 어간 활용에 의한 품사 교체가 아니라, 『倭語類解』에서 유의성을 띠는 관련어를 취택한 것을 동사의 훈에 따라 고친 것이다. 이러한 관련어에는 이미 관용되고 있는 일본어 한자어가 又云으로 다수 들어 있다.

陷 오도시아나(上:8) → 하마루(はまる)(上:8)
懷 후도고로(上:21) → 이짜구(いだく)(上:23)
耐 간닌(上:21) → 고라에루(こらえる)(上:23)
勞 신로우(上:21) → 두가레루(つかれる)(上:23)
信 다노미(上:22) → 신씨루(しんじる)(上:24)
怒 하라다데 又云 이가루(上:23) → 이가루(いかる)(上:23)
哀 나오리 又云 아와레시(上:23) → 가나시무(かなしむ)(上:25)
白 유이와계 又云 고도와리(上:25) → 모우수(もうす)(上:27)
訟 구싀(上26) → 웃다에루(うったえる)(上:28)
毁 구스레(上:26) → 고뽀두(こぼつ)(上:28)
降 구따루 又云 사까리(上:29) → 구짜루(くだる)(上:32)
拂 하라우 又云 후리스데(上:30) → 하라우(はらう)(上:33)
築 이시까기(上:33) → 두구(つく)(上:36)
仕 즈가유루 又云 슌시(上:36) → 두가에루(つかれる)(上:39)
令 레이메이(上:36) → 메이씨루(めいじる)(上:39)
陣 진(上:38) → 씬오시구(じんをしく)(上:42
戰 다다고우 又云 이구사(上:39) → 다다가우(たたかう)(上:42)

69) 藤本幸夫(1980:77)의 조사에 의하면 『千字文』에서 판본에 따라 관형사형 '-ㄴ' 어미를 취한 경우는 형용사 '白', '大', '長', '德', '同', '直', '誠', '具', '永'과 동사 '垂'에 한정되는 것으로 나왔다. 또한 동훈도 한자에 따라 동요하고 있는데, 예를 들어 '긴 장(長)'도 '길 영(永)'으로 나오고 '클 인(仁)'도 '큰 대(大)', '큰 덕(德)'으로 나타난다. 『千字文』에서 관형사형을 취하지 않고 어간이나 어근만을 가져온 것으로는 '누루 황(黃)', '잇ᄀᆞᄅᆞ 칭(稱)', '아쳐 염(厭)', '브ᄅᆞ 툐(招)' 등이 있다.

蹇 진빠(上:51) → 진빠히구(ちんばひく)(上:54)

鋪 시기모노(下:13) → 시구(しく)(下:10)

侍 오도모(下:33) → 오도모수루(おともする)(下:30)

寵 죠우아이(下:33) → 지요우아이수루(ちようあいする)(下:30)

辱 지요구 又云 하시(下:33) → 하쓰가시메루(はずかしめる)(下:30)

耽 스기(下:35) → 후게루(ふける)(下:32)

赴 온데(下:37) → 오모무구(おもむく)(下:34)

抵 이다루 又云 오이데(下:40) → 이다루(いたる)(下:37)

慣 고우사(下:42) → 나레루(なれる)(下:39)

'陷'을 'おとしあな'(落とし穴)로 새긴 것은 명사 '陷穽'을 가리키며, 이것이 동사 'はまる'(陷る)로 교체되어 "빠지다", "꺼지다"가 되었다. 懷(ふところ)는 "품", "자락", "사고", "심중" 등의 의미를 가진 명사이다. 이것이 '懷(抱)く'(품다, 끌어안다) 등의 의미를 가진 동사로 바뀌었다. 전자는 후자의 동작이 형성되는 장소를 가리킨다. 국어에서 '품'은 동사 '품다'와 영(零)형태 파생의 유연 관계를 가진 것으로 파악된다. 堪忍(かんにん)은 "인내", "참음"이라는 추상 명사인데『日語類解』에 와서 동사인 '堪える'(참다, 견디다)로 바뀌었다. '勞'에서『倭語類解』의 '辛勞'(しんろう)는 "고생", "신고"를 뜻하는 추상 명사였으나 뒷날 동사 '疲れる'(피로하다)로 교정되었다. '信'은 '頼み'(부탁, 신뢰)로부터 동사 '信じる'(믿다)로 교체되었다. 한자 '信'은 오음과 한음의 음독어 'しん'의 어근에 'する'가 결합한 동사이다. 이와 같이 동사성 한자 어근에 'する'가 붙어 형성된 용언은 이 자료에도 다수 나타난다.

感 간스루(上:21) → 간씨루(かんじる)(上:23)

信 다노미(上:22) → 신씨루(しんじる)(上:24)

察 삳스루(上:23) → 삿시루(さっしる)(上:25)

應 신까도(上:28) → 오우씨루(おうじる)(上:30)

令 레이메이(上:36) → 메이씨루(めいじる)(上:39)

吟 긴스루(上:37) → 시지곤쩨구(しちごんぜく)(上:40)

彈 히구 又云 단스루(上:43) → 히구(ひく)(上:46)

煎 셴스루(上:48) → 센씨루(せんじる)(上:51)
泄瀉 샤스루(上:50) → 하라구짜리(はらくだり)(上:52)
罰 즈미(上:53) → 빳수루(ばっする)(上:56)
禁 긴스루(上:53) → 긴씨루(きんじる)(上:57)
損 야부루(下:32) → 손씨루(そんじる)(下:29)
欲 다이(下:40) → 홋수루(ほっする)(下:37)
謝 샤스루(下:40) → 시야레이(しやれい)(下:37)
報 호오스루(下:40) → 무구이루(むくいる)(下:37)
沒 뽇스루(下:42) → 없음

국어에서 이와 같은 형식의 단어 구성은 더 빈번하여 단음절 한자 어근+'ᄒᆞ다' 용언류가 자료 중에만도 85개나 나온다.

親: 친ᄒᆞᆯ 친(倭語上:13)(日語上:13), 妙: 묘ᄒᆞᆯ 묘(上:19)(上:20), 恨: ᄒᆞᆫᄒᆞᆯ ᄒᆞᆫ(上:21)(上:22), 忿: 분ᄒᆞᆯ 분(上:21)(上:22), 快: 쾌ᄒᆞᆯ 쾌(上:21)(上:22), 能: 능ᄒᆞᆯ 능(上:22)(上:24), 順: 슌ᄒᆞᆯ 슌(上:23) → 순ᄒᆞᆯ 순(上:24), 怒: 노ᄒᆞᆯ 노(上:23)(上:25), 貪: 탐ᄒᆞᆯ 탐(上:23)(上:25), 吝: 린ᄒᆞᆯ 린(上:23)(上:25), 壯: 장ᄒᆞᆯ 장(上:23)(上:25), 强: 강ᄒᆞᆯ 강(上:23)(上:25), 弱: 약ᄒᆞᆯ 약(上:23)(上:25), 拙: 졸ᄒᆞᆯ 졸(上:24)(上:26), 惑: 혹ᄒᆞᆯ 혹(上:24)(上:26), 躁: 조ᄒᆞᆯ 조(上:24)(上:26), 鈍: 둔ᄒᆞᆯ 둔(上:24)(上:26), 愎: 퍅ᄒᆞᆯ 퍅(上:24)(上:26), 諫: 간ᄒᆞᆯ 간(上:25)(上:26), 稟: 품ᄒᆞᆯ 품(上:25)(上:27), 請: 쳥ᄒᆞᆯ 쳥(上:25) → 청ᄒᆞᆯ 청(上:27), 告: 고ᄒᆞᆯ 고(上:25)(上:27), 勸: 권ᄒᆞᆯ 권(上:25)(上:27), 因: 인ᄒᆞᆯ 인(上:27)(上:30), 願: 원ᄒᆞᆯ 원(上:28)(上:30), 揖: 읍ᄒᆞᆯ 읍(上:29)(上:32), 令: 령ᄒᆞᆯ 령(上:36)(上:39), 講: 강ᄒᆞᆯ 강(上:37)(上:40), 嚴: 엄ᄒᆞᆯ 엄(上:39)(上:42), 怯: 겁ᄒᆞᆯ 겁(上:39)(上:42), 敗: 패ᄒᆞᆯ 패(上:39)(上:43), 破: 파ᄒᆞᆯ 파(上:39)(上:43), 滅: 멸ᄒᆞᆯ 멸(上:39)(上:43), 亡: 망ᄒᆞᆯ 망(上:39)(上:43), 叛: 반ᄒᆞᆯ 반(上:39)(上:43), 醉: 취ᄒᆞᆯ 취(上:42) → 취ᄒᆞᆯ 취(上:45), 吐: 토ᄒᆞᆯ 토(上:49)(上:52), 渴: 갈ᄒᆞᆯ 갈(上:49)(上:52), 絞: 교ᄒᆞᆯ 교(上:54)(上:57), 利: 리ᄒᆞᆯ 리(上:56)(上:59), 損: 손ᄒᆞᆯ 손(下:32)(下:29), 封: 봉ᄒᆞᆯ 봉(下:32)(下:29), 貴: 귀ᄒᆞᆯ 귀(下:32)(下:29), 賤: 쳔ᄒᆞᆯ 쳔(下:32) → 천ᄒᆞᆯ 천(下:29), 吉: 길ᄒᆞᆯ 길(下:33)(下:30), 凶: 흉ᄒᆞᆯ 흉(下:33)(下:30), 盛: 셩ᄒᆞᆯ 셩(下:33) → 성ᄒᆞᆯ 성(下:30), 衰: 쇠ᄒᆞᆯ 쇠(下:33)(下:31), 辱: 욕ᄒᆞᆯ 욕(下:33)(下:30), 急: 급ᄒᆞᆯ 급(下:34)(下:32), 害: 해ᄒᆞᆯ 해(下:35)(下:32), 合: 합ᄒᆞᆯ 합(下:35)(下:33), 取: 취ᄒᆞᆯ 취(下:35) → 가질 취(下:33), 廢: 폐ᄒᆞᆯ 폐(下:35)(下:33), 傳: 젼ᄒᆞᆯ 젼(下:36) → 전ᄒᆞᆯ 전(下:33), 求: 구ᄒᆞᆯ 구(下:36)(下:33), 許: 허ᄒᆞᆯ 허(下:36) → 허락ᄒᆞᆯ 허(下:33), 連: 련ᄒᆞᆯ 련

(下:36)→녇홀 련(下:33), 軟: 연홀 연(下:36)(下:33), 殘: 잔홀 잔(下:36), 變: 변홀 변(下:36)(下:34), 平: 평홀 평(下:37)(下:34), 定: 뎡홀 뎡(下:37)→정홀 정(下:34), 避: 피홀 피(下:37)(下:35), 兼: 겸홀 겸(下:38)(下:36), 限: 흔홀 흔(下:39)(下:36), 窮: 궁홀 궁(下:39)(下:36), 標: 표홀 표(下:39)(下:36), 對: 듸홀 듸(下:39)(下:37), 行: 힝홀 힝(下:39)(下:37), 爲: 위홀 위(下:40)(下:37), 甚: 심홀 심(下:40)(下:38), 緊: 긴홀 긴(下:40)(下:38), 報: 보홀 보(下:40)(下:38), 呈: 뎡홀 뎡(下:40), 臨: 림홀 림(下:41)→님홀 림(下:38), 向: 향홀 향(下:41)(下:38), 險: 험홀 험(下:41)(下:38), 免: 면홀 면(下:41)(下:38), 沒: 몰홀 몰(下:42), 當: 당홀 당(下:42)(下:39), 精: 졍홀 졍(下:42), 足: 죡홀 죡(下:42), 準: 준홀 준(下:42)(下:39), 發: 발홀 발(下:42)

이들 중 현대 국어에서 거의 사용되지 않는 1음절 한자 어근+'-하다'류의 용언으로는 '快하다', '吝하다', '拙하다', '躁하다', '愎하다', '稟하다', '揖하다', '슈하다', '講하다', '破하다', '叛하다', '絞하다', '損하다', '連하다', '平하다', '標하다', '報하다', '呈하다', '沒하다', '精하다' 등이 있다.[70] 이들은 자립성을 가지지 못하는 단음절의 한자 어근으로 다른 한자와 어울려 단어의 자격을 획득하게 된다. 위의 어례들은 현대 국어에 와서 다음과 같이 두 음절 구성의 자립적인 어형을 갖게 되었고, 또한 의미의 차이를 변별하는 어휘로서의 기능을 소유하게 된 것이다.

快하다→愉快하다, 爽快하다, 明快하다, 痛快하다, 壯快하다, 輕快하다,
快適하다, 快活하다, 快晴하다
吝하다→吝嗇하다, 吝惜하다
拙하다→拙劣하다, 拙妄하다, 疏拙하다, 稚拙하다
躁하다→躁急하다, 躁妄하다, 躁然하다
愎하다→乖愎하다, 愎戾하다
稟하다→稟申하다, 稟決하다, 稟告하다
揖하다→揖禮하다, 揖讓하다

70) 심재기(편)(1997:453)는, 이들은 懸吐體 한문 문어에서나 사용될 법한 것으로, 당시 한문에 능한 선조들이 한문 문어를 구어에 적용하면서 생성된 느낌이 든다고 했다.

令하다 → 命令하다, 號令하다, 發令하다
講하다 → 講究하다, 講義하다, 講讀하다, 講話하다, 講述하다, 講習하다, 開講하다, 缺講하다, 受講하다
破하다 → 破壞하다, 擊破하다, 讀破하다, 突破하다, 打破하다, 破滅하다, 破損하다, 破産하다, 破門하다, 破滅하다
叛하다 → 叛逆하다, 背叛하다, 謀叛하다
絞하다 → 絞死하다, 絞殺하다
損하다 → 毁損하다, 損傷하다, 損敗하다
連하다 → 連發하다, 連結하다, 連帶하다, 連任하다, 連接하다, 連勝하다, 連繫하다
平하다 → 平平하다, 平安하다, 公平하다, 平凡하다, 平易하다, 平穩하다, 平坦하다, 平等하다, 和平하다
標하다 → 標識하다, 標榜하다, 標示하다, 標記하다
報하다 → 報答하다, 報應하다, 報恩하다, 報告하다, 報復하다, 報償하다, 報應하다, 報道하다, 通報하다
呈하다 → 贈呈하다, 謹呈하다, 獻呈하다, 呈示하다
沒하다 → 沒落하다, 沒入하다, 沒頭하다, 沒却하다, 沒收하다, 陷沒하다
精하다 → 精巧하다, 精緻하다, 精密하다, 精潔하다

한편 '怒'에서 '腹立て'는 관용구적 동사인 '腹立てる'(화를 내다)의 연용형으로 "화를 냄"이라는 동명사이며, 이것이 동사 '怒る'(いかる, 화를 내다)로 교체된 것이다. '哀'에서 '名殘り'는 "섭섭한 정"이나 "이별"을 나타내는 명사인데 동사 '哀(悲)しむ'(슬퍼하다)로 바뀌었다. '白'에서 '言い譯け'(ゆいわけ)는 명사이고 又云 '斷わり'는 "미리 알림"이나 "거절"을 뜻하는 동사 'ことわる(斷る)'의 연용형으로, 동명사이었던 것이 '申す'(아뢰다)의 겸양어로 바꾸어 쓴 것이다. '訟'의 일본어 대역어 '公事'는 "소송"을 가리키는 명사인데 동사 '訴える'(고소하다)로 교체되었다. 표제 한자 '訟'의 국어 자석도 명사인 '숑ᄉᆞ'이었음이 참고된다. '毁'에서도 당초 동사 '崩れる'(무너지다)의 연용형(동명사형) '崩れ'가 동사인 '毁つ'(깨다, 부수

다)로 바뀐 것이다. 위에서 거례한 것들은 대체로 어떤 추상적인 명사가 그것에 응하는 동사와의 관계로 교체된 것이다.

'降'에서는 又云의 '下がり'(내려감)라는 동명사가 나타나 동사형 '降る'(내려가다)를 그대로 유지했고, '拂'에서도 又云 '振り捨て'(내버림)의 동명사형을 취했지만 한편으로는 '拂う'(털다) 동사를 유지하고 있다. '築'에서 '石垣'는 "돌담"이라는 명사이다. 이는 『日語類解』에 와서 동사 '築く'(쌓다)로 교정되었다. '仕'의 又云 '出仕'는 "벼슬"을 가리키는 명사이다. 그런 한편 동사 '仕える'(부하로 섬기다)를 썼는데, 국어 자석도 명사인 '벼슬'이다. '令'에서는 명사 '令命'(れいめい)가 동사 '命じる'(명령하다)로 바뀌었다. '陣'은 한음으로 음독된 명사 '陣'(ちん)이 '陣を敷く'(진을 치다)라는 술어구의 설명어로 바뀌어 국어의 자석 '진칠'과 상통한다. '戰'에서는 일본어 정훈인 동사 '戰う'(싸우다)를 유지하는 한편 『倭語類解』에는 又云으로 "전쟁"을 나타내는 명사 'あくさ'(軍, 戰)가 나타났다. '蹇'의 일본어 훈 '跛(ちんば)'는 "절름발이"로 사람을 표시하는 명사인데, 후일에 와서 동사구인 '跛引く'(절다)로 바뀌었다.

'鋪'에서는 '敷き物'(까는 물건)의 명사로 썼던 것이 후일 동사인 '敷く'(깔다)로 바뀌었다. '侍'도 당초 추상 명사인 '御供'(수행)이었는데, 여기에 동사 'する'를 붙여 '御供する'(수행하다, 모시다)가 되었다. '寵'의 대역어인 명사 '寵愛'도 마찬가지로 'する'가 붙어 '寵愛する'(총애하다)로 동사화한 것이다. '辱'의 '恥辱'(ちじよく)이나 'はじ'는 "부끄러움", "수치"를 나타내는 명사이다. 이것이 'はずかしめる'로 교체됨으로써 "창피를 주다"라는 동사로 활용되었다. '耽'의 '好き'는 "좋아함"을 표시하는 명사였는데, 동사 '耽る'(열중하다, 마음을 빼앗기다)의 정훈으로 바뀌었다. '趁'의 대역어 '追っ手'는 "추격자"라는 명사이며, '趁く'는 "따르다", "좇다"의 동사이다. 국어 자석으로 보면 'ᄯᆞᆯ'이 '다다ᄅᆞᆯ'로 바뀐 것은 의미상의 유연성에 의한 것으로 보인다. '抵'는 동사 '至る'(다다르다)를 지속하면서 한편 又云의 '追っ手'(추격자)로 사람 표시어의 명사가 나온다. 국어 자석이 '다ᄃᆞᄅᆞᆯ'이므로 일본어와 상응하지만 일본 한자에서 '抵'의 훈이 'あたる', 'あてる'인 것도 고려의 대상이 된다. '慣'에서 '巧者'는 "능숙함"이나 "능숙한 사람"을 가리키는데,

이것이 '慣れる'(익숙해지다)의 동사로 바뀌었다. 국어 자석의 변화에서 '니글'이 '닉일'이 된 것은 자동사와 타동사(사동사) 사이의 변화이다. 특히 '侍', '趂', '抵', '慣'에서 『倭語類解』와 『日語類解』의 교체 관계는 전자가 후자의 구체적인 대상자임을 가리킨다. 즉 '従者'(따르는 수행자, 동반자), '追っ手'(추격자), '追い手'(추적자), '巧者'(능숙한 사람) 등을 나타낸다. 이 밖에 '戰', '寵', '耽'의 일본어 대역어 '軍, 戰'(いくさ, 전쟁), '寵愛', '好き' 등도 동사에 대한 추상적 명사이다.

위의 국어 훈과 대역 일본어를 비교하면, 국어에서 해당 어례 85 중 명사 훈을 취한 것은 '誡'(경계 계), '逃'(도망 도), '擾'(요란 요), '仕'(벼슬 ᄉᆞ)밖에 없고 나머지 모두가 동사 훈으로 되어있다.

앞에서 기술한 것과는 역방향으로 『倭語類解』에서 동사의 기본형을 대역어로 사용하였던 것이 『日語類解』에 와서 명사어로 바뀐 것도 있다. 이는 표제한자의 어휘적 성격이 동사성보다 명사성이 농후한 것으로 해석했기 때문이라 여겨진다. 앞에서와 마찬가지로 동일 어간의 활용형에 따라 동사의 기본형을 채용한 것을 연용형인 동명사로 바꾼 것이다. 이때 동명사란 형태상으로는 명사성이 강한 반면 의미상으로는 동사성이 강한 것으로 설명된다.

響 히비구(上:20) → 히볘기(ひびき)(上:22)
怨 우라무(上:21) → 우라미(うらみ)(上:22)
烟 계무루(上:49) → 게무리(けむり)(上:53)
光 히가루(下:12) → 히가리(ひかり)(下:9)
恩 메우무(下:33) → 메ᄭᅮ미(めぐみ)(下:30)
終 오와루 又云 시마우(下:34) → 오와리(おわり)(下:31)
嫌 기로우(下:35) → 기라이(きらい)(下:32)
試 고고로미루(下:35) → 고고로미(こころみ)(下:32)

위 예들은 양 자료에서 동일한 용언의 어간을 취한 것이 활용형의 변화에 따라 변개된 것이다. 그런가 하면 아래의 몇몇 예들은 동사의 동명사형을 취한 것이 아니라 관련 유어 명사로 교정한 것이다. 어쨌든 이들의 대역어들이『日語類解』에서 명사형을 취하여 바꾼 것은 대부분 국어의 자훈에서도 명사를 취하고 있다는 점에서 일치한다.

所 오루(上:27) → 도고로(ところ)(上:28)
臭 가구(上:48) → 니오이(におい)(上:52)
護 도리모즈(下:33) → 호고(ほご)(下:30)
驗 시가이미루(下:35) → 시루시(しるし)(下:33)
謝 샤스루(下:40) → 시야레이(しやれい)(下:37)

'所'는 '居る'(살다)라는 동사로부터 거처하는 '장소' 명사로 바뀐 것이다. 국어의 자훈에서도 '바 소'와 '곳 소'로 통한다. '臭'는 동사 '嗅ぐ'(냄새 맡다)에서 정훈인 명사 '臭い'(냄새)로 개신되었다. '護'의 '取り持つ'는 "손에 잡히다", "중개, 알선하다" 등을 나타내는 동사인데, 이것이 후일 명사 '保護'로 바뀌었다. 참고로 '護'의 일본 정훈은 '守る'(まもる)이며 국어에서는 '구호 호'에서 '호위 호'로 옮아갔다. '驗'과 '謝'도 각각 명사 '徵'(しるし, 효험, 효과)와 명사 '謝禮'(사례)로 각각 교체되었다.

이상의 親字 예들은 국어 훈이 예외 없이 명사 일색임을 알 수 있다. 이는 일본어 대역 과정에서 국어 훈에 견인되어 나타난 현상이라 여겨진다. 특히 '響'에서 국어 훈이 당초 동사인 '울리일'로부터 명사 '소릭'로 교체된 것은 이를 뒷받침하고 있다.

형용동사↔형용사

明 아기라가(上:6) → 아가루이(あかるい)(上:5)
溫 아다다가(上:6) → 아다다가이(あたたかい)(上:5)
速 스미야가(下:34) → 하야이(はやい)(下:32)
緩 유루이 又云 유루야가(下:34) → 유루이(ゆるい)(下:32)

일본어의 품사 체계에서 형용동사는 형용사적, 동사적, 때로는 명사적 성격을 구유한 것이므로 이들 사이의 호용은 자연스런 추이라 할 수 있다. 특히 형용동사는 의미상 성상성을 띠는 것으로 성상 형용사와는 친근하다. 그런데 예 중에서 '緩'의 우리말 자훈은 『倭語類解』에서 '눅을 완'이었던 것이 『日語類解』에 와서 '느즐 완'으로 바뀌었다.

冷 히야비야시(上:6) → 히야야가(ひややか)(上:6)
暢 하레야가 又云 기미요우(上:21) → 하레야가(はれやか)(上:22)

전술과는 반대 방향으로 형용사가 형용동사로 개신된 것으로 '冷'과 '暢'이 있다. '冷'의 일본 훈은 다훈으로 'つめたい', 'ひえる', 'ひや', 'ひやす', 'ひやかす', 'さめる', 'さます' 등이 있고, '暢'의 '氣味よう'는 '晴れやか'와 같이 "맑고 상쾌한"의 의미를 가진 형용사이다.

형용동사 → 동사

詳 구와시우 又云 즈마비라가(上:23) → 구와시우(くわしう)(上:25)
懶 오고다루 又云 뿌쇼우나(上:24) → 오고다루(おこたる)(上:26)[71]
秘 히소까(下:35) → 가구수(かくす)(下:32)

'詳'은 又云에서 형용동사가 쓰인 것이 『日語類解』에 와서 동사로 교체된 것이다. '詳(つまびら)か'는 "자세한 모양", '無情(ぶしょう)な'는 "게으른 것", '密(ひそ)か'는 "남모르게 하는 모양"의 형용동사인데, 이것이 유의적인 동사로 바뀌었다.

형용사 ↔ 동사

悅 우레시이(上:21) → 요로고뿌(よろこぶ)(上:22)

71) 본래 '懶'의 자음은 일본의 오음, 한음과 마찬가지로 '란'(ラン)이었다. 자료에도 국어 훈과 음을 '게어를 란'으로 썼다. 현대 국어에서 말음 'ㄴ'이 탈락된 '라'로 읽히는 것은 그 俗音이다(懶怠: 난태 → 나태).

羨　우라야마시이(下:35) → 우라야무(うらやむ)(下:32)

'悅'의 일본 정훈은 동사인 '喜(悅)ぶ'(기뻐하다)이다. 『倭語類解』에 '嬉しい'(기쁘다, 즐겁다)가 온 것은 "기쁘다"와 "즐겁다" 사이의 의미상 유연성에 의한 것이다. 현대 국어에서 감정 동사는 감정 형용사의 어근에 '-하다'가 연결되어 파생되는 예가 많다(슬프다 → 슬퍼하다, 기쁘다 → 기뻐하다, 싫다 → 싫어하다, 즐겁다 → 즐거워하다). 그런데 '羨'의 우리말 자석 변화는 '부러홀'에서 '부러울'로 동사에서 형용사로 바뀐 것으로, 일본어의 대역과는 반대 방향을 보여준다.

好　요시 又云 고노무(上:19) → 요이(よい)(上:20)
怪　아야시무(下:35) → 아야시이(あやしい)(下:32)
鬱　우또시 又云 후사가루(上:21) → 웃도시이(うっとしい)(上:22)
軟　야와라우(下:36) → 야와라가이(やわらかい)(下:33)

'好'에서 'よし'나 'よい'는 정훈으로 쓰인 형용사인데 又云에 유어로 쓰인 동사 '好む'는 "좋아하다"이다. '怪む'는 "이상히 여기다"의 동사이었는데 이것이 형용사로 대역어가 바뀌어 '怪しい'(이상하다)가 되었다. '鬱'의 훈은 본래 '塞(ふさ)ぐ'(막히다) 또는 '茂(しげ)る'(무성하다)의 동사였으나 又云에 동사 '塞がる'(막히다, 닫히다)가 나왔고, 이것이 형용사로 바뀌어 '鬱陶しい'(우울하다, 갑갑하다)가 되었다. 국어의 자석도 '답답홀 울'로 새겨져 있다.

형용사↔명사

愛　이도오시(上:23) → 아이(あい)(上:25)

형용사인 'いとおし'(귀엽다, 사랑스럽다)는 '愛'의 본래 훈이었으나 후일 오음과 한음 공통의 한자음으로 음독되어 명사 'あい'가 되었다.

恚　구지오시 又云 무넨(上:21) → 구지오시이(くちおしい)(上:22)

義 이(上:22) → 다짜시이(ただしい)(上:23)
苦 구로우(下:35) → 구루시이(くるしい)(下:32)
違 지까이(下:35) → 다까우(たがう)(下:33)
正 마사 又云 다다시(下:40) → 다짜시이(ただしい)(下:37)

'恙'에서 '口惜しい'는 "불만족스런", "유감스런", "섭섭한"의 형용사이며, 又云의 '無念'(むねん)은 "매우 분함"을 나타내는 명사이다. 국어의 자석 '익돌다'는 "애닯다"를 의미한다. '義'는 오음과 한음 공통으로 읽혀진 명사 'ぎ'(義)와 한자어로 구성된 '苦勞', '違い'(다름), '正'(분명, 확실)은 모두 추상 명사이다. 이것에 상응하는 일본어 형용사로 대역어가 교체되었다.

명사→형용동사, 부사

莊 사가리(上:19) → 사간나(さかんな)(上:20)
貞 맏스우(上:22) → 맛수쑤나(まっすぐな)(上:24)
吝 시마쯔 又云 야부사가(上:23) → 게지나(けちな)(上:25)
巧 다구미(上:24) → 다구미나(たくみな)(上:26)
癡 오로소까 又云 우지(上:24) → 오로가나(おろかな)(上:26)
非 아야마리(下:34) → 마지까이나(まちがいな)(下:31)

위의 예에서『倭語類解』의 일본어 대역어는 각각 '盛り'(번성, 한창), '眞っ直ぐ'(똑바름), '始末'(검약), '巧み'(궁리, 계획, 교묘), '愚癡'(어리석고 못남), '誤り'(잘못) 등의 추상적인 명사였는데,『日語類解』에 와서 이들이 형용동사의 연체형인 '-な'로 활용되었다. 그런데 '癡'의 대역어로 '疎(おろそ)か'(등한한, 소홀한 모양)가 나온 것은 '愚(おろ)か'(어리석은 모양)의 착오가 아닌가 한다.

誠 마고도(上:28) → 마고도니(まことに)(上:30)
爲 다메(下:40) → 다메니(ために)(下:37)
預 가네데 又云 아즈가리(下:40) → 아라가씨메(あらかじめ)(下:37)

相　다까이 又云 아이(下:41) → 다까이니(たがいに)(下:38)

위의 예에서 '誠(實)(まこと)'(성실), '爲(ため)'(까닭, 이유, 원인), '預(あすか)り'(맡아둠, 보관), '互(たがい)'(상호) 등은 모두 명사이다. 여기에 형용동사의 연용형 '-に'가 연결되어 부사적 기능으로 전성되었다. 이 중 '預'는 양 자료에서 상당하는 한자가 서로 달라('豫') 그 자석도 잘못 연결된 것으로 보인다.

부사→형용동사, 형용사, 동사

同　오나ᄉᆡ구(下:34) → 오나씨(おなじ)(下:31)
直　스쭈니(下:34) → 맛수쭈나(まっすぐな)(下:31)

'同じく'(같이, 마찬가지로)는 형용사 '同じい'(같다)의 활용형으로 부사이며, '直ぐに'(곧, 즉각)도 명사(또는 형용동사)의 연용형 활용으로 된 부사이다.

早　즈도 又云 하야시(上:5) → 하야이(はやい)(上:4)
堅　가다구(下:36) → 가다이(かたい)(下:33)

'早'는 부사 'つと'(갑자기)에서 형용사 '早い'(빠르다, 이르다)로 바뀌었다. 'つと'는 '-に'로 쓸 경우 "일찍이"라는 부사가 된다. '堅く'(굳게)는 형용사 '堅い'(굳다)의 부사적 연용형이다.

能　요구(上:22) → 요구수루(よくする)(上:24)
樂　오모시로꾸 又云 다노시무(上:23) → 다노시무(たのしむ)(上:25)
默　야하리(上:26) → 짜마루(だまる)(上:28)
返　가예데(上:26) → 가에수(かえす)(上:29)
轉　우다다(下:19) → 마와루(まわる)(下:16)
始　하ᄉᆡ메데 又云 하ᄉᆡ마루(下:34) → 하씨메루(はじめる)(下:31)
定　사다메데(下:37) → 사짜메루(さだめる)(下:34)
兼　가네데(下:38) → 가네루(かねる)(下:36)

위에 나온 일본 대역어들은 모두 부사이다. '良く'(훌륭히), '面白く'(재미나게), '矢張り'(역시, 더욱이), '却(反)って'(도리어, 반대로). '轉た'(몹시, 더욱이), '始めて'(처음으로), '定めて'(꼭, 반드시), '兼て'(겸하여, 미리, 먼저) 등의 부사로, 이에 상응하는 '良くする'(잘하다), '樂しむ'(즐기다, 좋아하다), '黙る'(침묵하다), '返す'(돌려주다), '回る'(돌다), '始める'(시작하다), '定める'(정하다), '兼る'(겸하다) 등의 동사로 자석이 바뀌었다. 이 중에서도 '默'이 『倭語類解』에서 '矢張り'(역시)로 옮겨진 것은 의미상으로 보아 오류이다. 국어의 훈도 '즘즘'으로 썼다.[72]

2. 훈독어와 음독어의 교체

한 음절로 된 표제 한자(親字)를 음독하는 경우는 그 단음절이 이미 자립어와 같은 지위에 올라있음을 의미한다. 한자의 자음은 자립성이 없으므로 단어의 자격을 얻지 못하고 의미만 가진 어근으로 존재하거나 다른 한자의 어근과 결합하여 두 음절의 안정된 단어를 형성하는 것이 통례이다. 그런데 한자 1字가 그대로 단어로 정착되는 경우가 있는데 그 단어의 형성 과정은 국어에서나 일본어에서 동일한 양태를 보여준다. 그러므로 국어의 자전에는 한자의 훈과 음이 동일한 예도 적지 않다. 본 자료 두 책 속에도 이와 같은 예는 상당수 나온다.

妾 첩 첩(上:13)(上:13)
字 ᄌᆞ ᄌᆞ(上:18)(上:19)
脉 ᄆᆡᆨ ᄆᆡᆨ(上:18)(上:19)
各 각 각(上:18)(上:31)
窓 창 창(上:32)(上:35)
城 셩 셩(上:33) → 성 성(上:37)
站 참 참(上:34)(上:37)
印 인 인(上:37)(上:40)
册 ᄎᆡᆨ ᄎᆡᆨ(上:38)(上:41)

姓 셩 셩(上:13) → 성 성(上:14)
肝 간 간(上:18)(上:19)
或 혹 혹(上:17)(上:29)
門 문 문(上:32)(上:35)
臺 ᄃᆡ ᄃᆡ(上:33)(上:36)
驛 역 역(上:34)(上:37)
祿 녹 록(上:36)(上:39)
點 뎜 뎜(上:37) → 점 점(上:41)
卷 권 권(上:38)(上:41)

72) 국립도서관본에는 '따마루'로 가필되어 있다.

旗	긔 긔(上:41)(上:44)	盖	개 개(上:41)(上:44)
牌	패 패(上:41)(上:44)	冠	관 관(上:45)(上:48)
笏	홀 홀(上:45)(上:48)	粥	죽 죽(上:46)(上:50)
膾	회 회(上:47)(上:50)	醋	초 초(上:47)(上:50)
病	병 병(上:50)(上:53)	痰	담 담(上:50)(上:53)
藥	약 약(上:52)(上:55)	鍼	침 침(上:52)(上:55)
塔	탑 탑(上:52)(上:56)	法	법 법(上:53)(上:56)
獄	옥 옥(上:53)(上:57)	億	억 억(上:55)(上:58)
斤	근 근(上:55)(上:58)	疋	필 필(上:55)(上:58)
橘	귤 귤(下:6)(下:4)	銀	은 은(下:7)(下:6)
玉	옥 옥(下:8)(下:6)	鑞	납 랍(下:8)(下:6)
鉛	연 연(下:8)(下:6)	紛	분 분(下:11)(下:9)
藏	장 장(下:12)(下:10)	櫃	궤 궤(下:12)(下:10)
籠	롱 롱(下:12)(下:10)	函	함 함(下:12)(下:10)
床	상 상(下:12)(下:10)	帳	쟝 쟝(下:13)→장 장(下:10)
瓶	병 병(下:13)(下:11)	盒	합 합(下:13)(下:11)
盤	반 반(下:13)(下:11)	箸	져 져(下:13)(下:11)
缸	항 항(下:14)(下:12)	桶	통 통(下:14)(下:12)
研	연 연(下:15)(下:13)	篊	홍 홍(下:16)
櫓	노 로(下:18)(下:15)	鶴	학 학(下:20)(下:17)
羊	양 양(下:23)(下:20)	藤	등 등(下:28)(下:25)
半	반 반(下:31)(下:28)	私	ᄉᆞᄉᆞ ᄉᆞ(下:32)(下:29)
雙	쌍 쌍(下:33)(下:30)	福	복 복(下:33)(下:30)
業	업 업(下:38)(下:35)	功	공 공(下:38)(下:35)

그런가 하면, 양 자료의 한자 표제어에 대한 일본어 대역어에서 음독과 훈독이 자의적으로 교체되는 양태를 보여준다.

음독어→훈독어, 또는 관련 유어

歲 사이(上:3)→도시(とし)(上:2)

月 과쯔 又云 과지(上:3)→두기(つき)(上:3)

日 니지(上:4)→히(ひ)(上:4)

勢 셰이(下:37)→이기오이(いきおい)(下:35)

厄 야구(下:37)→와싸와이(わざわい)(下:35)

對 다이(下:39)→무가우(むかう)(下:37)

彈 히구 又云 단스루(上:43)→히구(ひく)(上:46)

變 헨쯔(下:36)→가와루(かわる)(下:34)

閑 간교우(下:38)→히마(ひま)(下:35)

위의 예들은 『倭語類解』에서 음독한 것을 『日語類解』에서 훈독하는 것으로 바뀐 것이다. 음독이 훈독으로 교체된 것을 살펴보면 대체로 한자의 일본 훈이 국어 훈과 그 어의가 일치하는 경우이다.

그런데 위의 예들은 양본의 편집 체제상 표제 한자 아래의 왼쪽에 기재된 일본 한자음을 가리키는 것이 아니라, 그 아래 ○표 밑에 적힌 일본 대역어를 지칭하는 것이다. 『倭語類解』에서 일본어 친자에 대하여 일본어 대역어가 들어갈 자리에 음독어가 들어간 것을 성희경(2003)은 기재 방식에서 원칙적인 체제가 아닌 예외적인 것이라 했다. 예를 들어 '歲' 힛셰(右)/셰이(左) ○**사이**, '月' 돌월/계쯔 ○**과쯔**, '日' 날일/싀쯔 ○**니지**, '每' 미양미/빠이 ○**마이** 등에서 앞에 나오는 밑줄 친 것은 일본 한자음 자체를 나타내고, ○의 뒤에 오는 것은 음독어로 어휘의 차원에서 표시한 것이다. 일본어 자음이 자훈이 되는 경우 이와 같은 현상이 나타나는 것이다. 즉 앞의 자음은 한자 낱자의 일본음을 적은 것이고 ○표 아래의 것은 字音이라기보다는 이미 어휘의 지위에 있는 단어들이다. 『倭語類解』 자료를 자세히 살펴보면 앞뒤의 자음이 동일할 때에는 앞의 한자음 표시는 표기하지 않고 공백으로 비워 두었다. 예 중에서 '勢', '厄', '對', '義', '每', '陣', '利', '功' 등은 앞의 한자음과 뒤의 음독어의 형태가 온전히 같기 때문에 앞의 한자음을 공란으로 두고 표시하지 않았다. 그로 인해 ○표 아래의 것을 일본어

의 훈독 대신에 일본 한자음을 다시 가져온 것으로 오인하기 쉽다. 이는『日語類解』에 와서는 일본 한자음과 음독어로 된 단어가 같은 형태를 취한다고 해도 양자를 다 기재해 두었다. 즉 '鬢' 귀밋=빈(右)/<u>쎈</u>(左) 쎈(右)/びん(左), '愛' ᄉᆞ랑=ᄋᆡ/<u>아이</u> **아이**/あい, '金' 쇠=금/<u>긴</u> **긴**/きん의 형식으로 표시했다. 이로부터 성희경(2003:196)의 논급대로 앞의 한자음의 위치에는 連濁이 일어나지 않는 單字의 한자음이고 뒤의 한자음의 위치에서는 어휘의 자격을 갖추고 있어 연탁이 일어나는 것은 당연한 일이다. 즉 양자는 單字의 레벨과 어휘의 레벨로 서로 다르다. 이는 促音 표기에서도 마찬가지의 원리이다('日記' ジツキ/ニッキ, '出船' シユツセン/シユッセン). 앞의 단자에서는 촉음이 사용될 수 없고 뒤의 어휘에서 나타났다.

'歲'의 독음은 오음으로 'さい'이다. 이것이『日語類解』에 와서 "해"를 가리키는 훈독어 'とし'로 바뀌었다. '月'의 독음 '과쯔'와 '과지'는 오음 또는 관용음이다(한음 'ゲツ'). 이것이『日語類解』에 와서 훈독하여 'つき'가 되었다. '日'을 'にち'로 읽는 것은 오음을 받아들인 것으로 후일 "해"나 "날"을 가리키는 훈독어 'ひ'로 바뀌었다. '勢'의 독음 'せい'도 오음과 한음에 공통되는 자음으로『日語類解』에서는 그 훈을 취하여 '勢(いきお)い'가 되었다. '厄'의 자음 'やく'는 오음을 받아들인 것이다. 이것도 훈독되어 후일에는 '災わい'로 바뀌었다. '對'의 자음 'たい'는 오음과 한음의 공통음이며 후일 자훈인 '向かう'로 교체되어 대역되었다. '彈'과 '變', '閑'의 독음은 대역어 전체가 음독된 것이 아니라 부분적으로 어근만이 음독되었고, 음독하는 한자 어근에 다른 한자 어근이나 용언이 붙어 조성된 단어이다. 그래서 '彈'(又云 たんずる), '變'(變ず), '閑'(閑居) 등이 대역어로 들어온 것이다. 이는『日語類解』에 와서 모두 훈으로 읽어 각각 'ひく', 'かわる', 'ひま'로 교체되었다.

義 ᅌᅵ(上:22) → 다ᄶᅡ시이(ただしい)(上:23)
每 빠이(上:27) → 이두모(いつも)(上:30)
陣 진(上:38) → 씬오시구(じをしく)(上:42)

利 리(上:56) → 리에기(りえき)(上:59)

功 고우(下:38) → 고우로우(こうろう)(下:35)

위의 예들은 『倭語類解』에서 음독한 대역어가 『日語類解』에 와서 親字의 국어 훈이 구체화하여 일본의 훈과는 의미상 차이가 느껴짐으로써 국어 훈의 어의에 가까운 대역어를 찾아 교체한 것이다.

'義'의 음은 오음과 한음 공통으로 'ギ'였는데, 뒤에 국어 훈인 '올흘'에 이끌리어 '正しい'로 바꾼 것이다. '毎'의 한음은 'バイ'인데 'いつも'로 교체한 것은 국어의 훈 '민양'에 상응하는 대역어를 선택한 결과이다. 따라서 일본 훈인 'ごと'나 'つね'를 쓰지 않았다. '陣'은 한음으로 읽어 'ちん'이 되었다가 여기에 용언이 부가되어 '陣を敷く'라는 술어구가 되었다. 이것도 국어의 훈인 '진칠'에 영향을 받은 것으로, 엄연한 훈인 'いくさ'가 있는데도 이를 대역어로 사용하지 않았다.[73] '利'의 독음 'り'는 오음과 한음의 공통음이다. 일본 훈인 'きく', 'かが', 'よし'가 있었지만 국어 훈인 '리홀'에 이끌림으로 다른 한자 어근 '益'(えき)와 결합하여 '利益'를 대역어로 삼았다. '功'의 자음 'こう'는 한음이며 훈은 'いさお'이다. 이것도 한자 어근에 다른 어근 '勞'(ろう)가 결합하여 자립 한자어 '功勞'를 대역어로 취한 것이다.

妙 묘우나(上:19) → 미고도나(みことな)(上:20)

貧 빈나루(上:56) → 삔보우수루(びんぼうする)(上:59)

睦 와뽀구(下:33) → 나가요시(なかよし)(下:30)

役 구야구(下:38) → 고우씨(こうじ)(下:35)

한자를 음독하는 어근에 다른 한자 어근, 또는 동사나 활용 어미가 결합하여 자립적인 단어를 형성했다가 이것이 유의적으로 관련된 다른 단어로 바뀐 것이다. 이러한 과정에서 국어의 훈이 큰 영향을 미쳤다.

---

73) 『倭語類解』 국립도서관본에서 '毎'와 '陣'은 그 字音이 각각 '마이'와 '신'으로 가필 교정되어 있다.

위에서는『倭語類解』의 자료에서 표제 한자(親字)가 단어의 일부 어근이 되는 경우를 들었는데, '妙'의 자음 'みょう'와 '貧'의 'びん'은 오음에 의한 독음이고, '睦'의 'ぼく'와 '役'의 'やく'는 한음에 의해 읽힌 자음이다. 그리하여 '妙(みょう)な', '貧(びん)なる', '和睦'(わぼく), '區役'(くやく) 등의 단어가 조성되었다. 이들이『日語類解』에 오면 교체되어 각각 유의적 타어인 'みことな'(볼 만한, 훌륭한), '貧乏する'(가난한), '仲良し'(사이가 좋은), '公事'(공적 일) 등으로 바뀌었다. 이러한 유어 교체에는 국어 훈인 '묘홀', '가난홀', '화목', '역亽'가 작용했다. 이들은 각각 'たえ', 'まずしい', 'むつ', 'えだち'와 같은 일본 훈을 가졌지만 유어로 교체된 것이다.

훈독어 또는 관련 유어→음독어

鬢 비예(上:16) → 삔(びん)(上:17)
愛 이도오시(上:23) → 아이(あい)(上:25)
肉 시시(上:47) → 니구(にく)(上:50)
金 고까네(下:7) → 긴(きん)(下:6)
銀 시로가네(下:7) → 낀(ぎん)(下:6)
鐵 구로까네(下:8) → 데두(てつ)(下:7)
蘭 아라라끼(下:30) → 란(らん)(下:27)
類 다우이(下:43) → 루이(るい)(下:40)

전술한 경우와는 반대 방향으로『倭語類解』에서 훈독한 대역어가『日語類解』에 와서 음독어로 바뀐 것이다

'鬢'은 훈인 'ひ(び)げ'로부터 일본어 관용음에 따라 'びん'으로 교체되었다. '愛'는 형용사 'いとおし'(사랑스럽다)로 대역되었다가 후일에 오음과 한음의 공통음인 'あい'로 음독되었다. '肉'의 훈은 고어인 'しし'(肉, 宍)로 "시체"를 뜻한다. 이에 오음의 독음에 따라 'にく'로 읽히는 것으로 교체되었다. 여기에는 국어 훈인 '고기'의 어의를 염두에 둔 것이다. '金', '銀', '鐵'은 각각 한음으로 'きん', 'ぎん',

'てつ'로 읽혔지만 그 훈을 따라 『倭語類解』에서는 각각 '黃金'(こがね), '白金'(しろかね), '黑金'(くろがね)로 쓰였다.[74] '蘭'의 훈은 'あららぎ'였으나 오음과 한음의 공통음인 'らん'으로 읽혀 대역어로 등장했다. '類'의 훈은 '類い'(たぐい)로 "같은 정도의 것"을 의미하는데, 뒤에 오음과 한음 공통음인 'るい'로 바뀌었다. 국어의 훈은 '종뉴'였다.

한편 『倭語類解』에서 국어 훈에 부응하는 유의적 대역어를 취한 것이 『日語類解』에 와서 음독어로 교체된 경우도 보인다.

洲　미스빠다(上:9) → 수(す)(上:9)
灣　마와리미스 又云 호도리미스(上:9) → 완(わん)(上:9)
脾　와기모노(上:18) → 히(ひ)(上:19)
肺　지와다(上:18) → 하이(はい)(上:19)
胃　구소후구루(上:18) → 이(い)(上:19)
氣　기예9上:20) → 기(き)(上:21)
慾　요구신(上:23) → 요구(よく)(上:25)
別　가구뻬쯔(上:28) → 쎄두(べつ)(上:31)
亭　데이시(上:31) → 진(ちん)(上:34)
石　인뵤우(上:55) → 고구(こく)(上:58)

'洲'의 훈은 'しま'였으나 유의적 관련성에 따라 '水端'(みずばた)가 되었다가 오음인 'す'로 음독 개신되었다. 국어 훈인 '물ㄱ'에 적합한 대역어를 선택한 것이다. '灣'의 훈은 'のたれ'인데 국어 훈인 '물 구븨'의 영향으로 이를 의미 해석한 '回り水' 또는 '邊り水'로 대역되었다가 한음에 따라 'わん'으로 교체되었다. '脾'는 '脾臟'(わきもの)을 가리키는 장기로 한음에 따라 음독하여 'ひ'가 되었다. '肺'는 '肺腸'(ちわた)의 장기로 한음으로 읽어 'はい'가 되었다. '胃'는 '胃腸'으로 속칭 일본어에서 '糞袋'(くそふくろ)라고도 하는데, 오음과 한음 공통음 'い'로 음독

74) 金(こがね, 黃金), 銀(しろがね, 白金), 鐵(くろがね, 黑金), 銅(あかがね, 赤金)의 훈들은 당시 한자 字義에 상당하는 일본어가 없어 한자의 注에 의해 새로 만든 훈이다. 이를 '字注訓'이라고 한다(鐵: 『說文』의 注 '黑金也', 銅: 『玉篇』의 注 '赤金也' 등에서 왔음.).

하게 되었다. '氣'는 한음으로 읽으면 'き'가 되는데, 이는 『倭語類解』에서는 'きげ'로 대역되었다.[75] '慾'은 음독한 한자 어근 '慾'(よく)에 다른 어근 'しん'(心)이 결합하여 '慾心'으로 대역되었고, 후일 표제의 한자 단독음으로 오음과 한음 공통인 'よく'로 바뀌었다. 이에는 국어 훈인 '욕심'이 직접적으로 작용했다. '別'의 관용음은 'べつ'이다. 이 어근 앞에 '格'(かく)가 놓여져 '格別'(かくべつ)로 대역되었다. 여기에도 국어 훈인 '다를'에 의미상 이끌린 것이다. '亭'는 唐音[76]으로 읽으면 'ちん'이 되고 한음으로 읽으면 'てい'가 된다. 한음으로 읽은 'てい'에 '子'(し)가 붙어 '亭子'(ていし)의 자립 단어가 나왔다. '石'의 관용음은 'こく'로 분류사(classifier)인 "한 섬"을 나타낸다. 이에 대응하여 '一俵'(いっぴょう)로 일본어 대역어가 나왔다.

煎 아후루 又云 센스루(上:48) → 센씨루(せんじる)(上:51)
緞 단모노 又云 돈스(下:9) → 쏜수(どんす)(下:7)
權 곤셰이(下:37) → 겐세이(けんせい)(下:35)
謝 샤스루(下:40) → 시야레이(しやれい)(下:37)

위의 예들은 親字가 음독한 한자 어근의 조어 요소가 되어 부분적인 음독의 형태를 가진 유이다.

'煎'에서 '炙る'(あぶる)는 "불에 굽다"라는 대역어로 국어 훈인 '달힐'과는 의미상 거리가 있다. 따라서 又云의 '煎ずる'가 병기되었으며 후에 '煎じる'로 바뀌었다. 어근인 '煎'은 한음으로 독음이 'せん'이다. '緞'은 본래 일본 훈이 없는 한자이다. '단모노(反物)'는 "옷감"을 지칭하는데, 다른 한자 어근 '子'를 취하여 '緞子'(광택이나 무늬 없는 비단)가 되었다. 탁음인 'だん'은 오음이고 청음인 'たん'은

75) 鄭 光(2004:45)은 'きげ'(氣)를 일본어로 적절하지 않은 말로 보았고, 이는 그대로 洪命福의 『方言集釋』(1778)에 수록된 것임을 밝혔다. 『方言集釋』에 나오는 일본어는 洪舜明이 편찬한 것으로 보이는 『倭語類解』의 祖本으로 추정하고 있다. 혹시 '氣'의 한음인 'キ'와 오음인 'ケ'가 잘못 합성하여 탁음화로 이루어진 오류가 아닌가도 싶다.

76) 唐音은 10세기 宋代에서 17세기 淸代에 이르러 선종의 승려들과 상인들에 의해 일본(平安 중기-江戸)에 전래된 한자음으로 宋音이라고도 한다. 주로 불교에 관련된 말이나 식물, 기구를 가리키는 단어에 쓰인다(예: 和尙(ワショウ), 饅頭(マンジュウ), 甁(ビン), 椅子(イス) 등).

한음인데 'どん'은 당음(唐音)으로 읽힌 것이다. 따라서 한음독이 당음독으로 바뀐 것이다. '緞'이 『倭語類解』에서 '단'과 '돈'으로 표기한 것은 '딴'과 '똔'의 오류이다. '權'의 대역어가 '權勢'가 된 것은 국어 훈인 '권세'에 직접 견인되었기 때문이다. 자음에서 'こん'은 오음이고 'けん'은 한음으로, 이들의 교체는 오음에서 한음으로 바뀐 것이다.[77] '謝'도 어근 '禮'와 합성하여 단어 '謝禮'가 조성되었고, 음독 'しや'는 한음으로 읽힌 것이다. 이것도 국어 훈인 '사례'에 직접적으로 견인된 것으로 보인다. 『倭語類解』에서 '謝'가 '샤'로 표기된 것은 '샤'의 오류이다.

腎　호쏘메우루(上:18) → 씬쏘우(じんぞう)(上:19)
感　가다시계나이 又云 간스루(上:21) → 간씨루(かんじる)(上:22)
信　다노미(上:22) → 신씨루(しんじる)(上:24)
應　싣까도(上:28) → 오우씨루(おうじる)(上:30)
碑　다데이시 又云 셰기히(上:52) → 세기히(せきひ)(上:55)
罰　즈미(上:53) → 빳수루(ばっする)(上:56)
粉　시로이 又云 오훈(下:11) → 오훈(紛, ごふん)(下:9)
幕　죠우마구 又云 덴마구(下:13) → 덴마구(てんまく)(下:10)

한편 위의 예들은 관련 유의어가 음독의 어근이 되는 예로 교체된 것이다. '腎'은 '腎臟'을 지칭하는 말로, 『倭語類解』에서는 의미상 별칭인 'ほぞめぐる'(臍巡る)로 대역되었다. '感'에서 대역어가 된 'かたじけない'(辱ない, 忝い)는 "과분하다", "송구스럽다", "부끄럽다", "면목 없다" 등으로 '感'과는 의미상 거리감이 느껴진다. 따라서 한자 어근 '感'에 동사 'じる'가 붙어 자립적인 단어 '感じる'를 형성한 것이다. '信'도 한자 어근 '信'(しん)에 'じる'가 붙어 동사화함으로써 어의에 접근하고 있다. '信'은 음독어로 오음과 한음의 공통음으로 읽힌 것이다. 대응되는 의미의 단어로 '頼み'를 들었는데 이는 "의지", "부탁"의 의미를 가진 말이다. '應'도 어근에 'じる'가 붙어 동사화한 것으로 오음의 음독 형태이다. 이에 대응되는 유어로 부사 '確と'를 선택하여 그 뜻이 "확실히", "단단히"가 된 것은

77) 『倭語類解』 국립도서관본에는 '權'의 대역어가 '곈셰이'로 가필되어 있다.

국어 훈인 '벅벅'에 견인된 것이다. '벅벅'은 부사 형태 '벅벅이'가 되면 "반드시", "응당히"라는 뜻을 갖게 된다.[78] 이처럼 국어 훈에 이끌리어 'しっかと'로 대역되었으나 字義와 간극이 생겨 '應じる'(응하다, 따르다, 적응하다)로 교체된 것이다. '碑'의 훈은 'いしぶみ'인데 '立て石'(たていし, 세워놓은 돌)로 썼다가 오음과 한음의 공통음인 '碑'(ひ) 앞에 '石'을 합쳐 '石碑'(せきひ)로 교정했다. '罰'은 국어 훈인 '죄 줄'에 따라 대역어로 '罪'(つみ)를 취한 것으로 보인다. 이는 오음에 의해 'ばっする'라는 동사를 형성해 냈다. '粉'은 오음과 한음의 공통음에 따라 'ふん'으로 읽혔는데, 국어 훈인 '가로'에 견인되어 한자 어근 앞에 '胡'(ご)를 붙여 '胡粉'(ごふん)이 되었다. 『倭語類解』에 드러나는 대응어는 'しろい'(白)만으로 되어 있어 일반적으로 가루가 희다는 것 외에는 유기적인 의미 대응을 찾기가 어렵다. '幕'은 본래 일본어에는 훈이 없는 한자이다. 국어 훈 '쟝막'에서와 같이 통용어인 'ちょうまく'(帳幕) 또는 'てんまく'(天幕)의 대역어를 취했다가 '天幕'으로 고정되었다.

3. 상위어와 하위어의 교체

상위어와 하위어는 어의의 외연과 내포에 의해 형성되는 단어 간의 의미 관계이다. 이러한 하의 관계(hyponymy)는 포섭 관계로, 상위어는 하위어를 영역상 포섭하고 하위어는 상위어에 포섭되는 관계이다. 상위어는 하위어보다 외연이 크고, 하위어는 상위어보다 내포의 양이 많다. 따라서 상위어는 하위어보다 적용의 범위가 넓고 그 의미는 일반적, 총칭적이며, 하위어는 상위어보다 적용의 범위가 좁은 대신 의미 특성이 정밀하여 구체적이며 특수성을 띤다. 하위 개념의 외연을 확장하는 것을 일반화(generalization)라고 하고, 상위 개념의 내포량을 증가시켜 정밀화하는 것을 특수화(specialization)라고 한다.

『倭語類解』와 『日語類解』에 오른 표제 한자의 일본어 대역 훈을 비교하면

---

78) 고문에 나오는 '벅벅이'의 용례는 벅벅이(一定)(譯補:52), 벅벅이 검은 뎌론 됴개(兵1:14), 벅벅이 아다(應應知道)(譯語下:53), 벅벅이 ᄒᆞ다(硬把)(語錄重:19)(語錄初:13), 이러면 ᄉᆞ시예 벅벅기 명이 뎌ᄅᆞ니(馬經上:34) 등이 눈에 띈다.

상위어와 하위어의 의미 관계를 나타내는 것으로 교체된 예가 제법 많이 나타난다. 그러나 이러한 교체 변화가 일정한 방향성을 띠지는 않는다. 다시 말하면, 상위어에서 하위어로, 하위어에서 상위어의 어느 한 방향으로 가는 편향성을 지니지는 않는다는 것이다. 이런 점에서 보면, 두 자료에서 자석의 개신이 반드시 기본, 상위 층위의 막연한 자석에서 구체적으로 세분화의 방향으로만 이행되지 않는다는 사실이 드러난다.

朝　아사 又云 계사(上:5) → 아사(あさ)(上:4)
野　노바라 又云 히로노(上:8) → 노하라(のはら)(上:7)
江　예 又云 미스우미(上:9) → 오우가와(おうかわ)(上:9)
河　미스가와(上:9) → 가와(かわ)(上:9)
川　가와(上:9) → 고ᄭᅡ와(こかわ)(上:9)
溪　호소ᅌ가와(上:9) → 다니ᄭᅡ와(たにかわ)(上:9)
子　무스고(上:12) → 고(こ)(上:13)
族　이지루이(上:13) → 신루이(しんるい)(上:13)
頰　호우사기(上:16) → 호우(ほう)(上:16)
肘　힌ᄉ노후시(上:17) → 히씨(ひじ)(上:18)
庫　고구라(上:34) → 구라(くら)(上:38)
戍　벤뽀우니마모루(上:39) → 마모리(まもり)(上:42)
刀　고ᅌ가다나(上:40) → 가다나(かたな)(上:43)
彎　유미오히구(上:40) → 유미히구(ゆみひく)(上:43)
瓔　간무리노오(上:46) → 히모(ひも)(上:49)
饌　메시노사이(上:46) → 사이(さい)(上:50)
臼　즈기우스(下:3) → 우수(うす)(下:2)
器　우즈와모노(下:12) → 우두와(うつわ)(下:10)
筐　하나가ᅌ고(下:15) → 가ᄭᅩ(かご)(下:12)
笥　오오ᅌ고리(下:15) → 고우리(こうり)(下:12)
綱　아미노오오스나(下:15) → 두나(つな)(下:13)
竿　즈리소오[79] 又云 사오(下:15) → 사오(さお)(下:13)

輪 구루마노와(下:19) → 와(わ)(下:16)

위에 든 예들은 『倭語類解』에서 구체적이고 정밀한 새김이 『日語類解』에 와서 일반화한 경우다. 하의 관계로 본다면 하위어에서 상위어로 교체된 것이다. '朝'에서 又云에 나오는 '今朝'는 "오늘 아침"을 지시하는 것으로, 통칭적인 "아침" 중 어느 한 날을 지정한 것이다. 의미의 영역으로 보면 축소(narrowing)되었고, 전의법(trope)으로 보면 제유(synecdoche)의 변화이다. 그런데 『倭語類解』에서 '今朝'로 부가한 것이 적확한 새김이 되는지는 의문이다. 국어의 훈은 일반적인 '아춤'이다. '野'의 훈은 'の'일 뿐인데 여기에 '原'의 의미가 첨가되었고, 又云에는 '廣野'로 병기됨으로써 "들판" 가운데서도 "넓은 들판"의 의미가 더해진 것이다. 국어 훈은 그냥 '들'이다.

'江', '河', '川', '溪'의 네 개 표제 한자에는 각기 의미 변별을 위해 대역어의 설명을 부기해 두고 있다. 이는 일본어에서 강(江)의 크기와 특징을 구별할 수 있는 별개의 고유어로 분화되어 있지 않기 때문이다. 일본어에서 흐르는 물은 그 크기와는 무관하게 'かわ' 하나로 중화되어 있는데, 크기에 따라 '江'은 "大川", '河'는 "水川", '川'은 "小川", 그리고 '溪'는 성격이 다소 다르지만 "細川", 또는 "谷川"으로 풀이되었다. 결국 이들을 통칭하는 'かわ'는 상위어이며, 그 하위어로 '江', '河', '川', '溪' 등을 가지고 있는 것으로 설명된다.

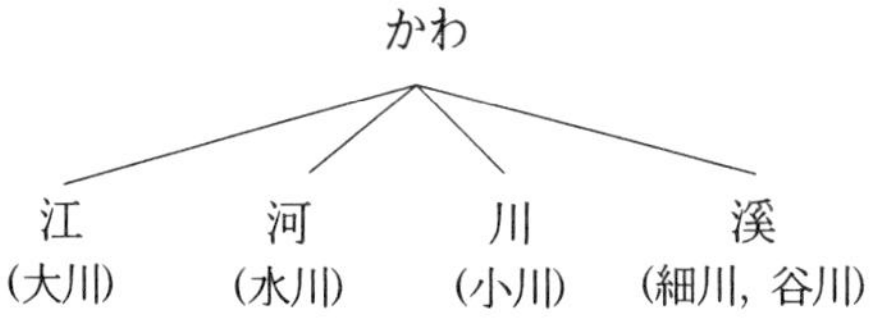

이들은 국어의 훈과 비교하면, '江'은 '물', '河'는 '하슈', '川'은 '내', '溪'는 '시내'이다.[80]

79) '즈리소오'는 '즈리사오'의 오기이다.

80) 현대 국어에서 '시내'는 어원적으로 '실내'(谷川), 즉 계곡에 흐르는 물로, '내'(川)보다는 작고

'子'는 일반적으로 부모로부터 태어난 아들딸을 합쳐 부르는 것이 통례다. 그런데 『倭語類解』에서 '息子'(아들)만으로 지칭한 것은 '娘'(むすめ, 딸)을 제외한 하위어로 통칭한 것이다. 이것도 국어 훈 '아들'의 영향일 것이다. '族'의 대역어가 '一類'(いちるい)에서 '親類'(しんるい)로 바뀐 것은 외연의 축소 현상이다. 즉 '同族'에서 '一家 親戚'으로 교체된 것으로, 이는 우리 고어에서 '겨레'가 "친척"의 의미에서 "민족"으로 변화한 확대 현상과 상반된다. '頬'은 'ほぼ'로 흔히 뺨이나 볼을 지칭한다. 그런데 여기에 '崎'(さき)가 부가됨으로 뺨의 부위 중에서도 "先端"을 가리키는 것으로 구체화했다. 이는 국어 훈의 교체 변화인 '보죠개'→'뺨'과도 같은 맥락이다. '肘'에서도 마찬가지로 "팔" 가운데에 '節'(ふし)를 부기하여 "마디"를 나타냈다. 국어 훈은 '풀 구미'였다.

한편 '庫'와 '刀'의 대역어에는 '小(こ)'를 덧붙여 '小倉'와 '小刀'로 크기를 특정화했던 것이 일반적인 훈으로 바뀌었다. '戍'에서는 그 지역 위치를 명시하여 "邊方"을 지키는 것으로 구체화했던 것이 일반 훈인 'まもり'(지킴)로 교체되었다. 국어의 훈은 '슈자리'이다. '瓔'은 '冠(かんむり)에 달린 "끈(緖)"으로 풀이된 것이 일반적인 'ひも'(끈)로 바뀌었고, '饌'에서는 "반찬"(菜) 중 "밥"(飯)을 먹는 데 부식으로 국어의 '밥반찬'과 상통한다. 명사 '臼'는 "절구"나 "맷돌"을 가리키는데, 이에 구체적인 동사인 '搗き'(찧다, 빻다)를 더하여 그 기능까지도 명시했던 것이 후일에 'うす'로 일반화했다. 그릇인 '器'는 훈인 'うつわ'에 'もの'(物)를 더하여 '器物'을 표시하던 것이 '物'이 빠지고 단순화했다. '筲'와 '網'은 각각 "광주리"와 "그물"을 가리키는데, 여기에 접두어 '大'(おお)를 첨가하여 그 크기를 나타내다가 그러한 수식어를 없앤 'かご'(국어 훈은 '광조리')와 'つな'(밧줄)[81]가 되었다. 또한 '筐'(바구니)에도 '花'(はな)가 첨가되어 "꽃바구니"(花籠, 花筐(はながたみ))가 되었다가 '꽃'이 빠지고 일반화했다. '竿'도 일반적인 "장대"의 의미에서 '釣り'가 붙어 "낚싯대(釣り竿)"가 되었다. 이는 국어의 훈 '낙대'의 영향으로 보이며, 또한

가는 물길을 가리킨다(임홍빈 1993:125).

81) 국어의 훈은 '벼리'였는데, 중세 · 근대어의 용례는 다음과 같다. 벼리 강(綱)(字會中:4),(類合下:9), 벼리(漢淸:304), 紀 벼리 긴 줄이라(柳物二水), 그믌 벼리롤 자브니(提綱)(杜初16:63).

이 책자가 유해서이므로 편집상 부류어끼리 한데 묶어 둔 것이기 때문이라 여겨진다. '輪'는 "수레바퀴"인데 그 대상이 되는 '車'(くるま)를 부가 설명함으로써 "수레바퀴"나 "자전거 바퀴"가 아닌 "車輪"(자동차 바퀴)로 해석한 것이다. 이도 국어의 훈은 '박희'인 것처럼 그냥 'わ'로 바뀌었다.

洞 호라 又云 야미아이(上:8) → 호라아나(ほらあな)(上:7)
指 사시(上:30) → 유삐사수(ゆびさす)(上:32)
釣 즈리(下:15) → 두리빠리(つりばり)(下:13)

이와는 반대로 『倭語類解』에서 일반적인 대역어였던 것이 『日語類解』에 와서 부가적인 의미로 구체화, 특정화한 예들도 있다.

'洞'에서 훈인 'ほら'에 '穴'(あな)가 부가되어 '洞穴'이 됨으로써 이것에도 "구멍"의 의미가 덧붙여진 것으로 교체되었다. '指'의 훈은 동사 'さす'(가리키다)와 명사 'ゆび'(손가락)인데, 두 개의 훈이 중합하여 복합훈인 'ゆびさす'가 되었다. '釣'는 대체로 "낚시"를 뜻하며, 여기에 '針'(はり)를 붙여 "낚시 바늘"이 되었다.

이들 예 중에는 한 쪽의 어의 속에 다른 한 쪽의 의미가 중복되어 잉여성을 드러내는 유들도 있다. 이는 Porzig가 장(場)의 이론에서 논한 단어의 결합적 관계에서 기본적 의미장의 분절 양태를 보여주는 것들과 통한다(홍사만 2008:156-157). 예를 들면 어떤 동사와 명사가 자동적으로 상관성을 노정하는 것으로, '걷다'는 '발', '보다'는 '눈', '듣다'는 '귀', '잡다'는 '손', '핥다'는 '혀', '깨물다'는 '이', '짖다'는 '개'가 포용(encapsulated)되고 있는 관계를 가리킨다. 이때 명사가 동사와의 관계를 주도하는 것이 아니라 동사가 명사를 주도하는 것으로 설명된다. 따라서 '발로 걷다'라든가 '눈으로 보다'라는 표현은 이미 하나의 의미 요소가 두 곳에 중출되는 결과를 낳으므로 '걷다'와 '보다'의 동사만으로 그 표현이 족한 것이다. 따라서 『日語類解』에서는 잉여적 요소를 배제한 단순 일본 훈으로 교체되었다. 국어의 훈에서도 당초부터 중복 요소가 빠진 단순형의 훈을 취하고 있다.

暮 구례 又云 히우례(上:5) → 구레(くれ)(上:4)
湧 미스와구(上:10) → 와구(わく)(上:10)
泡 미스노아와(上:10) → 아와(あわ)(上:10)
訥 구지또모루(上:26) → 또모루(どもる)(上:28)
弦 유미즈루(上:40) → 두루(つる)(上:43)
卸 니오로스(下:17) → 오로수(おろす)(下:15)
蚑 하우무시(下:27) → 하우(はう)(下:24)
桂 가즈라노기(下:27) → 가두라(かつら)(下:24)
栢 마즈노기(下:27) → 가시와(かしわ)(下:24)
桑 구와노기(下:27) → 구와(くわ)(下:24)
楮 가시노기(下:28) → 고우쏘(こうぞ)(下:25)
漆 우루시노기 又云 하세(下:28) → 우루시노기(うるしのき)(下:25)
椴 히노기(下:28) → 도또(椴, とど)(下:25)
莞 이우사(下:30) → 이(い)(下:27)

'暮'에서 "저물다"는 으레 '해'나 '날'이 저무는 것으로 용언의 의미 속에 '해'나 '날'이라는 주체가 포용되어 있다. 따라서 "해(날)가 저물다"는 그냥 "저물다"와 의미상 동치 관계를 형성한다. 오히려 '해'나 '날'은 언급하지 않아도 될 잉여적(redundant) 요소에 불과하다. 그러나 『倭語類解』의 又云에서 '日'(ひ)가 첨가되어 대역어를 삼은 것은 외국어 교육의 초보 단계에서 나타나는 편이성에 기인하는 것이 아닌가 한다. '湧'과 '泡'는 한자 자체 구성의 편(偏)으로 보아도 이미 그 주체 대상이 '水'(みず)임을 알 수 있다. "솟다"와 "거품"에서 이미 그 주체가 '물'인 것이 노정되지만, 동사 '솟다'에서 그 주체가 '기름'이나 이것이 추상화한 '용기', '희망', '화' 등이 될 수도 있고, '거품'에서는 물거품 외에도 '비누'나 화학약품에서 나오는 거품일 수도 있기 때문에 애써 '물'을 명시한 것 같다. 또한 類解書의 특징인 부류화에 나타난 현상으로도 설명된다.

말을 더듬는 것도 그 동작 주체가 명확히 노출되는 형태이다. 그러므로 '訥'에서 '입'을 굳이 명시하지 않는다 해도 '더듬다'라는 동사로써 동작 주체의 의

미 정보는 자동적으로 드러난다. 그런데도 불구하고 '吃る'에다 '口'(くち)를 첨가하여 알기 쉽게 풀이하려고 했다. '弦'은 偏의 부수에서도 드러나듯이 이미 '弓'(ゆみ)에 관련된 것임이 나타난다. 이로부터 전의되어 현악기의 '弦'을 나타내기도 하여 '弦'(つる)에다 '弓'(ゆみ)를 추가했다. 국어 훈은 그냥 '시위'로 이 속에 '활'의 의미는 포용되어 있다. '卸'는 "내리다"라는 동사인데, 이를 구체화하기 위해 그 대상물인 '荷'(짐)을 추가하여 명시화했다. 국어 훈은 '부리울'인데, 이는 이미 대상물인 '짐'이 예견되고 있어 잉여적 요소이다.[82] '蚑'는 벌레가 기어 다니는 것을 가리키는 동사로(はう, 국어 훈 '긜'), 여기에 주체인 '벌레'(虫)가 들어가 'はうむし'가 되었다가 뒤에 잉여적인 'むし'가 빠졌다.

국어나 일본어에서 어떤 특정 나무 이름을 말할 때는 구태여 '-나무'라고 하지 않아도 통칭적으로 그것이 나무임을 인식하게 된다. 그러나 나무 전체에는 잎과 꽃과 열매와 뿌리가 있으므로 이를 구별하기 위해 '나무'를 붙여 쓰기도 한다. 벚→벚나무, 솔→소나무, 동백→동백나무, 버들→버드나무 등이 그것이다. 일본어에서 '桂'는 'かつら'로 이미 계수나무를 가리키고 있는 것으로 인지되지만 『倭語類解』의 대역어에서는 일일이 '木'를 첨미하고 있다. '栢'(かしわの木, 잣나무), '桑'(くわの木, 뽕나무), '梶', '楮'(かじの木, 닥나무), '漆'(うるしの木, 옻나무), '椵'(ひの木, 개문비나무) 등이 본문에 나오는 예들이다. 이 외에도 '梧桐'(下:27)도 'きりの木'로 '木'을 붙여 썼다.

이러한 현상은 풀이름에서도 마찬가지다. '莞'(い)는 돗자리나 멍석을 만드는 등심초(燈心草)를 지칭하는데, 여기에다 '草'(くさ)를 붙여 'いぐさ'로 쓰는 것은 같은 맥락이다. 국어의 훈에서 '요향'이 '삿자리'로 바뀐 것은 재료인 풀이름과 그것으로 만들어진 제품과의 환유(metonymy)적인 유연성에 의한 것이다.[83]

---

82) 근대 국어에서 '부리오(우)다'는 다음과 같은 용례로 쓰였다. 몬뎌 가 됴흔 店 어더 부리오고(尋箇好店安下着)(老解上:59), 술위짐 부리오다(卸車)(譯語下:22), 부리오다(卸了)(同文下:19), 부리오다: 下着(漢淸7:44), 부리울 이: 弛(兒學下:9)

83) 『玉篇』에도 '草名苻蘺'와 '小蒲席'으로 나온다.

요 약

一、本書『倭語類解』を藍本とし、多少その材料に取捨を加へ、譯語の誤れるを改めたり。

一、その他本書中の譯語につきても更に詮議を加ふべきもの多し、されど編者は國語普及策上本書發表の急を感じたれば、暫く未定稿のままこれを上梓せり、增補訂正の機會は必ず遠きにあらざるべし。

위의 일어문은 이 글에서 다룬 『日語類解』의 편자 金澤庄三郎가 쓴 서문 중 일부이다. 그 내용은 이 책이 『倭語類解』의 남본으로 다소 그 재료에 취사를 더해 역어의 잘못을 고쳤다는 것과 그럼에도 불구하고 개정한 『日語類解』도 더욱 詮議를 더하여야 할 곳이 많고 未定稿를 서둘러 발행하여 머지않아 증보 정정의 기회가 반드시 있어야 할 것을 밝힌 것이다.

이 글은 『倭語類解』와 『日語類解』의 양 자료를 비교 분석한 것으로, 특히 표제 한자인 親字에 대한 대역 일본어의 교체를 우리말의 자석과 비교하여 논한 것이다. 대체로 그 교체의 양태는 품사 간의 교체, 훈독어와 음독어의 교체, 그리고 상위어와 하위어 사이의 교체를 중심으로 다루었다.

일본어 대역의 훈에서 두 자료 사이의 품사 교체 예는 명사가 동사로 바뀐 것이 가장 현저하다. 이는 한자의 자석이 국어의 예에서처럼 명사적 개념보다 동사성이 강한 것으로 인식했기 때문인 것으로 이해된다. 이 외에도 여러 품사 사이의 교체가 어떤 편향성을 띠지 않고 나타나는데, 당시 문법 의식이 없었던 때에 자석의 적용이 어떤 문법적인 원칙에 의해 이루어진 것이 아니라 의미상 자의적으로 행해졌다는 것을 뒷받침해 준다.

음독어와 훈독어 간의 교체도 일정한 방향이 없이 자의적으로 이루어졌음을 알 수 있다. 일반적으로 상위어와 하위어의 교체는 외연이 큰 상위어의 자석이 내포가 큰 하위어로 교체된 예가 많은데, 이는 의미의 구체화, 세분화의 의도가 반영된 것으로 해석된다. 그러나 두 책의 비교에서 하위어가 상위어로 교체되는 일반화의 경향이 두드러졌다. 이는 일본어 대역이 한자의 자의나 일본의 자훈에 충실하기보다는 한국어 자훈을 고려한 때문인 것으로 보인다. 이를 반영하는 본문 중 몇 군데 인상적인 대목을 들어보면 다음과 같다.

洲 : 믈ᄀᆞ 쥬/미스빠다(倭上:9)　　灣 : 물구뷔 만/마와리미스 又云 호도리미스(倭上:9)

子 : 아들 ᄌᆞ/무스고(倭上:12)　　慾 : 욕심 욕/요구신(倭上:23)

每 : ᄆᆡ양 ᄆᆡ/이두모(いつも)(日上:30))　　應 : 벅벅 응/신까도(倭上:28)

彎 : 활혈 만/유미오히구(倭上:40)　　陣 : 진칠 진/씬오시구(じんをしく)(日上:42)

罰 : 죄줄 벌/즈미(倭上:53)　　幕 : 장막 막/죠우마구(倭下:13)

竿 : 낙대 간/즈리소(사)오(倭下:15)　　睦 : 화목 목/와뽀구(倭下:33)

權 : 권셰 권/곤세이(倭上:37) → 곈세이(けんせい)(日下:35)

肉 : 고기 육/니구(にく)(日上:50)　　謝 : 사례 샤/시야레이(しやれい)(日下:35)

이 밖에도 이 글에서 우리말 자훈의 대역어로서 일본어가 정확하게 대응되지 않거나 잘못된 곳도 여러 군데 지적해 두었다. 다만『日語類解』는 개화기 말 당시의 역사적 현실과 문물이 반영된 일본 대역어로 교체되었다는 사실은 의심할 여지가 없다.

| 제8장 |

표제 한자어의 대역 일본어 교체형

우리말에서 1음절(1字)의 한자는 자립적인 단어가 되지 못하고 어근으로서의 역할만 하는 경우가 많다. 이들은 다른 한자 어근과 결합하여야만 단어의 구실을 하는 것이 일반적이다. 물론 1음절 한자가 우리의 어휘 체계에 유입되어 자립 단어로 정착된 예도 적지 않다.[84]

이에 반해 일본어에서는 한자를 음독할 뿐 아니라 훈독하기도 하기 때문에 한 음절의 한자 어근이 어엿이 단어의 자격을 갖춘 훈독어로 자리 잡는 경우가 많다. 본래 한자어는 1음절 한자를 기초로 하여 구성된 것이다(박영섭 1995:23).

이 글은『倭語類解』와『日語類解』에서 두 음절 이상의 자립 단어로 정착된 국어 한자어를 중심으로 이들의 어석이 일본어에서 어떻게 반영되었으며, 그 대역어가 어떤 방향으로 교체되었는지를 살펴보려는 것이다. 200여 년의 시대적 간극을 둔 두 자료 사이에 어떤 형태로 어휘 교체가 일어났는지를 살펴보고자 한다. 따라서 논의 대상이 되는 것은 두 책을 비교하여 일본어 대역어가 변화한 부류에 한정시키고, 어휘 교체나 어형 변화가 없는 것은 제외했다.

---

84) 이와 같은 한자어로는 山, 江, 窓, 賞, 床, 罪, 罰, 法, 量, 角, 腦, 册, 麵, 粥, 福, 房, 門, 肝, 肺, 城, 性, 胎, 窟, 敵, 形, 幕, 病, 陣, 百, 千, 萬, 億, 兆, 瓶, 恨, 壇, 左, 右, 龍, 鐘, 板, 網, 桶, 數 등이 있다.

대상의 부류는 세 갈래로, 첫째는 일본어에서 훈독어와 음독어의 교체 양태를 나타내는 것이고, 둘째는 단어의 일부가 생략된 형태이며, 셋째는 유의어 사이의 교체를 보여주는 것이다.

鄭 光(2004:88-90)은 『倭語類解』와 『日語類解』를 비교하면서, 한자음은 당시의 독음으로 교체되었고 일본어의 대역은 당시의 바른 일본어로 교정되었으며, 한자의 훈도 바르게 고쳐졌다고 논급한 바 있다.

1. 음독어와 훈독어의 교체

일본어 한자 독법에 따라 『倭語類解』에 등재된 한자어의 일본 대역어가 『日語類解』에 와서 음독, 또는 훈독하는 단어로 교체된 경우다. 이에는 세 가지 유형이 있다. 첫째는 훈독에서 음독으로 교체된 부류이고, 둘째는 음독에서 훈독으로 교체된 부류이며, 셋째는 음독에서 다른 형식의 음독으로, 훈독에서 다른 훈독으로 바뀐 것이다.

1) 훈독→음독

『倭語類解』의 자료 중에 훈독어, 또는 이른바 重箱(じゅうばこ)형의 혼독 한자어가 『日語類解』에 와서 음독어로 바뀐 것이다. 이 밖에도 관련되는 유어나 한자어의 의미를 풀이한 해석형의 대역어가 음독어로 교체된 예도 이에 속한다.

小人　고비도(上:14) → 시요우씬(しようじん)(上:14)
水銀　미스가네(下:8) → 수이낀(すいぎん)(下:6)
商船　아기나이뿌네(下:18) → 시요우센(しようせん)(下:15)
明日　아스 又云 묘우니지(上:4) → 미요우니지(みようにち)(上:4)
薦擧　스스메아꾸루(上:36) → 수이기요(すいきよ)(上:39)

위의 한자 어례들은 『倭語類解』에서 훈독하던 것을 『日語類解』에 와서 음독하는 단어로 교체된 경우다.

훈독한 '小人'(こびと)는 오음・한음의 공통음인 'ショウ'와 한음인 'ジン'으로 음독하여 'しようじん'이 되었다. '人'을 오음으로 읽으면 'ニン'이 된다. '水銀'은 '水'의 훈 'みず'와 '銀'의 훈 'しろがね'에서 'かね'만을 취하여 'みずかね'가 되었는데, 이것을 음독하여 'すいぎん'으로 교체되었다. 'スイ'는 오음과 한음의 공통음이며, 'ギン'은 한음이다. '商船'에서 '商'의 훈 'あきない'와 '船'의 훈 'ふね'가 합성하여 연탁(連濁)으로 'あきないぶね'로 읽혔는데 이것이 오음・한음의 공통음인 'ショウ'와 'セン'이 합하여 'しようせん'이 되었다. '明日'은 又云에서 이미 음독하였으나 'あず'는 훈독으로 熟字訓이다. 후에 음독하여 'みようにち'가 되었는데, 이는 오음으로 읽은 것이다. 자료의 한자 독음에는 'めい'와 'じつ'로 표기되었다. '薦擧'는 고유어의 훈을 읽어 동사 '薦め擧る'(すすめあげる)가 되었다가 유의적인 명사 '推擧'를 음독하여 'すいきよ'로 교체되었다.

八方　바쯔가다(上:11) → 합보우(はっぽう)(上:12)

한편 '八方'의 'ばつかた'는 음독과 훈독을 병행한 이른바 '重箱'(음독+훈독)형의 독법 형태를 취한 한자어다. 이것이 순전한 음독인 'はっぽう'가 되었는데, 方(ぽう)는 오음과 한음의 공통음이지만 '八'는 'ハツ'(한음)와 'ハチ'(오음)로 음의 차이가 있었다. 두 자료의 독음 표기도 'はつほう'와 'はちほう'로 적혔다. 어쨌든 촉음(促音)화 현상으로 'はっぽう'가 된 것이다.

仙人　야마히도(上:14) → 센닌(せんにん)(上:15)
順風　오이가졔 又云 슌뿌우(上:1) → 오이가쎄(おいかぜ)(上:1)
絶壁　다가이와(上:7) → 쎗베기(ぜっぺき)(上:7)
小童　고도모(上:14) → 시요우쏘우(しようどう)(上:15)
小心　즈즈시무(上:23) → 시요우신(しようしん)(上:24)
迂闊　스이산(上:24) → 우구와두(うくわつ)(上:25)
殘忍　아사마시(上:24) → 싼닌(ざんにん)(上:25)
使臣　쇼우시(上:35) → 시신(ししん)(上:38)

褒貶 노오리히뻬시(上:36) → 호우헨(ほうへん)(上:39)

記錄 시루스(上:37) → 기로구(きろう)(上:40)

次韻 와인(上:36) → 씨인(じいん)(上:40)

草書 소우시(上:38) → 소우시요(そうしよ)(上:41)

日記 히죠우 又云 닏기(上:38) → 닉기(にっき)(上:41)

號令 이이즈계(上:39) → 고우레이(ごうれい)(上:42)

斧鉞 셰쯔예쯔(上:40) → 후에두(ふえつ)(上:44)

火藥 구지우스리(上:41) → 구와야구(くわやく)(上:44)

接待 지소우 又云 셷다이(上:42) → 셋다이(せったい)(上:45)

帽子 계보시 又云 계스긴(上:45) → 뽀우시(ぼうし)(上:48)

夜叉 무구메 又云 우무메(上:53) → 야시야(やしや)(上:56)

決斷 나지아기(上:54) → 계두짠(けつだん)(上:57)

螺鈿 아오까이(下:8) → 라뎬(らでん)(下:6)

燭臺 도우따이(下:15) → 시요구짜이(しよくだい)(下:12)

鶺鴒 이시다다기(下:21) → 세기레이(せきれい)(下:18)

관련 유어란 의미상으로 가까이 관련되어 있는 단어를 가리키며, 이것이 『日語類解』에 와서 음독어로 교체된 예를 들었다.

먼저 '仙人'은 속세를 떠나 산에 사는 사람이라 하여 '山人'(やまひと)라고 불렀고, 이것이 오음 · 한음의 공통음인 'セン'과 오음 'ニン'이 결합하여 'せんにん'이 되었다. 후자를 한음으로 읽으면 'せんじん'이 된다. '絕壁'은 관련되는 유어인 '高岩'(たかいわ)(높은 바위)로 대역하였으나 『日語類解』에 와서 음독하여 'ぜっぺき'가 되었다. 이는 한음(セツ~ヘキ)으로 읽은 것인데, 오음(ゼツ~ビャク)으로 읽으면 'ぜっぴゃく'가 된다. '小童'은 어린이인 '子供'(こども)로 새겼다가 음독하여 오음 · 한음의 공통음인 'ショウ'와 오음인 탁음 'ドウ'를 합쳐서 'しようどう'로 읽었다. 한음으로 읽으면 청음인 'しょうとう'가 된다. '小心'은 관련 유어인 '慎む', '謹む'(삼가다)의 동사로 대역되었으나 후일 오음과 한음의 공통음으로 음독하여 'しようしん'으로 교체되었다. '殘忍'은 '淺(あさ)まし'를 대역어로 취했으나 그 의미는 “의외의 일에 놀라다”로부터 “얕은 마음”, “意外”, “비열하다”, “천하다”로 원의인 “잔혹”이나 “무자비”라는 우리말의 의미와는 차이가 있다. 이도 한자 독음은 오음으로 읽어 ‘ざんにん’이 되었다. 만약 한음으로 음독되었다면 ‘さんじん’이 되었을 것이다.

한편 ‘使臣’은 관련어인 ‘上司’(じようし)로 대역했으나 의미상 부합하는 유의성이 적확하게 감지되지 않는다. 오음・한음의 공통음인 ‘シ’와 한음인 ‘シン’이 합해져 ‘ししん’이 되었다. ‘臣’을 오음으로 읽으면 탁음인 ‘しじん’이 된다. ‘褒貶’은 “칭찬과 비방”을 의미하는데, 일본어로는 ‘能使’(のうりひきびし)로 대역되었으나 후에 음독되어 오음과 한음의 공통음인 ‘ホウ’에 한음인 ‘ヘン’이 연결된 ‘ほうへん’으로 읽혔다. ‘記錄’은 동사 ‘記す’(しるす, 쓰다, 기록하다)로부터 음독하여 ‘きろく’로 교체되었다.

‘次韻’은 남으로부터 받은 시에 운을 맞추어 짓는 시 ‘和韻’(わいん)에서 음독하여 답시인 ‘じいん’으로 교체되었다. 이는 관용음이며 오음과 한음은 ‘シ’, 그리고 한음으로 ‘ウン’이다. ‘草書’는 당시 ‘草字’(そうじ)라는 유어로 대역되었으나 오음과 한음의 공통음으로 음독되어 ‘そうしよ’로 바뀌었다. ‘日記’는 가까운 유어인 ‘秘帖’(ひじよう, 비밀 수첩)로 대역되었다가 음독으로 바뀌었고, ‘號令’도 고유어인 ‘言い付け’(명령, 분부)를 취했으나 후일에 오음으로 읽힌 ‘ごうれい’로 교체되었다. 이를 한음으로 읽으면 청음인 ‘こうれい’가 된다.

‘斧鉞’는 중국의 권위를 표시하기 위해 천자로부터 출령 대장에게 하사하는 도끼인 ‘節鉞’을 음독하여 ‘せつえつ’로 대역되었지만, 후에 한음으로 음독하여 ‘ふえつ’가 되었다. ‘火藥’은 관련 유어인 ‘口藥’을 훈독하여 ‘くちぐすり’를 사용했으나 오음과 한음 공통음으로 음독하여 ‘くわやく’로 교체되었다. ‘接待’는 유어로 향응을 뜻하는 ‘馳走’(ちそう)를 가져왔다가 음독으로 바뀌어 ‘せったい’가 되었다. ‘接’은 일본 관용음으로 ‘セツ’이고 오음과 한음은 공통으로 ‘ショウ’였다. ‘待’는 한음으로 청음인 ‘タイ’, 오음은 탁음인 ‘ダイ’가 됨으로 관용음과 한음을 음독에 반영한 것이다.

'帽子'는 모자 중 털모자인 '毛帽子'(けぼし)로 대역하였다가 오음과 한음의 공통음인 'ぼうし'로 음독되었다. '夜叉'는 범어 'yaksa'의 음역으로 인도 고대의 귀신을 가리키는 말인데, 대역 일본어에서 'やしや'가 된 것은 오음 · 한음의 공통음인 'ヤ'와 오음인 'シャ'가 합하여 읽힌 결과이다. '叉'의 한음은 'サ' 또는 'サイ'이다. '螺鈿'은 속칭 '青貝'(あおがい)로 대역했다가 오음 · 한음의 공통음인 'ラ'와 오음인 탁음 'デン'을 합하여 음독하는 것으로 교체되었다. '燭臺'는 관련어 '燈臺'를 음독하여 'とうだい'로 대응시켰으나 후일에 음독하여 한음 'ショク'와 오음 'ダイ'를 합하여 'しよくだい'가 되었다. '燭'의 오음은 'ソク', '臺'의 한음은 청음인 'タイ'이다. '鶺鴒'은 물가에 사는 할미새를 가리키는데, 별칭 '石叩'(いしたたき)로 대역했다가[85] 이를 음독하여 한음인 'せきれい'가 되었다.

強盜 즈요기누스히도(上:15) → 꼬우도우(ごうとう)(上:16)
漁船 우오즈리부네(下:18) → 끼요센(ぎよせん)(下:15)
黃疸 오우반 又云 기나루야마이(上:50) → 오우딴(おうだん)(上:53)

'強盜'에서 『倭語類解』의 일본 대역어는 '強氣盜人'으로 "강제로 빼앗는 사람"으로 해석한 설명어이다. 이것이 『日語類解』에 와서 음독하여 'ゴウ'라는 오음으로 읽혔고 'トウ'는 오음과 한음의 공통음으로 바뀐 것이다. '漁船'도 일본어로 풀이되어 'うおつりぶね'(고기잡이 배)가 되었다가 오음과 한음의 공통음인 'ぎよせん'으로 음독되었다. 본래 '漁船'의 훈은 'いさりぶね'였다. '黃疸'에서 又云으로 나온 'きなるやまい'(노랗게 되는 병)으로 일역되었는데, 오음으로 음독하여 'おうだん'으로 바뀌었다. 만약 한음으로 읽었다면 'こうたん'이 되었을 것이다.

이와 같이 『倭語類解』의 일본 역어에는 단어의 의미를 풀이한 것이 적지 않다. 1字의 표제어인 親字의 예에서 '羹'(국)을 '熱物'(あつもの), '醸'(釀造)를 '酒造る'(さけつくる), '犢'(송아지)를 '牛の子', '羔'(새끼양)을 '羊の子'로 풀이한 것과도 상통한다.

---

85) '石叩'(いしたたき)는 본래 쇠망치(鎚)로 광물을 쳐서 부수는 것을 가리키는데, 이에 연기되어 새 이름이 되었다.

2) 음독→훈독

今日　교우 又云 곤니지(上:4) → 기요우(きよう)(上:4)
胸痛　교우즈우(上:50) → 무네이다(むねいた)(上:50)
腹痛　후구즈우(上:50) → 하라이다(はらいた)(上:53)
眩暈　겐운(上:50) → 메마이(めまい)(上:53)

전술한 것과는 달리 『倭語類解』에서 음독한 일본 대역어가 훈독으로 교체된 형태이다.

'今日'에서 又云으로 표시한 'こんにち'는 오음으로 음독한 것이다. 이것을 한음으로 읽으면 'きんじつ'가 된다. 『日語類解』에 와서 'きよう'가 된 것은 이를 두 자 이상의 한자에 하나의 훈을 부여하는 熟字訓으로 읽은 것이다. '胸痛'의 '胸'에서 한음은 'キョウ', 오음은 'ク'로 서로 다르고, '痛'의 오음은 'ツウ', 한음은 'トウ'인데 한음과 오음이 교차적으로 음독되었다. '腹痛'의 '腹'에서는 오음・한음의 공통음인 'フク'와 오음의 '痛'이 합하여 'ふくつう'가 되었다. 이것은 뒤에 훈독하여 각각 'むねいた'(가슴앓이)와 'はらいた'(배앓이)로 교체되었다. '眩暈'은 "현기증"을 일컫는데, 한음으로 읽어 'ケン'(오음: ゲン)과 한음 'ウン'으로 읽히다가 훈독 'めまい'(目眩, 眩暈)로 바뀌었다.

頃日　교우싀쯔(上:4) → 고노꼬로(このごろ)(上:4)
終日　시우싀쯔(上:5) → 이지니지(いちにち)(上:4)
平明　헤이메이(上:5) → 요아게(やあけ)(上:4)
田夫　노우닌 又云 덴뿌(上:14) → 노우후(のうふ)(上:15)
憔悴　쇼우스이(上:19) → 야두레루(やつれる)(上:21)
純朴　스나오 又云 슌뽀구(上:23) → 시두뽀구(しつぼく)(上:24)
妄發　뫼우하(上:26) → 뽀우겐(ぼうげん)(上:28)
修理　슈리(上:33) → 나오수(なおす)(上:36)
邊方　벤뽀우(上:34) → 구니싸가이(くにざかい)(上:37)
守令　슈레이(上:35) → 지호우구완(ちほうくわん)(上:38)

軍官 운관(上:36) → 뿌구완(ぶくわん)(上:39)
錄事 로구싀(上:36) → 기로구(きろく)(上:39)
通事 즈우싀(上:36) → 두우야구(つうやく)(上:39)
約條 야구쇼우(上:36) → 야구소구(やくそく)(上:39)
問情 몬쇼우(上:36) → 시사두(しさつ)(上:39)
文籍 뮌쟈구(上:37) → 시요씨야구(しよじやく)(上:40)
風月 후우예쯔(上:37) → 시지곤쎅구(しちごんぜく)(上:40)
對敵 다이데기(上:39) → 데기다이(てきたい)(上:42)
紗帽 샤호우(上:45) → 기누뽀우시(きぬぼうし)(上:48)
嘔逆 오우계기(上:50) → 오우도(おうと)(上:53)
發明 하즈메이(上:54) → 이이와게(いいわけ)(上:57)
生涯 쇼우까이(上:56) → 시요구끼요우(しよくぎよう)(上:59)
出船 슏셴(下:18) → 후나뎨(ふなで)(下:15)
破船 하셴(下:19) → 난셴(なんせん)(下:16)
蜉蝣 후이우(下:26) → 가께로우(かげろう)(下:23)
薔薇 쇼우삐(下:29) → 빠라(ばら)(下:26)

위의 예들은 『倭語類解』에서 음독한 일본어가 대역어로 나온 것이 『日語類解』에서는 의미가 비슷한 유어로 교체된 부류이다.

'憔悴'는 한음인 'ショウ'와 'スイ'로 읽은 음독어에서 이것과 유의 관계에 있는 '窶る'(やつれる)로 교체된 것이다. 이때 일본 한자 '憔'와 '悴'는 동일하게 그 훈이 'やつれる'로 일치하는 것에 주목된다. '頃日'의 독음이 'きょうじつ'가 된 것은 오음 'キョウ'와 한음 'ジツ'가 반영되었기 때문이다. 이는 "요즈음"이라는 의미의 유어인 'この頃'로 바뀌었다. '終日'의 독음 'しゅうじつ'는 한음으로 읽은 것이다. '終'을 오음으로 읽으면 탁음인 'ジュウ'가 된다. 이것이 "하루"라는 의미의 유어인 '一日'(いちにち)로 바뀌었다. '平明'은 한음으로 음독하여 'へいめい'가 되었는데 이를 오음으로 읽는다면 'びょうみょう'가 될 것이다. "새벽"을 가리키는 이 단어는 유의어인 '夜明, 天明'(よあけ)로 교체되었다. '田夫'가 又云에서 'で

んぶ'로 읽힌 것은 오음인 탁음 'デン'(한음: テン)과 'ブ'(한음: フ, 관용음: フウ)가 반영된 것이며, 뒷 자료에서 유어인 '農人'(のうにん)이 '農夫'(のうふ)로 바뀌었다.

'純朴'은 又云에서 음독하여 'しゅんぼく'가 되었는데, 'シュン'은 오음과 한음의 공통음이며 'ボク'는 일본 관용음을 취한 것이다(한음: ハク/ホク). 유어인 "있는 그대로의 모양"을 나타내는 '素直'(すなお)에서 '質朴'을 음독한 'しつぼく'로 바뀌었다. '妄發'의 음독은 'ぼうはつ'로 한음이며,[86] 오음은 각각 'モウ'와 'ホツ'이다. 이것이 유어인 '妄言'을 취하여 음독 'ぼうげん'으로 바뀐 것이다. '修理'는 오음 'シュ'와 오음과 한음의 공통음인 'リ'가 합친 것이다. 한자음 '修'는 한음에서는 장음인 'シュウ'가 되는 차이를 보여준다. 그리하여 음독 'しゅり'에서 유어인 일본 고유어 '直(なお)す'(고치다)가 되었다.

'邊方'의 'べんぼう'에서 '邊'은 오음과 한음에서 공통적으로 'ヘン'이었다. '方'의 음도 오음과 한음의 공통음으로 'ボウ'로 읽는다. '邊方'와 유의적 의미 관계를 가진 '國境'(くにざかり)로 바뀌었다. '守令'가 'しゅれい'로 읽힌 것은 오음과 한음이 교차하여 반영된 것이다. '守'의 한음은 장음인 'シュウ'이고, '令'의 오음은 'リョウ'이다. 이와 의미상 관련이 깊은 '地方官'(ちほうくわん)으로 훗날 교체되었다. '軍官'이 'ぐんくわん'으로 읽힌 것은 오음과 오음·한음 공통음의 결합으로 이뤄진 것이다. '軍'의 한음은 청음인 'クン'이고 '官'은 오음과 한음에서 'カン' 또는 'クワン'으로 음독되었다. 이것이 '武官'(ぶくわん)으로 바뀐 것은 역시 이들 사이의 유의 관계로 인한 것이다. '綠事'(ろくじ)는 오음으로 읽은 것이다. 한음으로 읽으면 'リョク'와 'シ'의 결합이 된다. 『日語類解』에서는 이것이 유어인 '記錄'(きろく)으로 바뀌었다. '通事'(ついじ)도 오음으로 음독된 것으로, 한음은 각각 'トウ'와 'シ'가 된다. 유어인 '通譯'(つうやく)로 교체되었다. '約條'는 오음·한음의 공통음인 'ヤク'와 오음인 'ジョウ'가 결합한 것이다. '條'의 한음은 'チョウ'이다. 이는 유어로서는 의미상 다소 거리가 있는 '約束'(やくそく)로 바뀌었다. '問情'(もんじょう)는 두 자 모두 오음으로 음독된 것인데 한음으로 읽는다면 'ぶんせい'가 된다. 이는 그 유어로 '書籍'(しよせき)를 취하여 교체되었다. '風

86) 『倭語類解』 金澤本에는 '뽀우하'로 그 뒤에 '쯔'가 탈락되었다.

月'(ふうげつ)는 본래 '淸風明月'의 단축으로 된 단어로 자연을 소재로 시문을 짓는 것을 가리킨다. 오음 · 한음의 공통음인 'フウ'와 한음인 'ゲツ'가 합해진 것이다. '月'를 오음으로 읽는다면 'ガツ'가 된다. 이것이 후일 한시의 형식을 가리키는 '七言絕句'(しちごんぜっく)가 된 것은 그 의미의 외연에서 차이를 보여주는 예이다.

'對敵'(たいてき)는 오음과 한음의 공통음 'タイ'에 한음 'テキ'가 이어진 것이다. '敵'의 오음은 'チャク'이다. '對敵'의 유어는 음절이 도치된 '敵對'(てきたい)가 선택되어 바뀌었다. '紗帽'에서 '紗'는 오음(シャ)이고(한음은 サ), '帽'의 한음은 'ボウ'이며 오음은 'モウ'이다. 이는 현대 자음으로는 'サボウ'로 읽힌다. 이것이 유의적인 "비단 모자"(絹帽子)가 되어 'きぬぼうし'로 교체되었다. '嘔逆'는 한음으로 'おうへき'로 읽는다.[87] 이도 유어인 '嘔吐'(おうと)로 바뀌었다.

'發明'(はつめい)는 한음으로 읽힌 음독어였는데 "구실"과 "변병"을 의미하는 일본어 고유어 '言い譯け'(いいわけ)로 바뀌었다. 이때의 '發明'는 "무엇을 새로 생각해 내거나 만들어 내는 것"의 일반적인 의미가 아닌 부차적 의미를 가진 말이다. '生涯'는 오음인 'ショウ'와 한음인 'ガイ'가 연결되어 이루어진 단어로, '生'의 한음은 'セイ'이다. 이것이 유어인 '職業'(しょくぎょう)로 바뀐 것은 의미상 다소 유연성이 감지되기도 하지만 거리가 있어 보인다. '出船'(しゅっせん)은 두 자 모두 오음과 한음의 공통음으로 읽힌 것으로, 음절 도치가 된 '船出'의 훈독어 'ふなで'로 바뀐 것이다. '破船'(はせん)도 오음과 한음의 공통음으로 읽힌 단어로 그와 유의 관계에 있는 '難船'(なんせん)으로 대체되었다. '蜉蝣'(ふゆう)는 한음으로 읽힌 단어로 '하루살이'를 가리킨다. 동류어인 분류학상 'かげろう'目에 속하는 곤충류의 명칭으로 바뀐 것이다. '薔薇'는 한음으로 독음되어 'しょうび'였는데 후일 '茨'(いばら, 가시)가 어원인 'ばら'라는 명칭으로 교체되었다.

人中 닌쥬우(上:16) → 하나노시다(はなのした)(上:17)

---

87) '逆'의 자음은 탁음인 'げき'로, 이로 보면 『倭語類解』의 '오우계기'는 '오우예기'의 오기이다.

위의 예에서 '人中'은 음독으로 오음 'ニン'과 오음 · 한음의 공통음인 'チュウ'가 결합된 단어였으나, 『日語類解』에서는 이를 설명하는 것으로 대역하여 '鼻の下'(はなのした, 코 아래의 부분)로 교체된 것이다.

手本　슈뽄(上:36) → 데혼(てほん)(上:39)

'手本'이 'しゅぼん'으로 읽힌 것은 음독으로 오음인 'シュ'에 오음과 한음 공통음인 'ホン'이 들어간 것인데, 이때 'ホン'이 탁음이 된 것은 음운적으로 옳지 않다. 우리말 한자음(東音)에 견인된 오류로 보인다. 이는 후일에 'てほん'이 되어 훈독과 음독을 나누어 가지는 소위 '湯桶'(훈독+음독)형의 단어가 되었다. "모범", "양식", "자습서" 등의 의미를 가졌다.

이와는 달리 당초 훈독과 음독의 혼용 독음이 훈독이나 유어로 교체된 것도 있다.

幾日　이구ᄾ쯔(上:5) → 익가(いっか)(上:4)
蚊帳　가죠우(下:13) → 가야(かや)(下:10)

위에 든 예에서, '幾日'(いくじつ)는 '幾'(いく)의 훈독과 '日'(じつ)의 한음 음독이 혼합된 것인데, 전체가 훈독되어 'いっか'로 교체되었다. '蚊帳'(かちょう)도 훈독과 음독이 섞인 湯桶형의 단어이며, 관련 유어인 '蚊屋'(かや)로 바뀌었다.

懸板　가계이다(上:33) → ᄶᅡ구(がく)(上:36)
竈口　헤즈이ᄋᆞ지 又云 가마도ᄋᆞ지(上:33) → 가마ᄯᅩᄌᆞ지(かまどぐち) (上:36)
神主　간누시(上:52) → 이하이(いはい)(上:55)
忌日　쇼우쉰비 又云 이미비(上:52) → 메이니지(めいにち)(上:55)

위의 훈독어인 '懸板'(掛け板)가 '額'(がく)로 바뀐 것도 관련 유어를 취하여 어휘 교체한 것이다. 아궁이를 가리키는 '竈口'는 훈독하여 'へついぐち'가 되었는데, 'へつ火'는 '竈かまど'를 지키는 신을 가리킨다. 이것이 관련 유어인 'かまどぐち'가 되었다. '神主'(かんぬし)는 "사당에 안치하는 영패"로 훈독한 것이며, 이것이 유어인 '位牌'(いはい)로 바뀌었다. '忌日'을 '精進日'(しょうじんび)라고 하는 것은 祖先의 기일을 가리키기 때문이며, 又云에 나오는 '忌み日'는 그 훈독이다. 이것이 '命日'(めいにち)로 바뀐 것은 유의어의 음독으로 교체된 것이다.

3) 음독→다른 음독, 훈독→다른 훈독

1)이나 2)와는 달리 음독에서 다른 방식의 음독으로, 훈독에서 다른 훈을 취하여 교체한 부류이다. 이에 속하는 어례들은 본 자료에 그다지 많지 않다.

菩薩　호사쯔(上:53) → 뽀사두(ぼさつ)(上:56)[88]
一家　인계 又云 인가(上:13) → 익게(いっけ)(上:14)
諺文　온몬(上:38) → 겐뿐(げんぶん)(上:41)

양 자료는 두 곳 다 한자어를 음독했는데 그 방식이 달랐던 예이다.

불교 용어인 '菩薩'은 음독에서 변화를 보인 것으로, '菩'에서 청음인 'ホ'는 한음이고 탁음인 'ボ'는 오음이다. 그리고 '薩'는 한음으로 읽어 'サツ'가 되었다. '一家'의 又云에서 '家'를 'か'로 읽던 것이 'け'로 바뀌었는데, 이는 한음이 오음으로 독음이 교체된 것이다. '諺文'이 'げんぶん'이 된 것은 한음으로 읽은 것이며, 'オンモン'은 우리말 한자음을 그대로 옮겨온 것이다.

이에 반하여 아래의 어례들은 양 자료에서 훈독이 다른 훈독으로 이어간 것이다.

霹靂　가미나리(上:2) → 이가쑤지(いかずち)(上:1)
乳母　메노도(上:13) → 우빠(うば)(上:13)
指環　유비까네(上:44) → 유삐와(ゆびわ)(上:47)
早飯　아사메시 又云 아사이이(上:46) → 아사메시(あさめし)(上:49)

88) '菩薩'은 범어 bodhisattva에서 온 단어로, 平安 시대의 天台宗, 眞言宗 소용의 독송음 중에는 'ホサ'로 중국의 중세적 취향이 반영되기도 했다.

午飯　히루이이(上:46) → 히루메시(ひるめし)(上:49)
夕飯　이우메시 又云 이우이이(上:46) → 유우메시(ゆうめし)(上:49)
山獺　다누기(下:23) → 야마우소(やまうそ)(下:20)

'かみなり'나 'いかずち'는 '우레'(霹靂)의 동일 훈이다.[89] 이와 같은 훈의 교체는 자료에서 '雷'가 '이가스지'(上:2) → '가미나리'(かみなり)(上:1)로, 같은 예의 반대 방향으로 교체된 것과도 상통한다. 이처럼 일본어의 한자 훈은 국어와 마찬가지로 同字異訓도 있고 同訓異字도 있다. '乳母'에서 'めのと'와 'うば'의 두 가지 熟字訓끼리 교체되었다. '指環'과 '指金'(ゆびがね)는 서로 유의 관계에 있는 유의어이다. '指金'의 훈이 '指環'의 훈으로 교체되어 더욱 구체화된 시대적 통용어로 바뀐 것이다.

일본어 'めし'와 'いい'는 '飯'의 자훈을 공유하는 異字同訓이다. '朝飯', '午飯', '夕飯'의 세 어례에서 'いい'가 'めし'로 바뀌었다. 'たぬき'는 너구리를 가리키는데, 그 명칭으로 검은 담비인 '山獺(やまうそ)라고도 불러 대역어가 바뀐 것이다.[90]

2. 어형 생략형

일본어 대역어의 어형 교체에서 당초의 어형의 일부가 절단된 형태이다. 이는 생략(ellipsis)과 감염(contagion) 현상으로 설명된다. 남아 있는 단어에 생략된 부분의 의미가 감염되어 어형이 단축되는 것과 함께 그 의미가 옮겨가는 현상을 말한다(홍사만 2008:283). 이는 현대 국어 '아침밥'에서 '밥'이 생략되어 '아침'이 되고, '보름날'이 '보름', '콧물'이 '코', '머리털'이 '머리'가 되는 것과 같은 맥락이다.

東風　고지가세(上:1) → 고지(こち)(上:1)
南風　하예가세(上:1) → 하에(はえ)(上:1)

---

89) 일본어의 한자 훈은 한자 1字에 대해 고정되는 경우가 많으나 때로는 2字, 그 이상의 字에 熟合하여 고정된 것도 있다(예: 土産(みやげ), 時雨(しぐれ), 春日(かすが), 飛鳥(あすか) 등의 훈은 1字 1字에 대한 훈이 아니라 전체가 포합된 熟字訓이다.).

90) 국립도서관본에 '야마우소'로 가필되어 있다.

旋風 즈지가셰(上:1) → 두무씨(つむじ)(上:1)

暴風 하야셰(上:2) → 시게(しけ)(上:1)

殘風 나끼가셰(上:2) → 나끼(なぎ)(上:1)

山麓 야마노후모도(上:7) → 후모도(ふもと)(上:7)

紫芝 무라사기이로(上:10) → 무라사기(むらさき)(上:9)

流涎 즈바기요따레(上:20) → 요짜레(よだれ)(上:21)

粳米 우루시오메(下:4) → 우루지(うるち)(下:2)

黃角 도고로텐우사(下:6) → 도고로텐(ところてん)(下:4)

暈船 후네니요우 又云 후네노요이(下:19) → 후나요이(ふなよい)(下:16)

船梢 후네노도모(下:18) → 도모(とも)(下:15)

黃丹 오우딴(下:11) → 단(たん)(下:9)

民魚 니볘우오(下:24) → 니쎄(にべ)(下:21)

石花 고까기(下:26) → 가기(かき)(下:22)

梧桐 기리노기(下:27) → 아오끼리(あおぎり)(下:24)

杜鵑 즈즈싀하나(下:29) → 두두씨(つつじ)(下:26)

槿花 무구뎨노하나(下:29) → 무구께(むくげ)(下:26)

위의 예 앞부분에 다섯 가지의 '바람'이 나오는데, "風"(바람)이라는 의미를 선행어에 감염시키고 스스로 생략되었다. 각각 '東風'을 가리키는 'こちかぜ', '南風'의 'はえかぜ', '旋風'의 'つむじかぜ', '暴風'의 'はやぜかぜ'(疾風),[91] '殘風'의 'なぎかぜ'로부터 'かぜ'(風)가 생략되고 'こち', 'はえ', 'つむじ', 'はやぜ', 'な(凪)ぎ'로만 쓰인 예이다. '旋風'이 '辻風'(つじかぜ), '暴風'이 '時化'(しけ)로 된 것은 宛字(あてじ)로 쓰인 특수어이다.

또한 '山麓'은 본래 'やまのふもと'로부터 '山'(やま)가 생략되어 'ふまと'가 되었다. '步行'을 설명한 'かち(徒步)より行く'는 뒷부분의 생략으로 'かち'가 되었고, '紫芝'(むらさきいろ)에서는 '色'(いろ)가 생략되어 'むらさき'가 되었다. '流涎'은 흘러나오는 침을 가리킨다. 'つばき'(唾)는 'ツカク'의 연용형으로 '침'이며 'よ

91) 'はやちかぜ'(疾風)의 'ち'는 '風'의 고어이다.

だれ'(涎)는 "입 밖으로 흐르는 침"으로, 의미상 중복되는 부분이 생략된 것이다. '粳米'(うるしごめ)는 멥쌀을 가리키는데 이로부터 '米'(ごめ)가 생략되어 그냥 'うるち'로 교체되었고,92) '黃角'(ところてんぐさ)는 풀이름으로 '草'(くさ)가 생략되어 'ところてん'(心太)이 되었다. 선미, 고물(艫)을 가리키는 '船梢'(ふねのとも)에서 '船'(ふね)이 생략되어 'とも', '黃丹'(おうたん)에서는 '黃'(おう)가 생략되어 'たん'이 되었다. 동갈민어인 '民魚'(にべうお)에서도 '魚'(うお)가 줄어 'にべ'로 교체되었고, 굴조개를 가리키는 '石花'(こがき)에서는 앞부분의 'こ'가 생략되어 'かき'(牡蠣)로 쓰였다. 나무나 꽃 이름에서도 이와 같은 현상이 일어난다. '梧桐'(きりのき)에서 '木'(き)가 생략되어 벽오동을 가리키는 '靑桐'(あおぎり)로 교체되었고, 철쭉인 '杜鵑花'(つつじのはな)와 무궁화인 '槿花'(むくげのはな)에서도 '花'(はな)가 생략되어 'つつじ'와 'むくげ'로 줄어졌다.

이와는 대조적으로 방향이 반대가 되는 예도 나타난다. 생략의 예가 아니라 생략된 부분이 다시 실현되는 방향으로 교체되는 경우다.

冶匠 가싀(上:15) → 가씌야(かじや)(上:15)
牧場 마기(上:34) → 마기빠(まきば)(上:38)
吹螺 가이(上:43) → 호라노가이(ほらのかい)(上:40)
櫻桃 유스라(下:7) → 유수라우메(ゆすらうめ)(下:5)

'冶匠'이 'かじ'(鍛冶)가 된 것은 어원적으로 金打(かぬち)의 約轉으로 말미암은 것인데, 이미 "대장간"의 의미를 가졌음에도 불구하고 '屋'(や)를 붙여 '鍛冶屋'(かじや)로 교체했다. '牧場'(まき)에서도 '牧'만으로 "목장"을 나타내지만 '場'(ば)를 붙여 'まきば'가 되었다. '吹螺'는 그냥 'かい'(貝)이던 것이 '法螺貝'(ほらにかい)인 "소라 고동"으로 교정되었다. '櫻桃'(ゆすら)도 '梅'(うめ)를 더하여 'ゆすらうめ'(山櫻桃)로 표시하였다.

이 밖에도 어형이 단축(shortening)되는 변화를 경험한 예들도 있다.

---

92) '粳'은 'うるち'인데 자료에서 'うるし'가 된 것은 오류가 아니라, 흔히 '粳米'를 두고 'うるごめ' 또는 'うるしめ'라고도 부르는 데 유추된 때문인 것 같다.

細雨　고마아메(上:2) → 고사메(こさめ)(上:2)
肚帶　하라오비 又云 하루비(下:17) → 하라오쎄(はらおび)(下:14)

'細雨'(こまあめ)는 어형이 단축되어 '小雨'(こさめ)가 되었고, '肚帶'는 훈인 'はらおび'(腹帶)가 又云에서 축약되어 'はるび'로 짧아졌다.

3. 유의어 간의 교체

두 자료에서 유어끼리 어휘 교체한 어례는 매우 많다. 이들은 일본어의 고유어끼리, 고유어와 한자어, 한자어와 한자어 사이의 유어로 대치된 것이다.

陸路　리구지(上:8) → 오가미지(おかみち)(上:8)
暴風　하야세(上:2) → 시게(しけ)(上:1)
泥濘　누다(上:8) → 누가루미(ぬかるみ)(上:8)
溫井　유이(上:9) → 온센(おんせん)(上:9)
再從　사이쥬우데이(上:13) → 마다이도고(またいとこ)(上:13)
親舊　싀간즈기 又云 후루나싀미(上:13) → 지가쑤기(ちかずき)(上:14)
孩兒　야야(上:13) → 아가꼬(あかご)(上:14)
幼兒　따기요(上:13) → 고또모(こども)(上:14)
長者　오도나슈(上:14) → 메우에(めうえ)(上:14)
使令　즈예모지(上:14) → 오도모(おとも)(上:15)
市人　마지닌(上:14) → 지요우닌(ちようにん)(上:15)
匠人　사이구닌 又云 쇼구닌(上:15) → 시요구닌(しよくにん)(上:15)
戲子　사룽가구 又云 교우옌(上:15) → 기요우쎈(きようげん)(上:16)
女妓　계이셰이(上:15) → 쎄이시야(げいしや)(上:16)
雇工　야도이우또 又云 히요우(上:15) → 야도이쎄도(やといびと)(上:16)
鼻梁　고바나(上:16) → 하나수씨(はなすじ)(上:17)
鼻孔　하나노스(上:16) → 하나노아나(はなにあな)(上:17)
齠齔　하까미(上:16) → 지노미빠(ちのみば)(上:17)

白髮 시라예(上:17) → 시라ᄭᅡ(しらが)(上:17)

純直 쇼우도우(上:23) → 세이도우(せいとう)(上:24)

唐突 다이기나(上:24) → ᄶᅡ시누게(だしぬけ)(上:25)

姦惡 가다마시이(上:24) → 와루이(わるい)(上:26)

公正 스나오(上:24) → 고우헤이(こうへい)(上:26)

議論 딴오우 又云 소우딴(上:25) → 소우ᄯᅡᆫ(そうだん)(上:27)

酬酌 유이고다예(上:25) → 오우다이(おうたい)(上:27)

分付 이이즈계 又云 목시즈계(上:25) → 이이두게(いいつけ)(上:27)

知委 시라셰 又云 후례(上:25) → 시라세(しらせ)(上:27)

紹介 나가사빠구(上:25) → 나가두ᄭᅵ(なかつぎ)(上:27)

付耳語 소소나구(上:26) → 사사야구(ささやく)(上:28)

譫語 우즈즈고도빼(上:26) → 다와ᄭᅩ도(たわごと)(上:28)

徘徊 다지마와루(上:29) → 우로두구(うろつく)(上:31)

遮陽 긴가계(上:33) → 히요게(ひやけ)(上:36)

烽燧 호우과 又云 도우메(上:34) → 노로시(のろし)(上:37)

外方 이나가(上:34) → 지호우(ちほう)(上:37)

畫員 예시 又云 예가기(上:36) → 에가기(えかき)(上:39)

書吏 가기야구(上:36) → 시요기(しよき)(上:39)

方物 도산(上:36) → 산ᄲᅮ두(さんぶつ)(上:39)

禮物 인모쯔(上:36) → 두가이모노(つかいもの)(上:39)

闕子 관뮨(上:37) → 군레이(くんれい)(上:39)

單子 단ᄭᅡᆫ(上:37) → 가기두게(かきつけ)(上:39)

答狀 헨도우(上:37) → 헨씨(へんじ)(上:40)

正書 신(上:38) → 가이시요(かいしよ)(上:41)

整齊 다다시우(上:38) → 세이돈(せいとん)(上:42)

和親 와딴(上:40) → 와ᄲᅩ구(わぼく)(上:43)

放砲 히즈스미(上:41) → 합보우(ばっぽう)(上:44)

沐浴 왼우스이 又云 미아라이(上:44) → 후로(ふろ)(上:47)

行纏 한뎬(上:46) → 기야한(きやはん)(上:49)

外感　가셰 又云 가이계(上:50) → 가쎄(かぜ)(上:53)

斜眼　승고우(上:51) → 야쁘니라미(やぶにらみ)(上:54)

祠堂　마즈루이예(上:52) → 이하이쏘우(いはいどう)(上:55)

神主　간누시(上:52) → 이하이(いはい)(上:55)

忌日　쇼우신비 又云 이미비(上:52) → 메이니지(めいにち)(上:55)

明文　데까다(上:56) → 시요우몬(しようもん)(上:59)

商賈　아기비도(上:56) → 아긴쏘(あきんど)(上:59)

堤堰　즈즈미 又云 이셰기(下:2) → 두두미(つつみ)(下:1)

大紅　모미이로 又云 히(下:10) → 히이로(ひいろ)(下:8)

荷葉　구사소매(下:11) → 하수(はす)(下:9)

交椅　교구로구(下:12) → 이수(いす)(下:10)

方席　시도네(下:12) → 싸쁘돈(ざぶとん)(下:10)

蚊帳　가죠우(下:13) → 가야(かや)(下:10)

輪圖　신빠리(下:13) → 씨시야구(じしやく)(下:11)

酒煎子　사계약관(下:13) → 간나쎄(かんなべ)(下:11)

風爐　후이끄(下:14) → 곤로(こんろ)(下:12)

船頭　후네노모데(下:18) → 헤사기(へさき)(下:15)

轎子　고시(下:19) → 가꼬(かご)(下:15)

騅馬　가스예(下:22) → 아시쎄(あしげ)(下:19)

花盆　하나바지(下:30) → 우에기빠지(うえきばち)(下:26)

'陸路'는 '陸地'(りくち)에서 '丘路'(おかみち)로, '暴風'은 '疾風'(はやちかぜ)에서 '時化'(しけ)로 바뀌었는데, '時化'는 폭풍우로 해상이 거칠어진 상태를 표현하는 말이다. '泥濘'은 '沼田, 濕田'(ぬた)에서 'ぬかるみ'가 되었다. 'ぬかるみ'는 고유어로 'オカリミ'로부터 轉化한 "진흙탕"을 의미한다. '溫井'에서 'ゆい'는 '湯井'의 훈독이며 이것이 유어인 '溫泉'(おんせん)으로 교체되었다.

'再從'은 '再從弟'(さいじゅうてい)라고 불렀는데 그 후에 '又從兄弟'(またいとこ)가 되었다. '親舊'는 '近付き'(ちかつき)로, 또는 '古馴染'(ふるなじみ)로 썼다가 뒤

에 다시 'ちかつき'로 이어졌다. 자료에서 'ᅀᅵ간즈기'는 '지가즈기'의 오철이다. '孩兒'를 'やや'라고 부른 것은 '젖먹이'인 '稚兒'(ややこ)를 가리키며 이것이 '赤子'(あかご)가 되었다. '幼兒'는 '抱き子'(だきこ)로 썼다가 후에 일반적인 어린이를 가리키는 '子供'(こども)로 교체했다. '長者'는 '大人し'(おとなしゅ)로 대역했는데, 다시 '目上'(めうえ)로 바꾸었다. '使令'은 상징적으로 '杖持ち'(つえもち)로 새겼다가 '御共'(おとも)로 바꾸어 수행자를 높이는 말이 되었다. '市人'은 '町人'을 훈독한 'まちにん'이었는데 이를 다시 음독하여 'ちょうにん'으로 고쳤다. '匠人'은 '細工人'(さいくにん) 또는 '職人'(しよくにん)으로 썼다가 그대로 'しょくにん'을 유지했다. 이들은 손으로 그릇이나 기구를 만드는 직업을 가진 사람을 가리킨다. '戱子'를 'さるがく'로 쓴 것은 '猿樂', 또는 '散樂'(さんがく)의 轉化로[93] 平安시대 예능이나 골계의 흉내를 내거나 언어와 기예를 중심으로 씨름 관람 시 연출하는 사람을 일컫는 말이다. 이것이 '狂言'(きょうげん)으로 쓰여 지속되었다. '女妓'는 '藝生'(けいせい)로 불리다가 '藝者'(けいしや)로 바뀌었다. '雇工'(やというと)은 '雇人(雇員)'의 훈독이며, 또는 날품팔이인 '日傭'(ひよう)로 쓰이다가 'やといびと'가 되었다.

'鼻梁'은 콧방울을 가리키는 '小鼻'(こばな)에서 콧마루를 뜻하는 '鼻筋'(はなすじ)로 교체되었다. '鼻孔'은 'はなの巢(す)'에서 유의적인 'はなの穴(あな)'로 바뀌었다. '齬齕'는 이를 가는 것을 가리키는데 '齒嚙み'(はがみ)에서 '乳呑齒'(ちのみば)로 고쳐졌다. '唐突'은 형용동사인 '大氣(たいき)な'에서 명사 또는 형용동사인 '出し拔け'(だしぬけ)로 그 의미가 "당돌한", "돌연", "갑자기" 등으로 바뀌었다.[94]

93) '散樂'을 자료에는 '사룽가구'로 썼는데 국립도서관본에는 '사루ㅅ가구'로 표기되어 있다. 이를 당시의 표기 방식대로 쓴다면 '사루ㆁ가구'가 되어야 한다. 이 밖에도 『倭語類解』에는 앞의 비음을 분리시켜 선행 음절의 말음 위치에 표기한 것이 여러 군데 나타난다(儒生: 징고다지(上:14), 極: 싱고구(上:28), 斜眼: 승고우(上:51), 氅衣:경고로모(上:45), 丈: 낭가시(下:29), 泄瀉: 하라ㆁ군다리(上:50)). 또한 'ㄷ' 앞의 비음 'ㄴ'을 음절 말음에 반입하는 표기도 눈에 띈다(咽塞: 논노즈마루(上:49)).

94) 鄭 光(2004:17, 20, 113)은 '唐突'의 '다이기니'(濯足本)를 국립도서관본과 비교하여 '다이기나'의 '나'→'니' 탈획으로 보고 이를 교정했다. '大氣'는 본래 지구를 둘러싼 기체를 총칭하는 명사인데 전의되어 도량이 넓은 것을 나타내게 되었다. 이 명사 어기에 '-に'를 붙이면 부사 형태가 되고 '-な'를 붙이면 연체형이 된다.

‘姦惡’은 ‘姦しい’(かだましい)에서 ‘悪い’(わるい)로 바뀌었는데 후자는 외연이 크고 막연하여 정확한 어의가 드러나지 않는다. ‘公正’도 ‘素直’(すなお)에서 ‘公平’(こうへい)로 바뀌어 다소 의미차가 엿보인다.

‘分付’는 일본 고유어로 ‘言い付け’(분부, 명령), 또는 ‘申し付け’(もうしつけ)로 대역되었는데, ‘いいつけ’로 이어졌다. ‘知委’는 역시 고유어인 ‘知らせ’ 또는 ‘觸れ’(널리 알림)이었던 것이 ‘しらせ’로 유지되었고, ‘紹介’는 “중재하다”의 의미를 가진 고유어 ‘中裁く’(なかさばく)에서 ‘中繼ぎ’(なかつぎ)로 교체되었다. ‘付耳語’는 고유어 동사인 ‘そそなく’로 “속삭이다”의 의미인데 후일 그와 같은 의미의 ‘囁く’(ささやく)로 바뀌었다. ‘譫語’는 “헛소리”, “잠꼬대”라는 명사로, 이것이 ‘現つ言葉’(うつつことば)였다가 “농담”, “조롱하는 말”인 ‘戲言’(たわごと)로 바뀌어 의미차가 드러났다.

‘徘徊’는 일본어 고유어 ‘立ち回る’(たちまわる)에서 “방황하다”의 의미인 동사 ‘うろつく’가 되었다. ‘遮陽’은 “햇빛 가리개”를 두고 하는 말인데, 이를 ‘切っ掛け’(きっかけ)로 대역하여 “계기”나 “실마리”, 또는 “기세”나 “의지”를 나타내는 것으로 의미상 간극이 있었으나, 뒤에는 ‘日除け’(ひよけ)로 교체했다. ‘烽燧’는 유어인 ‘烽火’(ほうくわ) 또는 ‘とうめ’로 표시했다가 ‘狼煙’, ‘烽火’의 ‘のろし’로 바뀌었다. ‘外方’은 ‘시골’인 ‘田舍’(いなか)에서 관련어인 ‘地方’(ちほう)로 교체되었고, 화가를 가리키는 ‘畵員’은 ‘繪師’(えし) 또는 ‘繪描き’(えかき)에서 ‘えかき’로 유지되어 이어졌다. ‘書吏’는 ‘書き役’(かきやく)에서 ‘書記’(しょき)로 바뀌었다. ‘方物’은 ‘土産’의 음독인 ‘とさん’이었다가 ‘産物’(さんぶつ)로 바뀌었고, ‘禮物’은 ‘音物’(いんもつ)에서 ‘遣い物’(つかいもの)로 고쳐졌다. ‘關子’는 유어인 ‘官文’(くわんぶん)에서 ‘訓令’(くんれい)로 바꾸었고, ‘單子’는 유어 “짧은 편지”인 ‘短簡’(たんかん)에서 고유어 ‘書き付け’(かきつけ)로 교체했다. ‘答狀’은 유어인 ‘返答’(へんとう)에서 ‘返事’(へんじ)로, ‘正書’는 ‘眞’(しん)에서 ‘楷書’(かいしょ)로 바뀌었다. ‘和親’은 유어인 명사 ‘和談’(わだん)에서 ‘和睦’(わぼく)로 옮겨졌다. ‘行纏’은 ‘半天’(はんでん)으로 일본의 하오리 비슷한 겉옷인데 ‘脚絆’(きやはん)으로 바뀌었다. ‘沐浴’은 ‘목물’인 ‘行水’(ぎょうずい) 또는 ‘身洗い’(みあらい)에서 ‘風呂’(ふろ)로 정착했다. ‘外

感'은 감기를 일컫는데, 'かぜ'와 더불어 長崎현 諫早(いさはや) 방언인 '咳氣'(かいけ)로 대역되었다가 '風邪'(かぜ)로 정착되었다. '斜眼'은 고유어인 'すんこう'로부터 '藪睨み'(やぶにらみ)로 교체되었다.

'祠堂'은 '祭家'(まつるいえ)에서 '位牌堂, 神主堂'(いはいどう)로, '明文'은 어음이나 증거 문서인 '手形'(てがた)에서 유어인 증서 '證文'(しょうもん)으로 교체되었다. '商賈'는 상매인을 가리키는데 '商人'(あきびと)에서 'あきんど'로 변했다. 'あきんど'는 'あきびと'의 音便형이다. '堤堰'은 논이나 밭 사이의 길을 말하는데, '堤'(つつみ), 또는 '井堰'(いせき)에서 'つつみ'로 정착되었다. '大紅'은 '紅色'(もみいろ)와 '火'(ひ)에서 '火色'(ひいろ)로 바뀌었고, '交椅'는 일본의 옛날 승려들의 의자인 '曲彔(圓椅)'(きょくろく)를 가져왔다가 현대의 일반 의자인 '椅'(いす)가 되었다.[95] '方席'도 깔개인 '茵'(しとね)에서 '座蒲團'(ざぶとん)으로 바뀌었고, 모기장인 '蚊帳'은 湯桶형으로 훈독과 음독으로 'かじょう'를 취하였다가 그 유어인 '蚊屋'(かや)로 바뀌었다. '輪圖'는 戶口 등을 잠그는 데 쓰는 나무 빗장을 가리키는데, '心張棒'의 약자인 '心張り'(しんばり)에서 '磁石(盤)'인 'じしゃく'로 교체됨으로써 가운데 지남철을 꽂아놓고 가장자리에 원을 그려 24방위를 나눠놓은 방위 표시구가 되었다. '酒煎子'는 '酒藥罐'이라 하여 'さけやっくわん'으로 되었다가 '燗鍋'(かんなべ)로 바뀌었다. '風爐'는 풀무를 가리키는 '鞴'(ふいご)에서 '焜炉'(こんろ)로 바뀌었고, '船頭'는 한자어의 유어로 '船表(面)'(ふねおもて)에서 '船先'(へさき)로, 가마인 '轎子'는 '輿'(こし)에서 '駕籠'(かご)로 바뀌었다. '山獺'은 '狸', '貍'의 고유어 'たぬき'에서 '山獺'를 훈독하여 'やまうそ'로 썼고, '花盆'은 '花鉢'을 훈독한 'はなばち'에서 '植木鉢'(うえきばち)로 교체했다.

한편 『倭語類解』에서 일본 대역어가 해당어의 뜻을 풀이한 해석형 설명 형태를 취하였고, 후일 『日語類解』에서 그것에 상응하는 유의어를 선택하여 교체한 어례도 있다. 이는 앞서 살펴본 '强盜', '漁船', '黃疸' 등과 같이 각각 '强氣盜

---

95) 의미 변화의 관점에서 보면 이는 일반화에 속한다. '机'가 '오시마스기'(下:12)에서 '두구에'(つくえ)(下:10)로 바뀐 것이나 '席'이 '무시로'(下:12)에서 'ᄉᆞᆫ싸'(下:10)로 바뀐 것도 마찬가지의 현상이다. 'おしまずき'(几)는 女房詞에 나오는 책상으로 '脇息'(きょうそく, 坐臥具의 일종)이고, 'むしろ'(蓆)는 왕골이나 짚대를 지칭하던 말이다.

人', '漁釣り船', '黃になる病'로 설명하여 대역한 것과도 상통한다. 다만 이들은 『日語類解』에서 음독어로 교체한 점이 서로 달라 다른 항목에서 다루었다.[96]

外舅　하하까다노오지(上:12) → 시유우도(しゆうと)(上:12)
閑談　시즈까니가다루(上:25) → 세겐쌔나시(せけんばなし)(上:27)
報讎　아따오호우스루(上:40) → 가다기우지(かたきうち)(上:43)
結實　나리난다 又云 미노루(下:3) → 미노루(みのる)(下:1)
不實　나리나이 又云 미나라스(下:3) → 미노라누(みのらぬ)(下:1)

'外舅'를 '母方の叔父'(ははかたのおじ)로 부르는 것은 국어에서도 '고모부'를 '아비동싱누의남진'이라고 한 것과 같은 맥락이다. 이는 '舅'(しゅうと)로 교체되었다. '閑談'을 'しずかにかたる'라고 한 것은 "조용히 이야기하다"의 의미로 단어를 풀이한 것이다. 이것은 뒤에 '世間話'(せけんばなし, 세상 이야기)로 옮겨져 유어로 보기에는 다소 거리가 있다. '報讎'는 의미를 풀이하여 'あだ(仇, 敵)をほう(報)する'(원수를 갚다)로 대역했다가[97] '敵討ち'(かたちうち)가 되었다. '結實'과 '不實'은 열매를 맺거나 그렇지 못한 것을 나타내는데, '生りなった'(なりなった), 또는 동사인 '實る'(みのる), 그리고 '生りない' 또는 'みならず"에서 'みのる'와 'みのらぬ'로 유지되었다.

이와는 역방향으로 후일의 자료인 『日語類解』에 이와 같은 해석형의 대역이 실현되거나, 『倭語類解』의 해석형이 그대로 유지되는 예도 더러 보인다.

利刀　리겐(上:40) → 요이가다나(よいかたな)(上:43)
挾刀　약도우(下:16) → 구수리기리(くすりきり)(下:14)

96) 이 외에도 자료 속에는 親字(1字의 표제어)의 의미를 풀이한 해석형 대역 예가 많이 있다. '磧' 미스아사노이시(倭上:8), '津' 와다시싸(わたしば)(日上:9), '戚' 하하노시다시이(倭上:13), '步行' 가지요리유구(倭上:15) 등에서 '水淺の石', '渡し場', '母の親しい', '徒步より行く'는 모두 단어의 의미를 풀이한 것이다.

97) '仇', '敵'(あた)는 室町 시대까지는 淸音이었다.

妹夫 이모우도온도(上:12) → 이모우도무고(いもうとむこ)(上:13)
咽塞 논도후사까루 又云 논도즈미루(上:49) → 노또후가까루(のどふかがる)(上:52)
失音 고예가례(上:50) → 고에까가레루(こえがかれる)(上:53)
泄瀉 하라까군다리 又云 샤스루(上:50) → 하라구짜리(はらくだり)(上:53)

'利刀'는 잘 드는 칼로 이와 비슷한 '利劍'(りけん)에서 그 의미를 풀이한 '良い刀'(よいかたな)가 되었다. '挾刀'는 약을 써는 '藥刀'를 음독한 'やっとう'에서 의미 해석과 같이 '藥切り'(くすりきり)가 되었다. '妹夫'를 'いもうとおっと'라고 한 것은 한자의 훈을 고유어로 읽은 것인데 뒷날 '妹婿'(いもうとむこ)로 바뀌었다. 목이 막히는 것을 뜻하는 '咽塞'는 의미의 풀이대로 '咽詰まる'가 'のどふさがる' 또는 'のどつまる'로 설명되었는데, 뒤에는 '咽塞がる'(のどぐさがる)로 이어졌다. '失音'은 목이 쉬는 것으로 '聲嗄れ'(こえかれ)에서 'こえがかれる'로 하나의 단문을 형성했다. '泄瀉'는 설명적인 대역어인 '腹(はら)がくんたり', 또는 '瀉する'(しゃする)에서 '腹下り'(はらくだり)가 되었고, 'くんたり'는 '下り'의 변형이다.
어떤 형태이든 이들을 넓게 보면 유어 사이의 교체로 포괄될 수 있다.

한편 유어 간의 교체에는 어떤 사물이나 사실에 대한 별칭어, 이칭어 사이의 교체도 포함된다.

十一月 시모즈기 又云 싀우이지와쯔(上:3) → 씨유우이지까두(しゆういちがつ)(上:3)
十二月 시와스 又云 싀우니와쯔(上:3) → 씨유우니까두(しゆうにがつ)(上:3)
立春 셰쯔분 又云 릳슌(上:4) → 릿시윤(りっしゆん)(上:4)
除夕 오우즈모오리 又云 쇼야(上:4) → 오우두모소리(おうつもごり)(上:4)
子時 고고노쯔도기(上:5) → 네노도기(ねのとき)(上:5)
丑時 야쯔도기(上:5) → 우 시노도기(うしのとき)(上:5)

寅時 나나쯔도기(上:5) → 도라노도기(とらねとき)(上:5)
卯時 무쯔도기(上:5) → 우노도기(うのとき)(上:5)
辰時 이즈쯔도기(上:5) → 다두노도기(たつのとき)(上:5)
巳時 요쯔도기(上:5) → 미노도기(みのとき)(上:5)
午時 고고노쯔도기(上:5) → 우마노도기(うまのとき)(上:5)
未時 야쯔도기(上:5) → 히두씨노도기(ひつじねとき)(上:5)
申時 나나쯔도기(上:6) → 사루노도기(さるねとき)(上:5)
酉時 무쯔도기(上:6) → 도리노도기(とりねとき)(上:5)
戌時 이즈쯔도기(上:6) → 이누노도기(いぬのとき)(上:5)
亥時 요쯔도기(上:6) → 이노도기(いのとき)(上:5)
長指 다가다가유비(上:17) → 나가유쎄(なかゆび)(上:18)
窓欞 나가기(上:32) → 렌씨마쏘(れんじまど)(上:35)
抹樓 다가도노 又云 옌(上:32) → 엔(えん)(上:35)
貫革 다데이다(上:40) → 마도(まと)(上:44)
襁褓 시메시 又云 무즈기(上:42) → 오시메(おしめ)(上:45)
矮子 읻슨뽀(上:51) → 잇순쏘우시(いっすんぼうし)(上:54)
鞦韆 삐샤옫(下:20) → 쁘란고(ぶらんこ)(下:17)
騅馬 가스예(下:22) → 아시께(あしげ)(下:19)
鱣魚 우나기(下:25) → 고노시로(このしろ)(下:22)
石魚 이시모지 又云 우지(下:25) → 이시모지(いしもち)(下:22)
海蔘 나마고 又云 다와라옫(下:25) → 나마고(なまこ)(下:22)
毒蛇 히라구지 又云 마무시(下:26) → 마무시(まむし)(下:23)
蝌蚪 가예루고(下:27) → 오다마씨야구시(おたまじやくし)(下:24)
松子 마즈즈우리(下:28) → 마두가사(まつかさ)(下:25)

『倭語類解』에는 특정 달의 별칭이 나온다. 11월과 12월이 그러한데, 11월을 '霜月'(しもつき), 12월을 '師走'(しわす)라고 했는데, 이는 『日語類解』에 와서 모두 'じゆいちがつ'(十一月)와 'じゆにがつ'(十二月)로 바뀌었다. '立春'을 '節分'(せつぶん)이라 부르고, '除夕'을 '大晦'(おうつもごり)로 부르는 것도 별칭이다. '立

春'은 음독하여 'りっしゅん'이 되었고, '除夕'은 一云 '除夜'(じょや)로 불리다가 다시 'おうつもごり'로 회귀하였다. 또 다른 별칭으로는 '月陰'(つきごもり)도 있었다.

'子時'에서 '亥時'에 이르는 하루 24시간은 十二支에 따른 두 시간씩의 배분으로 이를 해당 동물의 이름을 따서 부르는 것(子時-쥐, 丑時-소, 寅時-호랑이, 卯時-토끼, 辰時-용, 巳時-뱀, 午時-말, 未時-양, 申時-원숭이, 酉時-닭, 戌時-개, 亥時-돼지)이다. 특히 '巳時'가 'みのとき'가 된 것은 뱀인 '蛇'(へみ)의 생략형이고, '卯時'가 'うのとき'가 된 것은 토끼(うさぎ)의 생략형이다. 이 외에도 '亥時'가 'いのとき'가 된 것도 '猪'(いのしし)의 생략이다.[98]

'長指'를 '高高指'(たかたかゆび)라고 한 것도 이칭으로 '中指'(なかゆび)로 바뀌었다. 격자창을 가리키는 '窓欞'은 '仲木'(なかき)라 부르다가 '櫨子窓'(れんじまど)로 교체했고, '抹樓'는 높고 큰 전각으로 '高殿'(たかどの) 또는 '筵'(えん)으로 불리던 것이 그대로 'えん'이 되었다. '筵'은 좌석, 특히 주연석을 가리킨다. '貫革'은 세워서 걸쳐 놓은 판자라는 의미로 '立て板'를 훈독하여 'たていた'가 되었고, 이것이 '的'(まと)로 교체되었다. '襁褓'는 이른바 기저귀를 가리키는 말인데, 동일 지시물에 대한 명칭의 차이로 '濕'(しめし), 또는 '襁褓'(むつき)에서 '御濕'(おしめ)로 바뀌었다. '矮者'는 난장이를 가리키며 이는 'いっすんぼ'에서 '一寸法師'(いっすんぼうし)로 비유적인 비어로 대역되었다. '鞦韆'에서 'びしゃご'는 '그네'를 가리키는 高知, 對馬 방언이며, 이것이 포르투갈어 'balanco'를 받아들여 'ブランコ'로 교체되었다.

'騅馬'는 흰 바탕에 흑색이나 짙은 갈색, 짙은 적색 등의 털이 섞여 난 말을 가리키는데, 양 자료에서 공통적으로 이에 관한 별칭어를 썼다. '糟毛'(かすげ)는

---

98) 일본의 시각 제도는 정시법과 부정시법으로 나뉜다. 부정시법은 밤과 낮을 각각 독립적으로 등분하여 시점을 만드는 제도로 밤과 낮의 길이가 계절에 따라 다르기 때문에 나온 것이다. 아침과 저녁의 분계점을 각각 '明け六つ'와 '暮れ六つ'라고 부르고, 밤과 낮을 각각 6등분하여 정오를 낮 9시, 자정을 밤 9시로 정하여 1분획마다 낮 9시, 8시 … 4시가 되며, 그 다음은 밤 9시로 자정에 해당한다. 그 다음은 다시 8시 … 4시를 거쳐 정오인 낮 9시로 되돌아온다. 江戸 시대에 사용했던 시계는 부정시를 가리키는 것으로 되어 있어 밤 9시를 '子'에 맞추고 순차적으로 '丑', '寅'. …의 十二支에 따라 맞추어 두었다.

회색에 흰색 털이 섞인 말이고, '葦毛'(あしげ)는 흰 털에 흑색과 농갈색이 섞인 말의 이칭이다. 물고기 종류인 '鱣魚'는 '鰻'(うなぎ)에서 '鰶'(このしろ)로, 조기인 '石魚'는 '石首魚'(ぐち)가 있었지만 고기의 특징에 따라 '石持ち'(いしもち)가 되었다. 해산물 중 '海蔘'은 '生子'(なまこ)라는 말이 있는 한편 '俵子'(たわらご)라는 이칭이 있었다. 올챙이인 '蝌蚪'는 속칭 '蛙子'(かえるこ)에서 '御玉杓子'(おたまじゃくし)로 교체되었다. 이와 같은 속칭은 '御玉'(玉子, 달걀)로부터 온 것인데 그 외형의 유사에 따라 조성된 말이다. 솔방울인 '松子'는 외형에 유추되어 '松絲玉'(まつつぐり)로 대역되었는데, 후일에 '松毬' 또는 '松笠'(まつかさ)로 바뀌었다. '絲玉'(つぐり)는 가죽이나 헝겊에 실을 감아 만든 공(毬(まり))처럼 된 것을 가리킨다.

요약

이상 『倭語類解』와 『日語類解』에 쓰인 표제 한자어의 일본 대역어에서 어휘 교체를 보이는 211개의 한자어 어휘 항목을 변화 유형에 따라 분류하고, 개개의 교체 양태를 간단히 분석 기술했다.

『倭語類解』와 『日語類解』 두 자료의 동일 한자어 비교 분석에서 당초 훈독하던 한자어가 음독으로 교체된 것이 가장 많았다. 이는 이 책을 편찬하는 데 일본에서 한자의 독법에는 훈독과 음독이 병행하고 있지만, 국어에서는 음독밖에 없다는 사실에 영향을 받은 것이 아닌가 싶다. 2字 이상의 한자어 교체 대비 분석은 1字의 한자로 된 표제어(親字)의 것보다는 단조롭다. 이는 親字의 경우 국어의 훈이 명기되었지만 2字 이상의 한자어는 국어에서 훈독하는 예가 없어 그 字音만을 표시했기 때문이다. 특별히 의미상 동류나 유의가 될 수 있는 유어끼리의 교체례가 많이 눈에 띈다. 이는 한자어가 가진 중심 의미에서 다의화로 확장한 것에 기인하는 것으로 보인다. 어떻게 하면 국어 한자어의 의미에 가장 밀착된 일본어를 찾아 대역시킬 것인가 하는 데서 여러 가지 유어가 모색된 것으로 여겨진다. 그러나 어떤 말들은 의미상 동떨어진 거리를 체감케 하는 예들도 적지 않았다. 이는 당시 이 책을 편찬하는 과정에서 여러 가지 옥편이나 유해서를 참고하긴 했지만, 한국어에 대한 전문적인 지식이 부족했기 때문이 아닌가 싶다.

2절에서 다룬 어형의 생략은 생략형과 실현형 사이에 일방적인 편향성을 보이지 않는다. 그러나 대체로 생략형에서 실현형으로 복귀되는 것보다는 생략형으로 지향하는 것이 많은데, 이러한 현상은 생략과 감염의 의미 변화와 더불어 노력 경제의 욕구적 영향일 것이다.

3절에서 유의어 간의 어휘 교체는 고유어와 한자어를 가리지 않고 의미상으로 유의성을 가진 어휘끼리는 자유롭게 바뀌었다. 그 중에는 유의라고 하지만 한 쪽이 그 단어의 의미를 풀이한 해석형의 대역을 취하였고, 이것이 해당 단어로 교체되거나 그와 같은 것이 반대 방향으로 나타나는 경우도 있었다. 또한 그 해석형이 후일에 그대로 지속되는 경우도 있었다. 특히 유어 중에는 이칭어나 별칭어로 쓰이던 것을 일반어로, 또는 그 반대 방향으로 바뀐 예들도 여러 개 찾을 수 있었다.

유의적인 어휘 교체의 면모를 살펴보면 대체로 단순화와 일반화의 경향을 엿볼 수 있다. 단순화란 복잡한 대역어로부터 짧은 단어에 응집되는 것으로, 본론에서 든 해석형 대역이 단어형 대역으로 간 것을 보아도 짐작된다. 또한 일반화는 역사적인 배경을 깔고 있는 특수한 말들이나 별칭어, 이칭어가 대역어로 취택되었다가 언중 사이에 늘 통용되는 일반적인 대역어로 교체되는 경향을 보여주는 특징이다. 물론 여기에 당시 언어 사회의 시대적 배경이 반영되어 있음은 더 말할 나위가 없다.

김경훤(2004), 음운의 변화와 표기, 보고사.

金公七(1983), 日本語音韻論, 學文社.

김동소(1999), 한국어 변천사, 형설출판사.

金永佑(편저)(1984), 日語漢字敎本, 學文社.

金正憲(1984), "漢字音 · 義 受容에 關한 小考, -『倭語類解』에서 拔萃한 8字를 中心으로-", 「語文論集」 32-1, 중앙어문학회.

金周弼(1988), "口蓋音化에 대한 通時論的 硏究", 「國語硏究」 57.

金鎭奎(1993), 訓蒙字會 語彙 硏究. 螢雪出版社.

金亨奎(1969), "口蓋音化攷" 「增補 國語史硏究」, 一潮閣.

김형철(1997), 개화기 국어 연구, 경남대 출판부.

南廣祐(1966), "訓蒙字會의 音訓硏究", 「가람 李秉岐博士訟壽論文集」.

南廣祐(1979), 고어사전, 일조각.

박영섭(1995), 國語漢字語彙論, 박이정.

박찬식(2008), 유해류 역학서 연구, 역락.

배석주(2006), 『方言集釋』의 倭語 硏究, 제이앤씨북.

백두현(1985), "15세기의 한자 석에 대한 연구", 「전재호 박사 화갑기념 논문집」, 형설출판사.

백두현(1992), 영남 문헌어의 음운사 연구, 태학사.

서수백, 김선희(2010), "『훈몽자회』와 『자전석요』의 한자 자석의 의미정보 수록 양상 비교 연구", 「언어과학연구」 55, 언어과학회.

서재극(1976), "新字典의 새김말에 대하여", 「國語學硏究」 5, 효성여대.

서정수(1975), 동사 "하 –"의 문법, 형설출판사.

성환갑(1983), "固有語의 漢字語 代替에 대한 研究", 중앙대 박사학위 논문.
성희경(2003), 한일대역사전 왜어유해 연구, 박이정.
송기중(1985), "『蒙語類解』 研究", 「歷史言語學」(金芳漢 先生 回甲記念論文集), 전예원.
송 민(1968), "「方言集釋」의 日本語 'ば'行音 轉寫法과 「倭語類解」의 刊行 時期", 「李崇寧 博士 頌壽記念論叢」, 서울.
申昌淳(2007), 國語 近代 表記法의 展開, 태학사.
심재기(1982), 國語語彙論, 集文堂.
심재기(편)(1998), 國語 語彙의 基盤과 歷史, 太學社.
안병희(1957), "重刊 杜詩諺解에 나타난 口蓋音化에 대하여", 「一石李熙昇先生頌壽記念論叢」.
안병희(1978), "村家救急方의 鄕名에 대하여", 「언어학」 3, 한국언어학회.
兪昌均(1959), "倭語類解 釋音考, -國語史의 立場에서-", 「語文學」 5, 한국어문학회.
劉昌惇(1980), 語彙史研究, 二友.
劉昌惇(2005), 李朝語辭典, 연세대 출판부.
여찬영(2003), "지석영 『자전석요』의 한자 자석 연구" 「語文學」 79, 한국어문학회.
李京哲(2003), 한일 한자음 체계의 비교 연구, 보고사.
이광호(1987), "漢字 字釋語 變遷 研究", 경북대 석사학위 논문.
李基文(1983), 國語史概說(改訂版), 塔出版社.
이기문(1991), 국어어휘사 연구, 동아출판사.
李東郁(2008), 近世日本語の音聲·音韻研究, -朝鮮時代の日本語學習書を中心に-, 제이앤씨북.
李于錫(2002), 韓日漢字語の品詞性に關する對照研究, -二字漢字語の品詞性とその周邊-, 제이앤씨북.
임용기·홍윤표 편(2006), 국어사 연구 어디까지 와 있는가, 태학사.
임지룡(1989), "분류어휘집의 체제와 상관성", 「국어학」 19, 국어학회.
장삼식(1983), 大漢韓辭典, 집문당.

전광현(1997), 근대 국어의 음운,「국어의 시대별 변천 연구」 2, -근대국어-, 국립국어연구원.

전재호(1973), 杜詩諺解의 國語學的 硏究, 通文館.

전재호(1988), "漢字 訓의 變遷과 語彙論的 位相",「어문론총」 22, 경북대 인문대.

鄭 光(1988), 諸本集成 倭語類解 [解說 國語 索引· 本文 影印], 태학사.

鄭 光(2002), 역학서 연구, 제이앤씨북.

鄭 光(편저)(2004), [四本對照 倭語類解 上(硏究編), 제이앤씨북.

鄭 光(편저)(2004). [四本對照 倭語類解 下(影印編), 제이앤씨북.

정승철(1997), "자음의 변화", 國語史硏究會「國語史硏究」 태학사.

정승철(1999), "개화기 국어 음운",「국어의 시대별 변천 연구」 4, -개화기-, 국립국어연구원.

趙堈熙(2001), 朝鮮資料による日本語音聲·音韻の硏究, 제이앤씨북.

조강희(2005), "『倭語類解』와 『三學譯語』의 한자 자석과 일본어음의 비교 연구,「일어일문학」, 대한일어일문학회.

지춘수(2006), "국어 표기법의 전개와 변천", 임용기, 홍윤표(편)「국어사 연구 어디까지 와 있는가」, 태학사.

최현배(1971), 고친 한글갈, 정음사.

하치근(2009), 우리말의 형태와 의미, 도서출판 경인.

허 웅(1965), 國語音韻學, 正音社.

홍사만(1994), "자석어의 변천 연구, -『倭語類解』와 『日語類解』의 비교-",「권재선 박사 환갑기념논문집」, 우골탑.

홍사만(1994), 국어 의미론 연구, 형설출판사.

홍사만(2003), 국어 어휘의미의 사적 변천, 한국문화사,

홍사만(2005), "『倭語類解』의 어휘 분석(1), -구개음화 표기를 중심으로-",「어문론총」 42, 한국문학언어학회.

홍사만(2006), "『倭語類解』의 어휘 분석(2), -치음 아래 /j/ 유지 표기-",「韓· 日言語文化硏究」 10, 韓· 日言語文化硏究所.

홍사만(2008), 국어 의미 분석론, 한국문화사.

홍사만(2008), "『倭語類解』와 『日語類解』의 표기형 비교 분석(1), -모음 표기 변화를 중심으로-", 「韓·日言語文化研究」 12, 韓·日言語文化研究所.

홍사만(2009), "『倭語類解』와 『日語類解』의 표기형 비교 분석(2), -자음 표기 변화를 중심으로-", 「韓·日言語文化研究」 13, 韓·日言語文化研究所.

홍사만(2010), "『倭語類解』와 『日語類解』의 일본 한자 독음 표기 비교", 「韓·日言語文化研究」 14, 韓·日言語文化研究所.

홍사만(2011), "『倭語類解』와 『日語類解』 親字의 대역 일본어 교체 비교 분석", 「국학연구론총」 8, 택민국학연구원.

홍사만(2011), "『倭語類解』와 『日語類解』 표제 한자어의 대역 일본어 교체 비교 분석", 「韓·日言語文化研究」 15, 韓·日言語文化研究所.

홍윤표(1993), 國語史文獻資料研究, 太學社.

홍윤표(1994), 근대 국어 연구(Ⅰ), 태학사.

홍윤표 외(편)(1995), 17세기 국어사전, 太學社.

池上嘉彦(1981), [する]と[なる]の言語学, 大修館.

上田万年(外)(編)(1977), 大字典, 講談社.

大友信一(1959), "『桑韓筆語』による国語音の研究", 「文芸研究」 33, 日本文芸研究会.

大野 晋 外(編)(1977), 語彙と意味, 「岩波講座 日本語」 9, 岩波書店.

大野 晋 外(編)(1999) 類語新辞典, 角川書店.

小倉進平(1940), 増訂朝鮮語学史, 刀江書院, 東京.

影山太郎(1996), 動詞意味論 -言語と認知の接点-, くろしお出版.

滙東書館 編輯部(1934), 大增補 日鮮新玉篇, 滙東書館, 京城.

北原保雄(編著)(1999), 概説日本語, 朝倉書店.

国語学会(編)(1981), 国語学大辞典, 東京堂出版.

阪倉篤義(編)(1971), 語彙史, 「講座 国語史」 3, 大修館書店.

佐藤喜代治(1979), 日本の漢語, 角川書店.

佐藤喜代治(1985), 字義字訓辞典, 角川書店.

柴田 武(1988), 語彙論の方法, 三省堂.
小学館(編)(1998), 使い方の分かる類語例解辞典, 小学館.
新村 出(編)(1978), 広辞苑, 岩波書店.
衫本孝司(1999), 意味論1 -形式意味論-, くろしお出版.
藤本幸夫(1980), "朝鮮版『千字文』の系統",「朝鮮学報」94, 朝鮮学会.
芹生公男(1995), 古語類語辞典, 三省堂.
高松政雄(1986), 日本漢字音概論, 風間書房.
築島謙二(訳)(1990), 意味と意味の発展, 원저: R.A.Waldron, Sense and Sense Development, 法政大学 出版局.
築島 裕(1977), 国語学, 東京大学 出版部.
鈴木重幸(1972), 日本文法 形態論, むぎ書房.
土井洋一, 浜田 敦, 安田 章(1959), 倭語類解考,「国語国文」28-9, 京都大学国文学会.
中沢希男(1997), 漢字·漢語概説, 教育出版.
中田祝夫 外(1980), 音韻史·文字史,「講座国語史」2, 大修館書店.
中田祝夫 外(編)(1994), 小学館 古語大辞典, 小学館.
中村栄孝(1961), "『捷解新語』の成立·改修および倭語類解成立時期について",「朝鮮学報」19, 朝鮮学会.
日本音声学会(編)(1976), 音声学大辞典, 三修社.
日本大辞典刊行会(編)(1981), 日本国語大辞典, 小学館.
橋本進吉(1966), 国語音韻史, 岩波書店.
服部四郎(1979), 音韻論と正書法, 大修館書店.
浜田 敦(1958), "倭語類解 解説",『倭語類解』影印(本文·国語·漢字索引), 京都大学文学部 国語国文学研究室編.
浜田 敦(1970), 朝鮮資料による日本語研究, 岩波書店.
広田栄太郎 外(編)(1979), 類語辞典, 東京堂出版.
林 史典(1976), "日本における漢字",『岩波講座 日本語』8 文字, 岩波書店.
林 四郎, 松岡栄志(1997), 日本の漢字·中国の漢字, 三省堂.

馬淵和夫(1993), 五十音図の話, 大修館書店.

馬淵和夫(1999), 古代日本語の姿, 武蔵野書院.

森田良行 外(編)(1999), ケーススタデイ 日本語の語彙, おうふう.

安田 章(1968), 朝鮮資料と中世国語, 笠間書院.

安田 章(1986), "韓国国立中央図書館蔵『日語類解』", 「国語国文」55-4.

油谷幸利 外(編)(1994), 朝鮮語辞典, 小学館, 金星出版社.

吉田規夫(1989), "清音と濁音の区別, -日本人·中国人の場合-", 「講座 日本語と日本語教育」3, 日本語の音声 · 音韻(下), 明治書院.

吉田金彦(1977), 国語意味史序説, 明治書院.

吉田和子(1989), "『方言集釈』と『倭語類解』との比較研究", 「日語日文」14, 韓国日語日文学会.

渡辺 実(1999), 日本語史要説, 岩波書店.

〈ㄱ〉

〈ㄴ〉

〈ㄷ〉

〈ㅁ〉

〈ㅂ〉

〈ㅅ〉

〈ㅇ〉

〈ㅊ〉

〈ㅌ〉

〈ㅍ〉

〈ㅎ〉

저자 약력

대구 출생
경북대 문리과대학 국어국문학과, 동 대학원
일본 쓰쿠바(筑波)대학 대학원 문예 · 언어학계 문학박사
시마네(島根) 현립대학 교류교수
쓰쿠바대학 연구조직 객원연구원
경북대 문리대, 인문대 교수
한국어문학회, 언어과학회, 한국문학언어학회 회장
현 경북대 명예교수, 중국 산동(山東)대학 강의 초빙교수

[저서]
『국어 특수조사론』(학문사, 1983), 『국어 어휘의미 연구』(학문사, 1985), 『언어학 개설』(공저, 학문사, 1985), 『신언어학 개론』(공저, 학문사, 1987), 『한 · 일어 비교 문법론』(경북대 출판부, 1988), 『한국어 독본』(편저)(경북대 어학연구소, 1993), 『한 · 일어 대조언어학/논고』(탑출판사, 1994), 『국어 의미론 연구』(형설출판사, 1994), 『우리말과 글의 이해』(경북신학교, 1995), 『現代韓國語教本』(영한문화사, 2000), 『표준 한국어 교본』(공저, 경북대 어학당, 2001), 『국어 특수조사 신연구』(역락, 2002), 『한 · 일어 대조분석』(역락, 2002), 『국어 어휘의미의 사적 변천』(한국문화사, 2003, *학술원 우수 학술 도서), 『쉽게 고쳐 쓴 우리 민법』(공저, 국립국어연구원, 2003), 『북한 문화어 어휘 연구』(경북대 출판부, 2004), 『한 · 일어 언어문화 대조연구』(공저, 역락, 2005), 『국어 의미 분석론』(한국문화사, 2008), 『한국어와 외국어 대조 분석론』(공저, 역락, 2009), 『국어 형태 · 의미의 탐색』(공저, 역락 2009, *문화체육관광부 우수 학술 도서)

[역서]
『변형 생성문법 개론』(공역, 형설출판사, 1975), 『생성 · 구조이론의 언어교육론』(공역, 창학사, 1976), 『생성 변형문법 입문』(공역, 학문사, 1979)

[논문]
"외연적 함의와 내포적 함의"(『한국어학과 알타이어학』, 1987) 등 108편

전자 우편 주소 : hongsm@knu.ac.kr